시험국민의 탄생

이 저서는 2012년 정부(교육부)의 재원으로 한국연구재단의 지원을 받아
수행된 연구임(NRF – 2012S1A6A4019746)

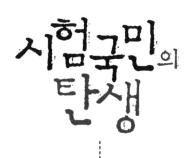

시험국민의
탄생

한국인의 희망과 좌절의 역사

이경숙
지음

푸른역사

차례: 시험국민의 탄생

● 들어가며 – 국민의 서사, 시험 014
인생, 시험에 달렸다 / 시험, 한국인의 사회적 DNA /
시험을 보는 두 개의 눈 / 왜 시험에 매달리는가

1. 권력이 설계한 인간의 역사

천 년의 역사, 과거시험 025
과거, 느슨하지만 강력한 통치방식 / 신분제와 유학사상이란 한계 /
천 개의 기술, 천 년의 생명력 / '성균관 우등생 우대' 내신제도도 /
치열한 시험공부, 교묘한 부정행위 / 갈수록 끓어오른 개혁론 /
과거시험, '기형적 조숙'이었는가
[중국은 어떻게 과거시험을 발명했나] 045

새로운 시험의 세기 047
과학의 개입: 지능검사와 선다형 문제 /
지능검사 확산의 기폭제, 한국전쟁 / 세계, 시험으로 통하다
[주요섭, 1930년에 지능검사와 객관적 고사법을 주장하다] 062

'꺼삐딴 리'의 세상, 외국어시험 065
입신출세의 지름길, 외국어 공부 붐 / 경성제대 합격도 일어 점수에 달려 /
전쟁 채비 "입시에서 영어시험 빼라" / 해방과 더불어 온 '영어만능시대' /
영어, 능력 서열화의 잣대

시험의 탄생과 소멸에 대하여 085
대한민국, 시험천국? 시험지옥? / 시험 흥망성쇠의 주역은 국가 / 관건은 공정한 기회 부여
[구술시험도 중시한 유럽] 100

2. 서열화와 배제, 그리고 저항

<u>서열주의는 힘이 세다</u> **105**
능력주의 탈을 쓴 서열의 폭력성 / 석차, 지위 배분의 기준이자 통제 수단 /
성적일람표와 배치표의 악몽 / 평생의 멍에, 수능시험 성적 /
모두를 멍들게 하는 "억울하면 출세하라"

<u>신분상승 고속열차, '고시'의 명암</u> **129**
사법시험 경쟁률 500대 1 넘기도 / '개천의 용' 타령은 사회적 폭력

[과거시험 합격, 어사화를 꽂고 꽃길로] **146**

<u>시험에서 배제된 자들</u> **149**
재혼녀의 자식도 과거시험 불허 / 소아마비 이유로 법관 임용 거부되기도 /
시위경력자들의 합격을 막아라

<u>'여풍女風'은 시험을 타고</u> **159**
장벽 깬 신여성들, 교단 진출로 '숨통' / 고등고시 여성 합격생 1951년 처음 탄생

<u>저항의 수단이 된 시험</u> **169**
과거시험 거부에서 '투명가방끈 운동'까지 / 시간강사들의 무기, 성적 입력 거부

[경성제대 학생들, 문관고등시험을 앞에 두고] **176**

3. 쉬운 통제를 꿈꾸다, 교육을 대체한 시험

더 많이, 더 객관적으로, 더 어렵게 183
치고 또 칠수록 학습효과 좋다? /
시험의 세 담론: 객관성, 공정성, 변별력(비리도 막고 비용도 줄이고 /
실력에 의한 평가라는 허울/한 줄로 세워라)
[문제풀이 전사들, 얼마나 많은 문제를 푸나?] 192

시험과 내신의 엇갈린 역사, 대학입시 195
현재에 주목하는 시험, 성장에 눈 돌린 내신 / 국가, 대학입학시험을 탐하다 /
그때 그때 달라진 대학입학시험 / 내신, 학교교육의 정상화를 꿈꾸다 /
내신, 공정성 논란 딛고 제도화의 길로 / 시험과 내신, 공존의 그늘
[체력장, 입학시험에 들어오다] 216

하나의 시험, 두 개의 관점: '일제고사' 218
국가 주도 시험, 학생·교사 반발 불러 / 일제고사의 위력, '성취도 평가' 명분 삼겨 /
시험결과와 책무성 논쟁 / 일제고사 논쟁으로 읽는 사회
[일제고사는 일제시대에 만들어졌나] 230

길이 남을 시험 사건들 232
'스페셜 케이스' 이강석 / 무즙 파동과 창칼 파동: '치맛바람' 뒤에 숨은 권세들 /
소수점 반올림에 울고 웃어 / 시험 엄숙주의를 깬 "엽기 시험"
[과거제 폐지 이후, 신식학교들의 입학시험 풍경] 254

4. 전부를 걸어 출세하라

<u>누구를 위해 공부하는가</u> 259
한때는 민족과 국가를 위하여 / 예나 제나 내 가족을 위하여 /
결국은 안정된 삶을 위하여 / 운명의 그날, 시험일

<u>"모로 가도 서울만······" 컨닝의 유혹</u> 272
고등고시에서도 '방망이질' / 컨닝 처리의 딜레마 / 다시 생각하는 컨닝

[김구, 과거시험장에서 다른 길을 꿈꾸다] 279

<u>시간과 싸워라</u> 281
시간관리 전략의 내면화 / 시험, 시간과의 전쟁 /
빨리 더 빨리, 속도도 능력 / 법정으로 간 시험시간

<u>청춘을 박제하라</u> 297
두 갈래 길 앞에 선 청춘 / 취업으로 가는 길: 스펙과 시험 /
'고시족'의 자발적 유배지, 노량진 / 어디나 '노량진', 희망고문 당하는 청춘들

["고시병은 내가 아니라 아내가 걸려"] 315

<u>시험과 전투적 교육가족</u> 317
수험생 자녀를 '섬기는' 가족들 / 경쟁적 교육투자의 부작용 /
사회경제적 지위의 대물림 통로 / 부정입학·위장전입 등 반칙도 불사 /
'강남신화'와 '강남엄마 괴담'이 나란히 / 미친 교육과 국가부재에 대한 경고장

<u>시험과 소멸되지 않는 개인기록들</u> 338
개인의 것이 아닌 개인기록 / 개화기 때는 관보에 학생성적 싣기도 /
찢고 변조하고 훔치고······ 성적표의 수난 / 공적 기록의 대상이 된 개인들 /
저인망식 학교생활기록부는 폭력

5. 해방적 평가와 평등사회

평가의 밖에서 다시 생각하기 355

평가의 두려움 알아야 / 평가의 기준·정당성 따져봐야 /

'작은 인간' 들을 만드는 시험 / '큰 질문' 을 하는 참여형 인간으로

[종합적 평가, 언제 등장했는가] 364

탐구와 성장을 위한 교육평가의 개혁 367

사회정의의 의식적 실천, 네덜란드 식 선발 / 시험 없는 입학을 고민할 때다 /

지적 해방의 출발점은 정답 아닌 물음 / 수행평가의 양면성과 참평가운동 /

자기평가 능력을 키워야 / 피드백, 평가의 심장이자 학생의 권리 /

평가의 윤리와 평가 소양교육

["요즘은 뒤늦게 공부 잘 하기가 어렵지요"] 383

평등한 사회를 위해 평가의 밖으로 385

시험의 밖에 선 새로운 역사 / 평가권한을 분산시켜야 /

사회가 필요로 하는 능력, 그 우연성에 대하여 / 모든 이에게 쉬고 배울 권리를

● 후기 393

● 참고문헌 396

● 주 412

● 찾아보기 444

감사의 말

–

내 공부의 밑천이었던 연구소 사람 대 사람,
가족,
그리고
기꺼이 면담시간을 내줬으나 지면상
생생한 목소리를 싣지 못한 여러 면담자들,
부족한 글을 미리 읽어봐준 두 분께
진심으로 감사드립니다.

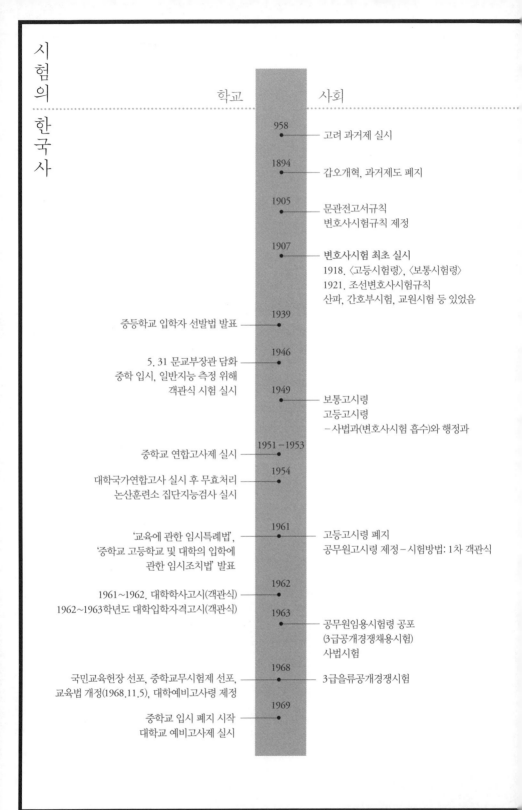

시험의 한국사

학교   사회

958   — 고려 과거제 실시

1894   — 갑오개혁, 과거제도 폐지

1905   — 문관전고서규칙
변호사시험규칙 제정

1907   — 변호사시험 최초 실시
1918. 〈고등시험령〉, 〈보통시험령〉
1921. 조선변호사시험규칙
산파, 간호부시험, 교원시험 등 있었음

중등학교 입학자 선발법 발표 — 1939

5. 31 문교부장관 담화
중학 입시, 일반지능 측정 위해
객관식 시험 실시
1946

1949   — 보통고시령
고등고시령
－사법과(변호사시험 흡수)와 행정과

중학교 연합고사제 실시 — 1951－1953

대학국가연합고사 실시 후 무효처리
논산훈련소 집단지능검사 실시
1954

'교육에 관한 임시특례법',
'중학교 고등학교 및 대학의 입학에
관한 임시조치법' 발표
1961   — 고등고시령 폐지
공무원고시령 제정 － 시험방법: 1차 객관식

1961~1962. 대학학사고시(객관식)
1962~1963학년도 대학입학자격고시(객관식)
1962

1963   — 공무원임용시험령 공포
(3급공개경쟁채용시험)
사법시험

국민교육헌장 선포, 중학교무시험제 선포,
교육법 개정(1968.11.5), 대학예비고사령 제정
1968   — 3급을류공개경쟁시험

중학교 입시 폐지 시작
대학교 예비고사제 실시
1969

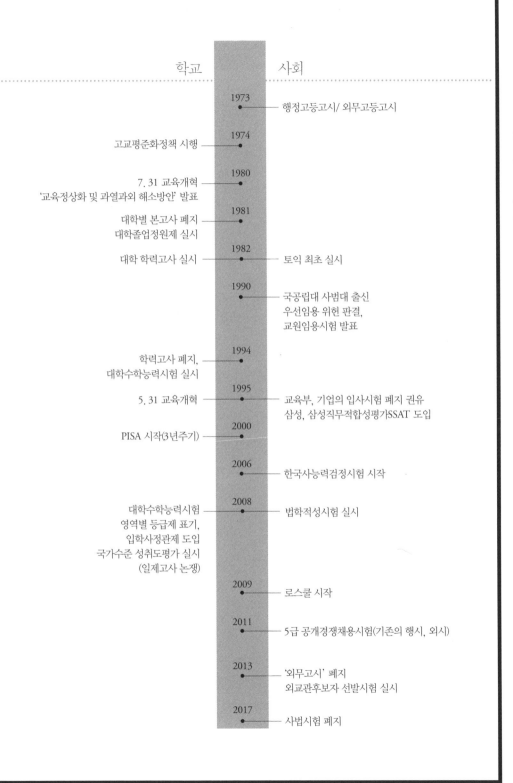

학교		사회
	1973	행정고등고시/ 외무고등고시
고교평준화정책 시행	1974	
7. 31 교육개혁 '교육정상화 및 과열과외 해소방안' 발표	1980	
대학별 본고사 폐지 대학졸업정원제 실시	1981	
대학 학력고사 실시	1982	토익 최초 실시
	1990	국공립대 사범대 출신 우선임용 위헌 판결, 교원임용시험 발표
학력고사 폐지, 대학수학능력시험 실시	1994	
5. 31 교육개혁	1995	교육부, 기업의 입사시험 폐지 권유 삼성, 삼성직무적합성평가SSAT 도입
PISA 시작(3년주기)	2000	
	2006	한국사능력검정시험 시작
대학수학능력시험 영역별 등급제 표기, 입학사정관제 도입 국가수준 성취도평가 실시 (일제고사 논쟁)	2008	법학적성시험 실시
	2009	로스쿨 시작
	2011	5급 공개경쟁채용시험(기존의 행시, 외시)
	2013	'외무고시' 폐지 외교관후보자 선발시험 실시
	2017	사법시험 폐지

국민의 서사, 시험

인생, 시험에 달렸다

몇몇 사람이 둘러 앉아 있었다. 어느 누구도 그 악기 명장을 모르고 오직 얘기하는 사람만이 알고 있었다.

> 그 사람이 지금은 우리나라에서 유명한, 악기 만드는 명장입니다. 그런데 이 사람이 공부를 못 해, 시험을 아주 못 쳐. 시험만 치면 떨어지고 시험만 치면 떨어져서, 독일로 유학을 왔지요. 그런데 독일에서도 대학 들어가려니까 시험을 쳐야 하잖아요. 또 떨어져. 사람들이 그럼 고등학교에 들어가 보면 어떻겠느냐고 해서 시험을 쳤는데 그건 됐어. 한국 사람들의 수학 수준이 높거든요. 그래서 고등학교는 다닐 수 있었지. 지금은 유명해져 그 사람에게 악기 만드는 것 배우러 오는 사람들이 있지만, 처음엔 힘들었어.[1]

그 명장이 누군지 몰라도, 사람들은 악기 명장의 생애를 단숨에 이해하겠다는 표정을 지었다. 바로 시험 때문이었다. 누구도 그의 시험성적을 묻지 않았다. 그런데도 명장의 지인은 자연스럽게 그의 시험 역사를 끄집어냈다. 대한민국 사람이라면, '시험'이라는 단어에 솔깃하지 않기가 힘들다. 시험으로 좌절하거나 희망을 그려보지 않은 이들이 없기 때문이다. 시험은 한 개인의 인생 곡절과 현재 삶을 설명하는 절대적 장치이다. 모두가 저마다 가슴에 품은 시험 이야기로 타인의 현재를 쉽게 공감하며, 또 타인의 삶에 특히 수험생의 삶에 주저 없이 개입한다. 악기 명장의 삶에 시험 얘기가 곁들여지니 듣는 사람들은 더 쉽게 공감했다. 이처럼 우리 앞에 불쑥 불쑥 시험 이야기가 펼쳐진다.

나는 시험의 사생아다. 변리사 시험, 기술전문직 시험, 20년을 돌고 돌아 이제 여기에 왔다. 젊은 시절을 그렇게 다 보내버렸다. 책 보고 시험 치고 떨어지고. 어떻게 그렇게 살았는지, 다시 돌아가라면 절대 하지 않을 것이다.[2]

술자리에서 우연히 만난 어느 한 40대 노무사. 대학 졸업 이후 끝을 알 수 없었던 20여 년 불합격의 세월을 '시험 사생아'라 표현했다. '시험 사생아'였던 이 남성처럼, 시험으로 절망한 많은 사람들이 있다. 시험 준비 말고는 마땅히 하는 일이 없는 사람들, 합격이 부지하세월이라 이젠 시험 준비마저 하는지 마는지 모를 '낭인浪人'들도 있다. 절망은 역사적으로 오래된 것이다. 과거시험으로 절망한 조선 사람들도 있었고, 일제시대에 입학시험에 절망하고 스스로 목숨을 끊는 입시생들도 있었으며, 아직도 대학수학능력시험이 있는 날이면 비극적 소식들이 간간이 들려온다.

시험 때문에 승승장구한 삶도 있다. 구도장원공九度壯元公이라 불린 율곡 이이처럼 아홉 번 장원급제한 이도 있고, 고시 3관왕도 있고, 치는 시험마다 이름 떨친 이들이 있다. 또 시험 덕에 비루한 삶에서 삶의 희망을 건진 이들도 있다. 코딱지만 한 구멍가게에서 부모님 안 계실 때는 물건도 팔며 이 악물고 공부했던 한 40대 여성. 그녀의 성적은 그녀와 가족에게 든든한 자산이자 희망이었다.

초등학교 4학년 때, 그때는 치맛바람이란 게 있을 때라, 전교회장 엄마도 와 있는 자리였는데, 그 자리에서 '큰 수 읽기'를 하는데 나는 그냥 답이 보이는데, 다른 아이들은 못 풀었어요. 그때 가난한 집의 딸로서 억수로 자신감을 가지게 되었어요.[3]

그녀는 어쩌면 집이 못 살았기 때문에 더 자랑스러웠다. 어떤 도움도 없이 자기 힘으로 공부를 잘 해냈다는 자존심, 그 뻣뻣한 자존심 하나로 중고등학교 시절을 보냈다. 가난한 집안 출신으로 대학교수까지 지냈던 한 어른도[4] 40대 그녀랑 다름없었다. 어려운 집안 형편에도 공부로 삶을 돌파했다는 자긍심으로 평생 누구보다 콧대 센 삶을 살다 돌아가셨다. "그 사람은 집이 잘 살았거든." 그 한마디로 살 만 했던 집안 출신은 공부 잘 한 사람 축에 끼워주지도 않았다. 경제적으로 자수성가했다는 사실보다 지적으로 탁월했다는 엘리트 의식이 삶을 지탱하는 가장 큰 힘이었다.

시험마다 최고 성적을 자랑한 '시험선수'이든, 씁쓸한 '시험 사생아'이든 대한민국 사람들은 시험으로 자신의 인생사를 설명할 수 있다. 한국인들에게 시험은 좌절의 대상이거나 희망의 대상이었다. 한국인들은 시험으로 인생에서 좌절했고, 시험에다가 삶의 희망을 걸었던 긴 역사가 있다. 개인들의 시험 인생사는 국가의 시험정책과 만나면서, 그 괴로움과 기쁨을 증폭해왔다. 사실 국가의 시험정책이 개인에게 시험에 명운을 걸게 했고 길들였으며, 국민들의 지적 활동을 결정했고 사회적 선발을 좌우했다.

시험, 한국인의 사회적 DNA

시험은 매우 개인적인 경험이다. 시험은 누구도 대신해줄 수 없다. 아무리

애가 타도 시험공부와 시험 순간은 오롯이 홀로 견뎌야 하는 개인의 몫이었다. 오로지 머리와 종이와 연필만 들고 치르는 명쾌한 전쟁이다. 최첨단 과학기술시대에 칼 한 자루 달랑 들고 전쟁터에 나간다고 할까. 국가나 학교가, 혹은 기업이 금 그어놓은 링 위에서 이 소박하기 짝이 없는 무기를 들고 나 아닌 모든 적들과 벌이는 한바탕 전쟁이다. 그러나 가장 개인적인 것이 가장 정치적이라는 말처럼, 서열과 지위를 분배해주는 시험이야말로 가장 정치적인 경험이자 대부분의 한국인이 국민으로서 경험하는 집단경험이다. 조선이라는 국가가, 대한민국이라는 국가가, 식민지였을 때는 식민국가가 시험의 규칙을 정한다. 선발인원의 가감, 시험시기의 조정, 시험 내용과 채점까지 결정한다. 국가가 직접 하지 않아도, 국가가 시험을 권장하거나 폐지를 청하기도 하며 국가 차원에서 시험이 기획된다. 그래서 사람들은 국가를 향해 시험 폐지와 부활을 외치거나, 새로운 측정과 선발을 요구한다. 그렇게 시험은 국민의 서사가 된다. 심지어는 국경을 넘어 전세계에 흩어져 사는 한민족까지도 시험 이야기로 민족적 자부심을 갖고, 하나의 서사를 만들 수 있다.

국가의 주도와 국민들의 호응으로 시험국민이 탄생했다. 시험으로 국민을 만드는 국가는 국민을 끊임없이 시험에 들게 하고, 시험을 통한 경쟁이 공정함이고 사회정의라 알려준다. 시험으로 단련된 시험국민은 시험경쟁의 규칙과 결과에 예민해지고, 성적에 따른 서열화를 내면화한다. 시험국가에서 비국민이란 성적에 따른 서열화 체계를 부정하고 저항하는 이들이다. 사람은 누구나 존엄하다거나 평등하다든가 직업엔 귀천이 없다는 사회정의는 까맣게 잊어버렸거나 애써 모른 척 하며, 시험국가는 국민들의 삶을 시험이나 학벌 이야기로 가득 채운다.

학교 안이건 밖이건 대한민국 사람들 모두에게 공통되는 생애의 교육과정이 하나 있다면 단연코 '시험'이다. 시험을 통해 배웠고 시험을 통해 지식을 선정했고 시험을 통해 인생의 순간을 결정했다. 천 년 세월 동안 과거 시험으로 인해 만들어진 양반의 삶과 국가권력, 일제시대를 통해 사회적 일상공간에까지 뿌리내리게 된 다양한 경쟁시험, 그리고 해방 이후 객관식 위주의 시험방법이 학교와 사회를 장악하게 된 시간. 오랜 세월 동안 한국인들에게 시험은 통제의 좁은 수로에 갇히게 하는 수단이자 그 수로를 타고 상승할 수 있는 수단이었다. 좁은 수로 속에서 더 빨리 더 효율적으로 세상에 적응하고 보상받거나 시험에 실패해 사회에서 버려졌다. 시험으로 인해 좌절하고 희망했던 역사만큼, 우리들은 시험과 관련된 모든 것들에 요란스럽게 반응하지만, 동시에 시험이 중요하기 때문에 당황스러울 만큼 손쉽게 시험주관자의 요구에 제압된다. 시험순응적인 몸과 의식이 되었고, 시험이란 일단 잘 쳐야 하는 국민 공통과제였다.

대한민국 사람들에게, 더 거슬러서는 조선 사람들에게 시험 이야기는 서사구조를 충분히 갖추고 있다. 학교, 국가, 때로는 세계 그리고 시험에 울고 웃었던 가족과 개인들의 가장 내밀한 마음까지 그야말로 공적 공간과 사적 공간을 넘나들며 전개된 이야기 무대, 가까운 이부터 먼 이들까지 다양한 등장인물, 이야기 속의 온갖 역경과 극복, 마침내 펼쳐질 승리와 실패 그리고 새로운 길의 모색, 기승전결을 모두 갖추고 있다.

솔직히 아이가 서울대에 합격하고 참 기뻤다. 인생에서 아주 기뻤던 일을 말하라고 하면 그 일을 말할 수 있다. 그 기쁨은 '극적인 형태의 기쁨'이었다. 첫째 아이는 원하는 데 못 갔는데……. 합격과 불합격이라는 게, 인간의 감정을 훨씬 과잉되게 기쁘고 슬프게 하는 것 같았다. 생각해보면 시험은 매우 극적 구조를 가지고 있다. 고등학교 3학년 내내 준비해서 불안감과 긴장감을 최고조로 달하게 하는 요소가 있고 또 그래서 합격과 불합격이 결정되고.[5]

만만히 접근할 수 있으되 누구나 다 이루기는 어려운 시험. 그래서 극적이다. 시험을 두고 저마다, 가족마다 굴곡이 있고, 곡절이 있다. 굴곡과 곡절이 없는 이야기는 밋밋해 누구도 거론하지 않는 일상이 되어버린다. 시험은 극적인 이야기라 힘이 세다. 온전한 호응도 받고 거센 저항도 받으며 오래 기억되고 인생의 국면마다 곱씹게 되고 전파된다. 시험 이야기는 때와 곳에 따라 사람에 따라 변형을 거듭하며 회자된다. 가족의 지원이 좀 더 필요한 사람은 이야기에 가족 지원의 힘을 양념으로 친다. 수험생의 결연한 각오와 노력이 절박한 사람에게는 단호한 의지를 담아 전달한다. 이야기가 옮겨 다니고 퍼지며, 또 시간과 공간, 화자에 따라 꼴을 바꾼다.

뿐만 아니라 시험 이야기는 확장성이 넓다. 시험 이야기는 사회의 다양한 영역으로 이야기 자락을 펼쳐나간다. 그저 개인의 인생만이 아니라, 사회의 기회 분배와 정의, 계급 재생산으로 이야기는 확장된다. 시험을 이야기하면 사회의 정의가 어디에 있는지, 선발방식이 한 인간과 사회를 얼마나 바꾸어놓는지, 그리하여 마침내 한 사회가 규정하는 인간은 무엇인지 알 수 있다. 식민지시기에는 시험 이야기가 민족적 저항과 순응을 담은 민족서사로 펼쳐지기도 하고, 현재는 개인의 시험경험이 국가의 교육과 선발정책을 보고 비판하는 안경이 된다.

시험 이야기는 모두의 삶으로 전환된다. 이야기가 삶을 만들고 이끌고 강화한다. 한 국민들이 신뢰하고 소통하는 이야기는 마치 제도처럼, 법처럼, 아니 제도나 법보다 더 현실 속에서 힘을 발휘한다. 시험 이야기가 가족과 만나면서, 개인의 이야기가 아니라 세대를 잇는 재생산 이야기이며 동시에 모든 세대가 공감하는 이야기가 된다. 또한 가족을 만난 시험 이야기는 몸을 가진 구체적 삶이 된다.

시험을 보는 두 개의 눈

시험 잘 치고 많이 치는 대한민국 사람들은 시험에 대한 생각이 복잡하다. 시험이라는 장치를 각자 장착하고 사는 한국인들은 시험을 놓을 수도 없고, 붙잡을 수도 없는 난감한 지경에 빠져 있다. 한쪽에서는 이 불공정한 세상에 그나마 시험 아니면 무엇으로 사회적 성공을 거둘 수 있냐고 따진다. 시험이라는 사다리마저 치워버리면 사회적 불평등은 더욱 가속화되고 영속화될 것이라고 우려한다. 다른 한쪽에서는 시험도 다른 장치들과 마찬가지로 불공평할 뿐더러 인공지능을 운위하는 시대에 철 지난 장사이며 인간 능력을 기억력만으로 재는 치명적 약점이 있다고 지적한다. 온갖 시험제도를 폐지해야 더욱 타당하고도 공평한 사회에 이를 것이라고 제안한다. 한쪽에서는 아직도 시험이 부족하다고 말한다. 국가경쟁력을 높이기 위해서는 시험으로 평가하여 객관적인 실력을 재고 그 실력에 적절한 조치가 필요하다며 국가 차원의 시험을 밀어붙인다. 다른 한쪽에서는 시험이 이미 과잉이며, 지금 상태에서 또 시험을 더하면 고통만 가중되지 아무런 효과가 없다고 저항한다.

대한민국 사람들은 그 사이 어디엔가 서 있다. 각자 어느 쪽으로 좀 더 기울어 있느냐에 따라 시험에 관한 생각을 잴 수 있다. 시험에 대한 개인의 생각을 깊이 들어가보면, 진보냐 보수냐 하는 진영논리를 따르지도 않는다. 각자가 뼛속 깊이까지 체험해온 대로, 각자가 미래를 상상하는 대로 시험에 관한 생각을 가지고 있다.

시험을 보는 이중적인 시각은 세계적으로 유사한 측면이 있다. 1880년대 영국의 '시험결과에 따른 지원payment by result' 정책과 실행, 1930년대 일제 식민지시기 중등학교 정기시험 폐지정책과 실행, 1990년대 이래 미국의 시험결과에 따른 학교평가정책과 실행은 모두 시험지배적인 교육정책과 이를 반대하는 이들의 대립을 불러왔다. 표준화시험을 정당화하는 논리도, 반대하는 논리도 세계적으로 유사하다. 수험생이 보유한 사회·경제·문화적 자본과 시험결과의 연관성에 관한 염려도 마찬가지이며, 시험이 결과적으로 인간의 능력과 마음까지도 표준화해버릴 가능성에 대한 우려도 그렇다.

'공정과 객관'으로서 시험 대 '타당성의 결핍'으로서 시험이라는 시각, '능력주의 장치'로서 시험 대 '부실한 능력주의 장치'로서 시험이라는 상반된 시각이 오랜 세월 대립해왔다. 최근에는 지필시험만으로는 부족하다는 생각이 일반적이다. 여기에 부의 편중현상이 심해지면서, 시험결과가 '자본의 재현'이라고 보는 시각이 보태졌다. 시험결과가 수험생 가족이 보유한 사회·경제·문화적 자본과 높은 정적 상관관계를 드러내기 때문이다. 지필시험의 한계로 다양한 평가이론과 평가방법이 학교와 사회에 도입되었지만, 이른바 '다양한 평가방식'이란 것이 '가족자본'과 더 쉽게 밀착한다는 점에서 의심을 받고 있다.

미국에서도 미국사회의 문화와 정신이 시험에 의해 표준화되고 있다고 지적하는 이들이 있다.[6] 그리고 유럽사회에서 오랜 전통을 자랑하는 아비투어 시험이나 바칼로레아 시험에 대한 비판도 있다. 일본이나 중국에서도 시험대비용 공부와 사교육에 대한 비판이 쏟아진다. 이처럼 세계적으로 공통된 시선이 있음에도, 한국은 다른 어떤 나라보다 시험의 과잉과 시험에 대한 과잉된 해석, 시험으로 인한 폐해가 심각하다. 오랫동안 시험공부가 학교교육을 대체해왔고, 사회에서는 고시와 각종 시험으로 사회엘리트를 선발해왔기 때문에 고시 출신자들의 특권이 당연시되어왔다. 각종 시험 준비에 드는 사교육비며 사회문화적 비용은 두말할 필요가 없고, 인간의 정신마저 협소하게 만든다. 최근 시험 외에 각종 다양한 평가방식을 도입했으나, 사회의 선발제도와 서열화 문화는 그대로 둔 채, 평가요소만 가감하는 방식이 고통을 가중시키고 있다. 교육기관의 존재 이유는 선발이나 서열화가 아니라 더 많은 학습기회의 제공과 성장이며, 사회적 선발은 직무의 배분일 뿐이다. 이를 돕는 데 시험과 평가의 존재 이유가 있다.

왜 시험에 매달리는가

시험이 없는 사회를 살아보지 않았다. 천여 년을 과거시험과 더불어 살았고, 해방 후 시험은 더욱 강고해졌다. 시험이 없는 세상을 생각만 해도 불안해진다. 시험이 없으면 느낄 해방감을 상상하면서도 이내 스스로 구속을 자처한다. 시험 없이 어찌 공부할까, 어찌 사람을 선발할까? 이 논리는 계속 제 꼬리를 물고 돌 뿐, 다른 길로 벗어나지 않는다. 그 속에서 희망하고 좌절하고 있다. 왜 우리는 시험을 거치지 않으면 가짜라고 생각하고, 성적에 집착하는가.

　이 책에서 시험은 지필시험과 구술시험 그리고 실기시험을 포함하는데, 주로 지필시험을 지칭한다. 흰 종이 위에 적힌 질문들, 그 질문들을 읽어 정답을 찾는 일, 간단하다. 오늘날 다양한 형태의 평가들에 비하면 지필시험이 인간의 실제 능력을 다 잴 수 있는지 의문이 들 수밖에 없다. 그러나 이 간단한 지필시험에도 천여 년의 역사와 기술, 문화가 담겨 있고, 규칙이 간단하기에 많은 사람들을 시험지 앞에 불러 모을 수 있었다.

　이 책에서 우리는 왜 시험에 집착하는지를 물을 것이다. 역사적으로 어떻게 한국사회가 시험을 개발하고 사용해왔으며, 그러는 동안 우리는 왜 시험이 아니면 안 된다고 생각했는지 살펴보고자 한다. 사회적으로는 시험이 능력주의 이데올로기와 결탁한 서열화 장치가 되어 모두를 백척간두로 내몰고, 우리들은 각자 인정받기 위해 시험이라는 기계에 매달리는 모습을 보고자 한다. 교육 영역에서도 시험이 공적 교육을 대체해 얼마나 쉽게 학교와 교사를 통제해왔는가를 파헤치고자 한다. 시험이 문화적으로는 엄마를 살해할 지경에 이른 '전투적 교육가족'들을 탄생시키고, 모든 시간과 노력을 기울여 출세의 욕망을 실현하고자 하는 삶의 방식을 낳았다. 이때 시험은 가장 간단한 사다리이다. 홀로 책만 들여다보는 지필시험은 여전히 다른 다면적인 평가방식보다 매력적이다. 시험에 집착하고 시험이 난개발된 사회적 배경에는 시험을 손쉬운 통제장치로 사용해왔던 역사와 시험을 통해 출세기회를 넓혔던 민간의 욕망이 서로 엉켜 있다.

오늘날은 시험보다 평가라는 용어가 일상적이다. 국가를 일러 '평가적 국가'라 할 만큼, 평가의 홍수 속에 살고 있다. 지필시험에서 점차 전면적인 평가로 평가는 범위를 넓혀가고 있다. 기관들과 제도, 프로그램들도 물론이고 한 인간에 대해서도 전면적인 차원에서 평가를 실시한다. 평가를 통해 보상하고 제재가 내려진다. 단 하루도 평가를 벗어난 삶이 없다. 이 책에서 말하는 시험은 대부분 지필시험이지만, 오늘날 시험 논의는 지필시험을 넘어 다면적이고 전면적인 평가를 지향하고 있다는 점을 염두에 두고 서술하고자 한다.

시험이 없는 사회를 꿈꾸어보자. 평가가 창조와 해방이 되는 사회를 말해보자. 시험 없이도 모두가 스스로 성찰하고 함께 제안하고 토론하며 혁신하는 사회를 얘기해보자. 이 책은 평가 무풍지대와 평가 쓰나미 지대로 양분된 평가양극화 사회로부터 해방되고자 하는 논의이다. 그럼으로써 이 책은 개인이 좌절한 역사가 아니라 사회의 희망을 발견하는 단초를 찾고자 한다.

1

권력이 설계한
인간의 역사

천 년의 역사,
과거시험

고려시대 광종은(958) 과거시험을 치겠다고 선언했다. 문벌귀족에게는 폭탄급 발언이었다. 가문의 배경 없이도 유능하면 발탁하겠다는 개혁정책은 문벌세력을 위협하는 처사였다. 실제로 새로운 세력을 등장시키며, 천 년의 세월 동안 유지된 과거시험은 글을 읽고 쓸 수 있는 사람이 사회운영자가 돼야 한다는 동양의 정치적 이상이자 통치권자의 통치행위였다.

　정치적 이상과 행위는 사회문화적 변화를 몰고 왔다. 과거시험으로 조선은 하나의 교육과정을 가지게 되었고 독서와 창작문화를 정착시켰다. 그리고 합격을 기원하는 수험문화가 꽃 피고, 해를 거듭할수록 출제자와 수험생의 응시기술도 발전했다. 양반들의 라이프스타일은 과거시험에 맞춰졌다. 청춘은 과거시험 준비로 흘러갔다. 장원급제자들의 평균연령이 조선 전기에는 29.2세, 후기에는 전기보다 7살이나 늦은 36.9세였고, 성균관에서 배우는 주요 9개 과목 평균 독파 기간만 해도 무려 3년 7개월이 걸렸다.[7] 누군가는 시험 합격을 위해 성균관에서 20년 세월을 보냈고, 누군가는 시험부정으로 집안이 풍비박산 났고, 합격한 양반들도 끝이 아니라 자식의 과거시험 합격 때까지 또다시 애를 끓이며 보냈다.

과거, 느슨하지만 강력한 통치방식

서양의 귀족계급은 귀족이라는 이유로 공통으로 독서하고 암기하고 해석하고 문장을 짓고 논의해야 할 교재가 정해져 있지 않았다. 귀족은 공통의 학문세계를 가졌다는 의미가 아니다. 귀족은 소유와 권력, 혈통과 세습을 말한다. 귀족에게 가톨릭이 압도적 정신이었다고 해도, 가톨릭 정신이 귀족계급을 규정하는 핵심기준은 아니었다. 계급으로서 귀족에게 공통된 문화는 존재할 수 있어도, 귀족이 공통된 교육과정 또는 학습내용, 그에 따른 교육적 학습적 성취를 나타내는 말은 아니었다.

그러나 과거시험을 실시한 조선과 중국에서 양반 또는 사인士人은 양반계급으로서의 권력과 자산을 세습하지만, 이것만으로 끝나지 않는다. 조선에서 양반이라면, 공통적인 학문세계인 유학을 공유하고 있어야 했다. 이 세계를 공유하도록 만드는 제도적 장치가 적어도 고려시대 이후부터 존재했고 그 제도가 양반들의 삶을 규정했다. 그것이 과거시험이었다. 유학이 압도적인 정신적 가치관이었더라도, 과거제도가 없었다면 유학을 학습하고 유학으로 양반계층들이 의사소통하고 유학 중심의 학문세계 구성은 불가능했을 것이다. 즉 과거제도가 양반 또는 사족士族을 동일한 유학적 가치관으로 집단화할 수 있었다. "천하의 영재가 내 올가미에 걸려들었다"[8]는 당 태종의 호언도 양반이나 사인들은 유학이라는 공통된 학습과정을 내면화하게 될 것이라는 장담이었다. 과거시험이 바로 다양한 민족이나 지역 사람들을 흡수하는 장치였다.

관료의 권력을 제한하고, 관직을 위한 교육자격을 견지하는 동시에 행정적인 직무를 맡으려 열망하는 모든 사람들이 같은 종류의 교과서를 공부하면서 수많은 시간을 소비하도록 규정하는 방법으로 교육자격을 표준화시켜놓는 것에 의해, 이

제도는 중국 영토 내의 가장 야만적인 지역에서조차 충분히 중국화된 사람들로 이루어진 강력하면서도 상당히 위망이 있는 계층을 급속히 확산되게 해주었다.[9]

시험으로 선발한다면 강제 사항이 아니어도 수많은 사람들이 시험으로 흡수된다. 그래서 시험은 느슨하지만 실은 강력한 통치방식이다.[10] 일정한 자격이 되면 누구나 응시할 수 있다는 개방성, 비록 신분 유지나 권력 유지를 위해 응해야만 하지만 최종 응시 선택권은 당사자에게 있다는 자율성이 오히려 사람들을 끌어 모으는 힘이 더 크다는 점에서 과거제도는 중요한 통치 장치이다. 개방성과 응시의 자발성이 허용되기 때문에 과거제도는 통치 장치 중 느슨한 편이다. 그러나 시험이 규정하고 있는 내용과 형식은 사람들의 정신을 그 속으로 수렴시키는 강력한 정신적 통치 장치이다. 과거시험이 정신적 노예를 만든다는 비판도 여기서 나온다. 중국의 양계초 등이 과거제도 폐지를 주장하며 올린 상소문에는 과거시험에 얽매인 응시생들에 대해 얘기한다.

수백만이 모두 백성들 가운데 우수한 자들인데, 그들을 사소하고 궁벽하며 괴상한 문제들로 시험하고 있습니다. 학위의 정원이 너무 적어서 백 명 가운데 한 사람도 합격하기가 어려워, 늙어 죽을 때까지 평생 그런 문제들에 매달리느라 다른 것들을 돌볼 겨를이 없습니다.[11]

늙어 죽을 때까지 다음이라는 희망을 갖고 자발적으로 과거에 얽매이게 만드는 이 장치야말로 강력하다.

무엇보다 시험이라는 장치는 교육을 학습으로 대치하는 효과를 발휘한다. 시험은 본디 교육할 의무는 묻지 않고 응시자 개인이 학습한 결과만 따지기 때문이다. 국가로서는 교육하지 않고도 응시자 스스로 학습하게 만드는 효과를 강제하게 된다. 모든 교육에는 학습이 따르기 마련이지만, 스스로 학습하게 하는 일은 교육상황에서 항상 어려운 과제이다. 그런데 시험을 치면, 응시자들이 얼마나 잘 학습했느냐만 드러나기 때문에 학습에 이르도록 잘 가르치는 데 드는 온갖 비용을 절감하면서도 응시자의 자발적 배움을 극대화한다. 시험은 학교라는 교육기관의 매개 없이도 사회 전체의 학습을 유도하는 체계를 갖추게 해준다는 점에서, 권력자 입장에서 매우 유용한 제도였다.

시험은 응시자들의 사고를 통일시키는 지름길이었다. 조선에서 과거시험의 내용은 유학 경전을 암기하고 해석하고[講經] 또 유교 경전을 기반으로 국가정책을 논술[製述]하는 것이었다. 과거시험 내용이 정해져 있기 때문에 모든 수험생들은 유학 경전을 기본적으로 외우고 활용하기 위해 자신의 정신을 유학사상으로 수렴해야 한다. 그리고 과거시험 답안지에는 지켜야 할 정식程式이 있다. "도교·불교·법가·음양가 등 이단서異端書를 인용해서는 안 된다", "신기하고 기괴한 문자를 써서는 안 된다"는 규정을 지켜야 한다. 이 규정을 지키지 않고 합격할 수는 없다.[12] 이런 규칙을 통해서, 과거시험은 학습자들의 학습내용을 규정하고, 그것을 사회적 학습과정으로 만들고 공통의 사회적 가치관으로 형성하고 유지할 수 있었다.

신분제와 유학사상이란 한계

과거제도는 유능한 자를 선발하여 임용하겠다는 의지의 실천이다. 자산이 많고 집안이 유명해도, 일차적으로 과거시험을 통해 능력을 입증해야 한다. 음서제도와 같은 다른 임용통로가 없지 않았지만 가장 권위 있는 통로가 과거시험이었다.

능력주의를 천명한 과거제도는 '실제로 능력에 따라 선발하는가' 하는 사회적 물음을 반드시 유발한다. '공정성' 담론이 생기는 것이다. 공정성 시비는 규칙의 공정성에 대한 합의된 전제에서 나온다.[13] 마테오 리치가 과거시험에 감복한 까닭은 "잘 정비된 과거제의 배후에는 공평에 대한 관념이 있고, 인재를 등용한다는 사상과 이 시험을 운영하는 행정력이 있다"는 사실이었다.[14] 때문에 임숙영은 광해군(1611) 앞에서 권세에 의한 선발 관행을 비판하며, "재능으로 천거"하고 "능력으로 선발"할 것을 당당하게 요구할 수 있었다.

> 관직은 크건 작건 간에 반드시 재능으로 천거해야 하며, 벼슬은 높건 낮건 간에 반드시 능력으로 선발해야 합니다. 옛날에는 이렇게 하는 것을 '공公'이라 했고, 이와 반대로 하는 것을 '사私'라고 했습니다.[15]

그러나 과거제가 가치 있다고 여긴 능력은 제한적이었다. 사회적으로 다양한 분야의 능력이 필요하지도 않았고, 제한된 영역의 능력도 신분제적 기반 위에서 작동했다. 과거시험을 실시하던 당시의 능력이란 신분제와 유학사상의 범주 안에서 성립하는 능력이었다.

과거제도에서 주목해야 할 하나의 사실은 제도가 열어놓은 기회이다. 조선의 과거제도는 무당, 승려, 광대 등 천민에게 응시 기회를 주지 않았고, 서얼의 자손, 재가再嫁한 사람의 아들과 손자들도 문과와 생원진사시에 응시할 수 없었다.[16] 그러나 양반과 평민으로 뚜렷이 신분이 구분된 사회에서, 천민 등을 응시 불허대상으로 명시하면서도 평민들의 응시를 불허한다는 규정이 없었다. 생계도 어려운 대다수 평민들에게 과거시험이란 허울뿐인 기회이지만, 적어도 제도상으로는 평민들의 응시를 막지 않았다. 이 점에서 과거제도가 말하는 이념상의 '능력'은 양반이나 사족士族에만 국한된 것은 아니었다. 그렇기 때문에 천얼 출신이 규정을 어기고 몰래 과거시험을 봐서 합격했을 때, 합격을 인정해야 할지 말아야 할지 조정에서 격론이 벌어질 수 있었다. 반석평(?~1540) 같은 천얼 출신자의 합격을 취소하지 않음으로써 사회적 '능력'은 비단 양반만의 독점물이 아닐 수 있었다. 이런 역사적 사건들이 평등과 능력 개념을 확장시켜왔다.

과거시험은 근본적으로 문자를 익히고, 문장으로 능력을 표현하는 지필시험이다. 문자를 통해서 세계를 이해하고 문장으로 능력을 입증해야 한다. 지필시험이란 다시 말해 문자로 자기 능력을 표현할 수 있는 표현 능력을 요구한다. 문자는 말보다 상대적으로 고정적이고 명료하게 기록자의 뜻을 전하며, 그리고 공간과 시간을 초월하여 저자와 독자가 만나게 해준다. 그래서 문자로 이뤄지는 지필시험은 인간 능력을 가시화하는 데 매우 유용하다. 구술시험의 답변은 시험 현장을 벗어나는 순간 사라져버리지만, 지필시험은 시간과 공간과 무관하게 수많은 응시자들의 답안지를 놓고 서로 교차비교가 가능하다. 그리고 중앙의 통치권자가 도처의 지역 관료들과 소통해야 하는 중앙집권 관료체제에서 글을 읽고 쓰고 해독하는 능력은 필수불가결하기 때문에, 과거시험은 관료체제 유지에도 절대적으로 필요한 장치였다.

진정한 앎은 실천으로 이어진다는 지행합일의 정신을 전제한 지필시험은 한계도 뚜렷하다. 문자로 표현된 앎의 역량이 실천력과 동일하다고 보장할 수 없다. 가령 인간 윤리에 대한 시를 짓고, 국가의 시급한 문제에 관한 대책對策을 지었다고 해서, 그가 관리가 되었을 때 윤리적이거나 행정 능력이 탁월하다고 할 수 없다. 그리고 문자로 표현하는 데 한계가 있거나, 문자로 표현하는 것을 삼가거나 꺼리는 사람의 경우, 그의 능력을 제대로 가늠하기 어렵다.[17] 이 때문에 과거제도가 나라의 인재를 다 망라할 수 없다. 오히려 과거제도를 통해 수많은 인재들을 놓치거나 시험에 얽매이게 만들어 인재를 낭비하게 만든다.

천 개의 기술, 천 년의 생명력

천 년을 살아낸 과거시험은 호락호락하지 않았다. 하나의 제도가 천 년이라는 세월을 견디고 때로 시대를 이끄는 동안에 수많은 우여곡절이 있고, 무수한 변신을 시도하지 않고는 유지가 불가능하다. 더구나 국경을 넘고 왕조와 민족이 바뀌는데도 과거시험은 살아남았다. 즉, 왕조나 민족을 뛰어넘어 과거제를 실시할 만큼 사회적 동의가 있었고, 능력을 측정하는 하나의 기술로서도 발전을 이루었다는 의미이다.

과거시험은 시험의 시기, 종류, 절차, 공정성 확보방안, 최종 합격자 결정방식, 학교와 연계방안 등의 기술을 발전시켜왔다. 기술의 발전은 시험의 권위를 더 높여준다. 기술이 발전할수록 여러 한계에도 불구하고 시험이 공정하고 타당하다는 사회적 신뢰를 얻을 수 있다.

조선에서 과거시험은 3년마다 정기적으로 치는 '식년시'(자子, 묘卯, 오午, 유년酉年에 실시)와 기타 다양한 부정기적 시험이 있었다. 부정기적 시험으로는 증광시, 춘당대시, 정시, 알성시 등이 있었다. 주로 나라에 경사가 있거나 기념할 만한 일이 있을 때 부정기 시험을 실시했다. 조선시대 과거시험의 종류로는 문과, 무과, 생원진사시, 잡과가 있었다. 잡과는 다시 역과譯科(한학漢學, 몽학蒙學, 왜학倭學, 여진학女眞學), 의과, 음양과陰陽科(천문학, 지리학, 명과학命課學), 율과로 나뉘어졌다.

시험의 절차는 초시初試, 복시覆試, 전시殿試 3단계였다. 생원진사시와 잡과는 순위를 정하기 위해 임금 앞에서 치는 전시 없이 초시와 복시 2단계로 치고, 문과와 무과는 3단계 시험을 다 쳤다. 초시와 복시는 또다시 초장, 중장, 종장으로 3단계로 나누어 실시했다. 문과의 초장에서는 경학, 중장에서는 시와 논술, 종장에서는 정국에 관한 문제[對策]를 출제했다. 그리고 무과의 시험내용은 강서講書와 무예였다. 잡과의 시험과목은 강서講書,

사자寫字, 역어譯語, 산算이 있었다. 시험을 이처럼 여러 단계로 구분하고 시험내용을 여러 권의 경서와 여러 형태의 글쓰기로 정함으로써 이해 능력과 활용 능력을 따져 유능한 인물을 체계적으로 선발할 수 있었다. 부정기 시험에서 뽑는 인원은 일정치 않았으나, 식년시의 문과에서는 33인(갑과 3명, 을과 7명, 병과 23명), 무과에서는 28인, 잡과에서는 46인(역과 19명, 의과 9명, 음양과 9명, 율과 9명)을 뽑았다.[18]

시험방법도 다양했다. 생원진사시와 문과의 경우, 강서하는 시험과 제술하는 시험이 있었다. 강서하는 경우에는 다시 배강背講, 배송背誦, 임문고강臨文考講이 있다. 배강은 본문을 보지 않고 물음에 답하는 방식, 배송은 본문을 보지 않고 외우는 방식, 임문고강은 본문을 보고 물음에 답하는 방식이다. 제술에는 시, 부, 표, 전, 잠, 송, 제 등의 다양한 방식이 있었다. 그리고 무과시험은 강서와 무예 실기시험이 있었고, 잡과의 경우, 원전을 베껴 쓰거나[寫字] 본문을 물으면 답하는 방식으로 진행되었다. 즉 구술시험, 필기시험, 실기시험 등 여러 가지 적합한 방식으로 시험이 실시되었다.

채점은 참시관參試官이 시험지를 나누어서 하는데[分考], 참시관이 좋은 답안을 발견하면 상시관上試官이 취사선택한다. 분고가 끝나면 상시관이 모든 시관을 불러 일차 합격자[初考入格者]를 다시 채점[合考]한다. 이처럼 먼저 각자 매기고 난 뒤 함께 매기는 방식은 주관과 객관을 혼용해 채점의 공정성을 높일 수 있는 방법이었다.[19]

제술시험은 일등한 사람[居首者]과 상(상상, 상중, 상하), 중(중상, 중중, 중하), 하(하상, 하중, 하하)까지가 합격이고, 차(차상, 차중, 차하), 갱更, 외外는 불합격이다. 구술시험인 강경시험의 점수등급은 대통大通, 통통, 약略, 조粗, 불不로 표시했다.[20] 무과시험과 잡과시험도 상세한 성적등급과 성적의 기준이 있었다.[21]

한편 시험을 치는 곳에 따라, 한성시, 향시, 관시로 나눈다. 한성시는 한성 거주자, 향시는 지역 거주자를 위한 시험이고, 관시는 성균관에서 실시한 시험이다. 초시에는 향시가 있지만, 복시는 초시 합격자들이 서울에 집결해서 치기 때문에[會試] 따로 향시가 없다.

　무엇보다 과거시험의 공정성을 유지하기 위한 다양한 기술들이 개발되었다. 녹명錄名, 상피제相避制, 봉미법封彌法, 할거법割去法과 역서법易書法 같은 제도가 있었다. 녹명은 시험 치기 전에 자신의 신원을 확인하고 신원확인서를 제출하는 것이며, 이 녹명을 근거로 과거장試場(科場)에 들어갈 때는 본인인지 확인받고 들어간다. 상피제는 부형이나 친척이 시험관일 때 그 시험장에 응시할 수 없도록 해 부정행위를 막고자 하는 제도였다. 시험답안지에 본인의 이름과 집안을 적어놓은 부분을 가리거나[봉미] 떼내거나[할거] 혹은 서생이 답안을 필사해서 적는[역서] 등의 방법을 통해 채점의 공정성을 유지하려고 했다. 그리고 수험생들을 여섯 자 간격으로 떨어져 앉히고, 과거장의 문을 닫아걸어서 다른 사람들이 출입할 수 없도록 했다. 시관들도 과거시험장에 들어가면 외부와 접촉이 안 되며, 시험문제는 시관

[그림 1] 과거시험의 강경시험 채점지.
7개의 경서와 그에 따른 문제, 그리고 채점자의 채점이 표시돼 있다. 가령 이 응시자의 논어 점수는 4통3약통이며 전체 점수는 합격이다(자료 제공: 경북대 한문학과 황위주 교수).

들이 시험날 새벽에 함께 정하도록 했다.[22] 중국에서는 과거시험장[貢院] 내의 무수히 많은 독방들에 수험생들이 홀로 들어가 시험을 치면 시험장 한가운데 높이 솟은 망루(명원루明遠樓)에서 수험생들을 감시했으며, 베트남에서는 천막 같은 곳에 수험생이 들어가게 해 시험을 치도록 했다. 이 모두 시험을 엄정하게 실시하기 위한 방법이었다.

시험과 관련된 여러 까다로운 절차나 예민한 풍속, 떠들썩한 축하연 등은 시험의 권위를 높여주었다. 그리고 시험이 중요할수록 주관자의 권위도 올라가게 된다. 지방관이었던 경상감사 이헌영의 경우에도 시험을 주관함으로써 자신의 위엄을 드러냈다. 그가 부임한 이후 처음 관장했던 과거시험(1891) 초장에 제출된 시권試券만 해도 30,287장이었고, 그 많은 응시자들에게 시험주관자로서 자기 존재를 과시했다. 문과 초시 외에도 무과 초시, 향교시험 등 다양한 시험을 주관함으로써, 그는 지방관으로서 영향력을 확대할 기회를 얻었다.[23]

이외에도 국가는 시관을 선정하는 방법, 시험내용을 선정하는 방법을 고안하고, 왕과 관료들이 과거시험에 관해 지속적으로 의논하면서 과거시험을 국가적 행사로 만들었다.

'성균관 우등생 우대' 내신제도도

과거시험 이전에 공부한 이력을 과거시험과 연결 짓고자 하는 '연계의 기술'도 발달했다. 그중 대표적인 연계의 기술은 성균관과 사부학당, 향교 등 각종 학교에서 치르는 과시課試의 우등생에게 특전을 주는 것이었다.[24] 조선 중종 때 영의정 윤은보는 사학의 윤차제술輪次製述 시험에 대해서 이렇게 말한다.

사학四學의 유생들 중에 윤차제술 때 성적 우등자를 생원 진사 회시에 직부하게 하는 것은 격려하고 권면하기 위한 것이지(直赴生員進士會試 所以激勸), 단지 학교에만 나오게 하려는 것이 아닙니다.[25]

여영기는 이러한 과시제도는 졸업제도와 장학금 정책이 없었던 조선시대에 학생들의 학업을 독려하고 교육과정 목표를 실현하는 실천적 조치라고 보았고,[26] 최광만은 "매년 고강考講이나 제술로 시험을 보고, 우등자에게 과거복시직부科擧覆試直赴의 특혜를 주는 국시"라고 규정했다.[27] 성균관과 사학, 향교에서 다양한 과시들을 치고 그 결과들을 기록해두었다가 우등생에게 생원 복시, 문과 초시를 바로 칠 수 있는 자격을 주었다.[28] 이렇게 학교의 평가들을 기록하여 그 기록에 근거하여 과거시험에 특전을 줌으로써, 국가로서는 학교교육과 관료선발을 연계했다. 이런 연계방법은 오늘날 대학의 성적우수자 전형, 학교장추천 전형, 학교생활기록부 전형과 유사하다. 그리고 오늘날 출결 반영은 성균관에서 유생들에게 아침저녁으로 식당에 마련된 도기책到記冊에 원점圓點을 표기하게 하여 일정한 횟수가 되었을 때 과거 응시자격을 주는 원점제와 유사하다. 학교제도와 과거시험의 연계는 제한적이긴 하지만, '내신제도'와 같다. 오랜 기간 성실하게 학문한 이를 선발하겠다는 의지이자 학교 공부를 장려하는 방법이었다.

조선시대에 시험은 학교에도 있었지만, 직무 수행 중인 관료에게도 적용했다.[29] 과거시험 합격 한 번으로 능력 측정이 끝났다고 보지 않는다는 의미이다. 태종 7년(1407), 과거에 합격한 관리들에게도 승진시험을 치려고 하자, 관리들은 "이미 과거시험 합격을 통해 능력을 입증했는데 또다시 경서 강독 점수를 요구하는 것은 국가에서 유학儒學을 높이고 선비를 대접하는 뜻이 부족한 까닭"이라는 상소를 올리며 시험을 거부했다. 이 때문에 세종 때 승진제도로서 시험법이 변경되는 소동을 겪었다.[30] 과거시험만이 아니라, 학교교육과 직무 능력 파악, 승진책 따위로 다양하게 시험을 활용한 것은 인간 능력이 고정불변이 아니라는 사고의 반영이며, 평가자인 왕권 강화 방안이었다.

치열한 시험공부, 교묘한 부정행위

시험 합격을 위한 요령이나 편법은 언제 어디서나 있다. 박제가는 과거 준비생들이 시험에 유리하다면 물불 속이라도 뛰어들 태세라고 비판했다.[31] 예나 지금이나 합격의 첫 번째 비법은 정보다. 언제 어디서 시험 치는지, 누가 출제하고 채점할지를 파악하는 정보력이 중요하다. 따지고보면, 시험을 위한 정보력이란 언제나 교도소 담장 위를 걷는 것과 같다. 좋게 말해 정보력이지만 자칫하면 시험문제 유출, 출제자와 담합 같은 불법으로 이어진다. 그리고 절차가 길고 까다롭고 시험 횟수마저 제한적인 식년시 대신에 다양한 부정기 시험에 응시하는 것, 위장전입하여 응시 기회를 늘리는 것, 요점정리집에 해당하는 《초집》을 보는 것, 경서 공부는 젖혀두고 문장을 화려하게 꾸미는 따위의 쉬운 방법을 쫓는다. 명종 13년(1558) 조종도는 과거 응시자들이 도리와 진리에는 무관심한 채 문장 꾸미기에만 열을 올리는 행태를 보고 "마치 잘 치장한 상자만 사고 정작 사야 할 구슬은 되돌려주는買櫝還珠 격"이라고 비판했다.[32] 조선 후기에는 제술시험이 많아지면서, 수험생들은 명성 높은 유학자들이나 시관이 될 사람들의 글을 받아 연습하는 경우도 많아졌다.

부정행위도 벌어졌다. 과거시험장 안에서는 협서挾書, 상통相通, 차술借述, 대술代述, 혁제赫蹄, 역서용간易書用奸, 절과竊科 같은 부정행위가 저질러졌다.[33] 그리고 시험답안지를 빨리 제출하려고 하는 한정루呈, 과장에 들어가 시관을 핍박하거나 난동을 부리는 과장난동科場亂動도 있었다. 콧구멍이나 붓 대롱, 도포자락 속에 컨닝 종이를 넣어두기도 했고, 속이 뚫린 대나무통을 이용해 시험장 바깥에서 몰래 답안지를 전달받는 기상천외한 부정행위도 있었다. 시관을 특정 유파로 구성하거나 시관에게 미리 정보를 받는 경우, 채점할 때 피봉을 뜯고 응시자를 확인하는 경우 등 온갖 부정이 저질러졌다.

"시관의 불공평과 응시자의 무치無恥"[34]로 인한 부정행위의 피해는 고스란히 국가와 개별 수험생들이 입는다. 국가로서는 수험생의 부정행위로 인해 유능한 인재를 놓치고, 왕권의 신뢰와 시험의 권위를 상실하게 된다. 국가는 부정행위자들에게 엄한 형벌을 내림으로써, 무너진 권위를 추켜올릴 기회를 얻고자 하지만 쉽지 않았다. 개별 수험생의 고통은 국가의 피해 이상이었다. 숙종 2년(1676) 10월에 치러진 대증광시 초시와 이듬해 2월에 치른 회시에 합격한 이동표가 그랬다.[35] 그가 합격한 회시에서 부정행위자가 발각되자 조정에서는 부정행위가 발각된 회시만 파방罷榜할 건지, 초시와 회시 모두를 파방할지 격론이 벌어졌다. 결정을 기다리는 동안, 시험 때문에 경상도에서 서울로 올라온 이동표는 숙소와 여비문제로 애를 먹고, 혹시 파방될까 노심초사 했다. 안타깝게도 그가 합격했던 초시와 회시 모두 무효처리되었다. 당시 이동표만이 아니라 이 시험에 응시한 모든 수험생들은 고통을 겪었다. 그러나 시험부정으로 인한 파방이 이때가 처음은 아니었다. 많은 수험생들은 그때마다 덩달아 시달려야 했다. 이동표는 이후 한동안 과거시험에 응시하지 않았다.

갈수록 끓어오른 개혁론

측정하는 능력의 타당성, 운영의 공정성은 문제였다. 단순히 몇 가지 기술적인 측면을 고쳐 사용하면 된다는 입장도 있었지만, 진작부터 과거제 외의 다른 선발방식의 도입과 혼용, 나아가서는 과거제 폐지 주장도 있었다. 조광조가 유능하고 뛰어난 인재를 천거해서 채용하는 현량과를 도입했고, 이이, 박제가, 정약용 등도 과거 이외의 인재등용 방식을 도입할 것을 주장했다. 심지어는 과거시험 답안지에 과거제도를 비판하고 다양한 선발방식을 제안하는 이도 있었다.[36]

　과거시험 논쟁은 시험의 종류, 과목, 방식, 채점 등을 둘러싸고 다양하게 전개됐다. 먼저 부정기적으로 치는 시험을 둘 것인가 말 것인가 하는 논쟁이 있었다. 조선시대 문과시험 중 3년마다 치는 식년시의 합격자가 총 5,977명인데 비해, 각종 부정기 시험으로 합격한 자는 9,217명이었다. 특히 조선 후기로 갈수록 부정기 시험의 횟수와 합격자 수가 많아졌다. 그래서 합격자를 임용하지 못하거나, 지급해야 할 토지가 부족해지는 등의 문제가 뒤따랐다. 식년시 합격인원을 늘리거나 부정기 시험 폐지를 주장하는 이들은 경서가 소홀히 되는 점, 요행에 의한 선발, 잦은 시험, 학교의 빈곤화, 합격자에게 부여할 관직의 부족과 같은 이유를 내세웠다.[37] 정약용은 이렇게 말한다.

　경과慶科, 알성과謁聖科, 별시別試, 정시庭試 등 과거 명목이 너무 많고 그에 따라서 제도가 극도로 혼란하다. 경과란 것은 명·청明淸에서 말하는 은과恩科이다. 그러나 나라에 경사가 있으면 인민들이 자연 기뻐서 춤을 출 것이니 꼭 과거를 보여 인재를 선발한 후라야 태평세월을 분식하겠는가? 대체로 과거라는 것은 급제를 하는 자가 한두 명이라면 낙제하는 자는 천, 백 명이나 되고 한 사람이 기뻐서 춤을 추면 천 사람이 눈물을 흘리나니 어디에 여민동락하는 본의가 있는 가? 경과는 옛 제도가 아니니 그것을 폐지함이 타당할 것이다. 거인擧人들이 이 태 동안 공부하여 1년간 과장에 뛰어다니기에도 오히려 바쁜데 더군다나 병년 시丙年試니 알성시謁聖試니 하여 달마다 과거[月課]를 보고 열흘마다 글을 쓰기 에 좌우로 시달리니 횟수가 너무 잦지 않은가? 3년에 한 번씩 대비大比를 실시 하는 외에 일체 과거는 다 타당하지 않다.[38]

부정기 시험의 전폐를 주장한 정약용도 있지만, 때에 따라 필요에 맞게 부정기 시험을 실시해야 한다는 주장도 늘 있어왔다. 왕들은 단기적으로 볼 때, 시험을 통해 권력이 집중되고 왕가의 경사를 기린다는 측면에서 부 정기 시험을 포기할 수 없었다.[39]

[표 1] 조선시대 문과의 과거시험 횟수와 합격자 수

기간	종류	식년시	증광시	중시	별시	정시	알성시	기타	계
503년	시험횟수 (합격자수)	163 (5977)	64 (2584)	52 (380)	171 (2286)	205 (2721)	124 (995)	26 (246)	805 (15194)

* 출처: 한만봉·정덕희·김진욱, 〈과거제도 시험주기의 정책분석〉, 《담론 201》 8(4), 2006, 48쪽.

강경과 제술을 둘러싼 논쟁도 계속됐다.[40] 강경은 경서의 암기와 해독이 중요한 반면, 제술은 시詩나 책策 같은 글 짓는 능력을 중시했다. 유학정신 을 위해 강경을 중시해야 한다는 입장과 국가통치 능력을 위해 제술이 중 요하다는 입장이 맞섰다. 오픈북 테스트 논쟁도 있었다. 명종 11년(1556), "오경五經과 사서四書 및 제사諸史를 계단 위에 놓아두고 마음대로 취해서 볼 수 있도록 하자"는 주장에 대해 경서를 중시한 윤개는 반대했다.[41] 그는 한 발 더 나아가, 시관들의 출제 태도도 문제 삼았다. 출제자들이 책 구석 에 있는 문제를 내지 말고 "쉽게 알 수 있는 제목을 출제하고 책을 가지고 들어가는 것을 엄하게 수색한다면, 비록 다시 출제하더라도 안 될 것이 없을 것"이라며 오늘날의 문제은행식 출제를 권유했다. 그리고 채점의 공정성 문제와 답안지 공개를 주장하는 이들도 있었다. "고시考試를 주관主管하는 사람이 등급 매기는 붓을 잡기에도 괴로우면 눈을 감고서 퇴짜만 놓는다"며 박제가는 심지어 수만 명이 친 시험지를 반나절 만에 등급을 매기는 행태를 비판했다. 이런 주장에 정약용도 힘을 실었다. 그러면서 중국에서는 시험 한 달 후, 시권에다 채점자의 평을 달아 답안지를 돌려준다며 채점 결과의 공개를 주장했다. 시관試官을 특정 유파의 사람들로 구성하는 행위에 대한 비판도 끊이지 않았다.[42] 정약용은 과거시험의 문제점 열 가지를 열거했다.

첫째는 천거를 받지 않고 과거에 응시하는 것과 시험 치는 사람의 수가 정해져 있지 아니한 것이오, 둘째는 학교에 대한 일을 맡은 관원이 없어서 교수가 미리 실시되지 못한 것이오, 셋째는 대과와 소과와 등급이 같지 아니한 것과 학문에 전심하지 못하는 것이오, 넷째는 한 가지 기술에 표준을 두는 것과 요행수를 바라는 폐단을 금하기 어려운 것이오, 다섯째는 시간이 너무 길어져서 차작借作할 여유 시간이 생기게 되는 것이오, 여섯째는 심사가 정밀치 못한 것과 개인 의사대로 함부로 처리하는 것이오, 일곱째는 수험표를 나누어 주지 않기 때문에 잘못을 조사하기 어려운 것이오, 여덟째는 온갖 시험이 자주 있어서 공부할 날짜가 없는 것이오, 아홉째는 경과慶科가 중첩되어 요행수를 바라는 길이 열리는 것이오, 열째는 명경明經을 위주하면서 선발 배치는 각기 다른 곳에 하는 것이다. 열 가지 잘못이 근원이 되어 가지고 천 가지 만 가지가 얼기설기하여 오늘에 이르러 문란하기 그지없어서 한갓 장난거리가 되니 인재가 나지 않고 나라의 명맥이 상하게 되었다.[43]

이러한 진단에 기초해서, 대과와 소과를 단일화하고, 시험시간을 줄이고, 부정기적 시험을 폐지할 것을 제안했다. 근본적으로 인재등용은 신분이나 지역, 서얼 여부와 무관하게 능력에 따라 이루어져야 한다고 보았다.

과거제의 폐단으로 자주 거론되는 내용 중 하나는 학교교육이었다. 수험생들은 시험에 적합한 공부를 욕망했기 때문에, 학교에 머물려고 하지 않았다. 이 점에서 히라카와 스케히로平川祐弘는 "교육기관이 없으므로 학생도 없다. 있는 것이라고는 수많은 떠돌이 수험생뿐이다. 더구나 연구는 이루어지지 않는다. 이것이 바로 중국 교육제도의 큰 결점이며, 이것은 중국이 유럽에 비해 과학적으로 뒤진 원인의 하나"라고 지적한다.[44] 이 점은 중국과 조선이 다르지 않았고, 갑오개혁 이후 학교교육 실시를 주장하는 많은 이들에게 설득력이 있었다.

조선은 과거시험을 실시하던 세 나라 중 가장 먼저 과거시험을 폐지했다. 1894년 갑오개혁으로 신분제 철폐와 함께 새로운 관료 선발방식을 채택하면서 과거시험은 사라졌다. 이 점에서 조선의 과거시험 폐지는 중국과 베트남보다 역사적으로도 앞서지만, 폐지 결정과 시행도 두 나라보다 단호했다. 조선으로서는 과거제도 폐지를 통해 새로운 국제관계로 진입한다는 신호탄을 터트리는 셈이었다. 중화사상을 스스로 내면화하여, 명나라가 붕괴되고 140여 년이 지나도 명나라 연호를 사용할 만큼 중국 한족에 대한 충성도가 높은 나라가 조선이었다.[45] 그런데 과거제도를 중국보다 먼저 폐기한다는 사실은 중국이 예전처럼 조선의 절대적 강국일 수 없다는 선언이었다. 중국이 저물어가는 제국이라면 일본은 떠오르는 제국이고,[46] 조선은 중국의 과거제도를 폐지하는 대신 일본의 교육과 선발제도들을 참고했다.

과거제도 폐기는 신분제 철폐의 역사와 사상을 같이한다. 신분제 철폐를 주장한 갑오개혁과, 사회평등을 주장한 동학농민전쟁은 기존의 능력과 인재 개념을 바꾸었다. 그렇다고 능력에 따른 선발을 포기한다는 의미가 아니었다. 능력주의의 폐기가 아니라, '능력주의의 민주화'를 요구했다. 사실상 특정 계급의 독점물이었던 시험에 모두가 접근 가능하도록 요구했다. 제도가 폐지된다고 곧바로 가난하거나 소외된 계층의 사람들이 시험을 치고 합격할 수야 없지만, 그럴 가능성을 열어놓게 된다는 점에서 과거제도의 폐지는 새로운 세계를 여는 문이었다. 처음엔 그 문이 천천히 열리고 삐걱대지만, 출입자가 많아지면서 세상은 바뀐다.

과거시험, '기형적 조숙'이었는가

중국 과거시험의 시작은 흔히 수나라 문제(587) 때로 알려져 있고, 보편화된 시기는 당나라 때이다. 한반도에서 과거제는 고려를 개혁하고자 했던 광종이 958년에 실시했다.[47] 고려시대에는 무과시험 없이 문과(제술업과 명경업)와 잡과시험만 실시하다가 조선시대에 와서 문과와 무과, 잡과시험을 치르게 되었다. 그럼으로써 행정권력과 군사권력 모두 왕에게서 나올 수 있는 근거가 마련되었다. 베트남에서는 고려보다 늦은 1075년에 처음 과거제도가 도입되었으나 자주 실시되지도, 정기적으로 실시되지도 않았다.[48]

　이런 과거제도를 중국의 학자 진정金諍은 '기형적 조숙'이라고 진단한다. 과거제도에 깃든 '평등한 경쟁, 지식문화에 대한 숭상과 귀족적 편향에 대한 반대, 관료 정치조직의 완비'는 모두 근대적 가치에 근접한 것으로 봉건제 사회에는 너무 조숙한 제도였다고 진단했다. 이 조숙한 제도로 인해 중국과 조선은 오히려 역사적 불행을 맞았다고 본다.

　고대 중국의 이러한 기형적 조숙은 보다 고급의 새로운 사회 역량과 사상이 그

내부로부터 생산되는 것을 어렵게 했을 뿐더러, 보다 수준 높은 외래문화의 도전에도 대처하기 어렵게 만들었다. 19세기 중국문화권에 속했던 조선, 베트남 등의 동아시아 국가도 중국과 마찬가지로 곤경에 빠졌지만, 과거제도를 받아들이지 않았던 일본만은 문화적 전환을 성공적으로 실현했다.[49]

중국과 베트남, 조선의 과거제도는 너무 때 이른 근대적 능력주의를 채택해 불행해졌다는 시각은 과연 정당한가? 과거제도가 시험을 통해 유능한 사람을 선발하려는 능력주의 장치였음은 분명하다. 그러나 '기형적 조숙'이라는 관점에는 몇 가지 문제가 있다. 우선 '기형적 조숙'이라 한다면, 여기에는 과거제도에 조응하는 보편적인 현실 토대가 있다는 시각인데, 과연 과거제도는 어떤 보편적인 현실 토대와 조응해야 하는가? 진정은 능력주의가 근대적 체제와 어울린다는 시각을 전제하고 있다. 그렇다면 산업화와 민주화 같은 근대적 요소를 갖춘 근대국가들에서는 능력주의적 선발이 잘 작동하고 있는가. 어떤 국가에서도 능력주의적 선발이 문제없이 유지된 적은 없다. 시험에 의한 능력주의 입증은 근대국가들에서도 항상 덜커덩거렸다.

그리고 만약 '기형적 조숙'이었다면, 과연 천 년 동안 과거제도가 유지될 수 있었을까? 천 년이라는 세월 속에는 시험을 주최하고 응시하는 상이한 집단과 제도가 존재했었다. 한 국가도 천 년을 유지하기 어려운데, 서로 다른 민족과 국가와 왕권을 거치면서도 과거제도는 유지되었다. 만약 과거시험이 현실 토대에 상응하지 못 하는, 너무나 이른 제도였다면 결코 천 년을 견디지 못했을 것이다. 일본은 과거시험을 실시하지 않아서 근대사회로의 도약에 성공했다지만, 그렇다면 과거시험을 도입하지 않았던 다른 많은 동아시아 국가들은 왜 성공하지 못했는가. 일본 한 나라만의 성공이 곧 과거제의 '기형적 조숙'을 입증할 수는 없다. 뿐만 아니라 중국과 조선이 과거시험 때문에 근대화를 빨리 진행하지 못했다고 단정 지을 수도 없다.

과거제도의 '폐지'를 과거제의 완전한 소멸과 단절로 인식할 것인지도 의심해야 한다. 조선에서는 갑오개혁으로 과거제를 폐지한 다음, 전고국 조례銓考局條例에 의해 사람을 선발하는 제도를 정했다. 이와 같은 과정은 과거제도의 완전한 소멸과 단절인가. 과거시험은 유교사상을 바탕으로 한 시험과목과 그에 따르는 행정과정을 말하는가? 과거제도는 중국, 베트남, 한국에서 완전히 소멸되었다. 그러나 과거제를 계급적 한계 안에서지만, 지필시험을 통한 능력주의적 선발이라고 본다면, 과거제는 근대적인 다양한 시험제도로 이어졌다고 볼 수 있다.

|||
중국은 어떻게 과거시험을 발명했나
|||

흔히 중국 수나라 문제(587) 때부터 과거시험이 실시되었다고 알려져 있다. 그러나 진정金諍은 《중국과거문화사》에서 관리 선발을 위한 지필시험은 한나라 때 시작된 찰거察擧가 그 출발이고, 시험 위주로 인재를 선발하는 본격적인 과거시험은 당나라 때 시작된 것으로 보고 있다. 기원전 197년 한나라 때 유방은 지방에서 인재를 천거하도록 하는 찰거제도를 명시했고, 이후 한나라 문제 때(기원전 178, 165) 천거 받은 자들은 정치, 경제, 군사 등에 관한 문제(책문)에 서면으로 답변(대책)하도록 조령을 발표했다. 관리 선발을 위한 지필시험이 이때 시작되기는 했지만, 선발의 주된 방법은 추천이었다. 이후 수나라 때 과거시험이 시행되었다는 기록은 있으나 명확한 근거를 찾기도 어렵고, 설령 시행되었다 하더라도 정기적이거나 시험 위주의 선발은 아니었다.[50]

618년 당나라가 들어선 후 지필시험 위주의 공개적이고 정기적인 과거제도가 시작됐다. 621년 각 주에서 명경, 진사 등에 밝은 자를 시험으로 선발해서 매년 10월 조정의 시험에 응시하도록 조령을 발표했다. 당나라 때 과거시험은 매년 정기적으로 치는 상과常科와 비정기적으로 치는 제과制科가 있었다.

당나라 때 과거시험이 점차 안착되고 선발하는 인원이 많아지면서, 세족과 서족 가리지 않고 많은 사람들이 응시했다. 그리고 변방 지역민의 정원을 따로 책정하여 지역민을 선발했고, 외국인도 참여할 수 있는 빈공과賓貢科도 실시했다. 서얼에게 과거시험을 허용하지 않았던 조선에 비해 중국의 과거시험은 훨씬 개방적이었다. 평민·중소 지주·농공상 출신도 응시할 수 있었다. 송나라 때는 상피제도나 답안지의 이름을 가리는 봉미법 같은 규정을 만들어 시험을 더욱 엄격하고 공정하게 정비하고, 과거시험 선발인원을 확대하여 많은 인재들을 과거시험으로 흡수했다.

한편 당나라 때 시작된 빈공과에서는 신라인, 발해인, 일본인은 물론 아라비아 사람까지도 선발했다. 주변국 지식인들까지도 중국문화로 끌어들이는 문화통치의 방법이었다. 주변국 사이에는 미묘한 신경전이 있어서, 최치원은 발해국 출신이 빈공과 1등을 차지하자 '치욕'이라 했고, 이후 신라인 합격자가 둘이 되자 치욕을 씻었다고 속 시원해 했다. 신라 출신의 빈공과 합격자는 최치원, 최승우, 최언위처럼 신라에서는 대부분 출세에 제약이 있었던 육두품 출신들이었다. 최초 빈공과 합격자로 알려진 김운경과 입당 6년 만에 빈공과에 합격한 최치원은 신라 유학생들이 선망하는 모델이었다.[51] 고려의 최한, 왕림, 김성적 등도 빈공과 합격자이다.

송나라 이후에도 중국에서는 과거시험을 계속 개편했다. 원나라 때는 시험절차를 향시, 회시, 전시 3단계로 했지만, 장기간 과거시험이 폐지된 적도 있었다. 명나라와 청나라 때는 시험단계를 총 5단계로 하고, 향시와 회시, 전시는 3년에 1회씩 실시하도록 했다. 절차만이 아니라 시험내용이나 합격자 인원도 수차례 바뀌었다. 그렇게 무려 2,000년 동안 중국에서는 과거시험이 실시되었다. 지필시험을 통해 지식인 문화를 형성하고, 지식인을 국가가 관료로 선발해 중앙집권적인 통치체제를 유지했다.

새로운
시험의 세기

과학의 개입: 지능검사와 선다형 문제

16세기 말 과거시험이 서양에 소개된 후, 18세기 독일과 영국, 프랑스에서도 경쟁선발시험을 도입했다. 시험을 둘러싼 찬반 논란도 있었지만, 유럽에서는 시험에 의한 선발이 새로운 사회의 출현과 맞물려 파급력이 컸다. 진화론의 등장, 시민혁명, 과학기술과 자본주의의 발달로 인해 새로운 사회구성과 인간관이 요청되던 시대였다. 그 시대에 시험은 인간을 신분에서 해방시켜서 평등한 개인으로, 또 교육에 의해 성장 가능하고 유능해질 수 있는 개인으로 만들어줄 수 있는 장치로 인식되었다. 서양은 경쟁의 양식으로서 지필시험에 특히 주목했다.[52]

　인구가 폭발적으로 증가하고 원거리 무역이 활발해진 때, 상인들과 법률가, 환전가들은 물건을 거래하기 위해 사람도, 땅도, 물건도, 돈도 수량화하기 시작했다. 모든 것의 수량화가 필요하던 당시에 시험결과의 수량화도 당연한 수순이었다. 미국에서도 늘어난 학생들을 비교할 수 있도록 시험결과의 수량화를 선택했다. 수량화된 결과는 행정가들이나 정치권이 이용하기에 좋은 무기였다. 결과에 따른 지원정책처럼, 학생들의 시험결과를 가지고 학교와 수업을 지배할 수 있다고 보았다. 또한 자본주의의 발달로 교육과 시장을 결합한 표준화시험이 더욱 개발된 시기이다.[53]

지필시험이 소개된 후 지능검사의 개발은 서양에서도 획기적인 사건이었다. 지능검사는 시험을 표준화, 수량화, 상대화, 객관화, 상업화하는 데 절대적 영향을 미쳤다. 윌리엄 보이드William Boyd에 따르면, 1908년 비네와 시몬이 발명한 '비네-시몬 지능검사법' 이후 "지능검사는 거의 단번에 교육과 그 밖의 사회복지 분야에 과학적 측정을 몰고 들어왔으며, 아동과 청소년의 능력을 명확히 추정하는 것으로 환영을 받았다."[54] 유럽과 함께 미국에서도 지능검사와 표준화 검사는 널리 활용되었다. 미국에서는 1909년 손다이크가 개발한 표준화 검사Thorndike Handwriting Scale를 공립학교에서 사용했다.[55] 그리고 쏟아져 들어오는 이민자를 선별하는 데 지능검사를 활용하여, 이민을 제한하고자 하는 이들이 있었다. 이민자들의 "미국화"를 외치는 주창자들에게도 지능검사는 유용했고, 이민자 규제를 바라는 측에서도 이민자들의 "열등함"을 입증하는 수단으로 지능검사가 인기가 좋았다.[56] 우생학자였던 고더드Goddard는 1913년 훈련받은 전문가 두 명을 이주민들이 입국하던 앨리스 섬에 파견하여 정신박약자를 골라내게 했다. 그들이 이민자들을 대상으로 지능검사를 한 결과, 유대인과 헝가리인, 이탈리아인의 약 80퍼센트가 정신박약이고, 많은 이주민들의 지능이 일반적으로 낮다고 두 전문가는 보고했다. 이런 우생학적 실험은 1924년 이민제한법을 낳았다.[57]

무엇보다 지능검사는 선다형 문제 개발로 시장에서 활개를 칠 수 있었다. 1845년 보스턴 지역에 에세이 시험이 소개된 이래, 에세이 시험이 널리 행해졌었다. 그런데 1912년, 1913년에 다니엘 스타치Daniel Starch와 에드워드 엘리엇Edward Elliot의 연구 결과, 에세이 시험은 채점자에 따라 동일한 답안의 채점결과가 매우 다르고, 심지어는 같은 채점자라도 채점결과가 달라진다는 사실이 밝혀졌다. 이로 인해 학생들은 채점자의 주관성을 줄일 수 있도록 단어, 숫자, 짧은 문구 따위로 답할 수 있는 문제를 요구했다. 그래서 1910년대에 단답형 문제가 등장했고, 행정관료들도 단답형 문제를 선호했다.[58] 1914년에는 프레드릭 켈리Frederick J. Kelly가 대규모 집단을 시험하기 위해 선다형 문제 유형multiple-choice item을 개발하기에 이르렀다. 선다형 문제가 본격적으로 활용된 계기는 1차 세계대전이었다. 1917년 미국이 1차 세계대전에 참전하면서, 신병들을 대상으로 대규모 지능검사를 실시하고자 했다. 미군을 위한 시험개발위원 중 한 명이었던 터먼Terman이 오티스Otis의 시험법을 추천했고, 오티스는 켈리의 선다형 문제를 지능검사에 적용했다. 선다형 문제 개발로 소수의 행정가만으로도 대규모 집단을 빠른 시간 안에 측정하고 채점할 수 있었다. 알파Alpha 검사로 알려진 이 검사지로 전쟁이 끝나기 전에 미국은 200만 명 이상의 신병을 검사했다.[59]

이렇게 선다형 문제 덕분에 값싸고 빠르게 대규모 집단의 지능검사를 실시할 수 있었다. 뿐만 아니라 시험출판업의 발달로 지능검사가 1920년대에는 연10억 달러 가치를 내는 산업으로 성장했다. 시험출판업자들은 시험지 판매와 채점 서비스로 이윤을 얻었고 이후로도 시험출판업은 계속 성장해갔다. 1920년대까지 100만 명이 넘는 아이들이 매년 지능검사를 받았다. 지능검사가 확산되면서 학생의 학습부진 원인이 학생 개인의 부족한 능력 때문이라는 "과학적" 주장이 힘을 얻었다.[60] 지능검사로 로스앤젤레스의 멕시코계 학생 3분의 2가 학습부진이나 정신지체로 분류될 정도로, 특히 이민자 자녀들이 고통을 겪었다. 그래서 지능검사가 외국인 혐오증과 과학적 인종주의의 흐름 아래 나온 심리학으로, "원치 않는" 집단의 아이들을 교실에서 몰아내는 추방행위라는 비판의 목소리가 높았다.[61] 1930년대에는 대학입시에서도 에세이 시험이 사라지고 선다형 시험만 남았다.

어느 한 미국학자는 미국 역사상 최대 발명품 중 하나로 선다형 문제의 개발을 꼽았다. 객관성과 공정성의 상징이자 효율성의 상징으로서 선다형 문제는 미국인들의 정신에 더 없이 적합했다.

그러나 스티븐 제이 굴드가 말하듯이 어떤 과학도 인간의 주관과 역사의 산물이라는 점을 잊어서는 안 된다. 인간이 최첨단의 '과학적'인 방법으로 밝혀냈다는 사실들도 시간이 지나고 보면, 수많은 오해와 억측에서 빚어졌음이 드러난 경우가 많다. 초기의 인간 능력 측정법들, 예컨대 머리둘레를 재거나 유명 인사들의 사후에 뇌 용량을 재는 방법이 당시로서는 최첨단 과학이었지만 지금에 와서는 얼마나 어처구니없는 짓이었는지 반성하게 되는 것처럼, 인간은 인간이 개발한 과학적 사실 앞에서 겸손해져야 한다.

또한 지능검사 결과를 가지고 사람들을 적재적소에 배치함으로써 사회를 효율적인 유토피아로 만들 수 있다고 믿었던 루이스 터먼의 신념은 악몽이었다. 지능검사가 이민자들을 그들 땅에서 내쫓는 "과학적" 근거로 사용되고, 미국 내 유색인종 학생들을 분리하고 배제하는 편파적 도구로 사용되었다. "큰 사람이 작은 사람보다 항상 더 용기 있다. 진실인가 아닌가", "우리는 슬플 때 음식을 원하지 않는다. 진실인가 거짓인가"와 같은 문제들이 초기 지능검사 문제에 포함되었다. 그러니 당시 미국사회에서 일었던 지능검사에 저항하는 움직임을 충분히 이해할 수 있다.[62] 1960년대부터 미국 내에서 지능검사에 대한 반박과 저항이 거세졌다. 뉴욕시내 학교에서는 전면적으로 지능검사를 폐지했고, 보스턴에서도 같은 결정을 내렸다. 점점 더 많은 지역에서 지능검사를 통해 학생들의 교육기회를 박탈하는 행위에 반발했다.

지능검사 확산의 기폭제, 한국전쟁

어디서나 전쟁은 지능검사 확산의 계기였다. 일제시대에도 이미 일본 교육계는 평가방식의 전환과 지능검사에 대해 알고 있었다. 일제는 장차 군인이 될 청년들을 체계적으로 관리하고 싶어 했다. 1940년 조선 청년 70만 명에게 체력수첩을 배포하고, 그들에게 체력시험과 지능검사를 실시하여 결과를 기록하고 스스로 관리하도록 만들려고 했다.[63] 해방 이후 한국전쟁을 겪은 우리도 마찬가지였다. 집단 지능검사는 1954년 논산훈련소에서부터 사용되었다. 미 육군에서 만든 집단 지능검사를 이진숙과 고순덕이 번역해 만든 '장정 집단 지능검사'를 활용했다. 이 정책은 지능검사, 적성검사, 성격검사를 적극 활용하기로 했던 1970년대 선병選兵위원회의 결정에도 적용되었다.[64]

군인의 지능검사에 앞서, 미국 시카고대학에서 심리학을 공부했던 염광섭이 1947년 귀국하면서 한국에서 지능검사와 객관식 시험이 활기를 띠었다. 당시 미군정 학무과에 근무하던 오천석과 미국유학 시절 같은 흥사단 단원이었던 염광섭은 귀국하자마자 교육계에 지능검사와 객관적 시험검사법 도입에 앞장섰다. 1947년에 〈정신검사〉라는 지능검사지를 만들어 학생들이 객관식 시험을 치도록 했다.[65] 미국의 교육평가운동에 영향을 받아 당시 각종 검사지 개발에 열을 올렸던 중앙교육연구소는 1955년 서울과 경기도, 강원도, 전라북도 등 초등학생 총 4,400여 명을 대상으로 검사지 표준안을 만들기 위한 지능검사를 실시했다. 그리고 이 무렵 개발된 정범모의 〈간편 지능검사〉는 지능검사의 본격적인 시작을 알렸다.

좀 넓게 생각해보면, 교육기관, 산업기업기관, 군대 등에서 어떤 특정한 일을 위하여 인간을 선발 선정하거나 인간을 적소배치하거나 인간을 위한 특정한 교육을 하거나 할 때에는 타당한 정확한 지능판단을 할 것이 실리상으로나 도의상으로나 필요하게 됩니다. 잘못 판단하여 천재를 범용으로 취급하여 썩혀두게 되는 것, 도저히 감당할 수 없는 대학공부에 바보를 얽매어두는 것, 다 개인적 사회적 불행이고 손실입니다.[66]

지능검사의 과용과 맹신을 경계한다고 밝혔지만, 정범모는 입시, 대학, 군대, 정부, 기업체 등등에서 지능검사를 도입해야 한다고 주장했다. 이는 지능검사가 일종의 광범위한 사회개혁 프로그램임을 표명하는 것이었다. 지능검사를 토대로 효율적으로 인간을 사회에 배치함으로써 효율적 사회를 구성하겠다는 사회개혁의 꿈을 꿨다. 이런 신념이 발동하는 사회를 마이클 영은 경계했다. 지능검사가 한번 시작되면 점점 더 어린 나이에 아이들을 진단하고 분류하기를 원하고, 그 기준으로 사람을 사회에 배치함으로써 마침내 우울한 계급사회에 갇히게 된다는 비관적 전망은 어느 사회에서나 적중했다.

지능검사가 생기고 나면 거부하기가 어려워질 것이라는 예언처럼 한국 사회에서도 지능검사가 걷잡을 수 없이 유행했다. 한국전쟁으로 잠시 연구가 주춤했다가 1950년대 중반부터 다시 시작된 지능검사를 학교마다 의무적으로 실시하고 1970년 초에는 행상들도 지능검사지를 들고 다니며 팔 정도였다.[67] 머리가 좋다 나쁘다고 말할 때, 절대적인 기준이 IQ점수였다. 돈을 벌려는 지능검사 개발자와 유통업자들의 상업적 욕망과 자기 아이의 상태를 알고 싶은 부모의 욕망이 만나 점점 더 많은 어린 아이들을 대상으로 지능검사를 실시했다. 유아들을 대상으로 하는 지능검사지가 개발되고 유통되었다. YMCA, 어린이상담소, 각 구청 등 여러 기관들이 유아들을 위한 지능검사를 실시했다.[68] 지능검사는 장을 넓혀갔다. 군인, 체육선수들 그리고 범죄소년들, 미숙아에 대한 지능검사도 실시했다. 지능검사 결과

가 한 인간의 지적 능력을 과학적으로 입증해주는 보증수표였다.[69]

무엇보다 지능검사가 자리 잡는 데 학교생활기록부의 역할이 절대적이었다. 1955년부터 학교생활기록부에는 학생들의 지능검사 결과를 적는 칸이 생겼다. 딱히 지능검사 결과만 적으라고 만든 칸은 아니지만, '표준검사상황'이라는 칸에는 으레 지능검사 결과를 적었다. 초기에는 표준화 검사가 지능검사밖에 없었고, 각 학교들은 생활기록부에 기입하기 위해서라도 지능검사를 실시했다.[70] 매년 한 학년씩 또는 두 개 학년을 대상으로 지능검사를 실시하고 생활기록부에 결과를 기록했다. 지금도 한 번씩 유명인들의 생활기록부에서 그들의 IQ점수를 볼 수 있는 것도 이 때문이다.

1960년대에 지능검사는 때로 입시를 대체했다. 서울대사대부속국민학교가 그 사례였다. 1961년, 1962년에는 추첨으로 학생을 뽑은 후 지능검사를 실시한 점수로 학급을 나눴다. 1963년도에는 20대 1이라는 높은 입학경쟁률을 보이자 학생들을 지능검사 결과로 선발했다. 이화여대사대부속국민학교도 지능검사로 입학생을 선발했다. 그 당시 자녀의 지능검사에 관심이 높은 부모는 고학력자가 많았다.[71] 고학력자 부모들일수록 자식의 능력을 과학적으로 측정하고 싶어 했다. 지능검사에 대한 관심은 학생 본인들도 다르지 않았다.

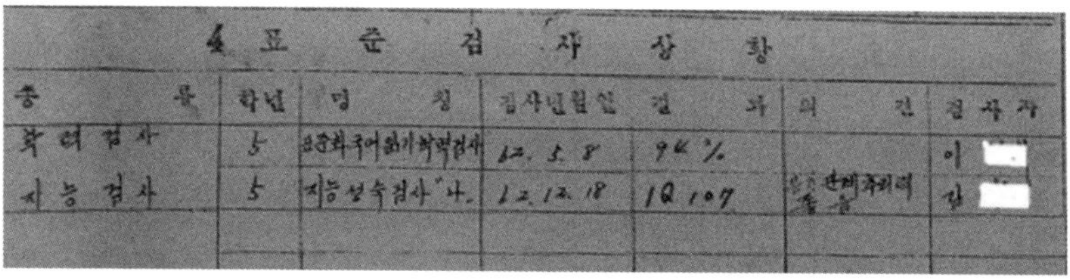

[그림 2] 1964년 2월
A초등학교 생활기록부 중 표준검사상황.

1962년도에 서산중학교 1학년 한 학생은 지능검사를 하고 결과가 나오는 이틀 뒤까지 사흘 내내 일기장에 지능검사 이야기를 적는다.

1962. 6. 28. 수. 흐림: 오늘 첫째 시간에 지능검사시험을 보았다. 그런데 문제는 70여 문제나 되나 나는 시간이 없어서 45여 문제밖에 못했다. 다른 아이들도 다 못한 애가 많이 있으며 다 한 애는 없고 띄엄띄엄 한 애도 많이 있다. 약 30분간 주었으나 나는 1시간 주었으면 했다.

1962. 6. 29. 목. 맑음: 어제 지능검사 시험문제는 중학교에 시험 보고 합격됐다면 모두 풀 수는 있을 것이다. 그러나 시간 40분간에 70문제를 하자면 시간이 없어, 또 이해하기가 어려워서보다 선뜻 생각이 안 나서 잘못했다. 우리 반에서 누가 지능이 제일 좋을지.

1962. 6. 30. 금. 개임: 종례시간에 선생님께서 수요일 날 본 지능검사 결과를 발표했는데 나는 108점이었다. 우리 반에서 임면호가 126점으로 제일이다. 120 이상은 수재이고 80~120까지는 보통, 130이상은 천재이다. 또 80 미만은 가장 나쁜 지능이라고 한다.

검사시간이 부족해 안타까웠고 다음날 다시 곱씹어보니 또 안타깝고, 그러면서도 반에서 누구 지능이 가장 높은지 궁금하다. 드디어 사흘째, 결과가 발표되었다. 공개적으로! 언론들도 지능검사 결과를 곧잘 활용했다. 입학금이 없는 한 가난한 학생을 도와달라며 언론은 그 학생의 높은 IQ점수를 내걸었다. 이 신문기사는 "메마른 세파"에도 꽤 호응을 얻었다.[72] 그러나 만약 그 학생의 IQ점수가 보통이었다면 언론은 기사를 실었을지, 사람들은 어떤 반응을 보였을지 자못 궁금하다.

　지능검사 결과가 많은 사람들에게 회자된 시기는 1968년 중학교 무시험 진학정책이 발표된 다음이었다. 중학교 입시 폐지정책이 나왔지만, '일류 중학교' 체제에 익숙해 있던 당시 교육계와 학부모들은 평준화에 시비를 걸기 시작했다. 지능검사 결과는 좋은 무기가 되었다. 학생들의 실력 차 때문에 도무지 수업이 안 된다는 교육계와 학부모의 목소리가 반복되었다. 먼저 학교에서 IQ점수나 학력고사 점수로 학생들의 실력 차를 문제 삼았다. 교육 당국도 지능검사를 활용했다. 학교의 저항에 대응하기 위해, 서울시교육위원회는 서울시내 초등학교 6학년 12만 명을 대상으로 지능검사를 실시하고, IQ 70 이하인 학생 학부모들에게 중학교 진학을 포기하도록 종용했다. 미국 이민자들이 앨리스 섬에 발을 딛자마자, 연필을 쥐어주고 단어를 말하라는 등 낯선 지능검사를 실시해 이민자들을 정신지체자로 만들었듯이, 처음으로 지능검사지를 대하는 초등학교 6학년 아이들의 낮은 점수를 교육 당국은 오히려 반겼다. 지능검사의 창시자 비네가 지능검사로 예후나 예측을 시도해서 안 된다던 경고는 무용지물이었다. 몇 년 후에는 지능검사 결과를 가지고 중학교 내에서 능력별 반 편성을 하려는 시도도 있었다.[73]

　1970년대부터 IQ검사를 비롯한 각종 검사의 과용과 오용을 비판하는 교육학자들이 있었지만, 지능검사는 해방 이후 우리 교육계를 거의 장악해오다시피 했다. 심지어 2014년에도 몇몇 초등학교에서는 '다중지능' 검사를 실시했다. 검사지는 하워드 가드너Howard Gardner의 다중지능이론에 근거한 것이라고 밝혔다. 하워드 가드너 스스로는 표준화 검사에 반대해 지능검사지를 안 만들었지만,[74] 대한민국에서는 '다중지능' 검사지 결과로 울고 웃는 부모들이 있다. 아직도 외국에서 수입한 각종 검사지들은 부모의 불안한 마음 틈새를 비집고 맹렬한 기세로 몰려온다.

　지능검사의 도입은 곧 객관식 시험의 도입이었고, 처음엔 응시자들이 당황스러웠지만 곧 응시자와 시험주관자 모두 만족하는 시험방식이 되었다. 객관식 시험의 도입에는 국가의 개입이 컸다. 해방 직후, 한국전쟁기, 군사쿠데타는 객관식 시험 도입의 직접적 계기였다.[75] 해방 이후 미국 교육의 영향으로 '과학적 평가운동'이 전개되면서 객관식 시험법이 소개되고, 한국전쟁 중에는 국가 차원에서 중학교 입학시험을 객관식으로 쳤다. 그리고 1961년 군사쿠데타 직후, 학사자격고사와 대학입학시험을 국가 차원에서 사지선다형 시험으로 실시했다. 1980년 신군부의 쿠데타 후 도입한 학력고사는 모든 수험생에게 '시험은 사지선다형'이라는 공식을 확고하게 만들었다. 그 이후 대학수능시험에서 사지선다형이 오지선다형으로 바뀌었을 뿐, '시험은 객관식', '시험은 선다형'이라는 공식이 오랫동안 국민들의 정신을 지배해왔다.

입시만이 아니라, 각종 고시와 공무원시험도 해방 이후 객관식 시험으로 전환되었다. 1960년 12월 개정한 〈공무원고시령〉에 의하면 '객관식'에 의한 1차 고시 합격자에게만 2차 '주관식 논문식' 시험을 치게 했다.[76] 이에 따라 1961년부터는 이른바 '택일식擇一式', 즉 선다형 시험이 고시와 공무원시험에 적용되었다. 1962년에는 〈공무원고시령〉을 개정하여, 객관식 시험을 원칙으로 하고 주관식을 가미한 것으로 바꾸었다. 이로써 선다형 시험은 모든 시험법의 제왕이 되었다.

지능검사와 객관식 시험의 사용은 우리에게 평가에 대한 새로운 생각을 열어준 측면도 있다. 출제문제의 타당성과 신뢰도를 따지게 만들었고, 시험내용만이 아니라 방법에도 눈을 돌리게 했다. 표준화된 검사는 잘게 쪼갠 여러 개의 문제를 묻고 객관적인 대답을 기입하도록 했다. 그렇게 얻어낸 답안의 숫자를 가지고, 전체 응시자 대비 개인을 서열화하는 다양한 방법을 개발했다. 사상적 내용이 충만했던 동양의 시험이 서양의 이른바 과학주의를 거쳐 새로운 시험으로 재탄생했다. 동양에서의 천 년 세월과 서양에서의 새로운 시험법과 통계기법이 결합하여 시험은 더 강력해졌다.

세계, 시험으로 통하다

동양과 서양의 시험은 지금 하나의 길에서 만났다. 자유경제를 표방하는 글로벌 시장에서 만났다. 전 세계 청소년들이 제 나라 말로 번역된 똑같은 시험지를 들고 문제를 풀고 점수를 받고, 각 나라의 교육정책과 교육 현실이 비교되는 시대가 되었다. 시험지 하나로 세계 교육의 성취와 교육정책을 비교할 수 있게 되었다. 경제의 세계화처럼, 시험결과의 수치화는 국제적 비교를 가능하게 하고, 국가경쟁력을 말할 때 중요지표가 되고 있다.[77]

현재 세계인들은 영어 능력을 알기 위해서는 토익이니 토플이니 하는 시험을 친다. 이 시험성적 하나 받아들어야 유학을 가고, 일자리를 구할 수 있다. 세계가 하나의 시험을 치고 있다. 세계 모든 국가의 사람들 실력을 하나의 시험지로 해결할 수 있게 되었다. 번역어로 된 시험지가 아니라 강대국 언어로 된 하나의 시험지로 통일되고 있다. 글로벌화 되는 시험은 글로벌화 된 지식경제의 완수를 의미한다고 해석하는 교육학자들도 있다.[78] 시험 규모가 커질수록 능력을 표준화하게 되겠지만, 지역의 문화적 특수성은 잃어버리게 된다. 지구상에서 날마다 사라지는 언어가 늘어가고, 하나의 언어가 사라질 때마다 하나의 문화가 사라진다고 하지만, 문화의 상실보다 먼저 숫자로 주어지는 세계 각국의 순위와 새로 획득해야 할 능력에 모두 정신이 팔릴 수밖에 없다.

지능검사가 세계의 시험을 제일 먼저 통일시켰다. 국가별로, 지역별로 제각각 쳐왔던 시험을 지능검사를 통해 통일했다. 이제는 꼭 지능검사만이 아니라, 세계기구들은 세계 청소년들의 수학 능력을 비교분석하고 있다.

TIMSS와 PISA가 대표적이다. TIMSS(The Trends in International Mathematics and Science Study: 수학·과학 성취도 추이변화 국제비교 연구)는 초등학교 4학년과 8학년들을 대상으로 수학과 과학 능력을 평가한다. 1995년에는 40개국이 참여했지만 2011년 약 70개국이 참여해서 수학과 과학 성취도를 나라별로 비교했다.[79] OECD 주관의 PISA(Programme for International Student Assessment: 국제 학생평가프로그램)는 2000년에 시작해서 3년마다 만 15세 학생들을 대상으로 읽기, 수학, 과학 능력을 평가한다. 2015년 평가에 72개국 약 54만 명의 학생들이 참여했다.

세계 공통의 시험은 '스타 국가'들을 만들어내고 있다. 싱가포르, 홍콩, 상하이, 한국, 일본 같은 아시아 국가와 도시들의 시험 성취결과는 탁월했다. 우리나라의 경우, 한국전쟁 후 고작 50~60년만에 국제시험계를 석권하고 있다. PISA가 실시된 이래 수학, 읽기, 과학 영역에서 최상위 수준의 성취결과를 유지해왔다.[80] PISA가 만든 최고의 '스타 국가'는 현재까지 핀란드이다. 핀란드의 평가결과는 한국과 어금버금하지만, 학습강도가 높고 학생의 흥미도가 낮은 아시아 나라들과는 여러모로 대조적이었다. 핀란드 교육은 경쟁적이기보다 협력적이며, 학생들의 학습흥미도가 높다는 평가를 받고 있다. 놀기도 잘 하는 아이가 공부도 잘 한다고 해야 할까.[81]

그러나 이 같은 국제화된 평가를 비판하는 목소리도 거세다. 미국, 독일, 프랑스가 PISA 결과 상위권에 속한 적이 없었다. 그렇다고 이 국가들의 교육은 형편없는가. 순위가 낮아도 한국의 학부모들과 학생들은 이 나라들의 교육제도를 부러워한다. 독일은 PISA 성적에 비교적 관심이 적다.

내가 독일에 있을 때도 PISA 시험결과를 두고 보수적 일부 언론에서는 "독일 이대로 좋은가" 하는 기사도 있었지만, 대체로는 시험성적이 낮은 걸 크게 문제 삼지 않는다. 왜냐하면 독일의 힘은 기술에서 나온다고 보기 때문이다. 독일에서

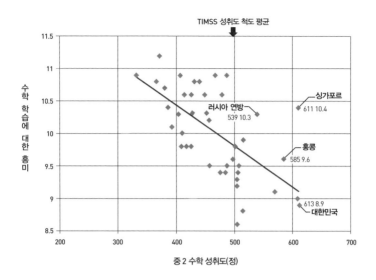

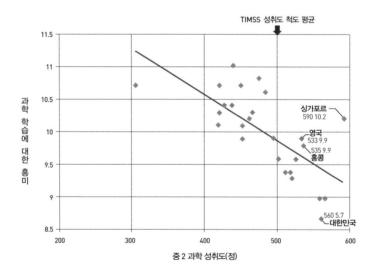

[그림 3, 4] TIMSS 수학과 과학 성취도와 학습흥미의 관계

* 출처: 한국교육과정평가원, 〈TIMSS 2011 결과 분석에 근거한 수학·과학 학습 흥미 향상을 위한 제언〉, 2013. 12. 14.

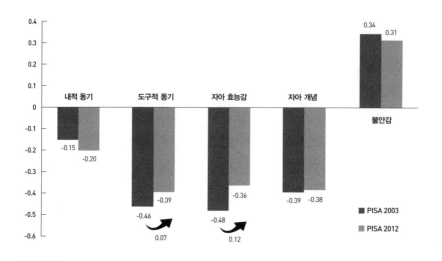

[그림 5] 수학 학습에 대한 정의적 특성 추이 변화(PISA 2003과 PISA 2012)

※ 각 지수는 표준점수(평균 0, 표준편차 1)임

* 지수가 높을수록 수학 불안감이 높음을 나타냄

* 도구적 동기: 수학이 미래의 학습과 직업에 유용할 것이라는 인식에 의한 학습 동기로, 수학에 대한 가치와 관련됨

* 자아 효능감: 주어진 과제를 성공적으로 수행할 수 있는 자신의 능력에 대한 믿음

* 출처: 한국교육과정평가원, 〈OECD 국가 중 수학 1위, 읽기 1~2위, 과학 2~4위〉, 2013. 12. 3.

는 "고졸은 포르쉐 타고, 대졸은 폭스바겐 탄다"는 말이 아직도 있다.[82]

미국 내에서도 기본적으로 PISA와 같은 국제적 평가는 한계가 있다고 지적하는 학자들이 있다. 마틴 카노이Martin Carnoy는 "정책 당국자들이 이번 평가를 가지고 종종 지나치게 단순화한 결론을 내리지만 사실 평가결과는 해당국 교과과정이나 강의의 질에 대해선 아무것도 말해주지 않는다"고 지적했다.[83] 다이앤 래비치Diane Ravitch도 미국 교육부가 시험 - 처벌전략을 더욱 강화하는 도구로 PISA 결과를 해석하는 것은 잘못이라고 목소리를 높였다.

우리는 측정할 수 있는 것만 측정한다. 학생들이 시험문제에 정답을 찾아낼 수 있는지를 우리는 측정한다. 그러나 우리는 더 중요한 것들은 측정할 수 없다. 성적은 학생들의 상상력, 추진력, 좋은 질문을 할 수 있는 능력, 그들의 통찰력, 독창성, 창의성에 대해 전혀 말해주지 못한다. 만약 우리가 부시와 오바마 행정부의 교육정책을 지속한다면, 결코 높은 성적(아시아 국가들이 우리보다 훨씬 더 낫다)도 얻지 못하고, 또한 수년 동안 새로운 능력과 새로운 아이디어의 배양자 cultivator로서 우리나라가 누려온 특권적 자질마저도 파손될 것이다.[84]

PISA도 결국은 교과중심 평가에 불과하다는 비판에 학생들 간 협력 능력을 평가에 도입했지만, 그 또한 평가인 한 한계가 있다. 또 다른 비판들도 있다. 과연 정치, 문화, 경제적 환경이 다 다른 국가의 교육결과를 하나의 서열로 매길 수 있느냐의 문제, 서열이나 등급으로 지나치게 단순화한 결과 발표는 과연 정당한가의 문제, 학습결과를 너무나 자의적으로 해석한다는 문제, 학생들의 사소한 행동이 결과 수행에서 큰 차이를 낸다는 주장, 다양한 언어로 시험이 치러지는 어려움, 근본적으로는 학생들의 능력을 정확하게 파악해서 세계 각국과 비교할 수 있다는 평가관에 대한 반대 등이 있다.[85] 글로벌한 평가의 등장으로 마치 한국사회는 금메달 몇 개 땄냐는 식의 '시험 올림픽'처럼 점수와 서열을 보도하는 방식은 어느 국가에도, 어느 학생들에게도 보탬이 되지 않는다.

|||
주요섭, 1930년에 지능검사와 객관적 고사법을 주장하다
|||

지능검사와 객관식 출제법이 우리나라에서 본격적으로 실시된 때는 해방 이후다. 해방 직후 미군정기에 학무과장과 문교부장을 지냈던 오천석이 1946년과 1947년 중등학교 입학시험을 "객관적으로", "과학적으로", "지능검사식으로" 출제한다고 발표하고 실제로 중등학교 입학시험은 변화하기 시작했다. 이런 객관식 출제가 이미 일제시대에 한반도에 소개됐다. 일본 학자들의 연구도 있었지만, 미국식 객관적 고사법을 직수입한 조선인들도 있었다. 우선 다른 이들은 놔두고, 교육평가운동이 한창이던 1921년 미국에 유학 가 콜롬비아대학에서 교육학 박사학위를 받고 십여 년 만에 귀국한 오천석에게 '멘탈 테스트'(《동아일보》 1934. 3. 18)는 자연스러운 일이었다. 그는 해방이 되고 문교부에서 정책을 펼칠 기회가 생기자 지능검사와 객관식 시험을 전격 도입했다.

1931년 제야에 귀국했던 오천석에 앞서, 1930년에 지능검사와 객관적 고사법 도입을 적극적으로 피력한 인물이 있었다. 미국의 교육평가운동이 오천석에게 영향을 미쳤듯이, 중국 후장대학에서 교육학을 전공한 다음 1928년 미국 스탠포드대학에서 교육심리학을 공부했던 주요섭에게도 영향을 미쳤다. 지금은 〈사랑방손님과 어머니〉를 쓴 소설가로 널리 알려져 있지만, 주요섭은 소설가 이전에 언론인이고 교육자였다. 그는 1930년 〈시험철폐와 그 대책〉에 관해 《동아일보》에 무려 20회에 걸쳐 글을 실었다. 광주학생운동으로 학생들의 동맹휴학과 시험 거부가 잦았던 이 해에 정기시험을 폐지하겠다고 발표한 학무국의 의도가 의심스럽기는 했다. 그렇지만 주요섭은 학교에서 정기시험이 폐지된다면, 학교와 교사가 무엇을 어떻게 해야 할지 교육적 식견을 소상히 밝혔다.

이 연재기사에서 주요섭은 "과학적이고 객관적이고 비교적인" "신식 시험법"으로 월말고사를 쳐야 한다고 주장했다. '신식 시험법'의 사례로 진위법, 보충법, 선택법 등을 소개했다. 그리고 지능검사의 의미와 '지능 연세'를 계산하는 법 등을 소개하며, 지능검사를 전적으로 신뢰하는 것도 어리석지만, 폄하해서도 안 된다고

주요섭이 제시한 객관적 고사법

보충법) 빠진 구를 써넣도록 하는 법
    예. 이순신은 유명한 장수로써 □ □ □ □ 때에 □ □ □ 을 발명하야가지고 □ □ 을 싸화 이긴 사람이니 후에 사람들이 그를 일흠하여 □ □ □ □ 이라 하니라.
선택법) 바른 해답 아래에 줄을 그어 표하도록 하는 법
    예. 미국의 독립한 해는 1765, 1170, 1930, 1776, 1805.

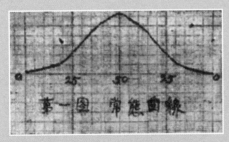
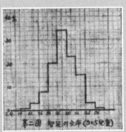

[그림 6] "상태곡선"과 "지능의 분포"(《동아일보》 1930. 11. 6):
주요섭은 두 그래프를 통해 정상분포 곡선과 두뇌의 정상분포를 설명하고 있다.

지적했다. 지능검사는 학생들의 노력 정도를 알게 해주는 자료일 뿐 아니라, 교육방법을 결정하는 데도 필요하다고 보았다. 그러나 주요섭이 보기에, 지능검사를 조선에 적용하는 일은 무척이나 요원해 보였다. 지능검사지를 조선어로 번역하고, 타당성 확보를 위한 기초작업을 하는 데 이삼십 년 걸리고 비용도 많이 든다며 탄식했다.

그렇다고 주요섭이 그 이상을 포기하지는 않았다. 1932년 잡지 《삼천리》에서 이상적인 중등학교에 관한 글을 요청했을 때, 그는 교명을 '유토피아 고등보통학교'라 짓고 이 학교의 학생 선발방법을 이렇게 구상한다.

1. 보통학교 성적 2. 지능측정 성적 3. 상식시험 성적 4. 건강진단서 5. 성질과 근면에 대한 보통학교 훈도의 의견서와 학부형의 의견서. 이상 각종을 종합하여 보아서 일정한 수준 이상에 올라오는 소년들을 입격시킬 터이다.

유토피아 고등보통학교에서는 성적을 기록하는 법도 달랐다. 오늘날 학교생활기록부처럼, "학력뿐 아니라 매 생도에 관한 취미, 노력, 성질, 특장, 단점 등을 간략히 표시하는 기록"을 만들어 학생들의 지도에 참조한다. 주요섭이 꿈꾸던 교육이 모두 실현되진 않았지만, 해방 되고 적어도 지능검사와 객관식 출제법은 실시되었다.

'꺼삐딴 리'의 세상, 외국어시험

우리 역사에서 외국어 능력은 입신과 출세의 필수사항이었다. 강대국이 바뀌면 지식인이 습득해야 할 언어도 바뀌었다. 시대의 바람보다 빨리 강대국의 언어를 공부하고 그에 능통하다면 출셋길이 열렸다. 지난 수백 년, 남들에 뒤처지지 않으려면 외국어 공부를 숙명처럼 받아들여야 했던 역사였다.

조선시대 공부의 기초는 한문이었다. 한글이 만들어졌으나 지식을 전달할 수 있는 언어도, 공신력을 가진 언어도 아니었다. 물론 과거시험에서 시험언어로 채택되지도 않았다. 만약 세종이 한글을 공식 언어로, 그리고 과거시험 언어로 채택했더라면 혁명적인 사회 변화가 있었을 것이다. 한글이 특별한 교육기관이 없었음에도 유포되었다는 점을 감안해보건대, 한글을 공식 언어로 삼았다면 평민들도 그들의 권리를 주장할 수 있었을 것이다. 상소를 올리는 일도 가능해지고, 각종 공지사항을 볼 수도 있으며, 또한 과거시험 접근도 한결 쉬웠을 것이다. 평민들이 과거시험에 접근하기 어려운 이유 가운데 하나가 한문이었다. 오랜 학습기간이 필요했던 한자문화를 기반으로 한 과거시험은 높은 진입장벽이었다. 이 점에서 확실히 양반들은 감히 평민들이 넘보지 못할 성채 위에 있던 존재들이었다.

입신출세의 지름길, 외국어 공부 붐

갑오개혁으로 한글이 공적 언어가 되었지만, 영향력을 미칠 시간은 짧았다. 한글보다 세계 열강 속에서 새로운 지식을 직수입하기 위한 새로운 언어, 즉 일본어와 영어가 꼭 필요하다는 사실을 권력과 지식인들은 절감했다. 그렇다고 한자가 지배해왔던 수백 년의 역사를 한꺼번에 다 지워낼 수도 없었지만, 시대는 새로운 언어에 능통한 사람들을 요청하고 있었다. 등장하는 열강의 수만큼 필요한 언어도 여럿이었다. 유교문화에 젖어 있던 이들은 한자에, 서구의 자산에 마음을 뺏긴 이들은 영어에, 일본을 통해 신세계를 맛본 이들은 일어에 제각각 빠져 있었다. 하나의 외국어만 아니라 몇 개의 외국어를 쫓아다니기도 했다.

윤치호의 일대기는 급변하는 개화기 정세에서 지식인들이 어학 공부에 얼마나 바빴는지 잘 보여준다. 1865년생인 그는 어린 시절 누구보다 유학을 착실히 공부했고 한문에 능통했다. 그러나 박규수 문하에서 공부하면서 새로운 세상에 눈을 뜨기 시작했고, 1881년 신사유람단으로 일본에 가 일본말을 배우기 시작했다. 그때 열여덟이었다. "우선 일본말부터 배워야 신문명을 가장 가까운 일본에서 수입할 수 있으리라는 선견을 가졌기 때문"이었다. 그렇게 일본에서 공부하고 있는데, 수신사로 일본으로 건너온 김옥균이 영어 공부를 권유했다.[86] 일본을 경유하지 않고도 서구의 신문명을 직수입하기 위해서, 그리고 "국제무대에 나설 인물이 필요"하기 때문에 영어를 배워야 한다고 간곡히 당부했다. 일본어 공부를 하던 그는 "영어를 배우기로 결심했다." 그래서 요코하마 네덜란드영사관 서기관을 찾아가 영어를 "다섯 달 동안 매일 한 시간씩 배웠다."[87]

"변변찮은" 실력이었지만 1883년 5월 조선으로 가는 미국공사公使 푸드의 통역관이 되어 조선으로 귀국했다. 조선에서도 외무아문통상교섭 주사

벼슬을 얻었다. 갑신정변 실패 후 "상해로 향했는데 이는 좀 더 서양말 공부를 하려는 작정" 때문이었다. 중국에서 선교사가 운영하는 중서학원中西學院을 다니면서 4년가량 영어, 수학, 화학 등을 배웠다. 1888년 미국 밴더빌트대학 신학부장의 소개로 미국 유학길에 올라 1895년에야 귀국했다. 그러고도 그의 부지런한 어학 공부는 끝난 게 아니었다.

윤치호의 어학 능력은 그의 장구한 일기장에도 드러난다. 1883년 1월 1일부터는 한문으로, 1887년 11월 11일부터는 한글로, 1889년 12월부터는 영어로 일기를 썼다. 그 시대를 살았다고 누구나 윤치호처럼 여러 외국어를 잘 할 수야 없는 노릇. 그랬기에 8개 국어를 하는 사람이라는 소문이 따라다녔던 윤치호를 보고 이광수도 "어학에 특별한 천재"라고 경탄했다.[88] 당시 외국어 공부에 쏠린 조선인의 관심은 외국인 눈에도 보였다. 노부오는 조선에서 일본 세력이 성하면 일어학교 학생 수가, 러시아 세력이 성하면 러시아어 학생 수가 급증한다고 지적했다. 아펜젤러 역시 조선인들에게 왜 영어를 배우려고 하느냐고 물으면 벼슬을 얻기 위해서라는 공통된 대답을 듣는다고 말했다. 한 집안에서도 변화하는 외세에 맞추어 사촌형제 5명이 각각 영어, 일어, 중국어 등을 배우도록 역할 분담하는 사례도 있었다.[89]

이 시기 국가 차원에서도 1885년 육영공원을 설립하여 외국어 교육을 시도했다. 고종은 육영공원 학생들을 방학 중에도 불러 시험 치도록 명령하고, 때로 시험결과에 따라 상과 벌을 주라고 재촉했다. 그뿐 아니라 직접 승지들을 거느리고 경무대에 나아가 시험을 보고 합격자 인원을 정했다.[90] 육영공원의 운영과 학생들의 자세가 점차 해이해지자 1894년 국가기관으로서는 문을 닫았지만, 외국어에 대한 열의는 관립 외국어학교들로 이어졌다. 일어, 영어, 독어, 프랑스어, 중국어, 러시아어를 가르치는 관립 외국어학교를 세워 학생들에게 무상으로 배우도록 했다. 외국어학교에 대한 수요가 많아 입학도 시험을 쳐서 선발했다.

꼭 외국어학교를 목표로 하지 않더라도 일어와 영어를 배워야 한다는 생각은 널리 퍼졌다. 1928년에 휘문고보 교장이 된 이윤주는 1905년 일본으로 건너가기 전 민영환이 설립한 흥화영어학교에서 4개월, 최재익이 운영한 일어학교에서 잠시 영어와 일어를 배운 다음, 일본으로 가서는 예비학교에서 영어와 일어 공부를 계속했다.[91] 보성고등보통학교 교장이었던 최명환도 열여섯까지 한문 공부만 하다가 나이 열일곱에 친구 아버지 집(나중에 학교로 인가를 받았다)에 가서 일어를 2년 동안 배웠다. 1900년대 들면서는 외국어 교육기관이 늘면서 입학생 모집에 외국어 실력을 요구하는 곳이 생겨났다. 1907년 관립 한성고등학교에서는 입학시험 과목으로 한문, 국문, 산술 과목과 함께 일어시험을 요구했고,[92] 최명환이 나이 스물 되던 1906년에 관비유학생 보결시험에 응시했을 때도 일어시험을 쳤다. "일곱 여덟 명 정도"를 뽑는 이 시험에 200여 명이 응시할 정도로 인기가 높았다.[93]

한편, 1895년 제각기 운영되던 관립 외국어학교들은 관립 한성외국어학교로 통합되면서 학내시험을 엄격히 실시하기 위한 규정을 마련했다. 국가에서는 무엇보다 외국어 능력을 갖춘 이들이 필요했다. 민간 차원에서도 한편으로는 국가의 새로운 비전을 만들기 위한 수단으로서, 한편으로는 혼돈의 시대에 개인이 출세하기 위한 수단으로서 외국어는 절실히 필요했다. 그러한 욕망을 선교사들과 외국세력도 잘 알고 있었다. 일본공사가 관립 일어학교에 찾아가 선물을 안기기도 하고, 영어학교도 속속 늘어나는데 프랑스는 뭘 하냐며 서둘러 프랑스어 교육을 위한 지원을 아끼지 말라고 자국 외무부장관에게 연락을 취한 프랑스 공사도 있었다.[94] 외세, 국가, 민간, 모두의 열망이 일차적으로는 외국어 교육으로 집중되던 시기였고, 그 열망은 서서히 외국어가 시험과목으로 등장하도록 만들었다.

경성제대 합격도 일어 점수에 달려

모든 공식 언어가 바뀌었다. 식민지 백성으로서 보통학교에 입학하는 일곱 여덟 살부터 갑자기 일본어 교과서를 들고 일본어로 말하고 공부해야 했다. 혹자는 일본어 보급이 학문의 보고를 여는 유일한 "개금開金(열쇠)"이라 하지만, 교과서 조사위원 중 한 명이었던 임경재는 이렇게 일갈한다. "개금開金 준비에만 몰두하다가 목적하는 바 학문고學問庫는 열어보지도 못하면 도로무공徒勞無功 아닌가."[95] 학생들만 아니라 돈 내라는 납세고지서 빼고 법령이나 게시물까지 전부 일본어였고, 일어로 한 번 발표 난 뒤에는 무조건 "토지나 산야도 국유로 편입"되어버렸다. 수백 년 부르던 지명도 느닷없이 바뀌었으니 "이천 만 조선인은 모두 불편하고 오직 삼십만 일본인만 그 불편을 모르던" 때였다.[96] 일제 말기 창씨개명 정책으로 멀쩡한 이름과 성까지 바꿔 불러야 하는 판이 되니, 보통사람들에게는 큰 난관이었다.

일본은 동학농민운동을 핑계로 한반도에 쫓아 들어왔고, 1905년 러일전쟁에서 승리하자 제국주의의 야욕을 드러냈다. 그들의 지식과 기술은 조선보다 앞서 있었고, 이를 개화파 지식인들도 알고 있었다. 비단 조선만 아니라, 중국에서도 그랬다. 뤼쉰, 쑨원, 저우언라이 등 중국 지식인들도 일본으로 유학을 떠났다.

부지런히 일어를 익히고 일본 유학을 다녀온 사람들에게 먼저 기회가 열렸다. 일본이 집권하는 조선 땅에서 가장 먼저 필요한 인물들은 그들의 사상과 지식, 언어에 친숙한 사람들이었다. 1920년대 초반에 일본에서 중등 이상의 학교를 다녔던 이들이 벌써 1,300여 명이었다.[97] 이들의 활동무대는 신문사, 병원, 학교, 교육 연합조직, 지역 평의원, 종교단체 등 실로 다양했다. 1920년대 초반《개벽》에서 선정한 명사 23명 중 16명이 일본 유학을 다녀온 이들이다. 이들은 메이지대학, 와세다대학, 게이오의숙, 도지샤

대학 등의 일본 학교를 다녔다. 1933년 《삼천리》에서 소개한 유학파 인재들 중에서도 단연 일본 유학자들이 많고, 활동도 가장 왕성했다. 여성들도 다르지 않았다.[98]

학교에서는 철저하게 일어 사용을 생활화했다. 일어를 안 쓰는 학급친구를 교사에게 고자질하여 벌칙을 주는 일은 예사였다.[99] 일본이 일본어 교육에 매달린 이유는 학교교육령을 보면 잘 알 수 있다. '국어(일어)' 교육은 "국민성의 특징과 국민성의 유래를 알게 해서 국민성을 함양시키는 데 목적"이 있었다.[100] 입시에서 특히 일어는 중요했다. 우선 1920년대 후반부터 대부분 중등학교 입시과목이 일어와 수학뿐이었다. 그마저도 1939년 지필시험에서 수학은 없애버리고 일어만 남겨놓았다. 그런데 산술시험을 없앤 학무과장의 대답이 재미있다. 신문사 기자가 왜 산술과목을 없애고 국어시험만 보는가 캐물었다. 그러자 학무과장 왈, "종래의 경험이라든지 교육 근거에서 보면 국어를 잘 하는 아이이면 틀림없이 산술도 잘 한다."[101] 각 학교에서 이의 제기가 많아 1942년부터는 다시 산술시험을 치게 되지만,[102] 입학시험에서 내내 일어 비중이 높았으니 수험생 입장에서는 일어 공부에 집중할 수밖에 없었다. 전문학교나 대학 예과에서도 시험과목을 일어와 영어 등 몇 과목으로 조정했다. 일어시험 비중이 어느 정도 높았냐 하면, 경성제대 예과 입시에서 1934년 수학과 영어가 각각 200점, 국사와 선택과목이 각각 150점 만점인데, '국어 및 한문', 즉 일어는 무려 600점이었다. 영어와 수학시험 두 과목을 합친 것보다 배점이 1.5배나 되었다. 일어 공부에 집중하지 않고는 경성제대 예과 입학은 불가능했다. 그리고 지원 학교에 제출하는 내신서에는 담임교사가 학생들의 일본어 실력을 곧잘 언급해놓았고, 면접시험도 능숙한 일어 실력이 없으면 어려웠다.[103]

일어 능력이 특히 문제가 된 곳은 일본인과 일어 실력을 겨뤄야 하는 관립 전문학교나 경성제대 예과 입시였다. 경성제대의 첫 입시 결과와 입시

문제는 조선인들의 분노를 자아냈다. 일본인 합격자들이 두 배나 더 많았기 때문이다(조선인 합격자 29명, 일본인 합격자 61명). 학교 당국자는 실력에 의한 공정한 경쟁결과였다고 하지만 시험과목의 불공정성 문제가 제기되었다. 가장 논란이 된 시험과목은 일본인도 어렵다는 고대 일본어 같은 과목들이었다. 조선인 학생들이 일본인 학생과 동일한 조건에서 경쟁할 수 없는 불공정한 게임이었다.[104]

주시경이 한자 공부하다 인생 다 가겠다고 탄식했다면, 조선에스페란토 협회 위원인 장석태는 "우리의 가장 귀중한 청춘시대를 어학 연구하다 마치겠다"고 한탄했다.[105] 그렇다고 외국어 공부를 안 할 수도 없었다. 갑작스레 조선에 닥친 외세와 그들의 지식에 놀란 조선인 지식인들은 1920~30년대에 이미 "금일은 세계가 일가—家로 국제적으로 사는 자만이 참으로 사는 것"[106]이라 목소리를 높이고 있던 때이다.

일본인들이 "국어"라고 외쳤지만, 조선인에게 일어는 끝내 모국어가 될 수 없는 외국어였다. 학생이 아니라도, 직장을 구하려면 우선 일어시험을 통과해야 했다. 면서기를 뽑아도 일어시험을 치고, 간호부와 산파, 교도관이 되려고 해도 일어시험을 피해갈 수 없었다.[107] 현직에 종사하고 있더라도, 한일병합 이후 경찰서 순사보와 같은 조선인 관리나 공직 근무자들은 일어시험을 쳐야 했다.[108] 문관보통시험도 다르지 않았다. 1933년도 문관보통시험 응시자는 800명에 달했지만 합격자는 107명이었는데, 대다수가 일어시험에서 불합격한 것이었다.[109] 사정이 이러니 대리시험도 나왔다. 삼천포 공립보통학교 훈도 중 한 명이 제2종 훈도시험을 칠 때마다 일어와 수학 때문에 번번이 실패하자, 동료교사에게 대리시험을 부탁했다가 적발돼 결국 두 사람 모두 학교에서 쫓겨났다.[110] 일제시대, 일어는 벗어날 수 없는 굴레였다.

전쟁 채비 "입시에서 영어시험 빼라"

1939년 대학입시에서 영어과목 제외!, 요즘으로 보자면 획기적 안이다. 수능시험과 각 입사시험에서 영어시험을 뺀다면? 1939년 영어과목을 입시에서 제외한다고 하자 대학에서는 학생들이 대학수업을 못 따라갈 거라 불안해했지만, 학생들에게는 반가운 소식이었다. 일어에 영어까지 떠안은 조선인 학생들로서는 이중삼중의 고통이었는데, 영어시험 폐지만으로 숨을 돌릴 수 있는 정책이었다. 조선총독부 학무국은 학생들의 전반적인 발달을 도모하기 위해서 별 실용적 효과도, 학문적 효과도 없는 영어시험을 제외한다고 밝혔다.[111] 예나 지금이나 입시과목 신설과 폐지 명분은 동일하다. 다른 점이 있다면, 입시과목 폐지의 진짜 이유. 1939년, 영어과목 폐지는 정치적 사건이었다. 이 정치적 사건을 교육적 명분으로 둘러댔지만 이는 정치적 사건으로 해석해야 한다.

　1937년 일본은 만주국으로 성에 차지 않아 중국 내륙을 침략했고 그해 말 난징에서 무차별 살인과 방화, 강간을 저질렀다. 유럽에서는 1938년 독일이 오스트리아를 병합하고, 1939년 이탈리아가 알바니아를 합병하며 침략을 계속 확대하고 있었다. 독일과 이탈리아에 대항해 영국과 프랑스, 폴란드가 동맹을 맺었고, 영국, 미국, 소련은 중국을 지원했다. 중일전쟁은 속전속결로 전쟁을 마무리할 작정이었던 일본의 뜻대로 풀리지 않았다. 중국 공산당을 비롯한 중국 내 항일연합전선의 형성으로 일본은 고전을 면치 못하고 장기전에 들어갔다. 그런데 영국은 항일운동을 전개하는 장개석을 보호하고,[112] 일본의 '동아시아 신질서' 건설 승인을 반대했다.[113] 그리고 미국 루즈벨트 대통령은 "공격성이라는 질병"을 가진 일본의 격리 고립을 주장하고, 1939년 7월 26일에는 일본에 대한 경제 제재조치를 취했다.[114] 전선은 일본, 독일, 이탈리아 대 영국, 미국, 프랑스 등으로 형성되었다.

　일본이 '탈아입구'를 처음 내세울 때만 해도, 영어는 새로운 지식을 흡수하는 수단으로서 매우 중요했다. 일본에서 대학이 만들어질 초창기에는 외국인을 초빙해 대학에서 영어로 수업을 진행할 정도로 영어는 중요한 교육 수단이었다.[115] 메이지 유신으로 일찍 서구 기술을 받아들인 일본으로서는 영어가 중요한 학문 대상이자 교육 수단일 수밖에 없었다. 그런 일본의 전통은 조선에서도 마찬가지로 적용돼 1919년 고등보통학교 교육과정에서 영어를 선택에서 필수과목으로 변경했다.[116] 미국 유학을 갔다 온 주요섭마저 조선학생들은 어학 공부에 너무 많은 시간을 낭비하고 있다면서 조선 중등학교에서 영어는 선택과목이면 충분하다고 지적했으나 영어의 중요성은 변하지 않았다.[117] 1924년 경성제대에서도 영어를 어떤 과목보다 중시했다.[118] 경성제대 예과 입학시험에서도 첫 해는 외국어라 하여 영어와 독어 중 선택할 수 있었지만, 다음 해부터 외국어 시험을 아예 영어 시험으로 바꿔버렸다. 1920년대부터는 전문대학과 대학예과 입시에서 영어는 필수과목처럼 변했다.[119] 영어시장도 형성되었다. 도쿄에서 출간된 영어강의록이 조선에도 파고들었다. 영어를 못하면 시류에 뒤떨어진다는 불안감을 조성하면서 영어웅변대회를 개최하기도 하고, 또 영어 통신강의록에 영어 레코드까지 함께 끼워 팔았다.[120] 최신식 영어교육법이 보급되기 시작한 셈이다.

　그런데 중일전쟁 이후 일본은 영국, 미국과 관계가 급속히 냉각되었다. 이런 정치적 분위기 속에서 일본 군국주의 권력은 영국과 서구, 혹은 영어에 빠져 있는 청년들과 지식인들을 참을 수 없었다. 사회적으로는 영국을 배척하는 운동과 모임을 조직했다. 일본에서도 언론들이 앞장서서 영국을 지탄하는 여론을 조성했고,[121] 조선에서도 언론들이 깃발을 들었다. 1939년 6월, 《동아일보》와 《조선일보》 등 언론사 대표들의 모임인 춘추회春秋會

가 주동이 되어 '배영排英국민대회'를 개최했다. 일본에 재정적 압박을 가하는 영국을 배척하자는 배영국민대회에 신문사 직원과 전문학교 학생들이 동원되었고, 국민대회를 라디오 방송으로 중계했다.[122] 이렇게 고취된 분위기에서 7월 '배영동지회排英同志會', 8월 '전조선 배영동지회연맹'을 결성했고, 전국에서 영어와 영국물품 사용을 반대하는 운동을 벌였다.[123] 언론사와 친일인사들이 중심이 되어 영국을 배격하자는 분위기를 한껏 고무시켜갔다.

영국 배척의 기운이 높던 바로 이때, 조선총독부 학무국은 중등학교와 전문학교, 대학에서 영어 수업시수 축소 및 입학시험에서 영어과목 폐지 카드를 꺼내기 시작했다. 7월 14일 마침내 전문학교 입학시험에서 외국어 과목 폐지를 발표했다. 영어 수업은 그대로 둔 채 입시에서 영어과목만 폐지했다.[124] 그런데 학무당국은 영어시험 폐지 이유를 엉뚱하게 영어과목의 부담이 과중하고 영어시험에 편중된 때문이라고 밝혔다. 그래놓고는 학무국장은 "배영排英사상에 기基한 영어 폐지라고 속단하여 오해하는 자가 적지 않다"며 영어시험은 교육적 이유 때문에 폐지한다고 거듭 밝혔다.[125]

사실 학생들로서는 영어 공부가 버거웠다. 배영排英국민대회를 열어 일본 만세를 외쳤던 《동아일보》에서도 "조선학생들은 학문에 정진한다는 것보다 어학을 전공하는 감이 없지 않다"고 짐짓 학생들을 걱정하는 체했다.[126] 그러던 차에 학무국이 영어시험을 폐지하고 중등학교에서는 덕육과 체육도 고루 교육시켜야 한다고 주장했다.[127] 돌이켜보면, 일본의 이런 입시정책이 영 뜬금없지는 않다. 왜냐하면 중일전쟁 이후 황국신민화를 강조하면서 입시에서도 교과 비중은 점차 낮추고 신체검사와 면접시험 따위를 강조하고 있었기 때문이다. 그렇다고 입시부담 경감이라는 학무국장의 설명을 곧이곧대로 믿을 사람은 아무도 없었다.

1939년 7월 영어시험 폐지 발표 이후, 1940년 3월에 처음 실시하는 전문대학과 경성제대 예과 입시에서 영어가 전부 빠졌다.[128] 영어시험을 배제함으로써 학교는 더욱 학교다워졌는가? 조선학생들은 좁은 입시관문을 뚫을 가능성이 더 높아졌는가? 입시경쟁률을 줄일 근본적인 대책인 학교 증설은 없었다. 대신 학교들은 막바지를 향해 가는 전쟁의 소용돌이를 피할 수 없었다. 학교들은 지식교육과 멀어지고 군사훈련과 집단노동이 더 중요한 국민교육이라고 억지를 부렸다.

영어시험 폐지의 진짜 이유는 1940년 조선총독부 시오바라鹽原 학무국장의 담화를 통해 드러났다. 영국을 숭배하는 '배영拜英사상'이 간첩들의 활동 온상이니 영어를 몰아내고 "순수한 국어주의"로 돌아가야 한다고 주장했다. 교육받은 이들, 즉 유식자들과 독서인들, 직업적으로는 학자나 유한마담, 나이로는 청년들 사이에 영미 숭배사상이 널리 퍼져 있는 까닭은 교육을 통해 사자 새끼를 키웠기 때문이라고 진단하고, 이를 막을 가장 간단한 방법 중 하나가 입시에서 영어과목을 빼는 것이라 결론 내렸다. 이 정책 입안 당시 교육계 고위직과 지식인 집단의 반대와 방해가 많았지만 밀어붙였다. 시오바라가 존경의 박수를 보낸 집단은 육군 관계 학교였다.

배영拜英사상이야말로 "스파이" 활약의 온상이다.…… 학자라든지 소위 유한 매담들과 신사들이 또는 청년남녀들에 영미를 숭배하는 사상이 만흔 것이 "스파이"가 잘 번식하는 온상인 것이 틀림없다. 우리는 작년에 전문학교 입학시험에 영어를 폐지하엿다. 그 이유는 당시 발표하엿섯다. 그때에 얼마나 암암리에 반대와 방해가 잇엇던가.…… 일방에 잇어서 육군 관계 학교에서 입학시험에 우리와 같이 외국어를 폐지한 것은 깊이 경의를 표하엿섯고 다른 학교는 아직 말이 아니다.[129]

1930년대 초반, "영어를 모르면 패배자", "자신의 성공과 몰락은 자신의 영어실력이 결정"[130]한다던 영어가 졸지에 스파이 언어이자 적국어로 바뀌었고, 시험에서도 빠졌다. 대학을 가기 위해 더 이상 영어를 알 필요가 없기도 했지만, 전쟁이 심해질수록 일본은 영어 사용을 제한했다. 일본제국주의 입장에서는 영어를 능숙하게 사용할 줄 아는 지식인들이 두려운 존재였다. 연일 신문에서는 일상복을 입고 적국에서 스파이 활동하는 제5부대, 그리고 그들과 접촉하는 내부인들을 완전 제거해야 한다며 강박증을 드러냈다. 그러나 그 틈새에서도 일본의 멸망이 멀지 않았음을 안 이들은 일어보다는 영어가 더 오래 갈지 모른다는 판단을 하고 있었고, 다시금 몰래 영어책을 꺼내들었다.

해방과 더불어 온 '영어만능시대'

의사 이인국은 아들을 불러 앉혔다.[131]

> 야, 원식아, 별 수 없다. 왜정 때는 그래도 일본말이 출세를 하게 했고 이제는 노어가 또 판을 치지 않니. 고기가 물을 떠나서 살 수 없는 바에야 그 물속에서 살 방도를 궁리해야지.

잠꼬대도 일어로 해야 받는다는 "국어상용國語常用의 집家" 액자를 크게 걸어두었던 이인국이었다. 일제시대에는! 그러나 해방되고 북녘 땅에 소련군이 점령하자 아들에게 소련 유학을 권했다. 세력은 다시 미국 쪽으로 기울었고, 그는 이번에는 딸을 불러 미국 유학을 권한다. 유학 간 딸에게서 편지 한 통을 받았다. 미국인과 결혼해야겠다는. 이인국은 재혼한 젊은 부인과 사이에 낳은 젖먹이 아들을 보며 생각한다. 아들이 대학 나올 때까지는 살아야 한다. "아무렴, 때가 때인 만큼 미국 유학까지는 내 생전에 시켜주어야지. 하기야 그런 의미에서도 일찌감치 미국 혼반을 맺어두는 것도 그리 해로울 건 없지 않나."

바야흐로 영어의 시대가 도래했다. 전광용이 쓴 〈꺼삐딴 리〉의 주인공 이인국은 시류에 영합하는 지식인의 모습을 가감없이 보여준다. 중일전쟁 이후 영어 좀 하는 지식인들은 영어 실력을 꼭꼭 감춰둬야 했다. 영어는 실력이 아니라, 일본을 위협하는 무기였다. 그런데 해방 되자 다시 영어가 햇볕 아래로 쏟아져 나왔다. 영어를 할 줄 알아야 실력자로 인정받았다. 〈꺼삐딴 리〉의 주인공 이인국은 별 임상경험도 없는 젊은 의사들이 미국 물 좀 먹었다고 설쳐대는 꼴이 영 못 마땅했었다. 그래서 이인국도 영어 개인교습도 좀 받고 딸 결혼을 위해 미국도 다녀올 작정이다.

해방, 그러나 곧 미군정이 시작되고 영어는 시대정신이 되었다. 새롭고 개방적이고 과학적이고 민주적인 정신이자, 무엇보다 출세의 정신이었다. 미국 유학 출신자들이 역사의 전면에 등장했다. 일본 유학 출신 일색이었던 교육계에서도 미군정 학무국장이었던 육군대위 라카드는 미국 유학 출신 오천석을 제일 먼저 찾았고, 오천석은 교육계 진용을 짰다. 권력은 미군 중심으로, 그리고 영어 중심으로 새로 재편되었다. 미군들과 가까이서 훌륭하게 통역할 수 있는 사람이 권력의 정점에 올라섰다. 곳곳에서 영어가 필요했다. 영어가 '적국어'에서 순식간에 가장 유능한 인재를 가늠하는 표준이 되었다. 영어실력을 갖춘 자들이 나섰고, 사람들은 영어가 출세의 언어임을 알았고, 집집마다 영어사전을 꽂아두고 영어문제집을 하나 둘 사기 시작했다.

영어의 중요성은 시험에도 당연히 반영되었다. 먼저 영어는 입학시험에서 다시 부활했다. 1946년 4월 발표한 〈현행 고등교육제도에 대한 임시조치〉는 국어, 수학, 상식과 함께 외국어를 입시 필수과목으로 발표했다. 이

때 외국어는 "영어를 원칙적으로 실시하되, 사정에 따라 독어, 불어, 중국어, 러시아어 중 하나"를 자유선택할 수 있었다.[132] 그러나 외국어 중 자유선택할 수 있다는 말은 빈말이었다. 이 해 경성대학 예과, 경성경제전문학교, 수원고등농림학교, 경성공립농업학교, 경성의학전문학교, 연희전문학교와 같은 대다수 고등교육기관은 시험과목을 국어와 영어, 전공과목으로 발표했다. 그리고 교사를 길러내는 사범학교와 중등교원양성소에서도 영어를 필수과목으로 정했다. 문교부 중등교원 임시양성소, 경성사범학교, 경성여자사범학교, 공주여자사범학교에서도 국어와 영어를 필수 시험과목으로 발표했다. 또한 서울사범대학 내 중등교원양성소에서 국어과와 영어과에서 각 100명의 양성생을 모집하면서 시험은 국어와 역사, 그리고 영어로 쳤다. 유학생 선발을 위한 시험에도 당연히 영어시험이 포함됐고, 부족한 교원 양성을 위한 시험에도 영어가 동원됐다. 고등고시 행정과에도 영어시험이 필수과목이 되고, 신문사 기자모집에도 영어시험을 쳤다.[133] 해방 이후, 필요한 능력의 첫째가 영어였다.

미군정기 이후 영어 공부에 대한 평생 갈증은 대한민국 국민 모두에게 버릴 수 없는 욕망이자 원망이었다. 2012년 전국 4,000가구의 가구원(25세 이상 64세 이하)을 대상으로 〈평생학습 개인 실태조사〉를 한 결과,[134] 응답자의 96퍼센트가 영어 학습경험이 있고, 영어 공인시험 유경험자는 8.8퍼센트였다. 2011년 통계자료에 따르면 구직자 일인당 평균어학시험 응시비용은 38만 원에 이른다.[135]

해방 이후 영어시험 중 가장 위력이 센 시험은 역시 입시였다. 입시에서 영어시험 비중이 커 영어와 수학 두 과목을 '귀족과목', 다른 과목들은 '허드레 과목'이라 부르기도 했다.[136] 1980년대 학력고사 실시 초기에는 '외국어 영역 중 한 과목'을 필수로 한다는 규정 때문에 상대적으로 쉬운 일어시험 선택자가 증가하자 1986학년도에 영어를 필수과목으로 지정했다.

대학수학능력시험으로 대학입시가 바뀌고도 높은 영어 배점은 바뀌지 않았다. 게다가 2000년대 들어 어학특기자 전형으로 외국어 실력만으로 대학에 갈 수 있는 길이 넓어졌다. 그뿐 아니라, 대학에서 공인 어학능력시험 성적을 참조하겠다는 발표로 고등학생들도 공인 영어성적을 받는 게 유행처럼 퍼졌다. 몇 년 후 교육부에서 생활기록부에 공인 영어성적을 기록하지 못하게 하면서 고등학생 영어시험 열풍은 잦아들었다. 대학입학만이 아니었다. 1995년 교육개혁 후 등장한 다양한 학교들, 외국어고등학교, 국제고등학교, 영재고등학교 등의 입학에도 영어가 중요했다. 해방 이후부터 지금껏 영어시험이 중요하지 않았던 때는 없었다. 영어 능력은 기초 수학 능력이자 세계화시대에 필수불가결한 능력이라는 이유로 한국 땅의 가장 중요한 시험과목으로서 자리를 내놓은 적이 없었다.

영어 배점이 높으니 학교마다 영어 공부를 지독하게 시켰다. 입시 고득점을 위해서는 영어공부가 필수였다. 1970년대 한 고등학생 일기장[137]에 교사가 영어 공부를 얼마나 시켰는지 담겨 있다. 담임교사는 1학년 입학생들에게 매일 영어단어 35개씩 시험을 쳤다. 이 정도의 압박은 명함도 못내밀 판이었다. 1학년 2학기에 들자 담임교사는 영어 한 단원씩을 통째로 외워 시험 치기 시작했다. 그래도 성에 차지 않아 영어 성적이 낮은 학생들을 위해 담임선생은 "반 강제로" 영어 선생님을 모시고 영어 과외를 시켰다. 고등학교 2학년에 올라가자 학교 차원에서 교육과정을 통째로 바꿔버렸다. 하루에 영어 3시간, 수학 3시간, "마치 영수 학관이라도 온 듯한 기분"이었다. 게다가 졸업생들도 재학생들을 찾아와 격려의 말을 하는데, "역시 영어, 수학을 잘 하란 말을 연방했다."[138]

1980년대까지만 해도 영어시험 준비법이란 게 단순했다. 문법과 독해에 대비해 공포의 영어단어 외우기, 그리고 문법과 독해 공부가 거의 전부였다. 영어시험 좀 친다는 학생들이 손에 든《성문종합영어》는 마치 영어능력자의 상징 같았다. 누군가 《성문기초영어》를 빼들었다는 건 영어 공부할 결심을 했다는 징표 같은 책이었다. 그러나 글로벌한 세상을 직면하여 영어시험은 듣고 말하는 실전영어로 진화하고 있다.

영어, 능력 서열화의 잣대

현재 학부모세대는 영어 능력과 출세의 상관관계를 몸으로 체험한 세대이다. 비슷한 성적으로 비슷한 학교를 졸업해도, 영어 능력에 따라 이후 삶은 완전히 달라졌다. 통계로도 이런 사례들은 확인되지만 더 무서운 것은 주변의 생생한 사례들이었다. 부모세대들은 자녀에게 모든 수단과 방법을 동원하여 영어 하나는 확실히 시킬 마음이었고, 무엇보다 1990년대 부모의 심리를 파고든 사교육기관이 영어 조기교육을 이끌었다. 부모들은 혀 수술을 해서라도 자녀들에게 완벽한 미국식 영어발음을 선물해주고 싶어했다. 영어교육의 열풍은 사실 사교육기관의 승리였다. 2013년에 초·중·고등학생 663만 명을 대상으로 한 사교육비 조사를 보면, 초등학교 1학년 때부터 중학교 1학년 때까지 사교육 중에 영어 사교육을 가장 많이 받고 많은 비용을 쓰고 있다.

영어의 중요성을 안다고 모든 계층이 영어 사교육비를 똑같이 지불할 수는 없다. 영어 사교육은 시작 시기나 체험 형태가 계층별로 확연한 차이가 있다. 홍인기[139]는 비강남 지역(서울 및 수도권 지역 내)과 강남 지역 초등학생 238명을 대상으로 설문조사를 했다. 입학 전에 영어 사교육을 받은 아이들이 강남 초등학생들은 50퍼센트인데, 비강남 지역 초등학생들은 13.6퍼센트였다. 영어 학습시간도 차이가 나서 하루 2시간 이상 공부하는 강남 아이들이 71.2퍼센트인데, 비강남 지역 아이들은 20.5퍼센트였다. 이런 교

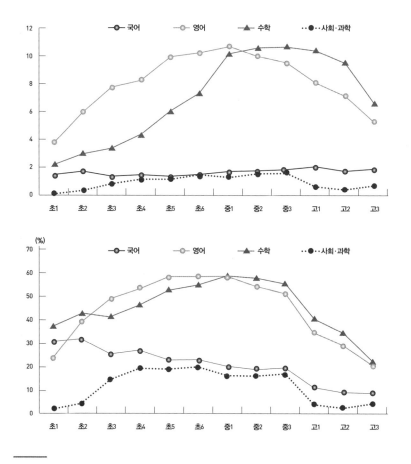

[그림 7] 2013년 학년별 및 과목별 평균 사교육비와 사교육 참여율:
⟨2013년 사교육비 조사⟩. 통계청, 2014.

육이 쌓여 수능시험에서 수학과 국어보다는 영어과목의 점수 차가 부모의
소득에 따라 크게 나타난다.[140]

대졸 청년층의 토익점수도 부모의 교육 수준, 소득 수준과 상관관계가
있다. 김희삼은 부모의 월 소득이 100만 원 높으면 자녀의 토익점수가 21

점 높고, 수능 영어성적 백분위 점수가 2.9단계 상승한다고 발표했다. 수능 영어점수가 같아도 부모의 소득이 100만 원 많다면, 자녀의 토익점수가 16점 높다. 지역적으로도 수능 영어점수와 토익점수는 강남 지역, 서울 경기 지역일수록 높은 경향을 나타냈다.[141] 영어를 매개로 계급 재생산이 실현되는 이런 현상을 박노자는 "결정적으로 양극화를 완벽하게 만드는 하나의 기폭제"라고 비판한 바 있다.[142]

영어를 시험점수화 하는 데 무엇보다 큰 기여를 한 세력은 사기업이었다. '공인 외국어시험' 또는 '공인 어학시험'이라 불리는 사설 영어시험을 거의 모든 기관에서 사용함으로써 이른바 '공인' 시험이 되었다. 현재와 같이 사기업에서 개발한 시험을 국가기관과 민간기관 등에서 인정하기 시작한 것은 1980년대이다. 영어시험의 대명사가 된 토익시험은 1982년에 한국에 상륙했다. 기업들에서 먼저 시험을 활용했다. 1982년 첫 회 시험에는 금융연수원과 한국외환은행의 직원들과 연합통신사 기자들이 단체로 응시했다. 그리고 이후 현대, 금성전기, 삼성, 한국선주협회, 서울투자금융과 같은 기업들이 토익시험에 줄을 섰다. '공인'된 영어점수는 기업 입장에서 보면 매우 편리했다. 기업에서 영어시험을 출제하고 채점할 필요도 없이 '공인' 점수만 받아 확인하면 됐다. 그래서 1990년대 중반부터는 공인시험들이 기업에서 자체 개발한 영어시험들을 완전히 대체했다. 대학에서 졸업인증시험으로도 활용하고, 또 기업의 승진, 그리고 2002년부터는 공무원시험, 2004년부터는 사법시험, 2005년부터는 행정고시의 영어시험을 대체하는 시험이 되었다. 특히 취업준비생들이 선망하는 직종일수록 영어점수를 요구하는 비율이 높았다. 중소기업보다 대기업, 대기업보다 공기업에서 더 많이 영어점수를 요구했고, 또 더 높은 점수를 요구했다.[143]

영어시험 시장은 계속 확대일로를 걸어왔다. 1995년 40만 명이었던 토익 응시자가 2013년도에 총 200만 명이 넘었다. 2005년도에 이미 전 세계에서 토익 응시인원이 가장 많은 나라가 되었다. 2011년 현재 토익과 토플 시험 응시자가 240만 명이며, 영어시험에 지출되는 비용이 약 1,200억 원이었다.[144] 영어 조기교육 확대로 한 해에 영어시험 치는 초등학생들도 30만 명을 넘어섰다. 그리고 토익 스피킹시험에도 2013년 한 해 30만 명이 응시했다. 한국 토익위원회가 한 해에 응시료로 840억 원 넘게 벌어들일 만큼 시장은 확대되었다. 2014년 숙명여대 행정과를 졸업한 한 여학생이 2013년 한 해 동안 영어시험 응시료로 87만 6,800원을 지불했다. "내가 토익회사를 먹여 살린다"는 취업준비생들의 말은 과장이 아니다. 취업준비생인 영남대 4학년 한 학생은 토익 10회 46만 2,000원, 오픽 23만 4,300원을 사용했다.[145] 취업을 준비하는 대학생의 설문에 따르면 1인 평균 4.6회의 공인 어학시험을 친다.

실제 영어점수는 면접 기회, 정규직 취직 가능성, 취직할 사업체 규모, 연봉, 직장만족도 등에 두루 영향을 미치며, 토익점수가 100점 높을 경우 시간당 실질임금은 5.1퍼센트, 연봉은 170만 원 더 높다고 김희삼은 분석했다.[146] 그는 이런 현상을 토익점수가 영어 능력을 측정해주기 때문일 수도 있고, 또 한 가지 "개인 능력을 암시하는 대리변수 역할을 하기 때문일 수도 있다"고 분석했다. 과거에 학력고사 총점수가 한 인간의 능력을 대변하는 역할을 했듯이, 다양한 대학과 전공, 지역 등을 하나로 줄 세우는 데 영어점수가 대표값 노릇을 한다는 해석이다. 강준만은 영어가 한국사회의 서열화를 작동하는 기본방식이라고 보았다.[147]

강대국 사이에서 끼어 있었던 우리나라에서 외국어 능력은 지식인의 소양이며 출세의 통로였다. 외국어를 개인의 필요보다 주로 사람들을 서열화하는 도구로 활용하면서 한국사회가 치러야 했던 경제적 비용은 물론이고 사회문화적 비용을 고려한다면, 영어시험의 가치를 낮출 필요가 있다.

2018학년도부터 대학수능시험에서 영어성적을 절대등급제로 변경하는 것처럼, 취업과정에서도 불필요한 영어능력인증 요구를 줄여야 한다. 또한 세계화 추세에서 보면 영어만큼이나 아시아의 언어, 남미의 언어, 아랍어 등도 중요하다. 각 외국어의 가치가 동일하다면, 1980년대 중반 학력고사에서 외국어시험을 영어로 획일화하기 이전처럼 제2외국어를 따로 정할 필요가 없다. 영어든, 중국어든, 아랍어이든 동일한 가치의 외국어일 뿐이고 외국어시험은 동일한 가치로 평가하면 된다.

시험의 탄생과
소멸에 대하여

시험의 흥망성쇠는 사회의 역동성을 대변한다. 경제 흐름에 따라 시험이 부풀었다 가라앉는다. 한때 값이 치솟았던 주산과 부기시험은 일찍이 운명을 다했고, 경제가 가파르게 성장할 때는 필요 없었던 자격증시험이 정작 경제위기 이후 우후죽순 생겨난다. 국가에서도 기술사회를 외치면서 자격증을 따야 한다며 홍보하고, 민간에서도 자격증 시험장사를 하는 상술을 발휘했다. 실제로 취직을 결정하는 것은 자격증 수가 아니라 경제상황과 경제구조이지만, 사회경제에 따라 자격증시험은 요동친다. 시험을 바라보는 사회적 시선도 시험의 흥망성쇠에 영향을 미친다. 시험이 가장 공정한 도구라 생각할 때는 시험이 우세하지만, 시험의 한계가 자주 논의될 때는 시험이 수그러든다. 그러나 무엇보다 국가의 입김이 가장 중요하다. 국가 집권세력의 가치관에 따라 하루아침에 중요해진 시험이 있고, 폐지당하는 시험이 있다. 불변의 고전일 것 같았던 고시마저도 역사 속에서 자유롭지 못하다.

대한민국, 시험천국? 시험지옥?

한국인들의 시험 실력은 세계가 인정한다. 세계의 만 15세 아이들이 치는 국제 학업성취도 평가PISA에서는 늘 최상위권 성적을 자랑해왔다. 미국 간호사시험에서도 한국인들은 다른 나라보다 월등한 성적을 냈으며, 토익 성적도 높다.[148] 그뿐 아니다. 독일로 유학을 다녀온 한 대학교수는 한국인 유학생들의 라틴어 실력은 모르겠지만 라틴어 시험성적만큼은 좋았다고 기억한다. 대한민국 사람들은 시험문제만 보면 정답과 오답으로 즉각 처리해내는 시험 잘 치는 유전자가 몸속에 박혀 있지 않을까 싶을 만큼 시험을 잘 쳐왔다. 시험을 잘 치게 되기까지 많이 치고 많이 대비하는 것으로 대한민국은 또한 악명이 높다.

시험이 얼마나 많은가는 살아가면서 얼마나 많은 시험이라는 관문을 통과해야 하는지를 보면 알 수 있다. 한 걸음이라도 나아가려면 단계별로 시험합격증을 손에 쥐어야 하는 경우가 많다. 국가가 개발한 시험의 위력을 알기에, 민간에서도 시험이 지닌 공신력을 흉내 내기 위해 시험을 개발한다. 사회적 성공에 직결되는 중요한 시험이 시험계의 최고 위계에 있다면, 그 아래로는 작은 시험들이 개발되고 배치된다. 지금 한국사회에는 시험이 난개발 된 채, 곳곳에 만연해 있다.

최대 시험공장은 학교다. 초등학교에서 대학까지 매 학기마다 중간고사와 기말고사, 학력평가, 모의평가, 그리고 대학수학능력시험까지 시험의 연속이다. 최근 자유학기제 도입으로 중학교 한 학기 동안 지필시험이 없어졌다지만, 누구도 시험에서 해방되지는 못한다. 잠시 유보해두지만 더 큰 시험이 닥쳐오리라는 사실을 아는 까닭이다. 대학 진학이라는 큰 고비를 넘긴 대학생들도 각종 자격시험, 영어시험, 입사시험을 부지런히 준비한다.

학생만 시험을 치는 것은 아니다. 국가기관은 거대한 시험기관이다. 국가가 실시하는 시험은 국가가 어떤 국민, 공무원, 전문가를 원하는지 말해준다. 공무원시험은 극심한 고용불안 속에서 현재 최고의 인기를 구가하는 중이다. 2012년 한 해 36만 명이던 공무원시험 지원자가 4년만인 2016년에는 70만 명 이상으로 증가했다. 국가직 공무원 9급 시험 지원자만 해도 2014년에 16만 4,800여 명, 2015년 19만 900여 명, 2016년 22만 1,800여 명으로 매년 2만여 명이 증가하고 있다.[149] 국사편찬위원회가 관리하는 한국사능력검정시험도 최근 급부상하고 있다. 2006년부터 2015년까지 총 응시자가 약 130만 명에 이른다.

자격 부여를 위한 각종 시험도 국가기관이 시행한다. 국가에서는 국가기술자격시험과 국가전문자격시험을 실시한다. 국가기술자격시험은 기능사, 기술자 등 자격을 인정하는 시험으로 2011년에 국가기술자격 필기시험에만 220만 명이 지원해서 188만 명 정도가 응시했다. 국가전문자격시험은 의사, 변호사, 세무사와 같은 전문직 자격증이나 운전면허 같은 국가가 관리하는 전문자격증 획득을 위한 시험이다. 그중 산업인력공단에서 관리하는 33개 종목 필기시험에만 약 21만 7,000명가량이 응시했고, 보건의료인 국가시험 23개 종목에는 10만 6,000명이 응시했다. 2012년 운전면허 학과시험 응시자는 135만 명이다.

민간에서도 시험은 계속 개발된다. 민간단체들은 자격증의 권위를 높이면서 동시에 상업적 이득을 위해 시험을 실시한다. 시험이 있으면 시험대비용 도서와 문제집, 모의고사, 학원 수강, 인터넷 강의, 응시료 따위로 수입이 발생하기 때문이다. 민간자격증도 국가가 공인해준 국가공인 민간자격과 민간이 자체 개발한 뒤 한국직업능력개발원에 등록하는 자격이 있다. 어떤 자격이든 민간자격단체들은 검정시험을 선호한다.[150] 2005년 한 해에 한자 능력과 영어 관련 민간자격시험 응시자가 약 588만 명, 조사된 민간자격검정시험에 응시한 연인원이 약 800만 명이었다. 800만 명이란

[표 2] 한국교육과정평가원 관리 시험 재정-결산액

사업명	국가 수준 학업성취도 평가	대학 수학능력 시험	임용시험		고입 선발고사	검정고시	계
			초등	중등			
2010	8,481,923,000	33,685,982,648	3,982,082,249	10,787,250,080	1,096,548,890	1,714,951,537	59,748,738,404
2011	7,360,544,777	33,715,466,564	4,395,647,344	12,495,325,885	1,038,096,751	1,672,371,598	60,677,452,919
2012	7,598,769,000	32,624,651,512	4,049,563,350	10,830,718,203	946,111,020	1,971,321,669	58,021,134,754
계	23,441,236,777	100,026,100,724	12,427,292,943	34,113,294,168	3,080,756,661	5,358,644,804	178,447,326,077

* 출처: 한국교육과정평가원 정보공개요청 자료 2014. 3. 18

[표 3] 국가시험시행 결산비용

연도	(단위 백만 원)
2010	6,730
2011	6,830
2012	8,186

* 출처: 기획재정부 홈페이지, 행정안전부 사업별 세출결산, 국가시험시행 결산비용

10대에서 50대 인구 네다섯 명 중 한 명에 해당한다. 한편 2009년에 국가
공인 민간자격증시험에 178만 명이 응시하고, 2010년도에는 146만 명이
응시했다. 2008년 금융위기 이후 취업이 어려워지면서, 취업준비생에게
자격증시험은 더욱 각광받았다. 2013년 이른바 '3대 취업자격증'(컴퓨터
활용 능력, 무역영어, 한자) 응시자가 67만 8,000명, '금융 3종 세트 자격증'
(펀드투자상담사, 증권투자상담사, 파생상품투자상담사) 시험의 응시생도 연간
10만 3,000여 명이었다.[151]

대한민국에서 영어시험 성적은 필수 아이템이다. 2015년 주요 민간기업
139곳 중 103곳, 공기업과 공공기관 121곳 중 84곳에서 취업용 공인 영어
성적을 요구했다. 2008년부터 2013년까지 6년 동안 연인원 1,200만 명 이

상이 토익시험을 쳤고, 이 기간 응시료만 5,000억 원에 달했다. 연간 200만 명 이상이 토익시험을 치고, 그 비용으로 800억 원을 지출하고 있다.[152] 토익 외에도 영어시험은 많고, 게다가 2017년부터는 7급 공무원시험도 공인 영어성적을 이용하기로 해서 영어시험 성적의 쓸모는 계속 커지고 있다. 각종 영어시험 응시자가 적어도 매년 300만 명 이상이라고 일반적으로 추정하고 있다.

1995년 이전에는 전공과목과 상식을 묻는 기업 입사시험도 있었다. 1995년 정부의 요청으로 폐지된 대기업 입사시험은 기업별 인적성검사 혹은 직무능력검사라는 이름으로 부활했다. 2015년 상반기까지 삼성그룹이 실시한 '삼성직무능력검사SSAT'는 '삼성고시'라 불리며 2014년 한 해에 지원자가 20만 명에 달했다.[153] 인적성검사 응시자가 지나치게 많자 삼성그룹은 2014년도 초에 인적성검사를 없애고 대학총장추천제를 도입하겠다고 발표했다가 거센 사회적 역풍에 며칠 만에 철회했다. 현재 대기업들은 고용시장의 변동을 이유로 대규모 신규채용을 위한 입사시험을 줄이거나 없애는 추세이다. 이외에도 편입시험에 2012년 한 해에 약 27만 명이 응시했을 것이라 추정된다.[154] 또 검정고시와 승진시험, 그리고 종교인시험도 있다.

이처럼 시험산업은 계속 팽창하고 있다. 10년 사이에 토익시험은 시험인구가 100만 명에서 200만 명으로 두 배로 증가하여 2013년도 응시생은 207만 명이 넘었다.[155] 국가공인 민간자격증 시험응시자도 2001년 29만 명에서 2009년 170만 명으로 대여섯 배가량 늘었다. 시험은 몸짓만 불려온 게 아니라, 사회 변화에 따라 시험종목도 민감하게 바꿀 줄 안다. 2001년에는 워드프로세스 자격증시험에 100만 명이 응시했으나 지금은 주목받지 못한다. 대신 한국사능력시험이 호황이고, 금융위기 이후 금융자격증은 부나방처럼 떴다 폐지되고, IT산업 관련 자격시험은 급속히 변하는 기술속도만큼 요동치고 있다.

[표 4] 〈각종 시험 종류와 수험생 규모〉

시험	연도 (합격률)	모집인 (합격자)	지원자	응시자	경쟁률	활용
대학수학능력 탁시험	2010학년도		677,834	638,216		
	2011학년도	712,227	668,991			대학입학선발 자료: 한두교육 과정평가원 발 표
	2012학년도	693,631	648,946			
	2013학년도	668,522	621,336 (지원생476,449 졸업생144,887)			
	2014학년도	650,747	606,813			
	2015학년도	640,621	594,835			
	2016학년도	631,187	585,332			
국가수준 학업성취 도평가-임체교사	2012년(초6, 중3, 고2)			1,720,000		학업성취도 평 가: 한국교육과 정평가원
사법시험 +LEET시험	2012년	(합)1001 (1차)	10306(1차)			
	2013학년도	2000	7628			
	2014학년도(L)		(LEET)9126			
	2015학년도(L)		(LEET)8788			
	2016학년도(L)		(LEET)8264			

구분	년도	급	직렬 / 종류	선발(지원)	응시	합격 / 비고	임용시험
공무원시험	2012		5급(행정, 기술, 외무)	369		11,818	사이버 국가고시센터: 최종합격자 통계자료/응시현황 자료
		7급	국가직	561 (함567)/36047(응시현황)	60,717	36,022(최종합계)	
			지방직	291	38,340		
		9급	국가직	2,180 (함2020)/114,622(응시현황통계)	157,159	114,534(합격자 통계)	
			지방직	6,541	204,095		
	2013		국가직 지방직 공무원(7,9급)		453,301	*지원자 중 결원율은 2,30퍼센트	한국경제매거진 2013.8.12 "앗 소리 나는 공무원시험 현황 실태"
			(*국가직 9급 시험)			74.8 (시험장 수 전국 249개, 감독관 수 12,000명. 시험관리비용 44억원(전년도 비교 10억 증가)	
2010학년도 교원임용시험			초등, 유치원 교사	4,791	15,706		한국교육과정평가원 설시, 자료
			중등	2533 (함2532)	58,706		
			전문상담교사	99 / 1,288	819		
			합계	7,423	75,231		

구분	항목					비고
한국사 능력검정시험	2011년(총 3회)(11~13회)				133,476	능력검증시험: 행정, 외무고시, 교원임용시험(2013년도부터)→응시자격화보: 발표시점 2014. 11. 21.
	2012년1회(14회)		41355	37590		
	2012년2회(15회)		33973	29085		
	2012년3회(16회)		59576	53,043		
	2012년4회(17회)		44851	37,297		
	2012년 합계		1,288			
	2013년 합계 (총 4회, 각 초중고급 과정)	(합)204,228	388,181	340,801	(응시대비 합격률) 59.5퍼센트	발표시점 2014. 6. 11.
	2014년 합계			320,000	200,220 (응62.6)	발표시점
	2015년 합계			339,635	193,921 (응57.1)	발표시점
국가자격시험	국가기술자격시험(512종목) 2011년 필기시험	(합)75559 *산업인력공단/한국산업인력개발원 발행		2,219,268	1,878,644	자격증부여
	국가전문자격: 2011년 33개 종목 자격			217,234		산업인력공단 관리 자격 33개종목
	보건의료 국가전문자격 23개종목: 2010년	110,929	143,343	136,422		한국보건의료인국가시험원 실시
	운전면허 국가전문자격 2012년(전체응시자 2,329,061명)			1,351,730 (학과시험)		한국교통공단

민간자격(국가공인민간자격+순수민간자격) http://www.q-net.or.kr/	국가공인민간자격 2010 971,279 1,646,670	2009 1,461,002	(함)66퍼센트 1,073,854	2,085,520	1,783,204	(함)60퍼센트	한국직업능력개발원, 민간자격 정보서비스
	2005년 민간자격시험(국가공인+민간등록: 한자급수시험, 영어시험 등)	4,926,825		(실태조사에 응한 기관의 응시자만) 8,048,678	2,110,010		*박종성 외, 민간자격 실태와 정책과제,2005;한기호,「국가공인민간자격검증시험...,2006
영어시험(*영어시험 중 일부는 민간자격시험에 해당)	토익 2011				2,110,010		능력검증시험 *각시험유원회 자료
	토플 2006			130,000 (추정)			
	텝스 2008			436,056			
	Opic 2010			200,000 (주)			
	토익 등 포함 다종 영어시험			매년 300만 이상 추정			
편입시험	2009학년도(2008학년~2009년조)		270000 (주)	260000 (주)	(*복수지원 가능, 실 응시자는 7~10만명 추정)		중앙선데이, 144호 (20091213)
	2012년					2013. U's라인	

검정고시	2008년					
불교 시험	조계종 승가시험 2012년		(합)998		1142	대한불교조계종 총무, 승가교육 새소식 12
	태고종 법계시험 2010년	(합)229		230		News108번가, BBS
	태고종 법계시험 2012년	(합)274				바른 고망은세상 2012.7.12 태고종 12 차법계
	조계종 불교교사시험 2012	(필기시험 합격자)719		(필기시험) 841		대한불교조계종
입사시험		2010			50,000여명	
	삼성그룹 직무적성검사(SSAT , GSAT)		60,000여명			삼성그룹, 조선일보 2013.10.14
	2011		80,000여명			
	2012	103,000여명	92,000여명			
	2013	5,500 여명	약200,000명			
	2014		약100,000			
	2015 상반기	약100,000 주정	약50,000 주정		각 언론	
	2015 하반기				마니투데이 2015.10.18	
	현대차그룹 2013	1200	100,000			
	14개 기업(인적성시험이 있는 14개기업) 2013	4,810+LG 디스플레이 모집인	373,884			한정 잡스토리 2013.12.12 "2013 결산"

수많은 시험들이 자가번식하고, 꼴을 바꾸고, 생성소멸한다. 그 속에서 트랙만 따라 도는 경주마 같은 시험선수들이 길러진다. 시험은 끊이지 않고 계속 찾아오고, 사람들은 대비하고 단련하지만, 반복된 트랙 돌기는 탈진자나 트랙 일탈자들을 만들 수밖에 없다. 국가로서 중요한 문제는 시험 성공자에게 충분한 보상을 주어 타의 모범으로 삼게 하고, 시험트랙에서 탈진하거나 일탈한 이들에게는 이들이 트랙의 경계를 흩트리지 않고 트랙 바깥에서도 트랙 규율에 순응하거나 협조하도록 만드는 일이다. 부당한 노동대가와 기본권 침해, 그리고 불공정한 특혜를 공부 안 한 때문이라고 내면화하는 구조를 만드는 것이다.

시험 흥망성쇠의 주역은 국가

시험 탄생에 가장 위력적인 세력은 단연 국가이다. 국가의 시험 실시는 통치자의 가치관이 크게 영향을 미친다. 1930년대 중일전쟁 이후 조선총독부가 입시에서 신체검사와 구술시험을 중시한 까닭도 정치적 판단이었다. 현재도 마찬가지다. 정부에서 한국사 시험결과를 공무원임용시험과 대학입학에 반영한다는 결정을 발표한 뒤 한국사시험은 순식간에 불붙는다. 죽어가거나 비실비실하던 시험도 국가가 중요하다고 선언하고 구체적 보상이 주어지면 시험은 살아난다. 유일하게 성공하지 못한 시험은 국가영어능력평가NEAT 정도이다. 교육부에서 영어시험 비용절감을 위해 3년 동안 무려 500억 원 넘는 돈을 들여 개발하던 영어시험은 결국 2014년 작별을 고했다. 영어 능력은 이미 세계시장이 결정하고 있기 때문에 정부가 힘을 쓸 수 없었다. 국가는 또한 새로운 사회경제적 인력이 필요하면 시험을 만들기도 하고 면제해주기도 한다.[156]

국가는 시험정책으로 경쟁을 가열시키거나 냉각시키는 기능을 한다. 해방 이후 수십 년 동안에는 국가가 지능검사의 군불을 땠다. 과열된 경쟁을 냉각시키기 위해 시험성적의 비중을 낮추거나 시험 자체를 폐지하도록 유도하는 정책도 편다. 2008년 정부는 수능 영어시험을 자격점수화하는 방안을 발표했다. 1995년에는 기업들의 입사시험을 없애기 위해 20개 부처 차관급으로 구성된 실무협력위원회를 가동하고, 교육부 장관이 기업체 대표들을 만나 "대학교육 정상화를 위해 기업체의 입사시험 폐지를 강력히 권유"했다.[157] 이를 계기로 대기업들은 필기시험을 폐지하고 새로운 전형 방식을 고민했다. 이때부터 기업들은 최고의 스펙을 갖춘 인물들을 요구했고 스펙형 인물 선발방식을 탄생시켰다. 국가가 요구한 선발방식의 변화로 시험형 인간에서 스펙형 인간으로 인간형이 변형되었다. 국가는 학교 입학과 사회 진출의 입구를 통제함으로써 국가가 원하는 능력 개념이

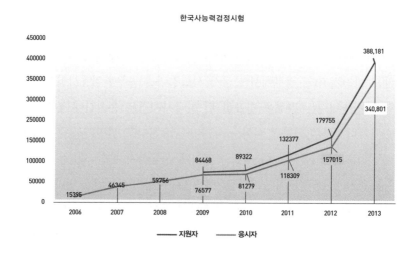

[그림 8] 국사편찬위원회 한국사검정시험: 1~19회 지원·응시인원

작동하게끔 정책을 펴고 있다.

교원임용시험의 출현은 국가의 필요가 시험정책에 관철되는 과정을 잘 보여준다. 1900년대 초반부터 국가는 교원 수급을 위해 사범학교 졸업생을 의무복무토록 하거나 우선발령 내도록 했다.[158] 문제가 생기기 시작한 시점은 1980년대였다. 필요한 교사인력보다 국공립 사범대 졸업생 수가 많아져 발령 적체가 심했다. 1990년 10월 법원에서는 국립대 졸업생의 우선임용은 특혜이며, 사립학교 출신자들의 직업선택 자유와 평등권을 막는 위헌적 법규라는 판결을 내놓았다. 문교부로서는 더할 나위 없는 호재였다. 적체가 심해 '경쟁시험' 카드를 만지작거리던 차에 이 판결로 발령 적체자들에 대한 국가책임을 일시에 회피할 수 있는 절호의 기회였다.

문교부는 1991학년도부터 교원임용시험을 곧바로 실시했다. 그렇게 도입된 시험은 매년 경쟁률이 심해져 2010년도에 경쟁률이 23.2대 1에 이르렀고, 감사원의 보고에 따르면, 2010년 현재 교원시험을 위한 사회적 비용으로 연간 총 1조 2,000여억 원이 소요되고 있는 실정이다.[159] 그러나 교원시험 경쟁은 매년 더욱 격화되고 있는 중이고, 경쟁 속에서 수험생들은 시험에 적합한 인간이 되어가고 있다. 대구교육청의 교원 선발과정에 참여했던 경력 20년차 교사는 이렇게 이야기를 꺼냈다.

그러니까 "임용머신"이라는 말을 하거든요. 예를 들면, '옆 굴러 다섯 바퀴 돌기' 그러면 아무도 못 돌아요. 그런데 내일 테스트잖아요, 그러면 다 돈대요. 교대학생들은! 그러니까 앞만 보고 임용에만 통과하면 되는 거예요. 뭔가 모르게 신규 애들이 오면, 뭔가 모르게 임용머신 같아요.[160]

'임용머신'이 되지 않고서는 합격할 수 없는 구조가 된 상태이다.

교원임용시험과 정반대의 자리에서 소멸의 위기에 처한 시험은 이른바

'고시'들이다. 2017년 마지막 시험을 앞둔 상황에서 사법시험 존치 여부가 계속 논란 중이다. 정부로서는 사시 출신자들의 패거리와 서열주의 문화 그리고 높은 사회적 비용을 이유로 사법시험을 폐지하고자 했다. 그래서 로스쿨 제도를 도입했다. 로스쿨은 '시험이 아닌 교육을 통한 법조인 양성'을 가장 중요한 기치로 내걸면서, 다양한 전공자들이 진입해 특화된 전문 법조인 양성을 주장했다. 그러나 로스쿨에 대한 반론도 만만찮다. 시험합격 때까지 드는 개인 비용을 계산하여 사시 준비자들의 비용이 적게 든다는 경제적 접근, 다양한 입학전형이란 것이 결국 중상류층 이상의 계층에 더 유리하다는 계층론적 접근, 사법연수원에서 법률전문가를 양성하던 시스템에 못 미친다는 로스쿨 교육과정론적 접근 등을 이유로 사법시험 존치를 주장한다. 치열한 논쟁은 법적 소송은 물론이고, 사법시험 출신자와 로스쿨 출신자들 사이의 인격적 비난으로 이어지고 있다. 그리고 2016년 대법원에서 최종적으로 사법시험 폐지와 로스쿨 운영이 타당하다는 결론이 내려졌다. 사법시험만 아니라 다른 고시들도 국가정책에 따라 존폐가 결정되었다.

국가가 사회·정치적 이유로, 혹은 경제적 이유로 시험을 만들고 폐지시키는 가장 큰 힘을 가지고 있다. 그러나 국가도 여론을 등에 업는다. 행정고시를 폐지하려는 정부의 시도가 벽에 부딪혔던 까닭도 여론 때문이었다. 독재정권이 아닌 이상, 시험의 생성과 폐지에 여론의 힘을 무시할 수 없다.

관건은 공정한 기회 부여

시험을 만들든 폐지하든 국민에게 가장 큰 관심사는 합격의 기회가 모두에게 공정하게 돌아가느냐로 귀결된다. 그리고 시험 합격을 이유로 누렸던 합격자의 특권 해체이다. 서열화된 체계에 따라 커지는 철옹성 같은 특혜를 어떻게 해체하느냐가 문제이다. 사회 전체의 학력 수준이 높아져 누구라도 전문가들과 공무원을 하지 못할 이유가 없다. 누구나 건전한 시민으로서 배심원이 될 수 있듯이, 기본적인 소양을 갖추었다면 추첨으로 공무원을 맡는 게 왜 안 되겠는가. 교사가 되고 싶은 간절한 소망을 가진 이들이 자격만 갖췄다면 왜 누구라도 교사가 되면 안 되겠는가. 지금 안 되는 이유는 특권과 차별 때문이다.

진입 장벽으로서 시험이 필요하다. 만약 시험을 통과하지 못한 이들이 무능력자라면 시험 없이 기간제 교사를 절대 뽑아서는 안 될 것이다. 시험 없이 공무원을 고용해서도 안 된다. 그렇지 않은 까닭은 사실 시험이 신분의 구별과 격차를 위한 문지기로 존재한다는 증거이다. 문제는 시험 통과 여부에 따른 특혜의 문턱을 낮추는 것이다. 시험 통과 여부와 무관하게 어떤 일을 하든 사람들 사이에 사회적 격차를 낮춘다면 시험에 목매지 않는, 훨씬 더 자유로운 사회가 될 수 있을 것이다.

|||
구술시험도 중시한 유럽
|||

경쟁과 선발의 장치로 지필시험이 도입되기 전, 12세기 무렵 서양의 대학에서도 시험제도가 발달했다. 학사학위와 박사학위를 수여할 때, 학문과정을 충분히 이수했는지, 강의할 자격이 있는지 확인하는 구술시험이 있었다. 구술시험을 통과한 박사들이 도시에 출현하여 곳곳의 광장에서 토론을 벌이자, 한 수도원장은 "박사들이 많은 만큼 오류들도 많고, 청중들이 많은 만큼 추문들도 많으며, 광장들이 많은 만큼 신성모독도 많다"며 그들을 "말의 장사꾼들"이라고 비난했다.[161] 대학에서 실시되는 시험방식은 다음과 같았다.

13세기 말엽에는 과정 이수의 여러 단계에서 해당 교과에 관한 시험이 부과되었다. 학사학위 지망자는 먼저 논리학과 문법선생과의 논변을 통하여 그의 실력을 증명해 보이고 난 뒤에, 그가 속하고 있는 유니버시티에서 지정한 수 명의 시험관 앞에서 구두시험을 본다. 시험관은 그가 적당한 기간에 지정된 강의를 수강했는지, 공부한 책의 내용에 관하여 잘 알고 있는지를 판정하며, 이 판정이 내려지면 그는 '결정'의 절차를 밟는다. '결정'이라는 것은 한 주제에 관한 논지를 설명하고 그것에 반대하는 입장에 대하여 변호하는 것을 말한다. 이 절차는 며칠 동안 계속된다. 이 시련을 성공적으로 거치고 나면 그는 학사가 된다.[162]

학사학위처럼 박사학위도 시험을 통과해야 얻을 수 있었다. 가령 볼로냐대학에서는 개별시험과 공개시험을 거쳤다. 첫 번째는

"박사조합에 출두하여, 해석할 대목을 발표하고 박사들의 질문에 대답하는" 개별시험이고, 두 번째는 "학생들 앞에서 강의하고 학생들의 질문에 대답하고 토론하는" 공개시험이었다.[163] 학위시험은 경쟁선발이 아니라, 학위자로서 자격이 있는지를 검증하는 의례였다. 도제가 장인이 되듯이, 학문의 장인이 되는 절차였다.

16세기 말, 중국의 과거시험제도가 유럽에 소개되기 시작했다. 지필시험제도를 먼저 채택한 곳은 예수회학교였다. 예수회 선교사로서 중국 선교를 맡았던 마테오 리치는 과거시험에 관해 예수회 상부에 자세히 전했고, 예수회학교가 경쟁적인 지필시험을 도입하는 데 그의 보고가 영향을 미쳤을 것이라 추정된다. 예수회학교는 1599년에 예수회학교의 교사용 표준지침서라 할 《라티오 스투디오룸Ratio Studiorum》을 출간했고, 이 지침서에는 지필시험에 관한 규정을 두었다. 예수회학교는 구술시험과 지필시험결과에 따라 학생들을 낙제와 퇴학을 시켰고, 성적이 기재된 수료증을 주었다. 그러나 예수회학교의 경쟁시험이 예수회학교의 울타리를 넘지는 않았다.

유럽에서는 학교가 아니면 굳이 시험을 쳐서 사람을 평가해야 할 이유가 없었다. 신분제면 충분했다. 이후 연줄사회를 유지하려는 세력과 시험을 통한 경쟁을 주장하는 세력 간의 치열한 논쟁을 거쳐 영국과 독일, 프랑스 등에서 지필시험이 자리 잡게 되었다.[164] 지필시험 도입 이후에도 유럽에서는 여전히 구술시험의 전통이 살아 있다. 독일 아비투어 시험이나 프랑스 바칼로레아 시험은 물론 독일 학내 시험에서도 구술시험은 중요하다. 현장에서 질의응답을 통한 능력 확인이 이른바 객관성과 공정성 시비보다 더 타당하다는 인식이 깔려 있다.

試驗國民

2

서열화와 배제, 그리고 저항

서열주의는
힘이 세다

능력주의 탈을 쓴 서열의 폭력성

낯선 사람들이 만난다. 말 몇 마디나 넘겨받은 명함으로 간단한 정보만 손에 쥐면 각자 어떤 태도와 말투로 서로를 대해야 할지 찰나에 간파한다. 한눈에 사람과 사람 사이의 서열을 정하는 파워 게임이 도처에 깔려 있다. 누가 정해준 적 없어도 이 정도를 모르면 적어도 대한민국에서 사회생활은 힘들다. 나이도 서열을 매기는 기준 중 하나지만, 그보다 요즘은 학벌, 사회적 지위, 재력이 사람들 사이의 위계를 결정한다. 나이, 인격, 명예, 가문, 물리적 힘, 실력, 학력 따위의 다양한 서열 기준은 사라지고, 서열을 재는 기준이 단순명료해지고 있다. 단순명료해질수록 서열화는 더 강력하게 작동한다.

서열화 기준이 단순해질수록, 그리고 명료해질수록 서열화 밖으로 이탈할 수 없고, 모든 대상들은 명쾌하게 서열화된다. 한국사회의 서열주의는 점차 단순화되면서 아주 강고해졌고 누구도 벗어날 도리가 없이 팽배하다. 오죽하면 강준만은 서열주의가 전 국민에게 "유전화遺傳化"되어 있다고 할 정도이다. 서열이 사적 영역에까지 완벽히 침투하여 서열이 없는 곳이 없다. 도처에 퍼진 서열주의를 체화해 모두가 알아서 행동한다. 혹시 비켜나 있거나 비판하는 존재가 있다면 열등감에 사로잡혔거나 비사회적인 존재로 낙인찍힌다.

서열은 일등부터 꼴등까지 아주 아슬아슬하게 서 있다. 서열화의 밀도가 매우 촘촘해서 하나라도 서열화 대상에서 누락돼서는 안 되고, 하나라도 동일한 서열을 허용하지 못할 만큼 모든 대상들은 독자적인 서열값을 가지고 있다. 이 서열을 매기는 방식이 모두에게 똑같이 작동하지는 않는다. 최고 1퍼센트 권력층들은 자기 외의 나머지를 다 같이 하찮은 인간으로, 손에 꼽히는 한두 유명 대학 출신자들은 여타 대학 출신자들을 다 하찮은 인간으로 처리해버림으로써 독보적인 자기 위치를 공고히 한다.

그러나 묶음 속으로 휩쓸려 들어가 졸지에 사회적 잉여가 될 위기에 처한 이들은 이런 식의 뭉뚱그림을 절대 허용할 수 없는 절박한 이유가 있다. 타인들과 차별화함으로써 본인이 발 디딜 존재값을 찾아야하기 때문이다. 《우리는 차별에 찬성합니다》의 저자 오찬호는 청년들의 이 자발적인 차별주의에 주목했다. 같은 대학 입학생이라도 어떤 선발제도로 입학했느냐에 따라 '기균충(기회균등선발제 입학생)'이니 '지균충(지역균형선발제 입학생)'이니 하는 모욕적인 말을 버젓이 쏘아댄다. 감히 같은 자리에 서서는 안 된다는 섬뜩한 경고이다.

또 하나의 특징은 한번 정해진 서열은 거의 고착되어 '역전 불가능'에 가깝다는 것이다. 서열이 "서로의 관계에 내재적으로 유착하여 상황이나 맥락과는 별 관계없이 거의 영속적으로 작용"[165]한다. 그래서 중고등학교 때 시험성적이 좋았던 이는 수십 년 인생에 훈장처럼 석차와 학벌을 새기고 살고, 혹시나 사회적 지위나 서열이 역전되면 시기와 질투 혹은 안타까움이 사람들 사이에 공유된다. "학교 다닐 때는 공부도 못했는데……", "내 밑에 있던 애인데……"라는 말에는 한번 확립된 서열은 절대 역전될 수 없다는 강한 믿음과 주문이 깔려 있다. 노력에 의한 성취를 중시하는 듯하지만, 타인의 노력과 역전은 무시하거나 좌절시키려는 모순이 그 속에 있다. 서열의 역전 가능성이 낮기 때문에 결정적인 서열 게임이 벌어질 때, 반칙이 기승을 부린다. 족집게 과외, 선행학습, 칭찬만 써주는 학교생활기록부……, 교육적 반칙이 벌어진다. 많은 이들이 반칙을 저지르고 특별히 법적 처벌만 받지 않는다면 문제될 것 없다는 투이다.

낮은 역전 가능성은 서열의 특권을 더욱 강화하는 역할도 한다. 서열이 바뀌는 일이 거의 없기 때문에, 권력자는 마음껏 권력을 부리고 약자는 그 구조에서 빠져나올 수 없기 때문에 고통을 감내하기로 마음먹거나 체념한다. 그래야만 생존할 수 있기 때문이다. 어렵게 고착시킨 서열을 붕괴시키는 행위에 대해서는 집단적 분노를 표한다. 2007년 신정아 사건이 터졌을 때, 그녀의 학벌 위조에 대한 손가락질은 모질었다. 누군가가 학벌을 속이는 사기는 한 사람의 거짓말이 아니라, 사회의 서열화를 무너뜨리는 행위라고 공동 판단하기 때문이다. 서열을 무너뜨리는 것은 구조의 문제만이 아니라 구체적으로는 자기 서열이 내려앉게 되는 반칙이라 생각한다.

한국사회의 서열주의는 바깥에서 볼 때 훨씬 잘 보인다. 덴마크에서 3년간 살았다는 김영희는 덴마크와 비교해서 한국사회의 서열은 "숨 쉬는 공기처럼 어디에나 뻗어 있다"고 지적한다.[166] 학교나 직장, 가정 어디에나 서열이 있고, 서열이 높을수록 많은 혜택과 안락한 삶을 보장받는다. 이런 문화 속에서 사람관계는 무의식적으로 위아래를 구분하고 권력자와 복종자로 맺어지는 권위주의와 비민주적 관행이 퍼져 있다.

독일에서 10여 년 유학을 마치고 돌아온 김건우는 "독일사회는 가까이서 보면 사람들 사이에 서열이 있어도 조금 떨어져서 보면 거의 옆으로 평평해서 서열이 눈으로 잘 보이지 않는데, 한국사회는 멀리서 봐도 일렬로 똑바로 서 있고, 가까이 가서 들여다보면 더 촘촘하게 더 똑바로 종적으로 서열화되어 있다"고 비교했다.[167] 피스케Fiske가 분석한 대로 서구에는 대등적 상응관계나 시장적 가치관계가 강하다면, 한국사회는 권력적 서열관계가 뚜렷하다.[168] 그 위력이나 밀도가 대단하다.

서열주의 강화의 또 다른 특징은 서열이 보상과 밀접한 관계를 맺으면서 갈수록 폭력적 성격을 띤다는 점이다. 폭력적이라 함은 타인의 것을 부수거나 빼앗아버리는 데 있다. 타인의 것에는 물질적인 것만을 포함하지 않는다. 타인의 것의 가장 핵심, 대상 타인만이 유일하게 소유하는 것, 다시 말해 타인의 인간적 권리마저 서열이 높은 자가 마음대로 지배해도 되는 방향으로 서열주의는 변모하고 있다. 서열이 낮은 이들이 일상적으로 겪는 모욕으로 인해 서열이 화인처럼 강렬하게 남게 된다.

서열주의를 정당화하는 논리의 바탕에는 능력주의가 있다. 능력주의와 결합한 서열은 개인에게 무한대의 투자와 노력을 강요한다. 어렵게 얻은 서열이기 때문에 서열에 광적인 집착과 강박을 보이며, 서열 붕괴에 대한 두려움도 매우 크다. 정규직과 비정규직 간의 차별을 깨려는 비정규직의 투쟁에 많은 사람들이 "새치기" 한다는 냉소적인 시선을 보내며, 노력의 정당한 대가로서 학벌과 서열을 지지한다.[169] 자신의 서열을 훼손한다면 내부집단이라도 날카로운 이를 드러낸다.

그리고 서열을 통해 부여받은 권력은 공적 사적 영역 경계 없이 어디에서나 영속적으로 써먹어도 된다고 착각한다. 갑은 을에게, 을은 병에게, 연쇄먹이사슬로 서로에게 폭력적 관계를 유지함으로써 서열을 확보하고 더 많은 것들을 획득할 수 있다. 한번 획득한 유명한 학벌로 지위와 명예와 소득을 얻고, 또 그를 바탕으로 질 좋은 경험의 빈익빈 부익부가 이뤄지고, 이것이 다시 평생의 자리와 소득을 보장하는 밑천이 된다. 모든 것을 갖춘 능력자가 탄생한다. 그들은 축적된 능력을 무기로 이른바 관피아, 교피아가 돼도 할 말이 많다. 이는 강준만이 얘기하듯이, 서열주의는 진보나

보수 가릴 것 없이 모든 엘리트들이 누려왔던 특권이므로 국가 차원에서 서열을 타파할 수 없는 원인이 된다.

한국사회에서 서열주의가 강고한 원인은 무엇인가? 오래된 유교문화가 상호평등적 관계보다 권위적 서열관계를 강조해왔으며, 국민의 절반인 남자들은 군대를 통해 상명하복 관계를 체화하고 있다. 인생사에서 이 관계를 뒤집고 체험을 새로 구성할 기회는 개인에게 거의 없다. 학교에 입학하는 순간부터 서열이 작동하여 점점 심화된다. 어릴 때부터 타인과의 비교를 통해 형성한 허약한 개인적 정체성으로는 서열화에서 벗어나기 어렵다. 사람들은 남들보다 뒤처지지 않기 위해 또는 앞서기 위해 경쟁한다. 갈수록 불평등이 심화되는 사회에서 사회적 해법이 무엇이든 개인들은 우선 각자의 자원과 역량을 동원해 생존전략을 찾기 마련이다. 생존전략은 남들보다 한 발 앞서기, 서열화에서 한 칸이라도 더 우위에 올라서기이다.

심화되는 사회 불평등 구조와 더불어, 이른바 과학주의와 수치화도 서열주의에 강한 영향을 미쳤다. 숫자는 어느 누구의 주관적 개입도 허용치 않고 세계 어디서나 쉽게 인식 가능하고 이해를 얻어낼 수 있는 객관적인 표준이자 도구였다. 숫자로 표현된 것들은 쉽게 서열화할 수 있는 대상이 되었다. 서로 다른 대상을 몇 가지 기준만 조작해 수치로 표현하면 세상의 모든 것들은 서열화할 수 있다. 이제 마음만 먹으면 세계에서 가장 살기 좋은 도시, 가장 아름다운 해변, 가장 아름다운 여인 등 원하는 모든 걸 서열화할 수 있다.[170] 인간의 봉사정신마저도 서열로 표시할 수 있게 되었다. 능력주의 이데올로기는 개인의 성취와 책무성을 강조하며 수치화된 서열을 강조하는 신자유주의에 환호했다. 요즘은 서열화의 범위를 점점 더 넓혀 세계 속에서 1등을 하지 못하면 경제가 붕괴되는 듯이, 인간 능력이 아무짝에 쓸모없는 쓰레기가 되듯이 위기감을 조장하며, 모든 인간들을 경쟁과 서열의 그물망 속에 집어넣어버렸다.

재벌이나 손꼽히는 부자가 아니라면, 사회경제적으로 안정적인 전문직이라 해도 자식세대의 안전을 도모할 일차적 방법은 좋은 학벌 만들기 전략이다.[171] 치열한 경쟁구조 속에서 개인과 가족의 엄청난 투자와 노력을 결합해 얻어낸 학벌은 우연이나 행운에 의해 얻어진 서열과는 다를 수밖에 없다. 성취한 것은 오로지 본인 소유라는 강한 독점욕을 드러내며, 사람들은 서로 배타적이게 된다. 서열의 앞에 선 사람들은 내가 어떻게 해서 올라온 지위인데 하는 오만에서 아래 서열의 사람들을 무시하고 모욕한다. 아슬아슬하기 짝이 없는 학벌사회가 아이들을 독립적 존재로 길러내는 것이 아니라, 많은 아이들을 무능력자로 만들고 있다. '누가 나를 쓸모없게 만드는가' 라는 이반 일리치의 명언은 바로 서열화 정신이 맹렬히 작동하는 이 사회에 꼭 필요한 물음이다. 학벌에 따른 서열화의 폭력성을 최상천은 이렇게 비판한다.

차라리 나이에 따라 서열화하는 것, 이건 인간적입니다. 적어도 인간이라면 누구나 나이를 먹기 때문에 낮은 서열이었던 사람도 서열이 높아지게 될 수 있으니까. 그러나 학벌, 이건 정말 폭력입니다. 한번 정해진 학벌은 나이를 먹는다고 바뀌지도 않고 사회를 살면 살수록 그 위력 앞에 더욱 기가 질리게 되지요. 자리를 한 번도 못 바꿔보고 청소년기 성적에 따라 모든 게 결정된다는 게 진짜 폭력이지요.[172]

우리 사회에서 대학 서열을 결정하는 수단은 입학시험 성적이었다. 시험은 사실 점수, 총점, 석차, 등급, 표준편차 등 다양한 통계치를 이용해 사람을 서열화해준다. 그 서열에 따라 학벌이 결정되어왔다. 최근에는 총점제에서 영역별 등급제로 바뀌었고, 그 외에도 성적을 표기하는 다양한 통계치가 선보이고 있다. 발달된 통계치들은 전체 조망 속에서 개인이 어디에 있는지 한 장의 도면처럼 보여준다. 평균으로부터 얼마나 이탈해 있고, 비슷한 성적을 받은 이들이 얼마나 많고, 나보다 잘 하는 이와 못 하는 이들은 어느 정도인지를 지도처럼 보여주기 때문에 자기 위치를 정확히 파악할 수 있다. 그 도면 속에 위치된 나를 보고, 자기 능력을 인지하게 된다.

숫자화 된 개인에게 그의 삶의 이력이나 정체와 소망은 사라진다. 개인의 무수한 삶의 이야기, 고난, 열의, 패배, 저항, 내일은 삭제되고, 단지 위로부터 혹은 아래로부터 몇 번째에 있는지, 그럼으로써 어느 대학 혹은 어느 기업체에 선발될 것인지를 보여준다. 숫자화된 개인 정보는 개인과 동일시되어 정체성의 요체가 된다. 이 속에 존엄이나 다양성이니 고유성이니 하는 철학적 논리가 비집고 들어갈 틈이 없다.

국가로서는 서열주의가 손쉽게 국민을 통제하는 수단이다. 푸코가 주장했듯이, 다양한 인간을 국가가 요구하는 오직 하나의 기준에 따라 순서 매기고 배치하는 방식이다. 또한 서열주의는 국가와 기득권이 인정해주는 범주 안에서 스스로 강렬히 욕망하는 주체로 살아가게 만든다. 국가권력으로서는 이야기와 저항을 지워버린 채 시스템 속에서 서열 경쟁하는 작은 인간들을 품고서 영속적인 권력화의 꿈을 꿀 수 있다.

석차, 지위 배분의 기준이자 통제 수단

자리 순서는 그 공간에서 무엇을 가치로 배열, 배치할 것인가의 문제이다. 공식 석상에서 자리 순서문제는 중요한 권력문제이다. 지금도 한 번씩 불거지는 대통령 옆자리 논란이 그렇고, 권력자 눈에 거슬리는 자의 자리를 하루아침에 빼버리는 일들이 그렇다. 초대받지 못한 자는 그 자리에 없어도 그는 여전히 서열 시스템 안에 존재하고 있다. 밖에 있는 듯하지만 실상 서열 시스템에서 벗어날 수 없다.

대개의 자리 순서가 권력과의 관계를 보여준다면, 교실의 자리는 그래도 가장 가치지향적이다. 배우는 공간으로서 교실이 무엇을 지향하느냐가 자리 배치에서 드러난다. 존 듀이가 실험학교를 운영하면서 아이들의 경험이 살아 있는 교실 배치로 자리를 바꾸었듯이, 협력학습을 지향하는 교사들이 자유로이 협동할 수 있는 방식으로 책상 배치를 바꾸듯이, 교실의 자리 배치는 인간이 무엇을 가르치고 배울 것인가, 무엇을 지향할 것인지를 드러내는 가치화 행위이다. 성균관에서 합격 순서나 합격 등수 혹은 합격한 시험 종류에 따라 앉힐 것인지, 연령순으로 앉힐 것인지 몇 백 년에 걸쳐 논쟁[173]한 까닭도 그래서이다. 학교의 자리 배치는 그러므로 학교가 지향하고 학생들을 가치화하는 방식으로, 눈에 보이지 않는 학교 가치를 눈에 보이는 위치값으로 전환시키는 가치지향 행위이다.

앉는 자리 순서는 한자어로 하면 바로 '석차席次'에 해당된다. 그러나 우리가 사용하는 말 '석차'는 앉는 자리라는 의미보다는 경쟁결과 획득한 서열 순위, 시험결과 얻은 등수라는 뜻으로 사용된다. 조선시대 공식 석상에서 자리 순서라는 의미로는 '서차序次' 또는 '좌차坐次'라는 단어를 주로 사용했다.[174] 그리고 과거시험 합격자들의 등수를 매길 때도 '좌차'라는 단어와 '과차科次'라는 단어를 사용했다.[175] 즉 좌차와 과차가 요즘 말하는 석차라는 의미로 사용되었던 것이다. '석차'라는 단어가 공식 문서에 등장한 것은 1894년 갑오개혁 이후 마련된 각종 규정에서부터였다. 1895년 발표된 궁내부관제, 육군무관진급령, 1900년 중추원의사中樞院議事 등에서 앉는 자리라는 의미에서 석차라는 단어가 사용되었다.[176] 그리고 일제시대에 성적에 따라 앉는 자리로서 석차제도가 학교에서도 실시되었다.

메이지 유신 전후 일본은 근대적 학교 설립을 통해 근대적인 교과내용을 가르치는 것과 함께, 경쟁을 통한 교육에 관심을 기울였다. 입학시험제도를 통해 학교급 간 위계를 정비하고, 학내시험을 통해 경쟁적인 학습방식을 강조했다. 그런 학교들 중 대표적인 학교가 후쿠자와 유키치福澤諭吉가 1858년 세운 게이오의숙慶應義塾이었다. 게이오의숙에서는 과목별 성적과 석차를 기입한 학업근타표學業勤情表와 시험점수에 따라 자리를 정하는 석차제도를 실시했다. 이 석차제도가 일본 내 근대적 학교에 확산되면서 폐해도 커졌다. 때문에 1894년 문부성 장관이 훈령을 발표하여 소학교 내에서 성적에 따라 자리 순서를 정하는 것을 금지시킬 정도였다.[177]

이러한 일본 학교에 개화파 조선인들도 유학을 갔다. 1881년 신사유람단으로 유길준과 류정수가, 1883년에는 서재필 등 44명이, 1895년에는 백여 명이 게이오의숙에 입학했다. 1895년 무렵에는 일본유학생이 약 200명으로 증가했다.[178] 이로 추정해보건대, 메이지 유신 전후하여 일본의 근대학교에 유학을 다녀온 개화파들의 영향으로 우리나라 교실에도 석차라는 단어와 석차에 따른 배치방식을 도입하지 않았을까 생각한다. 게다가 성균관에서 앉는 자리문제로 오랫동안 시비를 가렸던 사회이므로, 일본의 석차제도가 영 낯설거나 거부감이 들 정도는 아니었을 것이다.

갑오개혁 이후 우리나라에 도입된 근대적인 학교 관계 규정에서도 이런 제도가 발견된다. 1899년 발표된 의학교규칙에는 매 월말시험, 학기시험, 학년시험을 치고, 월말시험 우등생은 학급 내에서 '승좌陞座'하도록 규정하고 있다.[179] 외국어학교관제, 법관양성소 규칙에서도 동일한 규정을 볼 수 있다.[180] 설립 첫 해인 1895년 법관양성소 규정에서는 없었으나 1904년과 1905년 변경된 법관양성소 규칙에는 승좌제도가 명시돼 있다.

1910년대에는 배재고등보통학교와 같은 중등학교의 성적표나 학적부 등에 석차가 표기되었다. 초등학교에서도 1920년대 성적표에서 석차란과 석차기록을 볼 수 있다.[181] 즉 일제시대에 들면서 등수를 의미하는 '석차'라는 단어가 학교에서 널리 사용되고 있었다. 성적에 따라 교실자리도 정했다. 성적에 따른 자리 배치 관행을 비판한 구자학의 글로 미뤄보건대, 1910년대에 성적에 따라 자리에 앉히는 경향이 있었음을 짐작할 수 있다.[182] 보성고등보통학교에서는 1912년 무렵 성적순으로 줄을 지어 교실에 들어간 적도 있었다.[183] 경성제대 예과에서는 1924년 첫 입학생들을 입학성적순으로 앉혔다. 3회 입학생까지 석차순으로 자리를 배치하다가 4회 입학생부터는 키 순서대로 앉혔다.[184] 시행 네 해만에 변경했다. 간혹 교사에 따라 성적순으로 학생들을 앉히는 경우가 있었지만 전반적으로는 키 순서대로 학생들을 교실에 앉게 했다.

성적에 따른 자리 배치는 사실상 어른들이 학생들에게 저지르는 일종의 관음증이다. 아이들의 이름과 삶을 들여다보기보다 성적표를 들여다보고 미래를 예단하고 싶은 어른들의 노골적인 관음증을 학습의욕 증진이라는 명분으로 둘러대는 기만이다. 상처는 학생들의 몫이었다. 교실에서 눈에 보이는 성적순 자리 배치가 사라졌다고 석차의 위력이 쉽게 줄어들지는 않았다. 다만 석차는 모습을 달리 했다. 성적표나 학적부에 기입되어 사회진출 후에도 더욱 강력한 영향력을 발휘했다. 진학이나 취직할 때 석차는 중요한 기준이 되었다. 사범학교 졸업생들은 졸업석차에 따라 발령받고, 정부는 각 학교 우등졸업생을 고용하려는 제도적 노력을 기울였다.

석차는 교실의 자리 순서와 분리된 대신 학생의 몸과 정신에 더욱 밀착돼 개인을 표시해주는 기표가 되었다. 점수와 등수로 표기된 석차가 학생의 현재와 미래를 결정하는 능력값으로 인식되었다. 이 석차제도 위에서 이른바 '일류 학교' 제도가 작동할 수 있었다. 일제시대부터 몇 되지 않는 중등학교에 일류 학교니 이류 학교니 하는 딱지가 필요했던 까닭은 석차 때문이었다. 해방과 전쟁 후, 중등학교가 부족한 상황에서 일류 학교 체제는 더욱 기승을 부렸다. 일류 학교는 모두 석차에 따라 줄을 서게 만들었다. 점수 1점에 일류 학교에 입학하느냐 평생 이류 학교 출신 딱지를 붙이고 사느냐가 결정되기 때문에, 부실한 시험문제에 항의했던 '무즙 파동'이 니 '창칼 파동'이 발생할 수밖에 없었다.

현대판 석차제도는 자리 배치가 아닌 다른 형태로 학교에 온존하고 있다. 석차는 여전히 학교 현장에서 비가시적이되 학교를 지배하는 원리로 작동하고 있다. 성적 우수자들에게만 독서실이나 기숙사 이용권을 준 특혜사건들이 학생들의 평등권을 침해하는 차별행위라는 지적을 받았지만 학교에서는 여전히 이런 문제들이 근절되지 않는다.[185] 일본에 교환학생으로 갈 기회를 석차가 좋은 아이들에게 우선적으로 주는 경우[186]를 비롯하여 학교의 각종 기회를 석차가 좋은 아이들에게 몰아준다. 특히나 대학입시에 학생들의 생활기록부 기재내용이 중요해지면서, 학교마다 성적이 좋은 아이들을 특별히 관리한다. 한 고등학교 교장은 "몇몇 아이들을 특별히 관리하지 않으면 좋은 대학을 보내기 어렵다"고 털어놓는다.[187]

석차는 교실을 넘어 지위를 배분하는 원리가 되면서 권력이 더욱 커졌다. 사범대, 육군사관학교, 사법연수원 졸업생의 졸업석차가 좋은 자리를 발령받는 순서가 되었다. 진학할 때도 석차가 기준이었다. 내신이 강화되면서 오히려 이런 현상은 더욱 강화되었다.

석차는 서열화의 가장 개별화된 형태이다. 경쟁이 개인 단위까지 완전히 파급되어 모든 개인들이 경쟁에 휩쓸려 들어가는 체제이다. 성장기 12년 동안 석차에 따른 특혜와 차별이 일상화된 학교와 사회에서 살면서 학생들은 서열을 완전히 체화한다. 서열로 인간을 호명하는 방식에 익숙하다. 그렇게 불러줄 때, 오히려 자신이 끊임없이 성취하고자 하는 의욕이 살아날 것이고, 자신의 성취가 드러나며, 성취 낮은 사람들을 배제할 수 있다고 서열화를 적극적으로 내면화한다. 그 체제 속에 들어가지 못하면 실패자가 된다. 이탈은 곧 실패다. 공모니 오디션이니 다양화니 하면서 은밀해져버린, 세련된 차별에 내면 깊이 상처입고 차별을 증명하기도 어렵고 저항하기도 훨씬 어렵다.

다시 질문해보자. 한 학급이나 한 학년 전체 아이들을 진짜 줄 세울 이유가 있는지, 그럴 방법이 진짜 있기나 한 건지. 솔직히 어느 누구도 아이들을 일렬로 줄 세울 능력은 없다. 모르는 것을 배우러 오는 곳이 학교인데도, 학교에서 모른다는 이유로 차별하고 차별을 내면화하도록 한다면, 그 기관은 폭력적인 인간 감별공장에 불과하다.

성적일람표와 배치표의 악몽

커다란 종이에 전체 학생들의 과목별 성적, 총점, 평균, 석차까지 다 기입하는 일람표 한 장이면 학생들을 굳이 교실 자리 순서에 묶어둘 필요가 없다. 자리는 키 순서대로 하되, 성적일람표 한 장이면 석차는 완벽하게 통제 가능했다. 벌써 1910년도에 구자학이 성적일람표를 학교에 비치하되 학생들에게 보여주지 말라고 했지만, 한번 작성된 성적일람표는 판도라 상자 속 비밀! 전체 성적·석차일람표는 교사와 학교 저마다의 판단에 따라 1970년대에도 교실 뒷벽에 내걸리기 일쑤였고, 2010년에도 누구나 다 보는 고3 교실 복도에 붙기도 했다.[188] 성적일람표 공개가 옳다고 말하는 교육자도 학부모도 없지만, 일람표는 작성되는 순간부터 언제나 노출 가능성이 있었다. 작성을 아는 순간부터 사람들은 몹시 궁금해지기 때문이다. 도무지 체감이 되지 않는 수백 명에서 수십 만 학생들 중 개인이 어디에 있는지, 그 개인의 앞날은 어떠한지……. 가장 먼저 본인이 궁금하고 학생들을 통제하는 교사들이 궁금하고 부모들이 궁금하고 대학과 기업들이 못내 궁금하다. 그래서 언제든 궁금증을 못 이길 때, 학업증진이라는 명분과 뒤섞어 성적일람표는 마치 깃발처럼 나부낄 가능성이 있었고, 또 그렇게 공개되었다.

노출되면 저항할 것 같지만, 학생들은 의외로 쉽게 수용하고 마는 경향이 있다. 태평양전쟁 이후 전쟁논리가 학교를 장악해버린 일제 말기에도, 밤 열 시, 열두 시까지 야간자율학습을 시킬 때도 학생들은 숨 막혀 죽을 것 같으면서도 그 속에서 별 저항 없이 자기들만의 작은 일탈과 재미를 찾았듯이 그렇게 일상은 몸에 배어버린다. 그러면 기성세대는 자신의 과거를 회상하며 인간은 어떤 환경에서든 견딘다는 경험적 논리를 내세워 퇴보적인 정책을 취하기 쉽다.

학급이나 학교단위 성적일람표는 개화기에도 사용되었다. 성적일람표는 애초부터 국가적 관리를 위한 용도였다. 1895년 법관양성소 설립 이후 법관양성소장은 학생들의 매 시험 성적일람표를 작성하여 법부대신에게 보고했다.[189] 성적보고 양식은 꽤 엄밀했다. 등록학생 전체의 과목별 성적과 평균, 그리고 출석 여부까지도 따져서 석차순으로 학생들의 일람표를 작성하였다.

일제시대에는 각 학교의 비치자료였던 성적일람표가 상급학교 진학을 위한 기초자료로 활용되었다. 1914년에 발표된 〈중등학교 입학시험에 관한 건〉에서는 초등학교의 성적일람표를 중등학교 진학 참조자료로 규정했다. 1939년 개정된 〈중등학교 입학자 선발법〉에서는 성적일람표를 중학교 교장에게 제출하되, 교과 성적 이외에 신체, 성행, 가정상황 등을 종합 고찰하여 학생의 추천순위를 성적순에 따라 기록하도록 했다.[190]

해방 이후에도 성적일람표는 가정통신용과 진학용으로 사용되었다. 가정통신용 성적일람표는 학급학생 전원의 과목별 성적과 총점, 평균, 석차까지 빠짐없이 적어서, 해당 학생의 이름 밑에 빨간 색 줄 하나를 그어서 가정에 보내졌다. 진학용 성적일람표는 내신성적에 대한 불신을 잠재우기 위해, 각 학교가 작성한 성적일람표를 문교부가 각 시도와 각 대학에 공개

[표 5] 1905년 법관양성소 동계시험결과 보고法官養成所冬期試驗計劃記[191]

第一班	明律面講	明律問對	會通問對	約章問對	法學問對	講說問對	外律問對	公訴	算術	共計	平均	勤	均勤總計
李鳳熙	八十	八十	九十	九十	九十	六十	百	四十	八十	七一〇	七九	十四	九三
李義協	九十	八十	七十	八十	九十	七十	百	四十	八十	七〇〇	七八	十四	九二
睦源容	八十	八十	七十	九十	六十	百	百	三十	八十	六九〇	七七	十四	九一
權赫采	七十	九十	八十	六十	七十	七十	百	三十	八十	六五〇	七二	十三	八五
具滋璟	九十	八十	五十	百	三十	六十	百	十	八五	六〇五	六七	十四	八一
이하 생략													

제출하도록 정했다.[192] 신뢰 제고를 위한 이런 행정편의주의 관행은 1997 년부터 수험생 60여 만 명의 인적사항이 포함된 학교생활기록부를 CD로 제작해서 교육부가 각 대학에 배포하는 행위로 이어졌다. 60여 만 명 수험 생들의 지극히 사적인 자료가 대학 측에 일방적으로 공개되는 것에 반발 해 2003년에 고교생 3명이 소송을 제기하기에 이르렀다. 이 소송에서 서 울지법은 CD 제작·배포행위는 "법률적 근거 없이 신청인들의 인격권, 사 생활의 비밀과 자유에 관한 권리, 사생활의 평온 및 형성의 자유, 정보관 리통제권을 침해한 위법한 행위"이므로 CD 제작과 배포를 금지한다고 판 결했다.[193]

성적일람표가 대체로 학교 단위에서 작성된다면, 이른바 각종 배치표(배 치기준표, 배치사정표 등)는 학교 밖에서 학교의 서열을 매기는 일람표이다. 전국 규모의 입시성적이 나오면 그 결과를 배치표로 만든다든가, 점수대 별로 지원 가능한 학교를 순서대로 나열하는 서열표이다. 마치 화폐처럼, 대학진학배치표는 내 점수와 등급이 어떤 대학 어느 학과와 거래 가능한 지 한눈에 보여줬다.

배치표는 1980년대 학력고사 세대에게 특히 그 위력이 컸다. 대학별 고 사나 본고사를 친 1970년대까지는 전국 수험생을 비교하는 데 한계가 있어서, 학교 서열이라는 것도 어림짐작이거나 성적 외에 다른 요소들을 고려해야 했다. 학력고사는 국가 차원에서 시험을 실시해 개인별로 점수를 통지해줬다. 학력고사의 점수배치표는 점수 하나 달랑 들고 망망대해에 선 불안한 수험생들에게 냉정한 나침반이었다. 배치표는 '눈치작전'보다는 훨씬 객관적인 지표였다. 점수표에 따라 금 쫙 그어 나눠서 각자 지원할 대학을 미리 알려주는 배치표는 수험생들에게 유일한 참고자료이자 학교를 서열화해놓은 장부였다. 모든 대학을 한 종이에 다 쓸어넣고 위계화한 배치표는 기계적인 대학서열을 비로소 완성했다.

그러나 모든 수험생의 나침반인 배치표가 누구의 주관적 개입도 불가능한 객관적 지표라는 인식은 허구이다. 배치표 작성에는 배치표를 작성하는 입시기관들과 언론, 대학 간의 거래가 있었다. 대학 입장에서는 배치표

[그림 9] 〈내 점수로 어느 대학에〉《동아일보》1986. 12. 30.

서열 어디 즈음에 이름을 걸쳐놓느냐가 학교 이미지를 결정하기 때문이었다.[194] 무엇보다 배치표는 마치 시험점수가 수학 능력을 입증하는 듯 비치지만, 실제로 시험점수와 수학 능력과는 무관했다. 결국 배치표가 대학 서열화만 조장한다는 이유 때문에 1998년에는 언론사 기자들이 점수에 따른 배치표 기사화를 자제하겠다는 입시보도강령을 발표했다.[195] 물론 이 강령은 깨졌다. 알 권리 혹은 수험생들에게 도움을 준다는 명분으로 각 신문은 야금야금 자신들이 만든 강령을 깨기 시작해 2000년대 이명박 정권 때부터 마침내 강령은 언론 지상에서 사라졌다.

이는 그동안 변화된 사회문화와도 유관하다. 모든 성취는 투명하게 공개해야 한다는 인식은 알 권리와 책무성이라는 명분으로 용납되었다. 시험결과는 개인의 성취이고 개인적 영역이라기보다 공적인 영역이며, 공개되어야 할 공적 자료라는 관점으로 인식이 바뀌었다. 공개해야 할 것과 공개하지 말아야 할 것 사이의 경계는 사라졌다. 모든 영역이 가시화될 때, 더 나은, 더 신뢰할 만한 사회라는 전제 아래 최대한 더 많이 공개하는 것이 결과에 대한 책임이며 공정성 유지이며 또한 알 권리 보장이라는 인식이 확산되었다.

그러나 모든 걸 공개한다는 논리 뒤에 숨겨진 사실이 있다. 수험생들의 성적은 만천하에 공개되지만, 학교와 교사가 무엇을 했는지는 전문성의 영역으로 처리되어버린다. 국가가 교육을 위해 무엇을 하고, 학생들이 얼마나 배웠는지, 그것이 개인의 삶에 어떤 더 나은 가치관과 능력을 가져다주었는지는 영원히 꺼낼 수 없는 것으로 묻혀버린다는 점이다. 삶의 내력만큼 복잡하고 다층적인 인간들을 화공약품으로 처리하듯 공개 가능한 점수로만 처리된 인간으로 만들어 삶과 사상을 잃어버리게 한다는 점이다.

평생의 멍에, 수능시험 성적

수많은 시험 중에서도 수능시험 신뢰도가 으뜸이었다. 2014년에는 군대에서조차 "우수자원을 선발하는 검증된 기준"이라며 수능시험 성적을 군인 선발의 일차 자료로 활용할 만큼 사회적 신뢰도가 높다.[196] 신뢰의 가장 큰 이유는 국가가 대체로 동일 연령 국민 거의 전부를 대상으로 하여 인지적 역량을 비교해서 점수와 등급을 부여해주기 때문이다. 수능시험 말고는, 이렇게 또래들 거의 전부의 인지적 능력을 일괄적으로 비교해주는 경우가 없다. 수능시험이 사실 유일하게 동일 연령의 수십만 국민들에게 점수와 등급을 부여하는 제도이다. 수능점수가 먼저 대학 학벌과 교환되고, 학벌은 대학 졸업 이후 취직과 임금에 영향을 미친다. 높은 시험성적과 좋은 학벌은 사회적으로 선망하는 직종에 취업하는 비율, 그리고 임금과 정적 상관관계를 맺어왔다.

학력별 임금 격차도 여전히 높다. 고졸자 임금이 100이라면, 2011년 현재 전문대졸 임금은 116퍼센트, 대졸자 임금은 164퍼센트이다. 고졸자 대비 대졸자 임금이 1.6배로 높지만, 임금 격차가 가장 컸던 2007년(전문대졸 임금 118퍼센트, 대졸자 임금 177퍼센트)보다는 낮아졌다. 대신 대졸자 사이에서 유명 대학 졸업자이냐 아니냐에 따라 임금 격차가 더 커지고 있다.[197] 수능성적과 평균연봉 사이의 정적 상관관계가 커지고 있다. 1992년 대학 졸업자의 학력고사 점수와 평균임금 상관계수가 0.56인데, 2002년도 졸업자의 경우엔 0.72에 달한다. 입학점수가 가장 높은 대학과 낮은 대학 사이의 평균임금 차이는 1992년 졸업생의 경우 28퍼센트인데, 2002년 졸업생의 경우 약 40퍼센트에 달하고 있다. 연구자 김진영은 명문대 프리미엄은 분명 존재하고 있다고 분석했다. 김진영은 출신대학에 따른 임금 프리미엄이 노동시장에서 차별을 의미하는가 하는 물음에는 명쾌한 대답이 어렵

지만, 적어도 부분적으로 차별이라고 평가했다.[198]

노동시장에 미치는 입시점수의 효과는 청년들에게 시험점수가 높으면 임금이 높아질 것을 기대하게 만든다. 박천수[199]는 청년층의 사고와 의사결정에 수능시험 점수가 상당히 중요한 영향을 줄 가능성이 높고, 실제로 수능결과(등급)와 청년들이 받고자 하는 의중임금意中賃金 사이에 상관이 있다는 사실을 밝혀냈다. 그에 따르면, 학력 격차보다 수능시험 등급이 의중임금과 실질임금을 결정하는 데 영향이 더 크며, 수리 영역과 외국어 영역의 등급이 좋을수록 높은 임금을 받는 걸 당연시했다. 이 연구결과를 바탕으로 박천수는 임금은 학력순이 아니라 수능성적순으로 회귀하는 것으로 추정했다. 수능성적에 모든 노력을 기울이는 만큼, 수능성적에 따른 임금 격차를 당연시 한다. 이는 시험점수를 곧 실력으로 보는 협소한 능력주의 인식과 결부된다.

'능력주의meritocracy' 라는 단어의 기원은 마이클 영이 1958년에 쓴 《능력주의Meritocracy의 등장: 1870~2033》에 있다. 이 책에서 마이클 영은 능력주의의 요체를 IQ와 노력이라고 정의했다. 하지만 마이클 영은 능력주의 사회가 디스토피아를 초래할 것이라고 비판했다. 부모들이 자식을 위한 '학교 암시장' 을 세우려는 욕망을 잠재우기 어렵고, 능력주의가 탄생시킨 엘리트들에 의해 사회 불평등은 심화될 것이라고 예견했다.[200]

그러나 마이클 영의 경고와 달리, 역사에서는 능력주의가 사회를 지배하고 있고, 평등을 상징하는 긍정적 용어가 되어버렸다.[201] 능력주의에 따른 차별과 불평등을 당연한 것으로 만들고 사회는 공정한 기회만 제공하면 충분하다는 인식을 확산시켰다. 그러나 존 롤즈가 지적했듯이 모든 인간에게 온전히 '공정한 기회' 란 존재하지 않고 이미 타고났든 임의적으로 부여받았든 개인에게 기회란 차별적으로 존재한다. 우연적이고 임의적인 차별적 기회에 대한 보상이 없다면 현실에서 사회적 약자들은 배제되기 쉽다. 그리고 타고났든 임의적으로 부여받았든 이미 유능한 자들에게 더 많은 것을 집중투자함으로써 손쉽게 이득을 얻으려는 사회의 논리가 더 우세하다. 특목고 학생에게 국가가 더 많은 지원을 하고, 지자체와 학교가, 심지어는 한 가정에서조차 성적 우수아에게 더 많은 경제·문화적 지원을 하는 선택을 한다. 기득권으로서는 기득권을 강화하는 논리이자, 사회로서는 투자 없이 개인이 달성해낸 결과라는 열매에 취하기 쉽다. 능력주의는 궁극적으로 공적인 사회역할보다 개인이 달성한 성취에 관심을 기울이기 때문이다.

마이클 영의 우려처럼 능력주의는 여러 가지 문제를 내포하고 있다. 우선 개인이 성취한 결과란 게 온전히 개인적 성취일 수 없다. 개인이 처한 가정 배경, 더 넓게는 타고난 사회적·국가적 배경과 깊은 관계가 있다. 그리고 능력에 대한 보상을 어디까지 하는 게 타당한가는 사회가 선택한 문제임에도 능력에 따른 절대 보상지표가 있는 듯한 이데올로기를 확산한다. 이른바 엘리트들이 임금과 배당금을 스스로 챙겨 가고 부자와 권력자들과 야합하여 점점 더 폭리를 취하는데도, 그들을 비판할 주체도, 근거도 사라지고 있다.[202]

능력주의 이데올로기를 누가 더 내면화하고 있으며, 누가 확산하고 있는가? 이른바 학벌이 좋을수록 학벌에 따른 차별 이유가 본인 능력 때문이라고 정당화하는 경향이 있다.[203] 좋은 학벌 소유자의 이런 능력주의 인식은 우리 사회에서 설득력과 영향력이 크다. 조지프 스티글리츠Joseph E. Stiglitz가 분석한 것처럼[204], 한 사회에서 고학력자나 고소득자들은 언론을 소유하거나 특정 지식을 발명하여 유포하는 지위에 있기 때문에 그들이 형성한 인식은 사회에 유포될 기회가 더 많다. 능력주의를 반박할 다른 목소리가 공론의 장에 출현할 기회도 적고, 출현하더라도 논리적으로 진압당할 가능성이 높아진다. 학벌주의와 서울대를 비판하는 자가 서울대 출신이 아니면 곧바로 열등의식의 발로라는 비난에 직면하는 현상을 자주 목격하는 것도 이 때문이다.

능력의 내용과 능력에 따른 서열을 정하는 이들은 기존의 서열을 고착시키기 위해 서열의 기준도 얼마든지 변경할 수 있다. 게임에서 질 것 같으면 게임 규칙을 바꿔버린다. 부당한 기준을 혁신하면 좋겠지만, 기준을 혁신해도 대부분은 기득권자들이 자신의 지위를 이용해 유리한 지점에 올라서는 경우가 많다. 변경된 능력과 서열에 기민하게 대처할 수 있는 자본을 갖추고 있기 때문이다.

모두를 멍들게 하는 "억울하면 출세하라"

한 오십대 초등학교 교사는 시험성적이 실력이 아닐 뿐더러 반교육적이라고 생각한다. 나이 들어서도 공부를 게을리 하지 않았고 인터넷에서 논객으로 이름을 날리고 책도 펴낸 덕에 과거에 지녔던 시험성적에 대한 열등감은 극복했지만, 그에게는 "아직도 그 트라우마가 남아 있다."[205] 한편 시험에서 일등을 하는 이들의 심리상태는 좋게 말하면 자신감과 모험심이 넘친다. 주변에서도 그들에게 모든 걸 허용해준다. 서울대 교수 김대식은 《공부논쟁》에서 우리 학교에는 '성적 인종주의'가 있다고 지적한다.

그러나 성적이 좋은 모범생들의 내면 역시 황폐한 경우가 많다. 최고 자리를 유지해야 한다는 강박증이 내면을 지배한다. 그리고 공부를 못하는 아이들을 보면 "시간을 낭비해서 한심해 보이고", 학교에 공부 외의 다른 요소가 작동하는 것을 혐오하게 된다. "진도 나가자"는 말을 하지 않아도 스스로 끊임없이 시험을 위한 진도를 나간다. 이런 인식은 매우 일찍부터 내면화되기 시작한다. 이런 생각은 기성세대의 반복주입과 주변의 호응을 통해 점차 더 견고해진다. 신경과학자 다니엘 리젤Daniel Reisel에 따르면, 어린 시절에 도덕적 질문을 더 쉽게 받아들이는 경향이 있다고 했지만, 대한민국에서는 어린 시절에 한가하게 도덕적 질문을 마주할 시간이 없다. 성장기 내내 도덕적 문제에 직면할 시간이 없고 그 도덕적 문제조차도 간단히 정답처리하는 시험문제로 대신한다. 세상의 모든 문제는 시험문제와 정답으로 만난다.

서열화된 시스템에서 한번 뒤처진 학생들은 오랫동안 열등감에 시달리고 누군가를 이겨야 한다는 경쟁의식에 사로잡힌다. 고교 평준화 이전이었던 1970년 2월에 희망하던 대전고등학교에 불합격한 한 고등학생이 일년 내내 간직했던 열등의식이 그의 일기장에 고스란히 남아 있다.

1970년 3월 13일: 버스정류장 앞을 지나가는데 작년부터 많이 보아온 한밭중학교 학생이 나를 보고 자기네들끼리 웃는 것이었다.…… 내가 공부를 조금만 더 했더라면 대고에 꼴찌라도 들어갔을 텐데……. 거기에는 오랫동안 낯을 대해서 낯익은 여학생도 많았다. 약간 챙피했다. 특히 대고 학생 앞에서는 더 한 것 같았다.

1970년 4월 26일: 아침에 동생하고 약간 말다툼하다가 아버지한테 욕먹었다. "공부도 못하는 자식"이라는 소리가 내 가슴속에 뼈가 사무치도록 박혔다. 지금의 내 마음은 누구든지 때려죽이고 이 세상에서 나 혼자 살고 싶은 마음 같았다. 반드시 공부 잘 하리라.

대전고에 불합격한 다음, 다른 학교 학생들을 보면 창피했고, 학교 선생은 노골적으로 IQ가 떨어지는 너희들이 노력도 덜 하니 결과가 빤하다고 무참한 말을 내뱉는다. "공부도 못하는 자식"이라는 아버지의 한마디에 누군가 때려죽이고 싶은 폭력적인 성향이 툭툭 튀어나온다. 꼴찌라도 대전고에 합격했었더라면 하는 미련이 남아 있었다.

성장기 내내 학교와 가정, 사회에서 비교당하고 비교하며 자기 정체성을 형성하는 과정이 지속되면서, 소수를 제외하고 다수는 열패감과 열등의식을 내면화하게 된다. 부모나 지인들의 위로도 정체성을 바꿔줄 수 없다.[206] 다양한 활동과 사고를 통해 자신을 발견하고 그리고 자신 내부에서부터 자신을 이해하며 정체성을 형성할 기회 없이 서열로 자신의 위치를 파악하는 것부터 배우고, 그 서열을 정체성으로 삼게 된다. 일단 어떤 관계에서든 서열을 먼저 파악한 다음에 안정감을 느끼게 된다. 서열체계가 없으면 존재가 다 무너지는 허약한 정체성이기 때문에, 반드시 타인이 도구적으로 필요하다. 서로가 서열의 앞뒤를 고이고 있어야 한다. 서열체계 속에서 정체성을 형성했기 때문에, 누군가 서열체계의 근간을 무시하거나 흔드는 이가 있다면 용납할 수 없다. 그 "버릇없는" 인간들에 대한 분노가 사회적 불의에 대한 분노보다 훨씬 크다.

서열화된 정신이 지배하는 서열화 사회에서 사람들은 스스로 서열의 강자가 되거나 강자와 동일시하는 심리를 가지기 쉽다. 우선은 모든 자원을 동원하여 스스로 1등을 차지하면 된다. "억울하면 출세"하면 된다. 경제부흥의 욕망이 꿈틀대던 1960년대 중반, 폐허 위에서 출발해 출세한 사람들이 사회 곳곳에서 등장했다. 그러면서 등장한 "억울하면 출세하라"는 강자 논리[207]로 약자를 위협해왔다. 과정과 방법은 묻지 않고 결과만 묻겠으니, 끝내는 출세하라, 출세해서 권력을 쥐고 억울한 일이 없도록 스스로 해결하라는 각자도생의 주술이었다. 약자가 하는 저항 따위는 신경 쓰지 않겠다는 의미이다. 출세만 하면 모든 것이 허용되는 부당한 특권과 차별의 사회의식이 자라게 된다. 사회에는 공공성이 사라지고, 공적 공간마저도 사적 공간으로 변질된다. 서열의 우위를 차지하지 못한다면, 못했다면, 나도 언젠가 저 자리에 갈 수 있다거나 자식만은 저 자리에 올라가게 해서 제대로 인간답게 살도록 해야 한다는 생각을 한다. 강자를 동경하고 강자에게 자신을 투사하거나 강자에게 의존함으로써 자신의 안위를 보장받고자 한다. 강자와 동일시한 약자에게는 인간으로서 자존감과 정체성, 저항을 발견하기 어렵다. 스스로 본인일 수 없고, 스스로를 죽여야만 생존하는 사회 공간에서 약자의 자존감과 정체성이 설 자리 따위는 없다. 정당한 목소리가 사라져버린 사회에는 민주주의가 존재할 수 없다. 그럼으로써 강자와 약자도 서로 출구 없는 서열체계 속에 갇혀버리게 된다.

가파른 서열체계 속에서 모든 사람들이 벌이는 무한 경쟁이 집단 전체에 결코 유익하지 않다. 서상철은 공작새의 꼬리 경쟁 사례를 통해 무한 경쟁이 무익할 뿐더러 집단에 해가 된다고 경고했다.[208] 길거리 간판 경쟁이나 군비 경쟁도 마찬가지다. 상대에 대한 비교우위를 확장해갈수록, 경쟁 참여자 모두가 불편해지고 위험해진다.[209] 학교에서도 마찬가지이다. 대학 서열화와 학생들의 석차 경쟁에 골몰하는 동안, 교육은 모든 학생들에게 배움과 성장의 기회를 제공하지 못한다. 능력주의라고 말하지만 능력은

KBS 연속극 주제가 〈회전의자〉
노래 : 김용만, 신봉승 작사, 하기송 작곡

1. 빙글빙글 도는 의자 회전의자에
임자가 따로 있나 앉으면 주인인데
사람 없어 비워둔 의자는 없더라
사랑도 젊음도 마음까지도
가는 길이 험하다고 밟아버렸다.
아아아 억울하면 출세하라 출세를 하라
(2절: 아아아 억울해서 출세했다. 출세를
했다.)

[그림 10]
출세지상주의를 다룬 영화 〈회전의자〉의 포스터

점점 획일화되어버린다. 인간의 지혜, 상식, 공감 능력, 연대의식, 협동의
식과 같은 다차원적인 능력은 등한시하게 된다. 단일화된 시험 혹은 평가
는 마치 인간들이 먹기에 좋도록 개량했던 까닭에 병해충에 취약해지는
동식물 생태계처럼 인간사회도 허약하게 만든다. 교사의 임무는 한 개인
의 능력을 유의미한 활동으로 만드는 일이지 다른 사람과 양적으로 비교
하는 일이 아니라고 했던 듀이의 주장[210]은 능력주의와 서열주의로 빠져드
는 한국사회가 반성해야 할 지점을 알려준다. 모든 학생들이 자기 능력을
활동으로 전환하여 자신의 이력과 삶을 만들어감으로써 성장할 수 있듯
이, 모든 사람들이 저마다 능력을 발휘할 수 있도록 함으로써 사회는 사회
정신을 건강하게 만들 수 있다. 건강한 정체성을 가진 개인들이 서로 대등
한 지위에서 사회정의를 논하고 협동하며 살 수 있을 것이다.

신분상승 고속열차, '고시'의 명암

사법시험 경쟁률 500대 1 넘기도

해방 후 대한민국에서 시험이라면 역시 고시이다. 고시만 합격하면 국가의 심장부로 곧장 뛰어들 수 있는 기회와 권력과 명예가 다 주어졌다. 그래서 고시는 가난하지만 야망이 큰 젊은이들에게 최고의 계층상승 사다리였다.

고시, 즉 고등고시는 1949년 고등고시령에 의해 처음 시행되었다.[211] 1949년 법 제정으로 기존 변호사시험은 고등고시 사법과로 통합되었다. 이후 1961년에 고등고시령은 폐지되고 공무원고시령이 제정되었다. 이때까지 고등고시 사법과와 행정과가 있었고, 시험의 목적은 임용자격시험이었다. 1963년 공무원고시령이 폐지되고 공무원임용시험령이 공포되었다. 공무원임용시험령에 따라 외무공무원과 행정공무원만 선발하고, 사법시험은 독자적으로 떨어져 나왔다.[212] 행정고시나 외무고시와 달리, 사법시험은 이때부터 지금껏 한 번도 공식 명칭이 '고등고시'였던 적이 없지만 사람들은 지금까지도 사법고시 또는 사시라고 부르고 있다. 사법시험이 '고시'의 상징이기 때문이다. 행정고시와 외무고시도 1963년 잠시 '고시'라는 명칭을 상실했다가 1973년부터 다시 '행정고등고시'와 '외무고등고시'라 불리며 '고시' 명칭이 부활됐다.[213] 그렇게 40년 가까이 행시, 외시로 불리다가 다시 2011년 공무원임용시험령 개정에 따라, '5급 공개경쟁 채용시험'으로 이름이 바뀌었다.[214]

지금은 '고시'라는 이름만 잃은 게 아니라, 고시가 사라지고 있다. 외무고시가 2013년을 마지막으로 사라졌고 행정고시도 자주 정치권에 호출당하고 있다. 이명박 정권도 행정고시를 축소하겠다고 발표했지만 축소안은 무위로 돌아갔고, 2014년 세월호 사건으로 '관피아' 논란이 일자 대통령은 민관유착의 고리를 끊기 위해 행정고시를 대폭 축소하겠다고 발표했다. 또다시 공무원 부패의 원인으로 지목당해 불려나온 행정고시는 축소 위기에 부딪혔지만 만만찮은 반발에 부딪혔다. 가장 많은 반발논리는 불공정한 사회에 대한 불신과 개천에서 용 날 기회였다. 한국사회의 채용과 인사행정은 매우 불공정하다는 생각이 일반적이다. 《내일신문》에서 조사한 바에 따르면, 설문조사 응답자 800명 중 76.5퍼센트가 채용과 인사에서 공정하지 못하다고 답했다.[215] 그 불공정성 때문에 사람들은 공개채용의 방식인 고시를 선호한다. 고시가 있어야 개천에서 용 날 기회도 있고 최소한 특혜는 막을 수 있다는 믿음이다.

'관피아' 운운하며 대통령이 행정고시를 대폭 줄이겠다고 했지만, 정작 박근혜 정부의 고위 공직자들은 고시 출신이 완전히 장악하였다. 집권 초기부터 고시 출신이 아니면 고위 공직자가 될 수 없다는 말이 돌 정도였다. 《세계일보》가 2013년 5월에 청와대와 정부 1급 이상 고위 공무원 369명을 분석한 결과 고시 출신이 232명으로 62.9퍼센트를 차지하였다.[216] 2014년 세월호 사고 나기 한 달 보름 전에 발표된 자료도 마찬가지였다. 국가정보원을 제외하고 정부 부처 1급 이상 고위 공무원 256명을 분석하니, 191명(74.6퍼센트)이 고시 출신이었다. 고시 출신 191명 중 행정고시 출신이 133명(52.0퍼센트), 사법시험이 22명(8.6퍼센트), 외무고시가 18명(7퍼

[표 6] '3고시'의 변화

1949	고등고시령		
	사법과(변호사시험 통합)	행정과	
1961	공무원고시령(고등고시)		
	사법과	행정과	
1963	사법시험	공무원임용시험(3급 을류)	
		행정직	외무직
1973		행정고등고시	외무고등고시
2008	*로스쿨 실시		
2011		공무원시험(5급 공채)	
			외무직
2013		행정직	외무공무원시험 폐지 (*외교관후보자 시험 실시)
2017	사법시험 폐지		

* 고시를 대표하는 외무직, 행정직, 사법과만 다룸

센트), 기술고시가 18명(7퍼센트)이었다.[217] 그리고 2014년 5월, 행정고시 선발인원을 대폭 축소하겠다고 발표한 직후, 중앙부처 국장급 인사 202명 중에 고시 출신이 약 89퍼센트를 차지하고 있다. 과장급에서는 70퍼센트 가 고시 출신이었다.[218]

시험엘리트로서 탄탄대로를 걸어 고위 공직자가 된 이들이 과연 국가의 지도자 역할에 적합한지는 알 수 없다. 고시 합격과 유명 학벌을 갖춘 고위 공무원과 법조인이 정말로 시민의 삶을 대변할 수 있는가, 시민의 목소리 를 담은 적절한 공무집행과 법집행을 하는지 회의가 들 때가 훨씬 많다. 그 러나 현 체제에서 고시합격자들은 국가직의 심장부에서 바로 일을 시작하 는 특권을 가진다는 사실만은 분명하다. 경험과 지식, 그리고 경력의 빈익 빈 부익부 현상이 반복되면서, 어떤 정권이 들어서도 고시 출신 엘리트들 의 자리는 공고했다. 일본이 패망하고 떠났어도 문관고등시험을 통과한 법조인과 행정 관료들은 제자리를 굳건히 지켰다. 경력자가 부족하다는 이유로 일본인들이 차지했던 고위직을 승계 받아 더욱 승진했다. 어차피 미군정은 관료들의 친일 행적에는 관심이 없었고, 기술적으로 국가적 사무를 담당할 사람이 필요했다. 이 이유는 시대를 초월하여 늘 유효했다. 새로운 정권이 들어서도 고위직에 적절한 지식과 경력을 갖춘 엘리트는 변할 수가 없었다. 하워드 가드너는 한국사회의 지도자들에 대해 이렇게 말한다.

> 한국의 지도자들이 모두 명문대를 나왔다면 국민한테 아주 특별한 메시지를 주는 겁니다. 모두 좁은 구멍 속으로 자식을 밀어넣게 만들 거예요. 정부 요직에 있는 이들이 모두 같은 대학 동창생이라면 한국사회의 긴장은 느슨해질 수가 없습니다. 하지만 서로 다른 학교를 나온 남녀가 정부 부처에 모여 뜻을 펼친다면, 사회로 퍼지는 의미는 확연하게 달라집니다.[219]

다양한 출신의 사람들이 국가의 일을 맡을 때, 민주적인 사회가 될 것이라는 가드너의 주장이 먹혀들기 어려운 까닭은 오랜 관습과 기득권 때문이다.

높은 경쟁률을 뚫고 시험에 합격했다는 이유로 수십 년 경력을 쌓아도 올라가기 어려운 국가 최고의 자리를 바로 꿰찰 수 있었다. 엘리트가 되는 두 가지 경로 중 하나가 고시이고, 다른 하나가 학벌이다. 둘 다를 갖추면 금상첨화가 된다. 유명 학벌에 고시까지 갖추면 국가권력 최고의 자리에 올라서는 일은 식은 죽 먹기이다. 치명적 결함이 없다면 엘리트로서 모든 요소를 갖추는 것이다. 엘리트의 다른 요건은 그다지 필요치 않다.

높은 경쟁률의 시험을 뚫고 합격해온 인물, 시험으로 주조되고 단련된 사람, 고득점으로 남들이 취하지 못한 높은 학벌과 합격을 이뤄낸 인물,

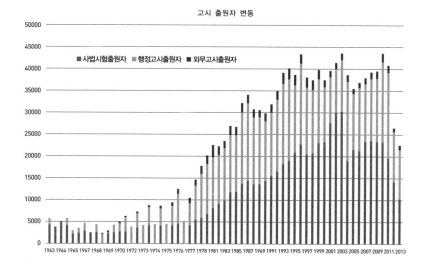

고시 출원자 변동

■ 사법시험출원자 ■ 행정고시출원자 ■ 외무고시출원자

[그림 11] 연도별 고시출원자

참조: 사법개혁위원회, 〈7차 회의보고자료〉: 법조관련 통계자료, 2004. 2. 2; 법무부,
〈각 년도 사법시험 응시 및 합격현황 자료〉; 안전행정부 사이버고시센터,
〈각 년도 행정고시 및 외무고시 응시 및 합격현황 자료〉; 사법제도개혁추진위원회,
〈법조 및 법과대학 현황〉, 2005: 이하 〈고시〉 관련 그림 참조 동일.

이것이 우리나라 엘리트의 첫 번째 조건이자 마지막 조건이다. 다른 사람
들이 수십 년 쌓아올린 현장경험은 시험이 요구하는 지식만 못하게 취급
받는다. 단적으로 9급 공무원으로 임용되면 30여 년 근무하고 대체로 6급
에서 퇴직하지만, 고시 합격자들은 5급에서 바로 출발한다. 같은 직급 내
에서도 고시 출신자들이 승진에서 특혜를 받는다. 같은 5급 공무원이라도
고시 출신자가 비고시 출신자보다 4급 승진이 보통 2~3년 빠르고, 고위
공직자로 진입하는 이들의 대부분은 5급 고시 출신자들이다.[220]

고시 출신이 승진 특혜를 받을 수 있는 이유는 제도적으로는 고시 출신
자들이 주요 보직을 독식하고, 의식적으로는 "우월의식과 선민의식, 끼리

끼리 문화, 순혈주의"가 작동하고 있기 때문이다. 비고시 출신 한 공무원은 "100미터 달리기에 비유하면 고시 출신자는 50미터 앞에서 출발한다. …… 비고시 출신이 50미터도 가기 전에 경주가 끝난다"고 불합리한 차별 현상을 비판했다.[221] 고시를 향해 모두 부나방처럼 뛰어드는 까닭도 그 때문이다.

고등고시에서 사법시험이 따로 떨어져나간 1963년부터 2013년까지 이른바 3고시인 사법고시, 행정고시, 외무고시는 명칭이 변경되기도 했지만, 여전히 고시로 불리고 고시의 위력을 발휘하고 있다. 1963년부터 2013년까지 세 고시의 출원자 숫자를 단순 합계하면 133만 6,000여 명이다. 그리고 1990년대 중반까지 연인원이 매년 급격히 증가해왔다. 여기에는 사법시험 선발인원의 대폭적인 증가를 포함한 전반적인 고시 선발인원의 증가, 경제적 여유로 인한 수험인원 증가, 전반적인 학력 상승 등이 작용했다. 1997년 이후 지원자가 행정고시는 큰 폭으로, 사법시험은 일시적으로 조금 감소했는데, 그 원인은 대체로 IMF사태의 영향에서 찾는다. 사법시험은 2004년 외국어시험 때문에 또 한번 출원자 숫자가 출렁했다. 이 해에는 전년도 3만여 명이었던 수험생이 2만여 명으로 3분의 1이 줄었다. 2004년 외무고시와 사법시험에서 먼저, 2005년부터는 행정고시에서 공인 외국어시험을 도입했다. 줄곧 치솟기만 하던 사법시험 출원자 숫자는 2004년 이때 전년도에 비해 37퍼센트 급감한 다음 다시 반등했지만, 이미 2008년 로스쿨 실시와 2017년 마지막 시험이 예고된 상황에서 지원자 규모가 과거와 같을 수는 없었다. 행정고시도 1997년 IMF사태와 2005년 공인 영어시험 도입으로 지원자가 급감한 후 서서히 증가했다. 행정고시 인원도 2012년에 30퍼센트 정도 뚝 떨어졌는데 이는 한국사능력검정시험 도입 때문이었다. 2004년이나 2005년 공인 영어시험을 두고 '토익 대란'이라 불렀듯이, 이 해 출원자의 급감현상도 '한국사 대란'이라 부르기도 했다.[222]

[표 7] '3고시'의 경쟁률 및 합격률

구분		출원자(명)			경쟁률			합격률(퍼센트)		
		최다	최소	총출원자	최고	최저	평균	최고	최저	평균
사법시험	연도	2003	1965	1963 −2013	1967 (제7회)	2004	1963 −2013	2004	1967	1963 −2013
	인원	30,146	2,141	688,910	564.0:1	18.7:1	34.0:1	5.34	0.18	2.94
행정고시	연도	2011	1969 (보도직)	1963 −2013	1986	1969	1963 −2013	1971	1986	1963 −2013
	인원	19,578	106	574,427	163.8:1	21.2:1	62.0:1	5.70	0.61	1.93
외무고시	연도	1981	1968	1968 −2013	1999	1973	1968 −2013	1970	1999	1968 −2013
	인원	3,008	290	72,885	110.1:1	14.3:1	53.6:1	6.33	0.91	1.87

* 참조: 사법개혁위원회, 〈7차 회의보고자료〉; 법조관련 통계자료, 2004. 2. 2; 법무부, 〈각 년도 사법시험 응시 및 합격현황 자료〉; 안전행정부 사이버고시센터, 〈각 년도 행정고시 및 외무고시 응시 및 합격현황 자료〉; 사법제도개혁추진위원회, 〈법조 및 법과대학 현황〉, 2005.

위세가 높은 만큼 경쟁률도 높아서, 사법시험 역사상 최고 경쟁률은 자그마치 564대 1이었다. 1967년 제7회 사법시험에서 총출원자 2,820명에 최종합격자는 불과 5명, 합격률이 0.18퍼센트밖에 되지 않았다. 차라리 낙타가 바늘구멍을 지나는 게 훨씬 쉬웠을 것이다. 행정고시에서 최고경쟁률은 163.8대 1(1986년), 외무고시는 110.1대 1(1999년)이었다. 1963년부터 2013년까지 평균경쟁률은 사법시험 34.0대 1, 행정고시 62.0대 1, 외무고시 53.6대 1로 고시의 높은 벽을 실감나게 보여줬다. 1960년대 사법시험 경쟁률이 매우 높았던 까닭은 선발인원이 극소수였기 때문인데, 1963년부터 1970년까지 8년 동안 총 선발인원은 394명, 한 해 평균 49.3명을 뽑았다. 1978년에 처음으로 100명을 선발했다. 외무고시와 행정고시, 사법시험 모두 1980년대에는 출원자들이 증가했고, 사법시험에 비해 선발인원이 적은 행정고시와 외무고시는 1980년대를 제외하고는 경쟁률이 등락을 거듭했다.

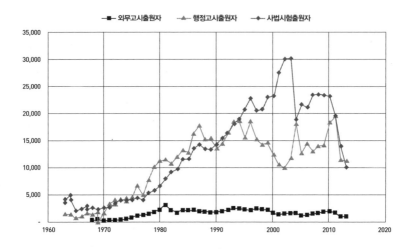

[그림 12] 고시 출원자 변동

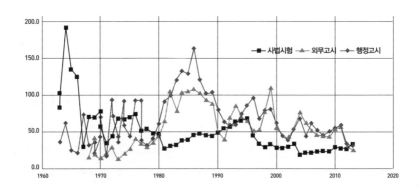

[그림 13] 고시 경쟁률 변동

도표에서 사법시험

1964년(496.9:1), 1967년(564.0:1) 자료는 수치가 너무 높아 제외함.

경쟁률이 높을수록 합격이 어려우니 수험생들은 저마다 고난사를 몸속에 새기고 있다. 한 로펌에 근무하는 변호사들이 둘러앉은 자리였다.[223]

> 박 변호사: 사시 1차만 4번 되고, 2차를 9번 친 사람이 여기 있어요. 2차도 8번이 아니고 9번인 이유도 있어요. 그리고 공인노무사 시험도 치고, 인생이 시험으로 굴곡진 사람이죠.
>
> 김 변호사: 폐인 다 되었지요. 아주 힘들었어요.
>
> 구 변호사: 나도 1차에 두 번 되고 난 다음에는 그만뒀잖아. 그리고 공인노무사 시험 치고.

시험에 실패하자, 돌파구는 작은 시험이었다. 그들에게 시험 말고는 할 일도, 잘 할 수 있는 일도 없었다. 사법시험 치다 안 되면 공인 노무사시험도 치고 공무원시험도 친다. 시험이 유일한 탈출구였다.

사법시험 합격 평균나이는 2013년 현재 28.44세, 합격자의 절반은 스물다섯에서 스물아홉이었다. 같은 해 행정고시 합격자 평균 나이는 26.3세, 합격자의 47.4퍼센트가 스물넷에서 스물일곱 살이었다. 평균적으로 이십대 후반에 고시에 합격한 그들은 고시 합격자로서 동료의식과 엘리트 의식을 갖기 시작한다. 사실 엘리트 의식의 완성이 고시이지, 그 출발은 대학 학벌이다. 고시 합격자들의 절반 이상이 이른바 유명 대학 출신이기 때문에, '일류대' 출신이라는 엘리트 의식이 고시를 통해 공고하게 되는 셈이다. 외부인이 보면 고시만으로도 인생행로는 바뀌지만, 학벌로 한평생 먹고 살아온 인사들에게는 고시 하나만으로 같은 종족이 되는 걸 석연찮아 한다.

대학졸업자가 아닌 고시 합격자들 중 대부분은 이른바 '소년등과'를 꿈꾸는 대학 재학 중인 수험생들이고, 대학 중퇴 및 전문대학 졸업 이하의 학력

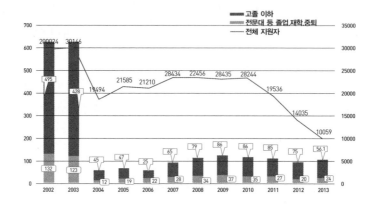

[그림 14] 전문대졸 이하 사법시험 지원자

참조 : 법무부 법조인력과, 〈매년도 사법시험 응시현황〉, 2002~2013.

소지자들은 적다. 사법시험의 경우, 2002년부터 2013년까지 총 지원자 25만 9,287명 중 전문대 졸업 이하의 학력자들은 총 6.16퍼센트에 불과하다. 특히 2004년 외국어시험이 공인 영어시험 성적으로 대체되면서 전체 지원자가 급감했는데, 그중 전문대 졸업 이하 학력을 갖춘 지원자는 거의 자취를 찾기 어려울 정도로 줄어들었다. 전년도 대비 전체 지원자 감소비율은 37퍼센트인데, 전문대졸 이하 지원자는 90퍼센트 감소했다. 그렇지 않아도 적은 지원자인데, 사실상 거의 지원하지 못했다고 보는 것이 맞다. 전년도에 10명이 지원했다면 2004년에는 단 한 명만이 지원했으니 얼마나 치명적인 영향을 끼쳤는지 확인할 수 있다. 지원자는 2004년 급감하여 매년 50명에도 미치지 못하다가 2008년도부터 매년 100여 명이 지원하고 있다.

능력 하나만 있으면 고시에 합격할 수 있다는 생각은 바뀌었다. 유명 대학 출신자들이 압도적으로 합격률이 높은데다 최근에는 강남 출신자 합격률이 높아지고 있다. 게다가 2010년 외교부 장관 유명환의 딸을 비롯해 외

[표 8] 2016년 2학기 법학전문대학원 재학생의 소득분위별 현황

구 분	월소득인정액	소득분위 판정인원(A)	비율(퍼센트)
기초생활수급자		112	1.8
소득 1분위	154만원 이하	564	9.3
소득 2분위	318만원 이하	375	6.2
소득 3분위	435만원 이하	225	3.7
소득 4분위	529만원 이하	192	3.2
소득 5분위	619만원 이하	179	2.9
소득 6분위	720만원 이하	188	3.1
소득 7분위	836만원 이하	169	2.8
소득 8분위	1,043만원 이하	337	5.5
소득 9분위	1,359만원 이하	373	6.1
소득 10분위	1,359만원 초과	1,507	24.8
미신청자		1,859	30.6
계		6,080	100

* 월소득인정액: 소득평가액 및 재산평가액을 월 소득으로 환산한 금액을 합한 액
* 자료출처: 사회보장정보시스템(사회보장기본법 제37조에 따른 범정부 복지정보통합시스템)에 근거한
  교육부 보도자료 〈2016년 법학전문대학원 장학금지원현황〉, 2016. 11. 25.
* 실제로 2016년 2학기에 장학금을 신청한 로스쿨 학생들의 소득분위를 기준으로 보면,
  2,000만원에 육박하는 등록금에도 소득노출을 꺼리고 장학금을 전혀 신청하지 않은 이들이
  30퍼센트이고 10분위 소득 중 최고소득계층 출신자만 25퍼센트이다.

교부 고위 공직자 자녀들이 외무고시에 부정행위로 계속 합격한 사실도 드러났다.[224]

고시 출신자들의 순혈주의와 선민의식, 그리고 그들이 만들어내는 서열주의가 끼치는 사회적 폐해는 내내 지적되어왔다. 이 문제를 해결하기 위해 새로 만든 외교관 후보자 양성과정이나 로스쿨에 대해서도 부정적 시선이 있다. 저소득층 특별전형 비율이 5퍼센트에서 6퍼센트 정도에 그치며 그마저도 비리가 있었다는 사실이 2012년 감사원의 감사를 통해 밝혀

졌다. 로스쿨에 탈락한 자식을 위해 국회의원이 로스쿨 원장을 찾아가고, 법조인 부모가 한때 동료였던 로스쿨 교수에게 청탁하는 일쯤은 법적 처벌 대상도 아니다. 그들만의 리그에 일반인들은 상대적 박탈감을 느끼며, 경제적 최하층 자녀를 달랑 5퍼센트 끼워주기 한 다음 나머지 95퍼센트를 먹겠다는 소리처럼 들린다. 전인全人 운운하며 다양한 능력을 가진 사람들을 선발한다는 명분이 고소득층과 전문직 중산층 이상의 자제들에게만 길을 열어주고 다른 경제적 배경을 가진 이들에게는 근처도 못 가볼 곳이 되고 있다. 고시이든 로스쿨이든 늘 불공정성, 특혜, 차별, 특권층의 경제문화자본을 바탕으로 한 재생산이 문제이다.

'개천의 용' 타령은 사회적 폭력

"개천에서 용 난다." "아니, 무슨 소리? 재불차어한미才不借於寒微라고. 개천에서는 용이 안 나지." 아직도 우리는 개천의 용을 두고 옥신각신한다. 실제로 천얼 출신의 과거합격자도 있고, 초등학교도 겨우 나온 변호사시험 합격자도 역사에는 있었다. 공사장을 전전하며 서울대에 수석 합격한 수험생도 있었다. 그래서 지금도 툭하면 정치인들은, 그리고 좀 아량 넓은 양 하는 지식인들은 개천의 용 타령이다. 용은 전설이 아니라 살아있는 동물이라고 믿고 기껏 개천을 어째 좀 더 넓혀줄까 멍석을 깐다.

서른셋에 생원시 합격, 쉰둘에 문과 합격한 후 미관말직을 전전했던 윤기尹愭(1741~1826)는 "재불차어한미才不借於寒微", 즉 인재는 한미한 집안에서 나지 않는다, 개천에서는 용이 안 난다고 한탄했다. 조선 말기로 갈수록 한미한 집안 출신은 과거시험에 합격해도 벼슬자리 하나 얻지 못한 채 생을 마감한 이들이 절반 정도였으니 어찌 개천에서 용이 난다고 환호했겠는가? 권문세가의 자식이 여러모로 유리했다.[225] 기본적으로 개천의 용이라는 말은 왕후장상의 씨앗이 따로 있다는 생각을 전제한 대단히 차별적 언어이며, 허구적 신념을 통해 기존 사회질서를 유지하는 '상징폭력'이다.[226] 개천의 용은 차별적 세상을 깨트리지 않을 만큼만 필요하다. 그 이상의 용들은 나지 않도록 묶는 방법이 기득권자들에게 더 중요할지도 모른다. 기득권층의 출세를 위한 탄탄대로와 별도로 개천의 용들을 위한 작은 실개천을 뚫어놓고 그곳을 통과해 올라와보라는 사회 불만관리용 길은 따로 있었다. 다니는 길이 애초 달랐다.

그러나 인간사에 항상 '개천의 용'들은 있었다. 어떻게든 모험하는 인간 존재는 험난함 속에서도 끊임없이 시도했고, 보통사람들은 타인의 모험을 보며 희망을 꿈꾸고, 쉬 도달할 수 없는 희망에 좌절하며 산다. 과거시험에 합격한 용들 중에는 행상인 아들, 화원의 아들, 궁중 광대의 아들, 의관의 아들, 아전 출신, 의관 출신, 역관 출신 등 신분이 낮은 이들이 있었다.

과거시험을 통해 등극한 최고의 '개천의 용' 중 한 명은 중종 때 급제한 반석평(?~1540)이다. 그는 천얼 출신으로 한성부판윤, 형조판서와 지중추부사에까지 오른 인물이다. 요즘으로 보자면 인사청문회에서 출신 때문에 임명 부적절이라는 반대에 부딪혔겠지만 중종은 그대로 밀고 나가 이후 형조판서 자리에까지 올렸다. 그가 안당安瑭(1461~1521)의 추천과 중종의 윤허로 경흥부사로 임명받았을 때, 사관은 실록에 "석평은 한미寒微한 출신으로 비록 특이한 재주는 없으나, 瑭이 능히 천발薦拔하여 시속에 구애받지 않았으므로, 다른 날 어진 이를 기용하는 길을 만들었다"고 기록했다.[227] 단지 개천의 용 하나가 아니라, 앞으로 다른 "어진 이"들을 등용할 수 있는 길을 닦아놓았다는 평가였다. 사관의 평가처럼 반석평만이 아니라, 조선시대 과거시험은 한미한 집안 출신, 서얼, 낮은 신분인들에게 개천의 용이 될 수 있는 기회를 열어주었다. 한영우에 따르면, 신분이 낮은

급제자가 조선시대 전체 35.7퍼센트(조선 전기 24.3퍼센트, 후기 40.8퍼센트)
였다고 하니 개천의 용들은 꽤 많았던 편이었다.[228]

갑오개혁으로 과거시험이 폐지된 후 개천의 용이 되기란 오히려 쉽지 않
았다. 국가가 필요한 인력은 신식 학교를 다닌 자들이었기 때문이다. 해외
유학생, 관립 외국어학교 졸업생, 법관양성소와 사범학교 졸업생처럼 학
교교육을 통해 근대적 지식을 보유한 사람을 원했던 시절이었다. 국가는
관보에 신식 학교 졸업생 명단을 공지하고 각 기관에 고용을 재촉했다. 재
빨리 신식 학교 공부를 시작한 이들에게 기회가 주어졌다. 일본으로, 미국
으로 유학하거나 조선 땅에 세워진 관공립학교에서 남들보다 하루빨리 졸
업하는 길이 출세하는 지름길이었다. 이는 일제시대도 다르지 않았다. 일
제시대에 많은 시험들이 시행되었지만, 가장 기본은 학교교육 이력이었
다. 보완적 선발방식으로서 시험제도를 사용했다. 일제시대, 시험으로 개
천의 용이 될 기회는 문관고등시험이나 경성제대 합격이었지만, 학교교육
이력을 갖추지 않고 문관고등시험이나 경성제대에 합격하기란 거의 불가
능했다. 조선인 문관고등시험 합격자들 대부분이 일본 유학생 출신들이거
나 경성제대 졸업생이고, 나머지는 전문학교나 사범학교 졸업생이라는 점
을 보더라도 그렇다. 경성제대 입학도 중등학교에서 치열한 입시준비를
거쳐야 가능했다. 오직 시험 하나만으로 용이 되기란 그만큼 어려워졌다.
출세의 통로를 학교로 대부분 이동시켜버린 탓이었다.

그러나 시험을 통한 개천의 용이 전혀 없진 않았다. 일제시대 친일인사
강병순 변호사가 대표적이다. 그는 가난했던 인생을 시험으로 뒤집었다.
남들은 한 번도 힘들다는 시험을 무려 네 번이나 합격했다. 1921년 조선변
호사시험 규칙이 공포된 후 대부분 합격자는 중등학교 이상을 마친 이들
이었다. 조선변호사시험 첫 해 유일한 조선인 합격자였던 이종성은 일본
주오대학中央大學 졸업자이며, 1928년에 "눈물겨운 이력"을 가졌다고 《매

일신보》가 대서특필한 이기호는 경성공업전문학교 조교수를 지냈으며, 송영상도 주오대학을 졸업했다.[229] 다른 합격자들과 비교해보면, 강병순의 학력은 정말 보잘것없었다. 고작 보통학교밖에 다니지 못했다. 그가 시험으로 신문지상에 처음 이름이 오른 때는 1933년 변호사시험에 합격했을 때였다.

> 23세 독학 청년 변호사시험 합격,
>   보교 마치고 고용살이로서 부안이 낳은 수재 강병순 군[230]

학교라고는 보통학교밖에 못 다녔고, 상점 점원, 정미소 사무원을 전전했다. 정미소에서 일하면서 독학해 1930년 8월에 문관보통시험에 합격했다. 부안군청에 근무했지만 다시 공부해 1933년 변호사시험에 합격했던 것이다. 합격 후 독지가의 도움으로 또다시 일본 주오대학에 입학, 1938년 졸업하던 해 문관고등시험 사법과와 행정과 두 과에 동시 합격했다. 아직 문관고등시험에 외교과는 없던 시절, 문관고등시험 양과 합격에 변호사시험 합격까지 고시 3관왕에 올랐다. 시험으로 올라갈 수 있는 최고지점에까지 이른 것이다. 변호사로 활동하면서 해방 이전까지 전쟁협력단체 대화동맹 이사 등 각종 친일활동을 했고, 해방 이후에는 경성지방재판소 부수석판사, 미군정청 군정장관 고문을 지냈다.[231]

강병순과 같은 용은 드물었다. 최고 직위는 일본인들이 차지하고 있었고, 웬만한 자리는 학교교육을 받은 이라야 가능해졌다. 대신 관공립학교를 중심으로 이른바 '일류 학교' 체제가 만들어지면서 시험선수들이 생겨났다. 해방 후 사법시험 응시자격에서 학력조건이 완전히 삭제된 것은 1972년이었다. 이로써 학력과 무관하게 시험에 합격만 한다면 판검사, 변호사가 될 수 있는 길이 열렸다. 이후 행정고시와 외무고시도 학력조건을

[표 9] 사법시험 합격자

시행연도	2003	2004	2005	2006	2007	2008	2009	2010	2011	2012	합계
최종합격자	905	1009	999	994	1011	1005	997	814	707	506	8847
전문대졸 미만합격자(명)	0	2	3	0	0	1	2	2	0	0	10

참조 : 법무부 법조인력과, 〈매년 사법시험 합격자 통계〉, 2003 –2012.

없앴다. 그러면서 고시는 개천의 용이 나는 자리라는 인식이 강해졌다.

고시 중에서도 사법시험은 출세 사다리의 대표적 상징이었다. 고위 공직자, 공·사기업의 고위직 임원, 대학교수 등 우리 사회에서 성공했다고 인정받는 직업들은 대부분 '명문' 학벌을 요구한다.[232] 그런데 그런 학벌 없이 오직 시험에만 합격하면, 단번에 사회적으로 성공한 부류에 속하게 되는 직업이 법조인이었다.

그러나 사법시험 합격자를 보면, 실제로 개천의 용을 찾기란 어렵다. 다른 요소들은 젖혀두고 학력으로만 보자면, 1988년 고졸 합격자가 두 명이고 1989년부터 2001년 사이는 고졸 합격자가 한 명도 없었다. 2002년부터 2013년까지 전문대졸 이하 전체 합격자가 열한 명에 그쳤다. 2003년부터 2012년까지 10년 동안 전문대 졸업 미만의 합격자는 단 열 명이었다. 실제 따지고 보면, '개천의 용'은 한국인들의 머릿속에 남아 있는, 상상 속의 동물에 불과하다. 그럼에도 사람들은, 언론은, 기득권은 눈에 띄는 극소수 사례를 통해 신기루 같은 희망을 만들어왔다.

사실 개천의 용들은 대학입학 문 앞에서 발견하기가 쉬웠다. 해방 후 토지개혁으로 땅을 갖게 된 농민들은 어렵게라도 자식들을 학교로 보냈고, 학교를 통해 발굴된 용들도 꾸준히 증가했다. 언론은 용 찾기에 나섰다. 용은 산업화의 성공이고 교육의 성공을 대변했다. 1980년대 학력고사 세대는 특히 과외가 금지되고 전국의 수험생들이 총점 성적을 받으니 누구의 성적이 전국에서 가장 높은지 확실해졌다. 매년 시험점수가 발표나는 날, 학력고사 전국 1등 수험생 집 앞은 기자들로 북새통을 이루었다. 1990년대 대학수능시험에서도 사정은 다르지 않았다. 총점으로 표시되는 점수체계에서는 수석이 누구인지 알 수 있고, 그 수석이 다행히 개천의 용이라면 언론은 더욱 부산스러웠다. 공사장 현장에서 서울대 인문계 수석 합격 소식을 들었다는 장승수는 오랫동안 개천의 용, '개룡남'으로 회자된 인물이었다.

사십 대가 된 변호사 장승수를 언론사 기자가 2013년에 다시 만났을 때 그는 말한다. 여전히 가난한 이들이 선택할 길은 둘밖에 없다, 포기하든지 도전하든지.[233] 자수성가한 이들은 스스로 일궈낸 세상에 대한 확신처럼, 개천의 용들도 내가 해보니 되더라 하는 외침을 곳곳에 퍼트린다. 특히 정치인들은 툭하면 개천의 용 타령을 하며 교육문제를 들먹인다.

지금껏 이 주장이 먹히는 까닭은 전쟁 후 학교교육과 산업이 한창 성장하던 때에 사회 곳곳에서 '작은 용'들이 탄생했기 때문이다. 누구나 경제적·사회적 성장을 경험했다. 그 성장경험이 경제적인 부분에서는 부의 크기이겠지만, 교육에서는 시험성적으로 대변되는 학력이었다. 학교교육을 거쳐 좋은 일자리를 얻은 용이나 이무기의 사례는 널려 있었다. 그들을 흔하게 보고 경험하면서 급성장의 시대가 끝난 지금도 많은 가정에서 그 꿈을 버리지 못하고 있다. 지금은 개천의 용이 설령 '의식의 흔적'[234]에 불과하다 해도 아랑곳 않는다.

그러나 어쩌다 한 명 있는 특별한 사례를 보고 사람들이 희망을 가질 수는 없다. 그렇게 희망을 갖는다면, 사회에 변화는 찾아오지 않는다. 서얼들 중에도 과거시험에 어쩌다 합격한 이가 있었다는 사실 하나로 모든 서얼들이 희망에 차서 시험공부만 했다면 그들의 지위는 변하지 않았을 것이다. 냉정한 현실에 대해 집단적으로 거듭 항의하면서 역사는 바뀌었다.

|||
과거시험 합격, 어사화 꽂고 꽃길로
|||

과거 공부는 쉽지 않았다. 유학서들을 암기하고, 모범답안지들을
모아 책자를 만들어 수만 장씩 베껴 쓰고 글 잘 짓는 선생들을 찾
아가 작성한 답안지를 평가 받고, 지역의 향교에서 좋은 선생을
초청하면 달려가 강의에 귀 기울이고, 서원이나 절에 모여 응시생
들끼리 함께 모여 공부하고……. 그런다고 합격의 문이 쉬 열리지
않았다. 일곱 살 무렵 시작하여 이삼십 년간 긴 세월 공부하기도
어려웠지만, 합격은 더 요원했다.

세종 당시 생원시 초시에 전국 응시자가 거의 사오천 명이었는
데 합격자는 100명에 불과했다.[235] 선조 20년(1587) 여름 경상북도
안음현에서 실시된 진사시에 1,600여 명이 참가해 1,300여 명이
답안지를 제출했고, 생원시에 1,400여 명이 응시해 1,060여 편의
답안지가 제출됐다. 시험 채점에만 꼬박 6일이 걸렸는데, 최종 합
격자는 진사시 7명, 생원시 17명이었다.[236] 생원진사시 합격 후 문
과시험 합격은 더욱 어려웠다. 조선 후기 선비 윤기는 1773년 생
원시에 합격한 후 문과에 합격하기까지 성균관에서 무려 이십 년
동안 공부에 매진해야 했다. 끝내 합격하지 못한 사람도 많았고,
76세에 합격한 김효홍 같은 사람도 있었다.

합격자에게는 영광이 돌아갔다. 합격자 명단이 작성돼 방榜이
붙으면, 합격자들을 위한 축하잔치인 방방의放榜儀가 베풀어진다.
문과와 무과 그리고 생원진사시 급제자들은 문무백관이 도열한
궁궐로 들어가 등급순으로 정렬해 임금에게 절[謝拜禮]을 하고 합

격증서인 홍패(문무과)·백패(생원진사시)와 함께 어사화, 일산, 술 등을 하사받는다. 그리고 조정에서는 급제자들을 위한 축하연인 은영연恩榮宴을 베푸는데, 악공이 음악을 연주하고 기생은 술을 따르고 재인들이 재주를 부려 흥을 돋우었다. 다음날 합격자들은 다시 궁궐에 들어가 임금을 뵙고, 그 다음날엔 성균관에 가 문묘에 참배했다. 그 다음부터는 축하 시가행진인 유가遊街가 3일 동안 펼쳐져 온 도성이 떠들썩했다. 임금이 내린 어사화를 보란 듯이 머리에 꽂은 급제자는 높은 말 위에서 의기양양하고, 그를 둘러싼 재인들이 춤을 추고 재주를 부리고 악대가 풍악을 울렸다. 지방 출신 급제자들은 이 모든 행사가 끝나면 금의환향한다. 고향에 도착하자마자 수령이 베푸는 연회[榮親儀]에 참석한 뒤 향교에 참배하고 친지들의 축하를 받았다. 급제자들이 많아지자 세조 때부터는 장원에게만 영친의를 허락했지만, 꼭 지켜지진 않았다. 1846년(헌종 12) 생원시 회시에 합격한 서찬규가 고향 인근에 당도했을 때 벌써 잔치가 벌어지기 시작했다.

가친께서 말을 매어놓고 기다린 지 오래였다. 관에서 또 악사를 보내어 사방에서 구경하는 사람들이 담처럼 늘어서 있었다. 이어 말에 오르자 현악과 관악을 어울려 연주하고 소매를 펄럭이며 춤을 추었으니, 10리 비단 같은 강의 꽃과 버들이 모두 오늘은 아름답게 보였다. 남산에 도착하니, 거리와 문을 가득 메우고 모인 사람들이 바다 같았다. 할머니를 뵙고 문 밖으로 물러나오자 자인 수령 박규현이 도착하여 호신呼新을 했다.[237]

　진정한 영광은 합격 이후의 삶이다. 문과 갑과 1등, 즉 장원은 종6품의 관직을 바로 제수받고, 갑과 2등과 3등은 정7품, 을과 급제자는 정8품, 병과 급제자는 정9품 관직에 오른다. 갑과 합격자와 병과 합격자는 지금으로 보면, 같은 공무원시험 합격자라도 5급 합격자와 9급 합격자만큼이나 차이가 컸다. 갑과 합격자들은 지방현감 직이나 중앙의 청요직淸要職을 곧바로 임명받았지만, 다른 합격자들은 일종의 수습과정을 거쳐 정식 임명이 되었다. 그마저도 조선 후기로 올수록 합격자들이 많아지면서 순조, 헌종, 고종 때는 합격자 중 벼슬살이를 못한 이들이 절반을 넘었다. 당연히 고위직에 오르는 영광도 거의 장원급제자들에게만 돌아갔다. 종2품 이상인 재상까지 승진한 장원급제자가 4분의 1가량이나 되었다.[238] 오늘날 이른바 '고시'에 집착하는 까닭이나 과거시험에서 장원을 꿈꾸는 이유나 다르지 않다.

시험에서
배제된 자들

'누구나 응시할 수 있다' 는 선언은 개방의 상징이다. 차별은 없다, 신분, 성별, 학력, 사회경제적 처지 무엇도 신경 쓰지 마라, 실력만 있다면 선발된다! 이는 수많은 외피에 매여 살아야 하는 한 인간에게 실력 하나만 남겨두고 모든 굴레를 벗게 해준다는 선언과 실천으로 무한한 자유를 준다. 또한 모든 인간을 서로 평등하게 만들어준다. 대부분 시험은 바로 이 점 때문에, 공정성이라는 긍정적 명분을 획득하게 되었다. 시험지 앞에서는, 시험 점수 앞에서는 평등하다, 라는. "오로지 실력"이라는 눈으로 사람을 측정하겠다는 논리는 많은 사람들을 설득했다. 그래서 실력 이외의 뭔가가 개입하면, 끊임없이 청원하고 주장하고 항의하는 역사가 만들어졌다. 이런 항의의 역사는 시험에서 실력 이외의 요소들을 줄여감으로써 시험을 점차 평등화의 실질적인 장치로 만들어갔다. 동시에 실력은 한 인간에게 귀속된 영역이며, 집안 배경 같은 우연적 요소와는 독립된 영역이라는 실력 이데올로기를 강화하는 역할을 해왔다.

시험이 정당성과 권력을 얻을수록 응시조차 못하는 이들, 낙방하는 이들은 시야에서 사라진다. 실력문제로 돌리면 끝난다. 수석합격자에 호들갑 떨면서, 불합격자와 시험에 접근이 어려운 이들을 지워냈다. 이 점에서 시험이 누구를 밀어내왔나 돌아볼 필요가 있다.

시험에서는 응시결격자를 명시적으로 제시하는 경우가 있다. 이렇게 눈에 보이게 배제하는 경우도 있지만, 눈에 띄지 않게 사회가 암묵적으로 배제하는 존재들도 있었다. 사회 전체가 그들 존재에 대해 침묵하는 이들이다. 비가시적 배제는 한 사회의 개방성, 즉 한 사회가 구성원으로 인정하는 범위를 측정하는 지표가 된다.

재혼녀의 자식도 과거시험 불허

시험이 가장 먼저 가시적으로 배제하는 존재는 범법자이다. 사회질서를 해치거나 이탈한 자를 수용할 수 없다는 입장이고 대개 별 이의도 없었다. 예외라면, 교육기관의 입학시험에는 범법 경력이 거의 영향을 미치지 않는다. 배움은 위법자도, 그 누구도 가리지 않는다는 사회적 인식이 있었다. 배움이란 사람이 바뀌기를 의도하는 행위이므로, 범법이라는 과거가 배움이라는 미래를 붙잡을 수 없다는 인식이다. 배우려는 사람에게는 너그러운 법이었다.

통상적으로 범죄인에게는 많은 시험들이 응시와 합격기회를 배제해왔다. 대표적인 범법자 응시제한 규정은 과거시험에서 찾아볼 수 있다. 《경국대전》에 따르면, '죄를 범해 영구히 등용할 수 없는 자罪犯永不敍用者', '탐관오리의 아들臟吏之子'은 과거시험에 응시할 수 없었다. 본인이 죄를 지었을 때는 물론 선조가 죄를 지었을 때도 죄 없는 자손은 응시할 수 없었다. 부정부패한 공무원의 아들도 그렇고, 이른바 폐족의 자제도 그랬다. 국가가 권위를 지키는 방법이었다. 한시적으로 응시를 허용한 적은 있지만,[239] 관리의 부정비리를 막아 국가기강을 세워야 하는 권력으로서는 장리(탐관오리)의 아들이 과거시험에 응시하지 못하게끔 엄격히 규정을 지켰다. 조선시대에 가장 막중한 범죄는 역성혁명과 유교윤리 전복이었다. 그럴 경우, 그 죄는 멸문에 이르게 되고, 어쩌다 목숨을 건진다 해도 자손들은 대대로 관리의 길과 멀어졌다.

조선시대 범법의 범위는 넓어서 여자들의 "재가 혹은 실행失行" 역시 범죄로 규정했다. 여자들이야 어차피 과거시험을 못 치니, 남성 권력자들은 여성들에 대한 벌로 자식 앞길을 막는 법再嫁·失行婦女之子孫을 선택했다. 이 벌이야말로 죄인 본인을 처벌하는 것보다 훨씬 강력한 응징방법이었다. 자신의 행실로 인해 자식의 사회 진출이 봉쇄당하는 걸 지켜보는 일은 어떤 부모에게도 쉽지 않다. 어미가 자식을 평생 죄인으로 만드는 방법이다. 그러니 양반집 여성들이 자식을 위해 재가도, 실행도 경계할 수밖에 없었다. 정절을 개인 간의 의무가 아니라, 국가범죄로 인식하던 당시[240] 여성에게 가할 수 있는 최대의 징벌은 바로 자식의 과거시험 응시와 등용 금지였다. 자식을 낳았으되, 사회적으로 자식을 매장하는 행위를 어미가 스스로 했다고 여기는 여성 징벌적인 이데올로기를 유지하고 확산시켰다.

갑오개혁 이래, 혹은 근대적 형태의 사법제도가 만들어진 뒤에도 역시 범법자에 대한 응시제한은 지속되었다. 고등문관, 판임문관, 교원을 선발하는 시험[241]은 금고 이상의 형을 받은 자가 응시하지 못하게 했다. 사법시험령에서도 금고 이상의 형을 받고 5년 이상 경과하지 않은 자, 집행유예를 받고 2년 이상 경과하지 않은 자는 응시를 금했다.[242] 법적 처벌이 끝난 시점에서 일정 시간이 경과한 다음에야 응시기회를 부여했다. 범법자의 아들이나 자손도 무사히 시험을 칠 수 있었다. 기회제한의 논리가 한정된 시간과 결부되면서, 당대 본인에게, 한 번의 죄에는 한 번의 벌만 작용하게 되었다. 즉 벌은 죄 지은 자에게, 죄 지은 만큼만 내린다는 사고의 반영이며, 이는 사람을 가문 속의 인간이 아니라 한 명의 개인으로 보는 근대적

인식의 반영이다.

이 시기 또 다른 특징 중 하나는 경제사범에게도 응시를 제한했다는 점이다. 파산破産한 자, 신대한身代限[243]의 형을 받고 채무가 끝나지 않은 자는 시험응시에서 배제되었다. 해방 이후 고등시험령과 사법시험령[244]에서도 "파산자로서 복권되지 아니한 자"는 결격사유에 해당했다. 산업화사회로 경제체제가 전환되면서, 경제사범도 사회도덕적인 범죄 이상으로 중요한 범죄로 규정되기 시작했다.

범법의 범위가 달라지고, 연좌제에 대한 인식이 달라졌다. 더 이상 여성의 재혼과 사랑, 사회활동은 범죄가 아니었다. 여성들도 독자적인 존재로서 자유로워졌고, 자녀도 어머니의 재혼과 사랑, 사회적 활동으로 구속받지 않았다. 범죄경력자의 자손들도 사회적 비난은 받을지언정, 법규상 자유로워졌다. 한 인간의 권리를 혈통 단위로 인식하던 사고에서 근대적 규정들은 인간을 개인 단위로 보기 시작했다. 즉 연좌제를 폐기했다. 본인이 저지른 죄는 본인에게만 벌한다는 인식으로 전환되었다.

신분제도로 인해 시험에서 배제당한 이들도 있었다. 서얼들이 그랬다. 《경국대전》에서는 서얼 자손의 과거시험 응시를 금지했다. 고려시대에는 서얼의 구별이 중요하지 않았고, 조선 초기에도 서얼은 과거시험을 치고 합격도 했다. 하지만 유교적 윤리를 강조하던 조선에서는 적자 중심의 왕권승계를 강화하면서 점차 가정 내 적자와 서얼 구분도 중요해졌고, 마침내 《경국대전》에서 서얼의 자손은 관직의 품계도 제한하고[限品敍用], 시험 응시도 금했다. 논란이 무성했다. '서얼의 자손子孫'이 아들과 손자인지, 아니면 후대 전체를 포함하는지……. 서얼은 조선시대 내내 시대와 불화했고 논란거리였다. 때로 서얼에게 과거시험이 허용되는 경우가 있었고, 허용 여부와 무관하게 시험에 불법응시하는 이들도 후기로 갈수록 많아졌다.[245] 이런 문제들로 1625년(인조 3)에 인조는 〈허통사목許通事目〉을 제정하여 양첩良妾의 손자孫, 천첩賤妾의 증손자曾孫부터는 과거시험 응시를 허락했다. 1695년(숙종 21)에는 영남 서얼 988명이 서얼차별 해소를 주장하는 상소를 올려 납미부거법納米赴擧法을 철폐했다. 마침내 양첩의 아들, 천첩의 아들과 손자도 납속허통 없이도 과거시험에 응시할 수 있게 되었다.

또 다른 가시적인 배제대상자들은 연령 미달자나 초과자, 그리고 학력 미달자이다. 학력은 학교체제가 만들어진 후 중요한 응시자격이 되었다. 학교체제가 완비되기 전까지는 나이가 응시의 기준이었으나 학교체제가 분명해지고는 학력이 응시자격 결정에 중요한 역할을 했다. 그리고 자격 박탈자들, 예컨대 교원임용시험은 교원자격을, 고등고시는 공민자격을 박탈당한 자의 응시를 금지했다. 그리고 응시제한 규정에는 금치산자와 한정치산자를 포함하는 경우들이 있는데, 사실 굳이 필요한 규정은 아니다. 금치산자와 한정치산자라면 시험에 통과할 수 없고, 만약 통과했다면 그 시험 자체에 문제가 있다고 봐야 한다.

소아마비 이유로 법관 임용 거부되기도

응시기회를 박탈하지 않아도, 시험 접근이 어려운 이들도 늘 존재해왔다. 접근이 어려우니 합격은 더욱 멀다. 그들은 유령 같은 비가시적 존재였다. 여성, 장애인, 사회경제적으로 불리한 위치에 있는 이들이 그랬다.

여성들은 역사상 오랫동안 시험 응시의 주체가 아니었다. 수험생을 뒷바라지하는 지원자로 머물러야 했다. 근대 신여성들의 사회적 진출도 대부분 문화예술 분야였고, 가정에서는 '현명한 어머니'로서 역할을 수행해야 했다. 해방 후에도 여성의 역할은 여전히 지원활동이 중심이긴 했지만 변화가 있었다. 자녀의 시험 공부를 돕고, 부당한 시험결과에 격렬히 저항하여 자식의 수험생활 성공을 기획하고 확장했다. 1980년대 전후하여 베이비붐 세대의 여성은 스스로 시험의 세계에 뛰어들어 성취를 거두기 시작했다. 여러 분야에서 여성합격률이 높아져 남성들의 영역을 육박해 들어갔다. 중산층 이상의 어머니들은 자식에게 고급 수험정보를 찾아주고 수험일상을 관리하고 미래를 제시하는 확고한 수험생 매니저로서 역할을 시작했다.

장애인에게 시험의 문은 훨씬 늦게까지 닫혀 있었다. 응시단계에서부터 노골적으로 "지원 말라"거나 지원한다면 "학교와 미리 상담을 하라"고 학교장들은 말했다. 1960년대 전국의 중학교들은 구체적인 병명과 신체장애를 열거하면서 응시를 제한했다.[246] 중고등학교만이 아니라 대학입시에서도 장애인들을 야멸차게 내쫓았다. 1980년에는 대학입학 예비시험에서 대부분의 대학들이 시각장애인들의 원서 접수를 거부했다. 특히 체력장시험은 장애인의 눈물을 쏟게 했다. 1972년에 가서야 장애 수험생의 고등학교 체력장시험 면제조치가 이뤄졌다.

항의도 쏟아졌다. 1976년에는 학생과 학부모 100여 명이 항의시위를 하고, 이듬해는 전국특수학교 교장 30여 명이 특수아 대학진학에 대한 긴급 건의문을 채택해 항의했다.[247] 1981년에는 영남대 약대에 합격점수보다 24점이나 더 받고도 소아마비 때문에 불합격한 수험생 도효희가 '불합격처분취소 청구소송'을 낸 결과 부당하다는 판결도 나왔다.[248]

학교만이 아니었다. 1982년 법관으로 지원한 4명의 연수원 졸업생들이 소아마비로 법관임명을 받지 못했다. 당시 유태흥 대법원장은 당당했다. 그는 "선별을 한다면 신체가 비정상적인 사람보다는 정상적인 사람을 택하는 것이 당연하지 않느냐"고 막말을 했다.[249] 6개월간의 싸움을 통해 다음 해 4명은 판사로 발령받았다.[250] 사회 전역에서 장애인에 대한 차별이 퍼져 있었다.[251]

1990년 〈장애인고용촉진 등에 관한 법률〉, 2000년대 이후 〈장애인 등에 대한 특수교육법〉 등이 제정되었다. "장애를 이유로 입학 지원을 거부하거나 입학전형 합격자의 입학을 거부하는 등 교육기회에 있어서 차별을 하여서는 아니 된다"[252]는 원칙과 일정비율 이상의 장애인 선발을 명시했다. 그리고 각 시험에서 장애 수험생에게 수험 편의를 제공하도록 했다. 여전히 이동권, 취업권, 생존권 등 삶의 모든 영역에서 장애인에 대한 차별이 심하지만, 최소한 시험에서 지원을 제한하는 일은 거의 사라졌다.

지역차별도 있다. 노론이 득세한 시대에 경상도 선비들은 노심초사했고, 임금도 기왕 같은 성적이면 서울 지역 출신을 뽑고 싶어 했다. 태종은 1402년 식년시 문과에서 장원을 뽑기 전에, 서울사람을 장원으로 뽑는 게 좋겠다고 시험관들에게 뜻을 전했다.[253] 부정기 시험들은 서울사람들에게 유리할 수밖에 없었고, 실제 합격자도 서울에서 더 많이 나왔다. 서울과 수도권에 사회·경제·문화가 초집중된 현 시대에 지방인들의 시험합격은 갈수록 어려운 일이 되고 있다. 지역균형선발제도는 심각한 지역 불균형을 반증하고 있다.

'실력' 하나만 묻겠다는 논리는 사회적 약자들에게 또 다른 차별이었다. 사회·경제·문화적 차별은 그대로 둔 채, 사회적 약자들에게 스스로 사회구조의 문제를 뛰어넘어 실력을 입증하라는 사회정책은 폭력이다. 형식적 기회의 확대만으로 평등이 실현되지는 않는다. 지금껏 정부 차원에서 실시한 적극적 평등정책Affirmative Action은 지나치게 소극적이었거나 편법으로 곧잘 이어졌다. 소수의 약자들을 빙자하여 보이지 않는 곳에서 오히려 사회·경제·문화적 강자들에게 더 많은 기회를 합법적으로, 또는 편법적으로 제공했다. 때문에 사람들은 사회적 약자를 위한 정책들을 보면서도 마음이 편치 않다. 저런 정책들을 또 누가 먼저 이용할까, 누가 혜택을 보고 있는가, 라고 물으면, 그 기회가 강자들을 위한 잔치가 되는 경우가 많았다.

시위경력자들의 합격을 막아라

경북 청도 야산에서 한 청년이 끝내 시신으로 발견되었다. 1980년 민주화의 봄처럼 짧았던 그해 행정고시 합격의 기쁨은 온 데 간 데 없고, 그는 싸늘하게 죽어 있었다. 자살이었다. 그의 죽음은 1978년의 한 사건으로 거슬러 올라간다.

1975년 긴급조치 9호가 발동되고 천지가 암흑이었다. 술자리 불평 한마디면 막걸리 보안법으로, 둘 셋 모여 유신헌법 반대를 입에 올렸다간 긴급조치 9호 위반으로 교도소에 끌려가던 시대였다. 대학 안에 군대와 경찰이 무시로 드나들고, 학생의 일상을 사찰했다. 자칫 집회나 조직사건에 연루되면 예사로 10년 구형이 떨어지고 누군가는 사형도 당하던 때였다. 민주화운동의 주도세력이었던 대학생들도 숨죽였다. 박정희 정권의 폭압적 감시체제 아래, 세상은 검은 밤처럼 자꾸 어둠 속으로 꺼져 들고 있었다.

1978년 11월, 경북대에서 대투쟁이 벌어져 어둠의 장막을 찢었다. 경북대는 인민혁명당 재건위사건으로 구속된 여정남이 1975년 대법원 선고 바로 다음 날인 4월 9일 새벽 사형을 당하고, 민청학련사건으로 여럿이 구속당하는 탄압을 받았다. 그 학교에서 일을 낸 것이다. 몇 년 전 선배들이 당한 사형과 구속의 공포를 딛고, 1978년 11월 2일 반유신과 학원병영화 반대 1차 집회를 했고, 그 주동자들이 학교에서 제명되고 구속되자 11월 7일 경북대 학생 수천여 명이 2차 민주구국투쟁을 펼쳤다. 서울에서 이 집회를 전해들은 함석헌은, "사회 부정의가 이렇게 판을 치고, 민심이 이렇게 썩어졌어도 누구 하나 감히 입을 열지 못하는 판에, 다른 데도 아닌 경상북도 대구에서 4·19 이후 가장 큰 집회가 열렸다"고 기뻐했다.[254]

폭압적인 긴급조치 9호 시기 대규모 가두투쟁은 학생 측에 큰 피해를 남겼다. 9명 제적, 무기정학 11명 등 60여 명의 학생들이 학교에서 징계를 받았다.[255] 이날 집회 참가자 중 법과대학 행정학과 1976학번 박문화 학생이 있었다. 그는 1980년 행정고시(제24차) 2차 시험까지 합격했으나, 누구나 붙는다던 3차 면접시험에서 떨어졌다. 1981년(제25차) 다시 3차 면접시험에 응시했으나 또 탈락했다. 2차 시험까지 합격하고 면접시험에서 불합격하는 경우란 이전에는 거의 없었다. 그런데 1980년, 1981년 이 해만큼은 박문화와 마찬가지로 3차 면접에서 탈락한 시위경력자들이 여럿 됐다. "전두환 정권에서 시위경력자들을 대거 탈락시킨다"는 흉흉한 소문도 떠돌았다.

당시 면접심사자였던 서울대 박 모 교수는 시위경력으로 탈락한 서울대 출신 응시자에게 "데모 경력이 있는 사람들은 이미 총무처에서 부적격자로 체크되어 명단이 내려왔기 때문에 면접관으로서도 어쩔 수 없었다"고 털어났다. 또 다른 면접심사자였던 서울대 유 모 교수 역시 시위전력자는 뽑을 수 없었다고 실토했다.[256] 실제 1980년 총무처장관이 "앞으로 행정고등고시로 공무원을 뽑을 때 국가관에 대한 기준을 명확히 하라. 학교 다닐 때 시국데모를 한 사람들은 배제하도록 하라"는 지시를 총무처 고시과 과장에게 내렸고, 지시는 철저히 이행되었다. 박문화는 1981년 대학원생으로 공무원시험학원 강사일을 하면서 3차 면접시험 때까지 버텼다. 그리고 1981년 12월 30일 최종발표가 난 이틀 뒤, 1982년 1월 1일 그는 고향 인근의 야산에서 죽음으로 발견되었다.

사법시험에서도 시위전력자를 3차 면접에서 탈락시키는 같은 수법을 썼다. 1963년 제1회 사법시험부터 1980년 제22회까지 18년 동안 3차 면접에서 탈락한 자는 단 한 명도 없었다. 그런데 1981년부터 1989년까지 9년 동안 사법시험에서는 총 192명이나 면접시험에서 탈락했다. 1980년 개정한 사법시험령에서는 응시자의 국가관과 정신자세를 평가하도록 규정했으며, 응시자의 대학시절 학적부와 안기부가 제공한 시위경력 자료를 근거로 미리 탈락자를 결정했다. 1990년부터 12년 동안 다시 면접탈락자가 전

혀 없었다.[257]

정권은 면접시험을 통해 배제자를 선정했다. 군사정권의 입맛에 맞는 이들만 선발하고, 정권의 부당한 권력에 항의한 시위경력자들을 배제하는 권력을 휘둘렀다. 배제를 위해 채점자의 주관과 재량이 적용될 수 있는 면접시험 점수를 조정했다. 면접위원들조차 권력에 복종했다. 그 결과, 민주화운동에 참여한 한 청년의 억울한 죽음을 불러왔다. 깊은 낙담에 그는 돌아올 수 없는 길로 떠났다. 수십 년 세월이 흘러 1978년 11월 경북대 시위 주동자들은 무죄판정을 받았고 민주화 공로를 인정받았지만, 죽은 이는 돌아오지 못하고 역사 속에 묻혀 있다.

현재도 면접은 이런 문제를 노정한다. 기업체 면접, 로스쿨 면접, 공무원 시험에서 정치적 성향을 파악하기 위한 편향적 질문을 던져 물의를 일으킨 사건들이 있다. 일제시대 입시 때 '사상고사'와 다르지 않다. 선발을 무기로 사상을 검열하고 사상의 자유를 제한하는 이런 평가는 기득권자의 협박이며 폭력이다.

'여풍女風'은
시험을 타고

장벽 깬 신여성들, 교단 진출로 '숨통'

과거시험에 여자의 응시를 금지하는 조항은 없었다. 그렇다고 고려와 조선의 그 많던 여자들이 과거시험을 칠 수도 없었다. 당연히 합격한 이도 불합격한 이도 없다. 여자들은 제도적 규제 대상도 아니었다. 과거시험은 그냥 남자들의 전유물이었다. 설령 탁월한 능력을 지녔더라도 드러낼 방도도 없었고 어쩌다 이름을 남긴 여성들의 삶은 신산했다. 규정 어디에도 언급이 없는 이들이야말로 사회 속 유령 같은 비존재들이다. 시험이 오늘날 공정성의 화신처럼 여겨지지만 시험의 공정성을 규정만으로 논할 수 없는 이유이다. 결과가 평등해지기까지는 경제적 여건과 사회문화적 여건의 변화가 필요하다. 모든 여건을 무시하고 실력으로 뛰어넘으란 이야기는 홀로 백만 대군과 싸워 이기라는 명령과 동일하다. 차라리 싸우다 죽어버리라는 사회적 저주이다. 시험은 규정이 아니라 사회 맥락 속에 존재한다.

1926년 문관임용령은 남자만 문관에 임용한다고 못 박고 있지 않았다. 가령 중의원선거법은 "남자"에게 선거권과 피선거권이 있다고 "남자"를 적시해 여자를 배제했지만, 문관임용령은 그렇지 않다. 보통시험 규정에도 여자를 특정하여 제한하는 조항이 없었고, 고등시험령에서도 그런 명문은 없었다.[258] 시험 응시는 규정을 해석하는 문제가 아니었다. 여성을 폄하하는 사회적 시선 속에서 고등시험과 보통시험은 여자들이 응시할 엄두도 못 낼 일이었다.

일제시대, 국가 운영과 관리에는 개입할 수 없지만 학교교육을 받은 여자들에게 허용된 영토! 그곳은 학교였다. 여학교 졸업자에게 교원자격을 주었고, 교원시험에 응시해 합격하는 여교사들도 등장했다. 오랫동안 여성에게는 불허된 땅이 열렸다. 제한된 영역이지만 여성에게도 시험을 통한 사회적 선발, 즉 스스로 능력을 입증하여 사회활동에 참여할 기회가 생긴 일대 사건이었다. 학교교육과 시험을 통해 사람을 선발하고 배치하는 사회에서 여성에게 비로소 열려진 교육과 응시의 문은 여성의 능력도 사회적으로 인정한다는 뜻이다. 가정 안에만 머물러야 했던 존재에서, 학교교육과 시험을 통과해 사회의 요청에 응답하는 사회적 존재로 전환하는 순간이다.

먼저 학교교육을 받은 여성들이 사회로 나아가고, 다음에는 시험을 매개로 여성들을 사회로 불러냈다. 1915년 3월 교원시험을 쳐서 5월에 초등학교 교원이 된 합격자 133명 중 여성은 단 한 명이었다. 이후 1927년도 경기도 초등교원시험 지원자 280명 중 여자 지원자가 79명, 1939년 황해도 초등교원 3종 시험 지원자 537명 중 여자가 287명에 이르렀다.[259] 남녀 지원자 비율이 역전되었다. 국가와 지역을 통치하고 관리하는 일에서는 여자가 여전히 배제됐지만, 출산과 양육, 교육하는 역할에 참여할 권한은 주어졌다. 오늘날 여교사가 많은 현상은 우연이 아니다. 이쪽에 길이 열려 있었기 때문에 여성들이 지난 백 년 동안 교사라는 직업에 도전해왔고, 어떤 분야보다 많은 여성이 진출했다.

여교사들이 탄생하는 동안, 최초로 조선의사시험에 통과한 여의사도 생졌다. 유부남이었던 춘원 이광수와 세상을 떠들썩하게 한 로맨스의 주인공 허영숙이었다. 1914년 일본에 가서 4년제 여자의학전문학교에 다녔던 허영숙은 1918년 제9회 조선의사시험에 여자로서는 최초로 합격했다. 이해 경성의학전문학교 청강생으로 입학해 과정을 마친 다른 세 여성은 시험 없이 이미 의사면허를 받은 상태였다. 허영숙이 다닌 요시오카吉岡여자의학전문학교는 의학전문학교로 승격하지 못한 강습소였던지라 의사면허를 받지 못하고 시험을 쳐야 했다.[260] 이즈음 산파와 간호부시험도 생겼다. 1923년 경기도에서 실시한 산파 간호부시험에 합격한 36명 중 조선인은 산파 3명뿐이었다. 산파 간호부시험에 고등여학교를 졸업한 고학력자 여성들의 지원이 늘어갔다.[261] 1935년 평양에서 실시한 산파 간호부시험에 합격한 스무 명, 그중 간호부 15명, 산파 3명, 총 열여덟 명이 조선인이었다.[262] 여성들이 독립적인 경제기반을 갖기에 좋은 직업이었기에, 조선인 여성들의 지원과 합격자 수가 늘어갔다.

사실 학교교육의 위력이 강한 곳에서 시험은 보완적 수단이다. 의사나 교사자격증을 얻는 데 기본적으로는 학교교육이 중요했다. 면허를 인가해주는 지정학교에 다니지 못했거나 학교를 안 다녔다면, 자격증을 얻기 위해 쳐야 하는 보완적 수단으로서 시험이 많았다. 시험보다 학교교육이 앞섰다. 신여성들은 학교를 졸업하고 자기 영역을 개척했다. 신여성을 손가락질하는 지식인들도 없지 않았지만, 신여성은 신붓감으로도 인기가 있었다. 대학이나 전문학교 졸업 여성을 '특등 신부', 고등여학교 졸업한 '인텔리' 여성은 '이등 신부', 제대로 교육 못 받은 '무식쟁이'는 '삼등 신부'라는 말이 잡지에 공공연히 실렸다.[263] 학교교육 이력이 남자에게 더 중요한 시절이었지만, 남녀평등을 주장하는 새로운 사상의 물결로 여성도 조금씩 학력을 의식하게 된 때이다. 그럼에도 경성제대는 1924년에 세워지고 오랫동안 여성들에게 문을 굳게 닫아걸었다. 1930년 이후 학칙을 개정한 후에야 선과생으로 고등여학교 졸업생, 본과 입학에 여자고등사범학교의 졸업생 입학을 허용했다.

여자변호사의 출현은 요원했다. 여자는 초등학교를 다니기도 어려웠던 시절, 여성들이 일본에 가서 변호사시험을 쳐서 합격하고 또 실무경력 2년을 쌓아야 하는 상황[264]에서 여자변호사가 탄생할 수 없었다. 그리고 고등시험과 보통시험에도 응시하는 여성은 없었다. 일제시대 시험제도는 민족차별적이었다. 일본인들에게 유리한 시험제도와 시험문제는 당연하고, 사실상 일본인을 우대하는 차별적 내규까지 조선인에게 두루 불리했다. 여자들에게는 더욱 냉담했다. 여자들은 관료 선발시험에 사회문화적으로, 경제적으로 접근이 불가능했다. 여자들에게는 남성 권력자들이 필요하다고 인정하는 영역, 즉 양육, 보육, 간호, 출산, 교육에 한정하여 보완적 형태의 시험을 치도록 허용했다. 신여성이 등장하고 남녀평등의 목소리가 높았지만, 제국주의 권력이 허용한 여성의 사회적 필요는 모성에 국한된 매우 제한적 영역이었다.

고등고시 여자 합격생 1951년 처음 탄생

해방은 여성들에게도 기회였다. 금녀의 영역에 도전할 기회와 기반이 생겼다. 해방 후 1951년 부산에서 실시한 제2회 고등고시시험에서 여성으로서는 처음으로 이태영이 합격했다. 서울대 법학과를 졸업한 이태영, 그녀의 합격에는 책을 구해주고 시험요령을 알려준 검사, 시험 전날 국사과목을 강의해준 선생 등 많은 후원자들이 있었다. 첫 여성 합격자는 자기 실력 외에도 "그토록 많은 분의 도움"이 있었다.[265] 후원자들은 고사하고 스스로 생계를 유지하기도 벅찬 여성들에게 시험은 까마득한 일이었다. 이태영의 합격 이듬해 황윤석이 합격하고, 고등고시령이 막을 내린 1962년까지 합격의 문턱을 넘은 여성은 없었다. 해방 직후 남녀 불평등은 여전히 심각했고, 취학률 역시 남녀 격차가 심했다. 드물게 대학을 진학한 여성들도 대부분 가정과나 인문계열, 사범계열에 편중되었다. 여성 합격자가 배출되기까지는 기다림이 필요했다.

1963년부터 사법시험령에 의한 사법시험이 실시되고, '행정고시'와 '외무고시'도 법령 개정으로 여러 번 이름은 바뀌었지만 각각 1963년과 1968년부터 시작되었다. 사법시험에서는 1952년 두 번째 합격자 이후 1970년(12회)에야 두 명의 여성 합격자가 나왔고, 행정고시는 1973년(13회)에, 외무고시는 1978년(12회)에 첫 여성 합격자가 나왔다.[266] 1952년 이후 무려 18년 동안 여성 고시합격자가 없었고 이후에도 드물었다. 그러나 1980년대부터 천천히 합격인원이 늘어나기 시작했다. 1980년대 초반부터는 여자 수험생들도 서서히 증가했다.[267] 그리고 1990년도부터는 합격자 중 여성 비율이 기하급수적인 증가세를 보였다. 1990년 5퍼센트에 못 미치던 여성 합격자 비율이 2013년에는 40퍼센트로 훌쩍 뛰어올랐다. 천 년 동안 여성에게는 금해졌고 어느 누구도 여성에게 그런 능력이 있을 것이라 상상조차 못했던 영역에서, 불과 20여 년 만에 남자와 어깨를 겨루게 되었다. 한번 무대에 오른 여성의 능력은 빠르게 성장했다.

하지만 여자가 고시 준비에 뛰어들기란 만만치 않았다. 여자의 운명은 결혼에 달렸고 여자는 살림밑천이라는 인식이 팽배하던 시절, 여자들의 고시 준비는 남자보다 몇 배나 어려운 일이었다. 2000년대 들어와서도 남자에 비해 여자 고시응시자는 눈에 띄게 적었다. 2002년에 남자 2만 명이 사법시험 1차에 응시할 때, 여자 응시자는 4,700명가량이었다. 전체 응시자가 급감한 2009년 이후에도 남자 응시자가 1.5배에서 2배 정도 많았다. 시험 준비기간도 남자보다 여자가 짧다.[268] 남자 행정고시생은 약 25개월을

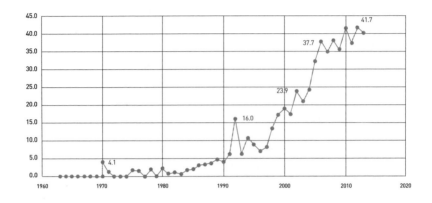

[그림 15] 사법시험 여성 합격비율

참조: 1963~1991년까지 각 신문 사법시험 합격자 발표자료; 사법개혁위원회,
〈법조관련 통계자료〉, 2004. 2. 2;《통계로 보는 여성의 삶》, 2008~2013; 사이버 국가고시 통계자료;
《한국변호사백서》. *2009년부터 법학전문대학원 개원; 1951년 2회, 1952년 3회 고등고시에
각각 1명이 합격하고, 1970년에 사법시험에 처음으로 여성이 합격했다.

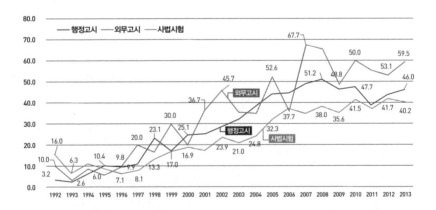

[그림 16] 고시 합격자 중 여성비율

참조:《각 년도, 통계로 보는 여성의 삶》, 2008~2013.

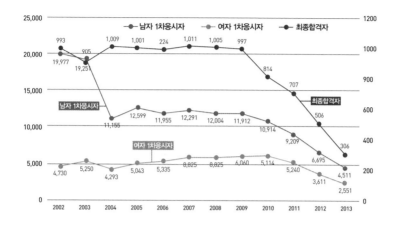

[그림 17] 사법시험 합격자 및 남녀 응시자 변화

참조: 법무부, 〈매년도 응시, 1,2, 최종 합격자 발표자료〉, 2002~2013;

2004년 1차 응시자의 급격한 감소는 기존에 치던 영어시험을 민간기구에서 실시하는

영어시험 점수(예. 토익 700점 이상)로 대체했기 때문이다.

전체 응시자의 2013년도에 비해 응시자 규모가 만 명 이상 감소했다.

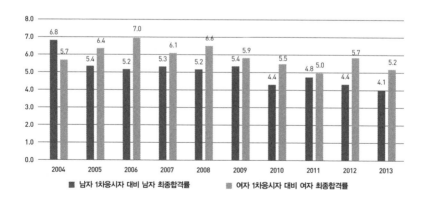

[그림 18] 사법시험 남녀 합격률

매년도 남녀 1차 시험응시자 대비 남녀 각각의 합격률을 계산했다.

응시자 인원과 합격자 인원은 법무부에서 발표하는 매년도 응시 및 합격자 발표 자료를 참조했다.

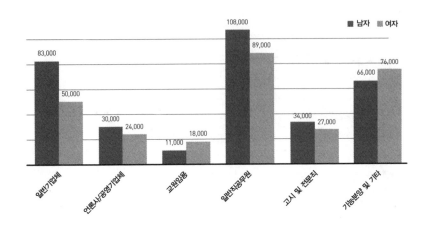

[그림 19] 2013년 남녀별 청년층 비경제활동인구의 취업시험 준비현황

참조: 통계청, 청년층 비경제활동인구 자료, 2013.

준비했지만 여자는 18개월, 남자 사법고시생은 약 33개월인데 반해 여자는 약 27개월, 남자 외무고시생은 약 29개월인데 여자는 약 12개월 시험을 준비했다. 외무고시생은 무려 1년 반 정도의 차이가 난다. 고시 외에도 전반적으로 취업시험 준비생은 남자가 많다. 2013년 청년층 비경제활동인구 중에서 시험 준비생이 남자는 약 33만 명인데, 여자는 약 28만 명이다.[269]

여성 응시자들은 꿋꿋했다. 2004년 이후 사법시험에서 성별 응시인원 대비 최종합격률을 보면, 여성의 합격률이 더 높다. 사법시험만이 아니라, 다른 '고시'에서도 여성 합격자 비율은 1990년대 이후 지속적으로 증가하였다. 2013년 현재 행정고시에서 여성 합격자는 45퍼센트가 넘고, 2013년 막을 내린 외무고시에서는 60퍼센트에 이르렀다. 7급과 9급 행정직과 공안직 공무원시험에서도 여성 합격자 비율은 급격히 치솟고 있다. 1997년까지만 해도 합격자 중 7급 공무원 여성비율이 10퍼센트 미만이었으나

2009년부터는 37퍼센트 이상을 차지하고 있다. 9급 행정직, 공안직 역시 40퍼센트 이상을 차지하고 있다. 정부가 여성공무원 비율을 늘이기 위해 여성공무원 채용목표제(1996~2002)와 양성평등 채용목표제(2003년 이후)를 실시했지만, 이 정책은 자연적으로 증가하는 여성 합격자 추세를 넘지 않았다.[270]

시험의 기본 속성이 능력의 측정이라고 본다면, 한 사회는 시험을 통해 그 사회가 필요로 하는 능력을 축적할 수 있다. 응시자들은 시험에 적합한 능력을 쌓고, 사회는 개인들이 축적한 능력을 사회의 기본 자산으로 삼게 된다. 시험은 개개인이 지닌 자연적 상태의 능력을 사회적 요청에 맞춰 사회적 능력으로 전환한다. 천여 년 과거시험 실시 동안 양반 남자들은 과거시험이라는 테두리의 안과 밖 그 어디에 있었다. 그러면서 과거시험이라는 준거에 비추어 그들의 능력을 축적했다. 모범답안을 숙지하고 연습하면서 시험 능력을 키우고, 후세대는 그 능력 위에서 또 능력을 쌓았다. 여성들에게는 그럴 기회가 없었다. 불허대상자로도 명시되지 않는 그늘 속의 비존재들이었다. 오랫동안 여성들에게는 가정 밖의 능력이 요구된 바가 없었고, 여성들은 그런 능력을 갈고 닦을 수도 없었다. 어쩌다 소수의 여성이 그런 능력을 가졌다 해도 그 사람의 소멸과 함께 능력도 따라서 흩어져버렸다.

여자들의 사회적 등장에는 시험제도가 한몫했다. 여자들은 행정을 할 수 없고, 법조인이 될 수 없고, 기술 분야에 진출할 수 없다던 오랜 관습을 그대로 둔 채, 시험 없이 면접으로 사람을 선발했다면 여자들이 사회에 등장하기까지는 훨씬 더 오랜 세월이 필요했을 것이다. 채용자도 남자고, 한 번도 실체를 본 적 없는 여자의 능력을 선발자들이 쉬 믿기도 어려웠을 것이다. 시험은 다르다. 시험점수는 남녀를 묻지 않는다. 남녀를 불문하고 일단 합격점수를 받으면 선발할 수밖에 없는 구조이다. 그렇게 선발된 여성들이 각 분야에서 활동하면서 그들의 능력은 검증받았고, 후진세력들이 또 시험을 통해 각 분야로 진출했다. 여성이 시험에 접근하기까지 시간이 걸렸지만, 접근 이후 각 시험에서 여성들은 깜짝 놀랄 만큼 빠른 사회적 진출을 이뤄냈다. 언론들은 연일 '여풍女風'이라 호들갑을 떨었다.

이제 어느 누구도 여성이라는 이유로 무능과 유능을 구분하지 않는다. 오히려 시험이라는 장면에서 남자들이 불리하다고 호소하는 사례들이 발생하고 있다. 평가에서 여학생들이 더 높은 점수를 받는다고 중등학교 남녀공학을 반대하는 학부모들이 있다. 여성들의 높은 시험성적을 얕잡아보는 이들도 생기고 있다. 시험만 잘 치고 사고의 폭이 좁거나 깊지 못하다든가 실제 능력은 시험 능력을 따라 가지 못한다는 비난 같은……. 남성에게만 허용됐던 금단의 땅을 허물고 한 귀퉁이에 겨우 발을 디뎠던 여성들이 길게는 삼십 년, 짧게는 십 년 사이 남자와 동등하게 실력을 겨루는 지위에 올라섰다. 한 번도 측정하지 않은 여성의 능력을 무능력하다고 단정지었던 역사, 그리고 단기간에 이뤄낸 여성의 성취를 폄하하는 시대를 넘어 다시 물어야 한다. 아직도 역사 속에 박제시켜버린 또 다른 사람들이나 집단은 없는지.

저항의
수단이 된 시험

과거시험 거부에서 '투명가방끈 운동' 까지

1717년. 안동과 상주에서 실시하는 식년 생원진사시 초시는 응시생들의
시험 거부로 파장罷場됐다. 시험이 있기 얼마 전 숙종은 세자에게 대리청정
을 명령했다. 이를 전해들은 안동과 상주의 생원진사시 초시 응시자들은
대리청정이 세자의 지위를 위태롭게 한다고 판단했다. 시험을 거부하고
집단상소를 올리기로 했다. 시험 거부와 소청운동은 조직적으로 전개됐
다. 시험장에 들어가서는 안 된다는 성명서를 동서남북 네 개 성문에 붙이
고, 과거에 응시하려고 등록하는 유생 명단을 성문에 내걸면서, 상소문에
연명하도록 촉구했다.[271] 《조선왕조실록》에는 당시를 이렇게 쓰고 있다.

개장하기 수일 전에 수백 명이 무리를 지어 곧바로 녹명청錄名廳으로 들어가서
도록都錄을 탈취했고, 설장設場한 다음날에는 관사館舍의 정청正廳에 소장疏章을
올렸다. 그 가운데 시장試場으로 들어가려는 사람이 있으면 혹은 능장稜杖을 가
지거나, 혹은 돌을 마구 던지며 가로막아서 들어가지 못하게 했다. 또 성문의 네
모퉁이에 모여 있으면서 성문 밖의 과유科儒들로 하여금 성내城內에 발을 붙이

지 못하게 했다. 좌도左道의 유생儒生들도 개장한 다음날 상소하려고 하여 시소
試所에다 마음에 품은 바를 써서 바치고는 시장으로 나아가려고 하지 않았다.
양도兩道의 고관考官이 임금이 내린 비망기를 게시하고 처분이 올바르게 되었다
고 효유하면서 분란을 일으킬 필요가 없다고 했으나 끝내 듣지 않았으므로, 드
디어 파장했다.[272]

상주에서는 시험관이 상소 주동자들을 만나 응시를 설득했으나 실패했
고, 시험 당일 강제로 유생을 잡아 데려오게 했으나 과장에 입장한 이들은
68명에 불과했다. 파장할 수밖에 없었다. 안동에서도 응시자가 단 한 명도
나타나지 않아 파장했다. 임금은 "참으로 매우 통분"하고 놀랐지만,[273] 유
생들은 자신들의 정치적 견해를 의연히 시험 거부로서 알렸다.

3·1운동과 광주학생운동이 있던 당시 동맹휴학과 백지동맹은 일제의
골칫거리였다. 3·1운동으로 인해서 졸업시험장에 나타나지 않는 학생들
을 어찌 처리해야 할지 학교는 골머리를 앓았다. 광주학생운동 때는 조선
총독부 학무과에서 대책을 세우지 않으면 안 될 만큼 동맹휴학과 백지동
맹이 잦았다. 조선총독부 학무과에서 내놓은 처방은 정기시험 폐지, 일상
적인 평가 실시였다.[274] 1970년대 유신정권 아래서도 쌍둥이 처방이 나온
다. 1960년대부터 대학생들은 사회 불의에 수업과 시험 거부로 맞섰다.
1967년 6·8부정선거 때, 술렁이는 대학가를 진압하기 위해 정부에서는 휴
교령을 내렸다. 휴교를 마치고 돌아온 학교에서 기말고사를 실시한다고
하자 학생들은 시험을 거부했다. 1969년 3선 개헌 당시에도 학생들은 시
험을 거부하고 3선 개헌 반대투쟁을 맹렬히 전개했다. 1970년대까지 계속
이어지는 유신헌법 반대와 민주화 쟁취 요구로 연일 시위와 시험 거부를
하는 대학생들에게 정기적인 시험 이외에 출석과 보고서 등을 포함한 종
합적인 평가를 하도록 문교부에서는 지시했다. 일상적이고 종합적인 평가

의 유용성은 교육 내부에만 있지 않았던 것이다. 1980년대 후반, 민주화 투쟁과 함께 대학 내에서 시험 거부운동은 더욱 빈발했다.

시험 거부사건은 역사상 자주 일어났다. 흔히 평가자의 절대 권력이 행해지는 시험에서 응시자들은 응시하는 순간 평가자의 가치관을 거스르기 어렵다. 시험 거부사건은 평가자의 권력 바깥에 서서 저항하는 행위이다. 시험을 거부함으로써 시험을 응시해야 할 이가 비로소 전면에 드러나고 거부자의 목소리가 퍼진다. 한국 역사에서는 시험에 집착이 강했던 만큼, 시험에 대한 저항행위도 빈번했고 그 강도도 높았다. 시험 자체가 권력지향적인 측면이 강했던 만큼, 시험 거부 자체만으로도 반권력지향적이며 사회 정의를 지향한다는 결의의 표현이 되었다.

시험 거부도 여러 방식이 있다. 저항이라고 깃발을 내걸지 않아도 저항인 경우도 많다. 시험지에 일렬로 같은 답안을 체크하거나 시험시간에 엎드려 자는 식으로, 응시자에게 흔히 기대하는 행위를 '하지 않는' 이들이 있다. 시험 포기는 시험이라는 게임에 동참하지 않는 일종의 시험 거부행위이다. 적극적으로 해석하면 '난 답하지 않겠어. 답도 모르겠어. 내 능력을 알려고 하지 마라.' 혹은 '난 시험에 응하지 않겠어. 내 능력을 알고 싶으면 알아봐. 시험 따위로 나를 평가할 수 없어' 라는 항변일 수 있다. 그런가 하면 경성제대 1회 졸업생들은 문관고등시험을 치지 않았다. 시험에 발을 담그지 않으면서도 거부라고 선언하지도 않았다. 시험이나 평가자의 부당함에 개인적으로 저항하기 위해 시험을 거부하는 이들도 있다. 고등학생 때, 아이들 성기를 툭툭 치는 한문 교사에 대한 반항으로 혼자서 백지를 냈다가 죽도록 맞은 적이 있다는 한 40대 회사원은 시험 거부를 주도할 용기는 없었지만 그렇게라도 해야 할 것 같았다고 고백한다. 시험지에다 시험을 거부하는 이유를 밝히는 경우도 있었다. 학생 데모가 잦았던 1980년대 대학가에서는 학생들이 출제문제와 무관하게 정세분석한 글을 잔뜩

> ### 대학입시 거부 선언
>
> 우리는 대학입시를 거부한다. 오늘 우리와 같은 청소년들 수십 만 명이 대학수학능력평가, 수능시험을 보고 있을 것이다. 하지만 모두가 안다. 그 시험은 대학에서 배울 준비가 되었는지 알아보는 시험이 아니라 수십만 명을 점수로 등급으로 줄 세우기 위한 것이라는 걸. 대학입시경쟁은 남의 꿈을 밟고 올라가는 전쟁이라는 걸. 우리의 삶에 가격을 매기는 상품화의 과정이라는 걸. 이 경쟁에 미친 입시위주 교육과 불안정한 모두의 삶을 무시한 채 폭주하는 사회에 제동을 걸기 위해 우리는 대학입시라는 단단한 제도에 시비를 건다. 조용히 경쟁에서 지쳐 떨어지는 대신, 경쟁에 뛰어들어 남을 짓밟고 뜀박질 하는 대신, 사회가 붙여준 루저라는 딱지를 버리고 스스로 거부자의 길을 택한다. (중략)
> 우리에게 수능만을, 순응만을 요구하는 교육, 남을 밟는 것 외에 살 길은 없다고 말하는 이 사회. 이것들을 위해 희생하기에는 우리의 오늘이 너무 아깝기에. 학력과 학벌로 인한 차별과 불평등에 갇혀 있기에는 우리들의 배움이 너무 소중하기에. 그렇기에 우리는 선언한다. 여기 대학입시를 거부하는 이들이 있노라고. 자유로운 배움을 위해, 존엄하고 안정된 인간적인 삶을 위해, 유예되지 않는 행복을 누리기 위해, 행동하겠다. 살아가겠다.
>
> 2011년 11월 10일
> 대학입시거부선언자들: 고예솔 김민성 김재홍 김해솔 문동혁 민다영 박제헌 양현아 이찬우 이현지 임준혁 장주성 전경현 정열음 조만성 최경수 최난희 한소영 (18명)

쓴 뒤에 이런 시국에 시험이나 칠 수 없다는 답안지를 제출했다는 이야기들이 떠돌았다. 누군가는 애국가를, 누군가는 '임을 위한 행진곡'을 휘갈겨 써냈다고 무용담을 늘어놓아도 조금도 이상하지 않았다.

시험 거부의 역사는 아직도 끝나지 않았다. '투명가방끈'을 자랑스러워할 줄 아는 용기백배한 청년들은 수능시험을 거부한다. 경찰차까지 동원돼 다급한 수험생을 태워주는 날, 수능시험장 바깥에서 "우리는 학벌주의 사회, 시험 위주의 교육을 반대한다"며 목소리를 높이는 청년들이 있다.[275]

시험지옥에 빠져 사는 이들에게 시험 거부사건은 시험에 관한 새로운 인식을 가져다준다. 반드시 시험을 봐야 하는 것은 아니구나, 시험을 학생들이 주도적으로 거부할 수도 있구나 하는 깨달음은 시험의 권력성을 파악하고 해체하는 힘이 된다. 시험이라는 게임규칙에서 벗어나지 못했던 이들에게 규칙을 변경할 수 있는 힘이 응시자 본인에게 있음을 알려준다. 시험의 바깥에 사람들의 진짜 능력과 정의가 있음을 알려준다. 실제 0점을 받았다고 그 응시자의 능력이 0이라고 누구도 말할 수 없다. 시험의 안이 응시자들에게 순응을 요구하는 대가로 보상과 제재를 가한다면, 시험의 바깥은 모두의 자유로운 능력과 배움이 움직이고 있다.

시간강사들의 무기, 성적 입력 거부

정당한 절차에 따라 우리는 성적입력 거부를 진행했다.[276]

"영남대 비정규직 교수노조가 전국 처음으로 성적 입력 거부라는 파격적인 대응을 보였다." 2002년 1학기 말, 영남대 168명의 비정규직 교수들이 360개 강좌의 성적 입력을 거부했다. "파격"이었다. 성적 입력은 가르치는 사람의 마지막 임무이고 이 일이 끝나지 않으면 학기도 끝나지 않는데, 학교로서는 당황스럽기 짝이 없는 노릇이었다. 성적 입력 거부로 대학에서는 장학생 선정, 등록금 고지서 발부, 성적증명서 발부 같은 사무가 줄줄이 멈춰 서게 됐다. 노동자들이 공장을 멈춰 세우듯, 시간강의로 먹고 산다는 이른바 '시간강사' 들이 시간을 무기로 삼아 학교 측에 맞섰다. 2004년 여름에는 전남대 비정규직 교수노조가, 겨울에는 경북대 비정규직 교수노조가 성적 입력을 거부했다. 비정규직 교수노조의 성적 입력 거부 행렬은 시간강사들이 시간과 성적을 무기로 차별에 맞서는 저항이었다. 시간당으로만 강의료를 지불받는 '시간 팔이' 인생들이 성적 입력 마감시간을 과감히 넘겨버리고부터는 시간에 쫓기는 이들은 더 이상 '시간강사'들이 아니었다. 시간에 쫓기는 측은 학교였다. 애초 시간당 임금 지급이라든가 성적 입력 마감시간 같은 시간게임을 정한 쪽은 학교였다. 그 게임을 충실히 따랐던 이들이 게임규칙인 시간을 무너뜨리니 시간 때문에 답답한 쪽은 차라리 학교였다.

2002년 성적 입력 거부가 처음은 아니었다. 성적을 컴퓨터로 입력하는 시스템이 생기고 집단적으로 성적 입력을 거부한 사건으로는 처음이었지만, 성적표를 제출하지 않았던 저항은 그 전에도 있었다. 1987년 6월 항쟁의 여파로 전국의 민주화운동과 노동운동의 기운이 높아지면서, 대학에서는 1988년 8월 전국대학강사협의회가 건설되었다. 그리고 1988년 9월에는 전남대 시간강사노동조합이 설립되어 강사의 열악한 경제적, 학문적 처우를 해결하기 위한 단체협상을 시도했다.[277] 그해 겨울 전남대 강사노조에서는 12월 21일에 2학기 '성적표 제출 거부'를 결의했다. 당시 총학생회에서는 적극 지지 입장을 표명했다. "성적표 제출 거부투쟁은 스스로의 권익을 보장받기 위한 자주적 요구의 표현이며, 그 정당성을 갖는" 투쟁이었다.[278] 성적표 제출 거부는 해를 넘겨 1989년 1월 20일까지도 지속되었고, 대학 측에서는 학생들의 성적을 전원 F로 처리하겠다고 으름장을 놓아 시간강사와 학생들 사이에 불화를 조장했다.[279] "전원 F 처리"는 강사들의 평가권을 박탈하겠다는 협박이었다. 학생은 사회정치적인 문제로 역사의 굽이마다 수업 거부와 백지동맹을 벌여왔다. 부당함에 항거하는 학생들의 투쟁은 역사적으로 긍정적 평가를 받아왔다. 그러나 가르치는 사람에게 거부할 권리란 혐오스런 일처럼 여겨졌다. 노동자들의 파업 때마다 '시민들을 볼모로'라는 말은 학교에서 '학생들을 볼모로', '선생이 그러면 되나?'라는 논리로 변주해 사용됐다.

성적 입력 거부사건은 교육과정에서 성적이 어떤 위치에 있는지를 되돌아보게 한 사건이었다. 제도교육 안에서 성적을 안 준다는 건 누구에게도 허용되지 않는 행위이다. 성적을 줘야만 과정이 끝난다. 성적이 없다면 과정은 끝나지 않는다. 교육의 결과는 성적으로 증명하기 때문이다. 또한 왜 그렇게 성적이 중요한지, 누구에게 중요한지 물으면 상당부분 학교의 행정처리를 위해서다. 시험을 치고 성적을 입력하는 일이 분명 교육적 행위이지만, 행정적 행위로서 매우 중요하다는 진실을 성적 제출 거부사건이 보여줬다.

|||
경성제대 학생들, 문관고등시험을 앞에 두고
|||

일제시대에 조선인이 관료로 출세할 수 있는 최고의 길은 문관고
등시험, 이른바 '고문시험'에 합격하는 것이었다. 고문시험에 합
격하면 고등관이 될 수 있었다. 일제시대에 고등관은 친임관, 칙
임관, 주임관이 있는데, 친임관은 일본 왕이 직접 임명장을 수여
하는 자리로 조선에서는 조선총독과 정무총감뿐이었고, 칙임관
(고등관 1, 2등급)은 조선총독부의 각 국장과 도지사들이었다. 조선
인 고문시험 행정과 합격자들은 최초에 판임관으로 발령을 받았
다가 약 4년 이내에 고등관인 주임관(고등관 3~9등급), 주임관 중에
서도 대부분 군수로 승진했다. 비록 일본인 관료들에 비해 차별은
받았으나, 조선인으로서 군수는 대단한 직책이었다. 이광수는 일
제 말기 조선청년들에게 월급 받는 고등관 되려고 고문시험에 진
빼지 말고 국가를 위해 죽을 각오를 하라고 소리쳤지만, 누가 뭐
래도 고등관은 쉽게 접근할 수 없는 고위 관료였다.

 일본에서는 1883년 문관임용령과 문관시험 규칙이 만들어진 다
음, 1888년부터 시행된 문관임용에서 제국대학 출신에게는 무시
험 임용이라는 특전이 주어졌다. 관립대학 내부에서 정부에 반대
하는 반대파들이 배출되는 걸 막고 졸업생들을 정부의 행정관으
로 곧장 활용하기 위해서였다.[280] 대학이 정부의 관리양성소가 된
다는 비판과 사립학교들의 반발로 1893년 제국대학 졸업자에게
예비시험만 면제해주고 본시험을 치르도록 했고, 1918년 대폭 개정
된 고등시험령(행정과, 외교과, 사법과)에 따라 제국대학 출신자만

의 특권은 없어졌다. 제국대학의 특권을 없앴다고 해도, 고등시험 합격에는 제국대학 출신이 여러모로 유리했고 실제로 제국대학 출신이 다수를 차지했다. 1894년 제1회 고등시험부터 1943년까지 고문시험 행정과 합격자 9,203명 중 제국대학 출신이 78.8퍼센트로 압도적이었다.[281]

조선인 합격자들도 다르지 않았다. 최초의 조선인 합격자가 나온 1923년부터 1943년까지 고문시험 행정과 합격자 134명 중 경성제국대학 출신이 45명, 일본의 제국대학 및 관립대학 출신이 46명으로 68퍼센트가 관립학교 출신이었고, 일본 사립대학 출신이 19명이었다. 고문 출신 조선인 판검사 97명 중에도 경성제국대학 출신자들이 22명으로 가장 많았고, 경성제국대학을 포함한 관립대학 출신자들이 43명으로 56퍼센트였다.[282]

조선인 고문시험 합격자 중에는 경성제대 출신이 많았다. 경성제대 출신이라고 누구나 고문시험에 뛰어들지는 않았다. 경성제대 설립 초창기에는 고문시험이 친일하는 길이라 생각해 반대하는 분위기가 있었다. 그래서 "조선인 법학과 1회 졸업생 가운데는 고문 합격자가 한 사람도 없었다. 단 한 사람이 두 번 응시했다가 실패했고, 나머지 사람들은 응시할 생각조차 없었다." 2회 졸업생부터는 응시해 합격한 이들이 있었지만, 전반적으로 고문시험을 준비하는 학생들은 괜스레 눈치가 보이는 형편이었다.[283] 실제로 독립운동에 뛰어들었던 경성제대 출신들은 고문시험을 거들떠보지도 않았다. 고문시험은 응시자에게 일본의 국체 따위를 물으며 사상검증을 했고, 합격하면 일제의 충실한 관료로서 살아야 했다.

일제 통치기간이 길어지고 대학졸업자들도 조금씩 증가한데다 1930년 경제공황 이후 경성제대 출신 중에서도 고문시험 응시자와 합격자가 증가했다. 그래도 고문시험을 바라보는 이중적인 시선은 쉽게 사라지지 않았다. 1939년 고문시험 행정과에 합격한 이항녕은 "호랑이굴에 들어가야 호랑이를 잡는다"는 현실논리로 자신을 변호했지만 사실 대학 안에서 고문시험을 준비하기가 쉽지 않았다고 회고했다.

내가 법학과로 진학하는 데 주저했듯이 고문 준비를 하는 데도 적지 않은 고민이 있었다. 지사파 학생들은 한국인이 고문을 보는 것은 일본제국주의에 적극 협력하는 것이므로 민족 반역행위가 된다고 했다. 그래서 고문을 치르고자 하는 학생들은 약간의 열등감을 느끼지 않을 수 없었다.…… 고문에 합격할 자신도 없는데다 지사파 학생들의 눈초리에 본격적으로 고문 준비를 할 결심이 잘 서지 않았다.[284]

고문시험을 앞에 두고 세대 간 갈등도 있었다. 공부 잘 한다는 자식이 있으면 당연한 듯 법학과에 진학해 고문시험 보기를 바라는 아버지와 그럴 마음이 없는 자식. 강영희의 희곡 〈희생〉에서는 자식이 고등관만 되기를 바라는 "면서기 해먹는 애비"와 배고픈 문학을 기웃대는 아들 이야기로 세대 간 갈등이 재현되지만, 경성제대 법학과를 졸업하고 군수가 되었던 현석호에게는 이 이야기가 소설이 아니라 현실이었다. 결국 부모의 소원대로 법학과에 가 고문시험에 합격한 현실의 현석호들이 여럿이었다.

이항녕은 해방 이후 고문高文 합격이 자신의 불행이었다고 반성했다. 고문만 합격하지 않았다면 공출과 징용으로 동족을 괴롭히지 않았을 것이라 뉘우쳤다. 어느 시대나 시험이 오직 객관적 실력만 묻지는 않는 법이다. 시험은 항상 당대의 가치관과 시험설계자가 의도하는 실력을 담고 있다.

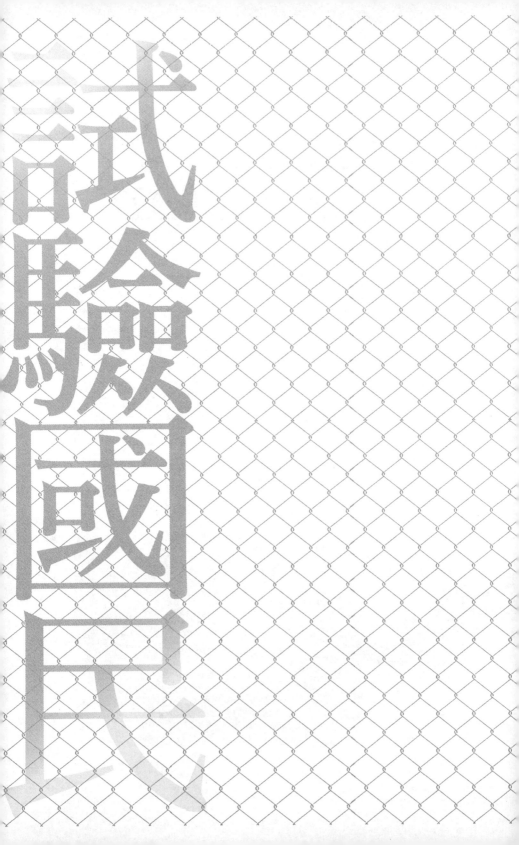

3

쉬운 통제를 꿈꾸다,
교육을 대체한 시험

더 많이,
더 객관적으로, 더 어렵게

치고 또 칠수록 학습효과 좋다?

시험은 아무리 쳐도 부족하다. 치고 또 치다 보면 더 단련될 것이라는 막연한 생각이 더 많은 시험을 불러왔다. 더 어렵고, 더 잦은 시험을 치는 학교가 좋은 학교라는 인식마저 생겼다. 그런 학교에서 유명 학교 진학률이 높다는 인식이 학교와 학부모를 완전히 사로잡고 있었다. 학생들이 잦은 시험에 괴롭다는 표시를 해도, 통과의례쯤으로 여길 뿐 귀 기울이는 어른은 없었다. 오히려 더 많은 시험을 재촉했다.

1980년 서울의 인창고등학교에서는 한 해에 무려 40여 차례 시험을 쳤다. 그때 연구주임이었던 교사는 "시험을 치르지 않으면 통 공부를 하려들지 않아요.…… 학부모들도 시험횟수가 많은 것을 좋아해요"라며 학생과 학부모들 탓을 했다. 초등학교인데도 한 해 서른 번 이상 시험을 쳤던 매동국민학교 교감도 역시 학습지도를 위해 시험이 꼭 필요하다고 교육적 소신을 밝혔다.[285] 중학교 입시가 사라진 다음에도 이런 생각은 변하지 않아서, 1973년 서울의 한 사립초등학교 학부모들(1,488명) 78퍼센트가 매월 한 번씩 꼭 월말고사를 쳐야 한다고 응답했다. 그보다 더 자주 쳐야 한다는 학

부모들도 15퍼센트가량이었다.[286]

잦은 시험에 대한 환상은 점점 강화되어왔다. 시험 종류만 해도 셀 수 없이 많아졌다. 일일고사, 주말고사, 월말고사, 중간고사, 학기말시험, 모의고사, 실력고사 등 시험은 학교 내부에서, 외부에서 계속 개발되었다. 1990년대에 고등학교에서는 정기고사와 학교 외부에서 실시하는 시험을 합쳐 한 해에 열 번가량 시험을 쳤다. 1993년에 서울 지역 고등학교 3학년들은 2학기에만 중간고사와 기말고사를 제외하고도 평균적으로 열 번의 모의고사를 쳤다.[287]

학생들은 너무 잦은 시험에 비명을 질렀다. 1990년에 전국 1,467명의 고등학생들 중 58.4퍼센트가 시험이 '너무 많다'거나 '많다'고 대답했다. 그러나 교사들은 생각이 달랐다. 866명의 교사 중 30퍼센트만 학생과 생각이 같았다.[288] 제동이 걸린 건, 1994년이다. 교육부에서 고등학교의 시험횟수를 한 해에 여덟 번 이내로 제한한 것이다. 시험 치느라 교육은 등한시하고 학생들의 심리적 부담만 늘어가는 현장을 제어하기 위해서였다.[289] 한동안 제어됐던 시험이 다시 고삐가 풀린 건 이명박 정권 때이다.

시험만 쳐도 학생들이 더 많은 것을 기억하고, 기억한 지식을 인출하고, 인출한 지식을 적용까지 할 수 있다는 생각은 참 편리하다. 시험을 치면, 그것도 반복적으로 자주 치면 학생들의 교육 효과가 더 높아진다는 것이 '시험 효과test effect'이다. 뢰디거Roediger와 캠피크Kampicke는 학습을 반복하는 것보다 학습한 후 시험을 보는 것이 기억을 장기화하고 조직화하는 데 유리하다는 '시험 효과'를 주장했다. 뢰디거와 퍼트남Putnam, 스미스Smith도 시험이 학습에 미치는 장점 열 가지를 제시했다.

1. 인출이 기억을 장기간 유지하게 한다 2. 지식의 공백을 확인하게 한다 3. 후속 학습에서 더 많은 내용을 배우게 한다 4. 지식의 조직화를 돕는다 5. 새로운

상황으로의 지식 전이를 돕는다 6. 시험을 본 내용과 관련된 학습내용의 인출도 돕는다 7. 메타인지적 관찰metacognitive monitoring을 돕는다 8. 이전의 학습내용이 이후의 학습에 미치는 간섭을 억제한다 9. 교사에게 피드백을 제공해준다 10. 학생들에게 학습 동기를 부여한다.[290]

단순히 가르치기만 하는 것보다는 시험을 칠 때 학생들은 배운 지식을 인출하는 데 능숙해지고, 본인이 아는 것과 모르는 것을 명확하게 함으로써 무엇을 학습할지 알게 된다는 주장은 굳이 외국 학자들을 들먹이지 않아도 우리 사회가 가장 신뢰하는 방법이다. 교사에게도 시험 효과는 여러모로 도움이 된다. 가장 손쉽게 학습자들에게 공부하도록 만들고, 더욱이 학습자의 학습에 주목하도록 만들기 때문이다.

시험 효과를 인정한다면, 도대체 시험은 몇 번 치는 것이 좋은가? 이 물음에 지금까지 교육 현장의 대답은 "더 많이, 더 많이"였다. 이명박 정권이 학교자율화 명분으로 모의고사 금지를 푼 후 학교마다 시험횟수가 늘고 학생들을 시험에 단련시키고 있다. 고등학교 3학년은 사실 일 년 내내 시험준비를 위한 작은 시험들의 연속이다. 수업 자체가 항상 모의시험 상황이다. 시험횟수가 너무 잦아서, 간혹은 휘모리장단처럼 몰아치는 시험이 학습을 방해할 정도이다. 하루 종일 치는 시험 때문에 점검만 당하고 정작 공부할 시간은 없다. 학생에 따라서는 반복된 시험을 통해 오히려 포기를 학습하게 된다.[291]

로버트Robert 등은 15주간 강의에서 시험횟수가 지식을 보유하는 효과와 어떤 관계를 맺는지 조사했다.[292] 분석 결과, 시험 빈도가 증가할수록 시험 효과도 커졌다. 그런데 대략 5번까지 시험에는 효과 수치가 급증하지만, 5회를 초과하면서 교육적 효과는 둔해졌다. 한 번의 고부담 시험보다는 여러 번의 시험이 불안도를 낮추어주기 때문에 일반적으로 한 학기 중

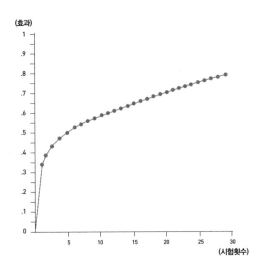

[그림 20] **시험횟수와 성적의 관계**(15주 동안 시험빈도 증가에 따른 효과);
출처: 로버트 외, 1991.

에 한두 번의 시험으로 평가를 끝내기보다 이처럼 시험을 여러 번 나누어
칠 것을 권유한다. 그러나 로버트 등은 잦은 시험으로 인한 부정적 작용에
대해서는 전혀 조사하지 않았다. 5회 이상으로 시험이 잦을 때 학생들의
스트레스나 교과에 대한 흥미도와 몰입도 정도, 시험을 대하는 태도와 학
습태도 따위에 대해서는 조사한 바가 없었다.

윌리암 데크D. William Deck, Jr 역시 대학교의 〈마케팅 원리〉 수업에서 시
험 빈도의 교육적 효과를 조사했다.[293] 데크는 로버트의 실험결과와 전체적
으로 다른 결론을 내렸다. 주 1회 시험을 친 집단과 매월 1회 시험을 친 집단
사이에는 시험점수의 차이가 있었다. 주 1회 시험 친 집단이 시험점수가 더
높았다. 그러나 최종 기말시험에서는 성적의 유의미한 차이가 없었다. 그러
므로 지식을 보유한 정도에서 두 집단 사이에 유의미한 차이가 있다고 해석
할 수 없다는 결론을 내렸다. 그리고 두 집단 소속 학생들이 각각 스스로 공

부한 시간을 보고하도록 했는데, 보고된 공부시간도 두 집단 사이에 유의미한 차이가 없었다. 다시 말해 윌리암은 시험을 자주 친다고 한 학기가 끝나는 최종 시점에 가서 지식을 보유하는 정도가 다르다고 할 수 없으며, 학생들의 공부하는 시간도 유의미하게 다르다고 볼 수 없다는 결론을 내렸다.

한편 버텔 올먼Bertel Ollman은 "왜 시험이, 더군다나 그토록 많은 시험이 존재할까"라는 의문을 던지면서 이렇게 대답한다.

> 시험은 지식의 습득을 돕는 역할보다는 학생들을 학교의 관료주의적 필요에 맞추고, 미래의 고용주들이 여러분에게 원하는 행동양식과 이데올로기에 맞추기 위해 사회화하고 분류하는 역할을 더 많이 한다. 시험은 본질적으로 통제 수단이자 어떻게 통제받을지를 배우는 수단이다. 그 때문에 시험은 학생들의 지식을 문제 삼는 만큼, 시험을 받아들이고 지식에 따르는 그들의 능력을 문제 삼는다. 이 책에서 줄곧 주장했듯이, 교육의 역할은 최소한에 그친다.[294]

시험을 자주 치는 진짜 이유는 사회화와 분류를 하기 위해서라는 주장이다. 시험을 반복하면서 응시생들은 사회화에 익숙해지고, 분류를 정당한 것으로 수용하게 된다.

한국사회에서 시험이 잦은 첫째 이유는 무엇보다 시험점수를 높이기 위해서이다. 시험문제 유형을 익혀서 시험지를 받는 순간 정답을 찾아내는 능력을 높이려는 의도이다. 제 나라에서 대학을 졸업한 영국인과 미국인이 봐도 당황스러운 수능 영어시험지를 보고 대한민국 고3 학생들이 정답을 척척 골라내기 위해서는 단련이 필수이다. 그러나 모든 학생들이 반복되는 시험을 통해서 학습 동기가 높아지는 것은 아니다. 고득점 학생들은 엘리트 의식을 갖게 되고, 점수가 낮은 학생들은 무기력을 학습하게 된다. 초등학교 고학년만 돼도 스스로 공부를 잘 하는 아이와 못 하는 아이라는 인식이 생기고 주변의 시선을 통해 이 인식은 강화된다.

시험을 자주 치는 또 하나의 이유는 통제이다. '시험 친다', '시험에 나온다'는 공지만으로도 학생들의 시선을 집중시키는 역할을 하며, 수업 이외의 시간에도 학생들이 적어도 공부하는 흉내라도 내게 만든다는 점에서 시험은 매우 효과적인 통제 수단이다. 그리고 무엇보다 반복된 시험을 통해 사람들은 성적에 따른 사회의 위계적 보상질서를 내면화하게 된다.

시험의 세 담론: 객관성, 공정성, 변별력[295]

평가문제는 타당도, 신뢰도, 객관도 및 변별도가 높은 문항으로 출제하고……[296]

숱한 시험을 치면서도 사람들이 시험의 타당성을 묻는 경우는 흔치 않다. 중일전쟁 무렵 일제가 중등학교 입학 구술시험에서 냈던 문제들이 지금 보면 침략전쟁을 정당화하기 위한 질문이 분명한데, 당시에는 누구도 시험문제가 타당한가, 라고 묻지 않았다. 지금도 평가가 물어야 할 내용을 묻는가 하는 타당성은 전문적 영역이라 밀쳐두고 마는 경향이 있다. 그러나 타당도를 제외하고, 객관성, 공정성, 변별력 중 무엇 하나라도 어긴다면 그 평가는 순식간에 논쟁에 휩싸이고 살아남지 못한다. 평가는 이 세 가지 기준을 금과옥조처럼 지켜야 한다고 교육자는 물론 일반인들도 믿고 있다.

○ 비리도 막고 비용도 줄이고

"객관식 시험이 객관적이다." 이는 오랜 신화이다.[297] 채점자의 주관과 비리가 개입할 수 없는, 그리고 응시자의 의견이 반영될 수 없는 객관적인 시험은 다수 출제자와 응시자에게 매력적이었다. 부정부패가 끼어들 틈이 없다는 점에서 환영받았다. 더구나 객관식 시험은 주관식 시험에 비해 출제와 채점비용도 획기적으로 줄이는 도구였다. 시험개발자 입장에서도 좋고, 시험을 통해 기회를 포착하려는 응시자가 많은 사회로서도 좋은 방법이었다.

객관식 시험은 채점자의 인위적 채점 개입이 어려울 뿐이지 실제로 문제 선정에서부터 출제자의 의도가 개입된 주관적인 평가방법이다. 객관식 문제의 대표적인 형식인 선다형 문제는 인간의 연속적 사고를 분절해 제시하며 무엇보다 인간의 앎을 빈약한 암기활동으로 전락시켜버린다. 더구나 창발적 사고가 강조되는 사회에서, 객관식 시험은 그 반대 길로 간다. 제시된 예시, 정해진 답변을 찾아 소거하거나 암기해내는 방식으로는 새로운 사고, 비판적 사고, 창의적 사고에 이를 수 없다. 그럼에도 해방 이후 혼란스러운 시대에 객관식 시험은 대폭적인 지지를 받으며, 교육 현장과 선발영역에 정착했다.

○ 실력에 의한 평가라는 허울

시험은 늘 공정성 논란을 수반한다. 일제시대에는 경성관립고등상업학교, 신의주상업학교와 경성제대 등 관립 또는 공립학교 입학생을 선발하면서, 일정 비율의 일본인을 지속적으로 뽑았을 뿐더러 조선인들의 입학은 일본인들보다 몇 배 어려웠다. 언론들은 조선인의 입학시험은 "시험지옥"인데 "일본인은 누워 떡 먹기"라며 꼬집으면서, 시험을 쳐서 합격자를 뽑는데 어떻게 매년 일본인과 조선인의 합격률이 고정적인지 답하라고 요구했다. 그러자 조선총독부 학무국에서 "절대적으로 실력이다, 조선인들이 입학하지 못했다면 그건 실력 때문"이라고 강변했다.[298]

시험, 특히 지필시험의 장점을 꼽는다면, 채점에 부당한 개입이 어렵고 시험의 결과 앞에서 누구나 공정하다는 점이다. 신분에 의한 선발보다 시험에 의한 선발은 분명 권력자의 개입을 막아 공정성을 유지한다는 점에서 진보했다.

　그렇지만 역사적으로 많은 경우, 시험은 '공정성'의 외피를 입고 실제로는 이면에 특권과 반칙이 존재했다. 일제가 제아무리 '실력에 의한 공정한 평가'라고 우겨도 입학시험의 불공정성을 누구나 알듯이. 흔히 의심치 않는 시험의 형식 역시 편향성을 지닌 경우가 많다. 긴 진술문을 쓰는 시험에서 유리한 이가 있고, 지능검사처럼 사회문화적 환경에 영향을 받는 시험문제도 있다. 그럼에도 마치 그런 문제가 없는 양 시험은 공정성을 가장할 때가 많다. 또한 요즘은 시험성적을 결정하는 요소가 개인 실력이 아니라, 개인의 가정 배경이라는 과학적 근거들이 제시되면서 시험의 공정성이 더욱 의심받고 있다.

○ 한 줄로 세워라

　변별력 담론이 쏟아져 나온 때는 2001학년도 대학수능시험이었다. 당시 응시자 85만 명 중 전체 응시자의 0.008퍼센트인 66명이 만점을 받자, 언론이 '물수능'이라 비난을 퍼부었던 사건이 계기였다.[299] 이듬해 어려워진 시험은 '불수능'이라 질타 받으면서, 매년 수능시험은 '변별력'이라는 잣대에서 자유로울 수 없었다.

　언론에서는 성적우수자들을 능히 한 줄로 서열화할 수 있느냐로 변별력을 규정했다. 대학 서열화가 심해질수록 변별력 요구도 더욱 커졌다. 상위권 학생들의 서열화가 곤란한 쉬운 시험은 변별력이 없는 시험이라고 언론의 지탄을 받았다. 이는 대학의 이름값에 맞게 학생들을 위에서부터 남김없이 순서대로 거두어갈 방책으로서 더 어려운 문제 출제를 요구하는 것이었다. 더 어려운 문제에 더 많은 배점이 당연했다. 그래서 2001학년 수능에서 "핵심적이고 기본적인 내용을 묻는 문항은 점수를 높게 배점하고, 상대적으로 어렵고 교육과정 비중이 낮은 문제는 배점을 낮게"한다는 배점방침은 "역배점"이라 비난받으며 호된 신고식을 치러야 했다.[300] 2000년대 중반 이후 대학별로 논술시험을 치면서 변별력 논란은 또 불거졌다. 대학에서는 변별력을 내세워 더 어려운 문제를 출제하고 교육부와 진보적 교육단체에서는 고등학교 교육과정을 벗어난 시험문제라고 비판했다.

시험의 변별력을 언급할 때 가장 중요한 것은 무엇을 변별할지, 그리고 능력을 변별해 무엇을 할 것인지 하는 문제이다. 이 물음에 답 없이 서열화를 위한 변별력 담론은 순전히 일부 유명 대학과 일부 학생들을 위한 논리일 뿐이다. 맹목적인 변별력 논리에 학교 현장과 다수 학생들이 배움의 기회를 잃도록 해서는 안 된다.

학교시험은 "더 많이", "더 객관적으로", "더 공정하게", "더 어렵게"를 추구해왔다. 이 시험담론들은 학생들을 꼼짝 못하게 만들었다. 학생들을 시험지 앞에 붙들어맸다. 학교에서는 시험이 일상이었다. 더 많이 칠수록 학생들이 빠져나갈 곳이 없었다. 더 객관적으로 칠수록 시험은 선다형 문제로 굳어졌다. 앎의 생명력을 박탈한 채, 지식을 외우고 시험 치고 잊어버리길 반복하면서 시험이 끝나면 앎은 어느 구석에나 처박아버릴 성가신 것에 불과해졌다. 더 객관적인 시험이 더 공정하다고 믿어왔고, 그 공정성을 해치는 시험에 대해서는 학생들도 분노했다. 시험을 더 어렵게 출제하고 더 어려운 시험을 통해 서열화된 점수를 받는 것이 정상이라고 생각했다.

"더 자주" 치고, "더 객관적이고 공정하고", "더 어렵게" 출제하는 시험이 학교 현장을 장악하면서, 관료들이 학교 현장을 통제하기가 수월해졌다. 점수표 하나만 손에 쥐고 검열하고 보상하고 징계할 수 있는 손쉬운 통제 방식이었다. 다만 권력이 억제한다고 인간이 수동적이지만은 않다는 사실이 역사의 희망이었다. 또한 교육계를 지배해왔던 이 시험담론에 2000년대 이래 교사와 학생, 학부모들이 자생적으로 다른 목소리를 내고 다른 활동을 시도하고 있는 오늘이 교육의 희망이다.

|||
문제풀이 전사들, 얼마나 많은 문제를 푸나
|||

'문제풀이 전사', 한국의 고3 학생들은 이렇게 불러도 손색이 없다. 시험문제만 만나면 맞서서 싸워 이겨야 한다. 다시는 어떤 물음도 일어나지 않도록, 모든 물음에 정답을 즉각 응사할 수 있도록 훈련받는다. 훈련의 최고 방법은 많은 문제에 단련되는 것이다. 고3 학생들은 국어, 영어, 수학 세 과목 문제집을 각 과목당 평균 25권 갖고 있고, 그중 50% 이상 푼 문제집은 20권이라고 한다. 한 해에 수만 개의 문제를 풀면서, 문제풀이 전사들은 문제에 감동하지 않는다. 괜찮은 문제에 흥분하여 평생의 문제로 삼겠다고 덤벼들지 않을 만큼 냉정함을 유지한다.

한 해 동안 얼마나 문제를 푸는지 물었다. 평준화가 사실상 해체된 요즘, 문제풀이는 이미 중학교 3학년부터 시작된다. 2013년 중학교 3학년 시절, 외국어고등학교를 진학하고자 희망했던 한 학생은 이렇게 대답했다.

대략 스무 권은 넘게 풀었어요. (문제집 당 문제가 몇 개 있어요?) (문제집 한 권을 가져와 확인해보니 1,222개의 문제가 있었다.) 대략 천 개 정도의 문제가 있네요. 그럼 스무 개의 문제집을 풀었으면, 열 권이면 만 개, 스무 권이면 이만 개 정도 풀었네요. (그 문제 중 기억에 남는 문제가 있어요?) 이만 개라도 문제집에는 비슷비슷한 문제들이 많거든요. 그냥 문제 푸는 연습 같은 거지요, 특별한 것 없어요.

　고등학교에 입학하고, 고3이 되는 모든 학생들은 인생의 특별한 순간을 맞이한다. 일생에 가장 많은 문제들을 만나고 격파하는 시간이다. 고3 때 자퇴하고 오랫동안 청소년단체에서 활동했던 한 청년은 대답했다.

고등학교 3학년 때 수시 전까지, 자퇴 전까지 6개월 동안 영어, 국어, 수학 각각 20권씩 문제집을 풀었어요. 다른 과목들은 그만큼 많은 문제를 풀 필요가 없지요. 변별력 때문에 내는 몇 문제만 문제가 되기 때문에……. 그만큼 많은 문제들을 풀어도 문제 푸는 데 심각하지는 않았어요. 비슷한 지문, 비슷한 문제에 단련되는 것일 뿐이지요.

　2016학년도 수능시험에서 전체 3개 문제만 틀린 한 학생은 애초부터 수시가 아니라 수능시험 성적으로 대학 가려고 준비했고 실제로 정시로 대학에 진학했다. 이 학생은 고3 때 50권 이상의 문제집을 풀었다고 했다. 문제집 풀이 권수야 학생들마다 천차만별이지만, 여하튼 학생들은 수천 개에서 수만 개 문제를 접한다.
　2013년 한 고등학교, 3학년들이 수업시간에 푼 문제집이 언어 5권, 수학 4권, 영어 5권, 사회 2권, 과학 2권이었다. 이 학교에서 고3 담임을 맡은 교사는 말했다.

2014년 올해 고등학교 3학년 시험계획은 잡혀졌지요. 모의고사가 3, 4, 5, 6, 7, 8, 9, 10월. 매달 한 번씩 있어요. 그리고 중간·기말고사 학기마다 한 번씩, 5월을 제외하고는 시도교육청 연합모의고사니까 무조건 다 쳐야 하지요.

고등학교 3학년은 내내 수업시간에 문제집을 풀 수밖에 없지요. 수학에서 교육과정은 3학년 2학기에 끝나는 게 있는데, 그런 경우에 어떻게 수능을 치겠어요. 몇 번은 봐야 하는데. 그러니까 진도는 미리 다 끝내놓고, 문제집 풀이하는 거지요.

　고3들은 시험문제 풀이기계라 불러도 무방하다. 그저 정답 찾는 일이라면 값싼 컴퓨터로도 충분한데, 왜 학생들은 1년 동안 문제풀이만 하고 있을까? 인공지능시대라는데, 스스로 물음을 만들고 새로운 탐구를 하는 일이 중요하다는 이 시대에 정답 찾기 식 문제풀이는 그만 두어야 한다.

－김숙영(고등학교 진학예정자) 2014. 2. 19; 김주욱(청소년단체 '반딧불이' 전 사무처장) 2014. 2. 18; 남건희(대학생) 2016. 9. 16; 조성일(성화고등학교 교사) 2014. 2. 17. 인터뷰

시험과 내신의
엇갈린 역사, 대학입시[301]

한국교육사는 선발의 역사였다. 학교교육과 학생의 삶은 선발제도에 귀속되어왔다. 지필시험이 중요하다고 하면 시험 공부를, 논술과 봉사점수가 입학에 중요하다면 논술 공부와 봉사점수로 학교교육을 채웠고 그것이 학생의 학습이고 교육이고 삶이었다. 현재는 완벽히 학교교육과 학생의 삶이 선발에 귀속되었고, 과거에서 현재로 오는 길은 교육이 점점 선발로 축소되어온 길이었다. 선발이 교육을 대체해온 역사. 그 역사를 다시 교육에게로 되돌려주어야 한다.

한국교육과정평가원은 지금까지 대학입학제도 변천의 특징을 두 가지로 요약했다.

첫째, 자율과 타율, 간섭과 방임이 반복적으로 교차되는 양상을 보이고 있다.
둘째, 대학입시에서 사용 가능한 거의 모든 방법과 수단을 다 동원해서 적용시켜 보았다.[302]

이는, 대학입학 관련 문제를 더 이상 대학입학 전형제도만으로 해결할 수 없는 현실을 반영한다. 사회적 문제를 덮어두고 대학입학제도를 바꿀

수 없다는 점이 명확하다. 그럼에도 교육 현장에서는 타당한 대학입학제
도를 고심하지 않을 수 없다. 지금껏 시도한 입학제도는 내용상 시험제도
와 내신제도 사이의 싸움이었다고 할 수 있다.

현재에 주목하는 시험, 성장에 눈 돌린 내신

전형요소 가운데, 시험과 내신은 오랫동안 역사적으로 주목받아왔다.[303]
교육개혁이나 입학제도 개혁 때마다 시험과 내신 반영비율은 사회적 논란
대상이 되었다. 시험은 국가나 대학이 출제하고 주관하는 지필평가, 내신
은 학생들이 학습한 영역(교과, 비교과)을 관찰평가한 기록을 진학할 상급
학교로 이첩한 선발자료,[304] 즉 '학교생활기록부의 기록'(고등교육법)으로
흔히 인식되고 있다. 시험은 실력과 공정성과 객관성, 내신은 학교교육의
정상화란 명분을 가지고 있다.

시험은 현재의 시간에 주목한다. 지금이라는 고정된 시점에 응시생이 어
떤 능력을 가지고 있는지가 중요하다. 조금 전까지는 알고 있었다거나 장
차 알 능력이 충분하다는 사실은 무의미하다. 현재 이 시점에 이 문제의 정
답을 찾아내는 능력이 응시생의 능력을 말한다. 변화하는 과정, 과정 속에
서 겪은 변화의 양과 질보다는 현재 축적된 결과를 확인하는 것이다. 변화
와 성장이라는 가치보다는 성취된 결과를 중시한다.

또한 유의미한 평가자, 결정력을 쥔 권위 있는 평가자가 누구인가 보면,
시험에서는 현재의 출제자와 채점자, 또는 시험입안자와 같은 시험기획
및 집행자이다. 정책입안자가 시험횟수, 내용, 방법 따위를 기획하고 출제
자가 질문을 하고, 그 물음의 자장 안에서 수험생의 의무와 권리가 발생한
다. 수험생은 출제자의 물음에 답할 의무가 발생한다. 흔히 출제자, 채점

자, 시험입안자는 조직이나 집단인 반면, 수험생은 고립된 개인으로서 출제자의 물음에만 답해야 한다.[305] 특정 능력의 유무를 제 스스로 선택하고 구성하여 보여줄 권리는 없고, 주어진 물음에 정해진 시간 안에 정답을 표기할 의무가 있다. 이때 출제자, 채점자, 시험입안자 같은 시험권력자와 시험에 응시하는 평가대상자는 익명적 관계를 맺는다. 지인관계라 해도 평가대상자는 시험과 연관된 모든 시간 동안에는 익명적 관계를 유지해야 한다. 익명적 관계가 더 잘 보장될 때, 그리고 평가 대상이 더 많을 때, 시험은 더 높은 권위를 갖게 된다.

내신은 인간이 축적해온 경력, 그리고 변화하는 시간 속에서의 성장이라는 측면을 중시한다. 그래서 가령 고등학교 3년간의 긴 기록을 근거로 평가하게 된다. 긴 시간 동안의 변화 경향성을 참고한다. 그리고 내신은 결과만 기록하지 않고, 어떤 과정을 거쳐서 현재 상태에 이르렀는지를 보여주기 위해 노력한다. 그리고 평가관계에서 유의미한 평가자는 평가대상자를 잘 아는 자이고, 여러 명의 의미 있는 교사들의 관찰과 평가가 중요하다. 유의미한 평가자 여럿이 일상적으로 관찰하고 평가한다면, 주어진 질문에 답할 능력 이상으로 스스로를 드러내는 것도 중요해진다. 교사가 질문하지 않았어도 교육적 일상에서 좋은 질문을 스스로 던질 수 있고 답을 찾아가면서 보여주는 행위도 평가될 수 있다. 능력이란 출제자의 물음에 의해서만 규정되지 않고, 평가대상자 스스로 구성함으로써 보여줄 수 있게 된다. 그렇게 만든 능력이나 경력을 보되, 그 능력이나 경력의 누적성, 일관성, 창발성, 변화 가능성이 기록되고 평가된다. 때문에 평가대상자의 권리는 시험상황보다 훨씬 적극적이고 넓다.

시험과 내신은 평가영향력과 방법도 다르다. 대학입학시험은 대체로 한두 번의 시험에서 받은 점수가 결정적 영향을 미친다면, 내신은 3년 동안 여러 번의 평가가 있기 때문에 자신에 대한 평가를 변경 회복할 기회가 주어진다. 평가방법도 시험은 효율성을 높이기 위해 선다형 위주의 객관식 시험이 되기 십상이지만, 내신은 수행평가를 포함하여 다양한 평가방법을 활용하고 그에 따른 다양한 피드백도 가능하다.

시험 위주 선발과 내신 위주 선발이 갖는 의미와 더불어 단점으로 인해 현재까지 입학제도는 두 제도 사이를 시소게임 식으로 운영해왔다. 시험 능력이 인간의 학습 능력 또는 역량과 동일하지 않기 때문에 시험 위주 선발은 타당성이 약하다. 또한 시험 위주의 선발은 쉽게 학교교육과 학생의 삶을 시험체제에 복속시켜버리고 사교육을 번성시킨다. 한편 내신제도는 객관성과 공정성 문제, 학교 간 격차문제, 평가의 질 문제가 있다. 게다가 경쟁 단위가 한 학교로 축소되므로 가장 가까운 학급 동료를 경쟁자로 인식해야 한다는 문제, 그리고 경쟁의 일상화 문제가 제기된다.[306]

하지만 내신과 시험이 더 나은 선발을 위한 제로섬 게임의 요소가 아닌 것은 분명하다. 대학 서열화의 체계를 무너뜨린다면, 그리고 대학도 각자 개인에게 학습의 기회를 보장하고 학습을 돕는 교육기관 중 하나라면 굳이 능력과 서열을 대응시켜 입학해야 할 이유가 없다. 그리고 두 전형요소는 함께 고려될 수도 있고, 전공이나 대학 목표에 따라 어느 한쪽의 전형에 치중할 수도 있다. 내신 반영비율이 높아지면 시험비율은 낮아지는 것이 사실이지만, 더 나은 선발을 위해 어느 하나가 전적으로 더 낫고 다른 하나는 그래서 무조건 줄여야 하는 대상은 아니다. 앞으로 모든 사람에게 각자의 배움과 희망하는 진로를 보장한다는 차원에서 입학전형이 고려돼야 한다.

국가, 대학입학시험을 탐하다

대학입학 전형요소로서 내신을 포기한 적은 많아도, 대학입시 역사에서 지필시험을 포기해본 적은 아직 없다. 국가 차원이든, 대학 차원이든 선발을 위한 지필시험은 늘 존재해왔다. 해방 이후 1970년대까지 입학시험은 대체로 대학 차원에서 관장했다. 그러나 국가의 위기 순간, 국가가 개입하여 대학입학시험을 주관하려고 했다. 전쟁 중에도 중학교 입학시험을 국가가 실시했듯이, 1954학년도 대학 입학을 위해 정부는 '국가연합고사'를 치기로 결정했다. 그러나 막 생긴 국가연합고사는 컨닝 소동으로 한바탕 시끄럽기만 하고 곧바로 무효처리됐다.[307] 국가연합고사는 해프닝으로 끝났지만, 국가가 해방 후 처음으로 대학입학시험에 관여한 기록을 남겼다.

다시 국가시험이 실시된 때는 5·16군사쿠데타 직후, 1962학년도와 1963학년도 대학입학 국가자격고사 실시 때이다. 1961년 군사정권은 〈중학교·고등학교 및 대학의 입학에 관한 임시조치법〉을 통해 중등학교와 대학교의 입학시험을 국가가 출제하겠다고 발표했다. 시행 2년 만에 대학의 반발로 국가고시는 사라졌지만, 이 국가고시의 특징 중 하나는 총점제에 의한 서열화와 객관식 시험방법이었다.[308]

삼선개헌이 있기 한 해 전, 1968년에는 정부가 국민교육헌장을 공표하고 중학교 무시험제를 발표했다. 중학교 무시험제도 공표 후, 대학교 입학제도도 개선했다. 사립대학에서 입학부정이 계속되자, 문교부 장관은 대학입학예비고사를 실시한다고 발표했다. 그리고 대학입학예비고사 도입을 위해 1968년 말 교육법을 개정했다. 당시 교육법 개정의 이유는 이렇다.

각 대학이 독자적으로 선발고사를 실시하고 있으나 입학시험제도의 불철저한 관리와 각 대학 간의 입학시험 기준의 격차, 그리고 대학생으로서의 수강 능력의 결핍도가 심함으로써 대학교육의 본래의 기능을 제대로 발휘하지 못하고 있을 뿐 아니라 교육의 효과도 현저히 저하되고 있는 실정에 비추어 대학 진학에 필요한 통일적이고 정확한 능력기준을 마련하여 대학교육의 질적 향상을 도모

하고자 대학입학예비고사제도를 실시(하고자 한다).[309]

그리고 '대학입학 예비고사령'을 만들어서 1969학년도 제1회 예비고사를 시작으로 1981학년도 마지막 예비고사까지 국가가 시험을 주관했다. 국가가 예비고사를, 각 대학은 대학별 본고사를 주관했다. 예비고사가 선다형 시험이었다면, 본고사는 주관식 문제를 출제했다. 실시 초기에 예비고사는 순전히 자격시험이었고, 대학의 본고사가 최종 합격 여부를 결정했다. 그런데 차차 국가 차원에서 예비고사의 중요성을 높여갔다. 1974학년도 예비고사 성적을 본고사에 반영하도록 권고했고, 대학마다 반영비율에는 편차가 있었다. 1976학년도부터는 본고사에 예비고사 성적을 20퍼센트 반영하도록 의무화했다. 이로써 예비고사를 자격고사의 지위에서 한층 더 중요한 지위로 올려놓았다. 그렇다 해도 대학입학의 당락을 결정하는 시험은 대학의 본고사였다.

1968년 발표된 '대학입학 예비고사령'에서도 '고사방법'을 '선택형 필기고사'(제12조)로 적시했고, 사지선다형 문제가 출제되었다. 그리고 합격자는 "총 성적의 다득점순으로 결정"했다(제16조). 흔히 국가의 시험이라면, 지필시험, 선다형 문제, 그리고 총점제에 의한 서열이라는 인식이 공고해진 시기였다. 1969학년도부터 시작된 대학입학예비고사는 1981학년도까지 10년 이상 지속되었고, 이것은 이후 국가 차원의 시험이 정착되는 계기가 되었다. 그러나 대학입학예비고사의 영향력은 부분적이었다.

그때 그때 달라진 대학입학시험

1981년부터 대학입학시험은 완전히 국가의 몫이 되었다. 국가에서 정하는 대학입학 전형방침에 따라, 대학은 대학입학시험과 내신성적을 반영해야 했다.

새로운 군부가 정권을 잡은 1980년. 국가보위 비상대책상임위원회는 1980년 7월 30일, "교육정상화 및 과열과외 해소방안", 이른바 7·30조치를 발표했다. 이 방안에 따르면, 1981학년도부터 졸업정원제와 내신을 전면 도입하고 1982학년도부터 예비고사를 폐지하고 대학입학학력고사를 실시한다. 이 조치로 1981학년도에 대학 본고사는 폐지되고 1982학년도부터는 대학입학학력고사가 실시되었다. 이때부터 학력고사가 선발의 당락을 결정하는 유일한 시험이었다.

학력고사는 1982학년도부터 10여 년 동안 지속되었다. 모든 대학입학 지원자들은 국가가 시행하는 선다형 학력고사를 반드시 쳐야 하고, 시험 결과 획득한 총점 순으로 전국의 모든 수험생들은 서열화되었다. 1989학년도 입시에는 지원자만 80만 명이 훨씬 넘었다. 내신제도 역시 국가에 의해 전면적으로 도입되었지만, 5퍼센트가 안 되는 실질 반영비율에 비교해서 학력고사의 영향력은 압도적이었다. 그렇기 때문에 학력고사의 영향력이 고등학교 교육 현장을 완전히 지배하게 되었다.

대학입학 예비고사령 시기에는 대학별 본고사가 대부분 주관식으로 실시되었기 때문에, 예비고사가 선다형 문제라도 고등학교의 교육이 완전히 선다형으로 축소될 수는 없었다. 그러나 선다형 지필시험과 총점제에 의한 서열화 방식을 채택한 학력고사 시기에는 중등학교 현장의 수업과 시험도 모두 학력고사 체제로 바뀌었다.

1994학년도부터 대입시험은 '대학수학능력시험'으로 변경되었다. 기존의 학력고사는 각 교과별 단편적 지식 암기 위주였다면, 수능시험은 "사고력·판단력·탐구 능력 등 고등 정신 능력을 통합교과 형태로 측정하는 문제를 출제하겠다"는 의도를 가지고 있었다. 입학시험이 수능으로 변경될

무렵만 해도 이런 기대는 채워지는 듯했다.[310]

그러나 이런 인식은 지속되지 않았다. 수능이 정착되자 다른 입학시험처럼 암기 위주·시험 위주라는 비판을 면치 못했다. 1995년 교육개혁위원회에서 "현행 대학입학제도는 획일화된 암기 위주의 입시 준비교육을 조장한다"던 비판이 2002학년도 대학입학제도 개선안에서도 그대로 재현되었다. 그리고 2006년 교육인적자원부도 "지난 20년간 수능성적 0.1점에 따라 대학입학이 결정되는 상황"[311]이라며 수능체제의 문제를 지적했다. 교육부에서는 시험의 절대적 영향력을 줄이기 위해 학교생활기록부의 필수전형자료화, 내신 실질반영률 상승, 시험성적 이외의 다양한 요소들을 반영한 특별전형과 수시전형을 도입했다. 동시에 대학수학능력시험의 위력을 약화시키기 위해 '총 득점순' 표기방식을 영역별로 점수나 등급으로 표기하는 방식으로 바꾸었다. 그리고 무시험전형도 도입하고, 수능성적을 최저기준 점수로만 활용하거나 아예 수능 최저기준을 없앤 대학과 학과들도 늘었다.[312] 2008학년도부터는 "국가단위 시험의 영향력 약화"를 목표로 각 영역별 백분위 점수와 표준점수를 제공하지 않고 영역별 등급(전체 9등급)만 표기하도록 했다.[313]

수능체제 이후 시험의 위력을 줄이려는 정부의 시도는 지속되었다. 그중 하나가 시험의 난이도를 낮추는 것이었다. 1994년 수능시험 실시 이후 대체로 쉬운 시험을 지향해왔다. 대표적인 사건은 2001학년도 대학수학능력시험이다. 당시 일부 언론과 상위권 대학으로부터 "물수능"이라는 비판을 받았고, 이에 쉬운 시험을 찬성하는 진영과 반대하는 진영이 갈등했다.[314] 정권이 바뀌어도 쉬운 시험의 경향은 지속되고 있다. 수능시험을 주관하는 한국교육과정평가원은 2012학년도와 2013학년도, 2014학년도 수능에서 "가능하면 지필고사의 영향력을 낮추고 보다 다양한 방식으로 학생을 선발하려는 취지"[315]에서 영역별 만점자가 1퍼센트 수준이 되도록 노력한다고 보도했다. 명백하게 1995년 교육개혁 이후부터 시험의 유일하고도 절대적인 영향력을 정부에서는 줄이고자 했다. 국가의 이런 노력은 부침을 겪으면서도 점차 정착하는 추세이다.

내신, 학교교육의 정상화를 꿈꾸다

시험은 현재까지 선발의 중요한 잣대 역할을 해온 반면, 내신은 끊임없이 공정성과 신뢰성 측면에서 의심을 받았다. 의심은 명목과 실질 사이의 괴리를 낳았다. 명목상 내신반영률이 30, 40퍼센트라고 대학이 발표해도, 모두에게 기본점수를 잔뜩 줘서 실질반영률은 고작 5퍼센트였다. 대학은 중등학교에서 만든 내신을 의심하고, 중등학교는 대학의 내신반영률을 불신할 수밖에 없었다.

그럼에도 학교생활에서 얻은 학업성취를 반영해야 한다는 문제 제기는 줄곧 있었다. 모든 학교교육과 심지어 가족의 일상마저 대학입시로 쏠려 들어가버리는 체제 속에서 학교교육이 정상적인 교육을 할 수 있는 길은 학교교육에 정당한 몫을 매기는 방법이라는 판단 때문이었다. 3년간 교육활동과 평가에 정당한 몫을 돌려주는 일, 그것이 대학입학제도에서는 내신성적의 반영이었다.

학교생활기록부의 시초는 1906년 보통학교령 시행규칙 제33조 학교장이 학적부를 만들도록 한 조항이다. 이후 각급 학교에서 학적부를 비치했고, 1922년에는 통일된 학적부 양식에 따라 학적부를 기록하고, 영구적으로 비치하도록 법제화했다.[316] 1920년대부터 학적부는 상급학교 입학전형에 참조자료로 사용되었고, 1938년도 이후에는 중등학교 입학에 학적부 자료('소견표', '내신서')가 입시점수 중 20퍼센트를 차지했다. 대학입시에서는 소견표를 점수화하지 않았지만 자료로 참조하고자 했다. 소견표는 반일사상 등을 검열하기 위한 근거자료였기 때문이다.[317]

해방 이후 내신은 매우 제한적으로 시행되었다. 1961년까지 계속 대학별 단독고사가 주요 전형자료였고, 학교에 따라서 신체검사, 면접 그리고 '내신서'를 참조하기도 했다. 특별한 문제가 없는 이상 내신서가 중요하지는 않았다. 내신의 도입은 의외로 사립대학교에서 먼저 시작되었다. 1956년 정부가 중학교 무시험전형을 권고했고, 1958년에 중학교 954개 중 무시험전형 학교가 540개교(57퍼센트)를 차지했다.[318] 이 무렵 고려대, 연세대 등 일부 사립대학도 중학교처럼 고등학교의 내신서를 근거로 무시험전형을 실시했다. 가령 고려대는 1957년에 모집정원의 10퍼센트가량인 80명을 내신성적을 근거로 무시험전형으로 뽑았다.

1957년 내신 조작사건에도 불구하고[319] 문교부는 각 대학에 "고등학교 교육의 정상화"를 위해 무시험전형을 권고했다. 전원 무시험전형을 실시하지 않겠다면, 무시험전형으로 전체 모집정원의 10퍼센트, 그리고 내신을 30퍼센트 반영하는 시험전형으로 90퍼센트를 선발하도록 입시요강을 발표했다.[320] 서울대는 이 문교부 안에 "맹 반대"했지만, 국공립대학 총학장 회의에서는 동의했다. 1957년 11월에 발표된 입시요강의 대강을 보면 다음과 같다.

1. 필답고사를 전폐하고 고교재학 당시의 성적평가, 출신학교장의 내신, 인물고사만으로 입학자를 전형하는 것을 권장한다 2. 기타학교에 있어서는 무시험전형과 고시전형을 병행하되 무시험전형으로써는 모집정원의 1할 정도를 합격 허가 할 수 있다 3. 고시전형은 출신학교 평소성적 30퍼센트, 학력고사 70퍼센트로 한다 4. 성적심사는 출신학교 재적 최종 2년(단 3학년 성적은 제1학기분) 간의 성적으로 평가하되 사정방법은 당해 대학총학장의 재량에 일임한다(출신학교의

행동발달상황 및 특별활동 성적은 성적 심사의 참고자료로 삼는다)[321]

1958학년도부터 1960학년도까지 문교부는 무시험전형과 시험전형, 두 전형의 병행('무시유시無試有試' 병행)을 권장했다. 각 대학들도 이 입시요강에 따라, 모집정원 전원을 무시험전형(내신 100퍼센트)으로 선발하는 경우 [全員無試], 시험전형(내신 30퍼센트+시험 70퍼센트)으로만 선발하는 경우[全員有試], 무시험전형과 시험전형을 병행하는 경우로 나뉘었다.

무시험전형은 "고교 재학 당시의 성적, 출신학교장의 내신, 인물고사"만으로 입학자를 선발하는 방법이다. 이 방법을 선택하는 학교가 1961년도까지 증가했다. 그리고 시험전형에서도 시험성적 70퍼센트와 함께 내신성적을 30퍼센트 반영하도록 규정했다. 무시험전형은 물론, 시험전형이라고 해도, 고등학교 성적을 반영하도록 함으로써 '내신'의 중요성을 높였다. 이때 내신이란 고등학교 교과성적에 제한되었다.

내신, 공정성 논란 딛고 제도화의 길로

박정희 정권은 1972년 유신체제를 전후해 입시 위주 고등학교 교육을 바꾸기 위해 대학에 내신 반영을 권장했다. 대학들은 정실 개입을 이유로 쉽게 수용하지 않았다.[322] 1977학년도부터는 대학입시 원서를 낼 때 학교생활기록부를 의무적으로 제출하도록 했으며, 1980년부터 내신 반영을 의무화하려고 한 계획은 보류됐다.[323]

일제시대부터 사용해온 '내신'이라는 단어가 법률적 용어로 등장한 것은 1981년 개정된 교육법이다. 국가보위 비상대책상임위원회에서는 입시준비 중심의 교육과 과열과외를 해소한다는 명분으로 다음과 같이 발표했다.

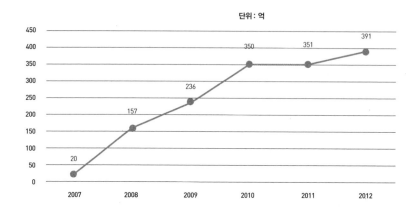

[그림 21] 입학사정관 정부지원예산액

＊출처: 교육과학기술부, 한국대학교육협의회 자료

1981학년도부터 대학입시 본고사를 폐지하고, 우선 출신고등학교의 내신성적
과 예비고사 성적만으로 대학입학자를 선발하고 궁극적으로는 예비고사도 없
애고 내신성적만으로 선발할 방침이다.[324]

　신군부는 본고사를 폐지하고 장차 내신성적만으로 대학생을 모집하겠
다고 발표했다. 내신성적은 1981학년도부터 모든 대학 입학에 의무적으로
반영하도록 했다. 첫 해에는 내신성적 반영률을 20퍼센트로 하고, 1982학
년도부터 1986학년도까지는 30퍼센트 이상 50퍼센트 이하로, 1987학년도
에는 40퍼센트 이상, 1988학년도부터 1993학년도까지는 다시 30퍼센트
이상 반영하도록 했다. 반영방식은 교과성적 90퍼센트, 출석 10퍼센트로
하되, 교과성적은 학생들을 10등급 혹은 15등급으로 구분해 등급 간 점수
를 일률적으로 정해서 적용했다.
　신군부 이전에는 내신 적용 여부를 각 대학이 결정했다. 새로운 군사정

[표 10] 내신 반영방식의 변천

학년도	내신 반영비율 (실질반영률)	내신 표기방법	내신 반영요소
1988 학년도	30퍼센트 (4.9퍼센트)	총점석차, 등급	교과성적 90퍼센트+출석 10퍼센트
1994 학년도	40퍼센트 (10.2퍼센트)	석차, 등급	교과성적 80퍼센트+출석 10퍼센트+ 행동·특별·봉사활동 점수화반영 10퍼센트
1997 학년도	40퍼센트 (1998학년도부터 자율결정)	교과별성취, 등급기재/ 총점에 따른 전체석차 기재 ×	〈1995.5.31 교육개혁안 발표〉 국공립대학의 학생선발제도 개선: 국공립대학- 필수전형자료: 종합생활기록부/ 선택전형자료: 대학수학능력시험, 논술, 면접, 실기 * 대학은 필수 전형자료만으로도 학생선발 가능.
2002 학년도	국공사립대학 모두 자율결정	절대+상대 평가체제	국공사립대학 모두 반영비율, 반영방법, 반영여 부 자율결정: 전형자료의 점수화·석차화 억제, 전형유형과 방법의 다양화: 비교과영역중시, 일 부교과목 반영 증가
2008 학년도	2006년 5월 대학들 50퍼센트 반영계획발표, 이후 논란.	2005학년도이후- 상대평가 (9등급)로 전환	2004년 교육부: 학생부 위주 2008학년도 입시안 확정발표 2008학년도 입학사정관제 실시를 통한 종합적 서류전형

참조: 대통령자문 교육개혁위원회, 〈新교육체제 수립을 위한 교육개혁 방안〉, 1995; 교육부, 《2002학년도 대학입학제도 개선 안내 자료집》, 1999; 대통령자문 교육혁신위원회, 〈학교교육정상화를 위한 2008학년도 이후 대학입학제도 개혁방안〉, 2004; 대통령자문 정책기획위원회, 〈2008 대입제도 개선안- '모든 것을 교실로'〉, 2008.

권 하에서는 자율결정이란 없었다. 국가 차원에서 모든 대학의 입학전형에 내신을 전면적으로 그리고 의무적으로 반영하도록 했다. 실현되지는 않았지만, 내신만으로 학생을 선발하겠다는 구상도 했다. 그러나 여전히 내신의 범위는 사실상 교과성적에 국한되었고, 또 실질적으로 시험의 위력이 줄어들지도 않았고, 내신에 의해 당락이 결정되지도 않았다.

1995년 교육개혁 이후 '내신', '내신성적' 이라는 단어는 법적 용어에서 사라진다.[325] 대신 '학교생활기록부의 기록'으로 바뀌었다. 지금까지도 일상적으로 '내신' 이라는 단어를 사용하지만, 법적으로는 '학교생활기록부의 기록'으로 바꾸었다. 이 변경으로 인해, 하급기관에서 상급기관으로 비밀스럽게 상신한다는 식의 음모성과 위계성의 기운은 사라지게 되었다.

[표 11] 대학입학제도의 변천

학년도	사회-교육적 사건	입학제도	국가시험	고등학교 내신	대학전형	주관 실시 기관
해방~1948	미군정기					문교부에서 소집한 대학총장회의에서 토의
1948 정부수립~1950	정부수립	대학별 단독고사: 신체검사, 면접고사 병행	X	학교에 따라서, 내신서 제출: 내신서는 참조자료	O: 대학별 단독고사	대학단독에 임명 대학총장회의에서 토의하도록 지시
1950~1953	대학생 병역징집 보류특전, 이로인한 부정입학 빈번					
1954	1954년 2월 이승만 대통령의 학교연합은 "자유경쟁" 원칙에 따르라는 지시	대학별 단독고사 O, X: 국가연합고사 실시했으나, 무효처리됨			O: 대학별 단독고사(국가연합고사가 무효처리된 후, 연합고사 포함한 대학별고사 실시)	대학입학자선발고사가 이원화되어 후, 연합고사 볼 대학입학자연합고사 주관실시
1955~1957	1957, 내신반영 문제로 학력부가 생활기록부(지적발달, 행동발달, 특별활동도 추가되도록 변경	대학별 단독고사	X	1957, 고려대, 연세대: 일부 무시험전형 실시함	O: 대학별 단독고사	대학
1958~1961	국공사립대학 내신도 임의 제도화	대학별 단독고사와 내신에 의한 무시험전형 권장(연세대, 고려대, 지역국립대학 등 실시, 서울대 등 미실시)	X	1958, 임시요강- 1, 무시험제 권장(1959, 연세대 전형무시험. 각자 무시험전형-입학자의 10퍼센트선발, 3, 입학자원천 90퍼센트(대학별고사 70퍼센트+내신성적 30퍼센트반영) - 대학 자율결정	O: 대학별 단독고사 (*국공립의 의한 시험전형은 대학별고사성적을 70퍼센트 반영) - 서울대, 이화여대는 1958~1961 대학별 단가지 전형(무시험전형 실시) / 고려대 일부 무시험, 일부 유시험 전형 실시 (동아, 경향 1957~61년 기사 참조)	

연도	주요 사건·정책		실업계 관련	고사 형태		비고
1962	1961. 군부 등장 1961.9 교육에관한임시특례법 시행					
1963	1961.8"중학교·고등학교 및 대학의 입학에 관한 임시조치법" 시행 대학입학 국가자격고사제: 보조자료 - 신체검사+면접 등 활용 O : 대학입학자격 여부만 결정	O:대학입학국가가직고사+선발고사의성격	실업계학교 졸업자는 동일계 전하시 학교장추천에 의한 서류전형으로 자격고사를 대신할 수 있다. O : 본고사 – 대학별 단독고사		X	문교부 내 입학고사 사중앙위원회에서 국가자격고사 실시
1964~1968	1968. 중학교무시험제, 국민교육헌장 발표 1968.12. 국무회의 대학입학예비고사령의 결정 대학별 단독고사: 보조자료 – 신체검사+면접+전형적성검사 활용	X	실업계 동일계열 전하 무시험 전형	O: 대학별 단독고사	대학	
1969~1972	1969. 삼선개헌 1972. 유신 1974. 고교평준화시작 대학입학예비고사+본고사 :1974. 계열검사20점중(총350점의 5.7퍼센트)반드시 반영+예비고사 성적을 본고사에 가산권장 1976. 하년,예비고사성적 반영의 무화·20퍼센트 O:예비고사시험과목을 전과목으로 문화대 1974.예비고사성적은 본고사성적에 20퍼센트 가산 권장, 대학자율 결정 1977. 20퍼센트 이상 본고사에 반영	O:대학입학예비고사		O: 대학별 단독고사		
1973~1978		1973. 하년도 대학입시개선시침:고교내신반영 권장-서울에, 울산공대등 7개 하교 내신성적참작 1974. 내신반영 으기~대학자율로, 더많이 반영도록 권장 1977 고교생활기록부가 입시원서와함께 반드시 제출·참작 1978. 문교부에서 1979하년도부터 고교내신제도실시 시방안 수립	O: 1974하년도부터 본고사에 예비고사성적 반영권장, 대학마다자율적으로O(연고대)~30퍼센트(숙명여대)반영 1976하년도부터 본고사에 예비고사성적 20퍼센트 반영의무화 1977하년부터 대학마다 예비고사반영율이 달라 20~100퍼센트까지 다양 1977하년도이후 대학은 점차 본고사비중을줄입니다.		O: 대학별 단독고사	대학입학고사시 위원회가 예비고사 실시
1979~1980	1980. 7.30 국가보위비상대책상임위원회 교육정상화 및 과열과외 해소방안 발표 O	1979. 하년도 국공립대학 내신성적 반영토록 권장-서울에 10퍼센트 반영	1977하년도부터 대학은 점차 예비고사비중을줄이고, 본고사과목 줄어나감.			

연도	주요 제도·사항	전형요소	수능/학력고사 반영	반영 비율	비고
1981	1981.7 대학입학학력고사령 시행	대학입학학력예비고사(80퍼센트)+내신(20퍼센트)	O	20퍼센트 반영 의무(교과성적 90퍼센트+출석 10퍼센트)	X: 본고사 폐지
1982		대학입학학력고사+내신	O: 대학입학학력고사 50퍼센트 이상 반영	30퍼센트 이상, 50퍼센트 이하 반영 대부분내신 30퍼센트 반영(실질반영률 4.9퍼센트)	X: 본고사 폐지
1985~1986		대학입학학력고사+내신+논술	O: 50퍼센트 이상 반영	30퍼센트 이상, 50퍼센트 이하 반영: 대부분 30퍼센트반영(실질반영률 4.9퍼센트)	대학입학학력고사 사외원회가 학력고사 실시
1987			O: 50퍼센트 이상 반영	40퍼센트 이상(반영율을 상향조정 30퍼센트이상에서 40퍼센트이상으로)	O: 논술반영 10퍼센트이내
1988~1993	1988. 선지원 후시험 제도, 주관식 30퍼센트 내외출제	학력고사+내신+면접	O: 50퍼센트 이상 반영	30퍼센트이상	면접 10퍼센트
1994~1996	1994. 대학수학능력 시험시작 1995.5.31 교육개혁 안발표	대학수학능력시험+내신+대학별 고사	O: 대학수학능력시험	40퍼센트(실질반영률 10.2퍼센트 상향개선)	O: 대학별고사-자율결정 학과에따라실기, 실험, 면접은성격여부심사료로활용 하거나 내10퍼센트내외반영, 사범대-10퍼센트이상, 사범대-교직적성맞인성검사10퍼센트이내반영
1997~2001	1999학년도 비교내신 불허, 1997년~의 과학고 학생들 자퇴	대학수학능력시험+내신+학교생활기록부+논술	O	40퍼센트(국공립대-학교생활기록부가 필수전형자료, 선택 전형자료-수능, 논술, 면접)	O: 논술(대학별고사는 금지)
2002~2007	대학입시전형자료 자율화	대학수학능력시험+내신+학교별 전형방법 혼합적용	O	대학자율: 2004~ 내신 9등급제 상대평가 시작	O: 논술+추천서+면접 등 다양한 전형자료이용화
2008	등급제 논란	전형방법 혼합적용 O	O: 학교생활기록부 위주 전형		O: 다양한전형자료, 입학사정관제전형
2009~현재	일제고사 논란, 입학 사정관제확대 화입		O: 다양한 전형으로 인해, 내신영향도가 전형방법에 신반영정도가 전행방법에		O: 다양한전형자료, 입학사정관전형

그리고 용어를 교체하면서 중등학교의 교과성적만 아니라 학교생활 전반을 대학입학전형에 반영하는 형태로 변경되었다. 1995년 5·31교육개혁안에서는 당시 '종합생활기록부'(이후 학교생활기록부) 도입 이유를 이렇게 밝히고 있다.

> 총점 위주의 현행 내신제를 학생의 다양한 적성, 인성 및 고등학교의 공통과목 이수성적과 진로에 따라 이수한 선택 교과목의 성적 등을 반영하는 '종합생활기록부'로 대체한다.[326]

학교생활기록부의 중요성이 꾸준히 제기되다 2008학년도 이후 입학사정관제의 도입과 함께 학교생활기록부 중심의 선발이 더 한층 중요해졌다. 학교생활기록부를 매개로 중등학교 교육을 정상화하고자 했다.[327]

박근혜 정부에 들어서는 전국적으로 1,000여 개가 넘던 복잡한 대학입학전형을 간소화하여, 학교생활기록부를 중심으로 하는 수시전형과 대학수학능력시험을 중심으로 하는 정시전형이 안착되었다. 2016학년도 대학입학전형의 경우 수시전형에서 약 67퍼센트의 학생을, 정시전형에서 33퍼센트의 학생을 선발하고, 그중 학교생활기록부(교과, 종합) 중심 전형으로 전체 선발인원의 약 57퍼센트를 뽑았다. 매년 학교생활기록부 중심 선발인원이 증가하고 있다.

시험과 내신, 공존의 그늘

시험과 내신, 내신과 시험은 해방 후 지금껏 힘을 겨루어왔다. 어느 한 쪽을 강화하려 할 때마다 갈등이 있었다. 그 대표적 사건이 1962학년도 대학

입학자격고사 관련 갈등, 1997학년도 비교내신제 폐지와 특목고 학생의 자퇴소동, 2008학년도 내신 반영비율을 둘러싼 갈등이었다. 1962학년도 대학입학자격고사는 국가의 시험 시행에 대한 대학의 반대였다면, 나머지 사건들은 모두 내신을 둘러싼 갈등이었다. 1997학년도 고등학교 간 동일 내신 적용정책에 반발하여, 외국어고와 과학고 학생 1,000여 명이 자퇴를 하고 법적 소송을 벌었다.[328] 2008학년도에는 국가가 정한 '내신 50퍼센트 반영' 정책에 대항해 서울대와 수도권 지역 사립대학들이 내신성적을 사실상 무력화하는 방법을 개발했다.

이 갈등과정 속에서도 일정한 방향은 존재했다. 첫째, 대학입시에 국가 개입의 정당성을 확보해왔다. 대학의 입학부정이 국가 개입을 초래했고, 국가가 실시한 시험은 초기에는 선발에 부분적인 영향을 미쳤지만, 점차 유일하고도 절대적인 시험으로서 대학과 사회로부터 신뢰를 얻어왔다는 점이다. 둘째, 내신 도입의 확대이다. 내신 도입이 여러 차례 부침을 겪었지만 내신 반영비율과 내신 영역을 확대하는 방향으로, 그리고 내신 반영의 방식을 다양화하는 방향으로 전개되어왔다. 셋째, 내신에 대한 대학과 사회의 불신이 없던 적이 없었다. 내신 확대 논의가 있을 때마다 '내신 부풀리기', '내신 조작'이라는 시선이 꼬리표처럼 따라다니며 중등학교 현장의 평가를 불신하는 경향이 항상 있어왔다. 시험을 신뢰할수록 내신을 불신하고, 내신을 불신할수록 시험에 대한 신뢰는 높아졌다. 넷째, 1995년 교육개혁 이후 시험의 위력은 약화하고 학교교육 정상화와 대학 자율성 확대가 중요해지고 있다. 이 과정에서 기존의 시험에 내신이 부가되는, 시험과 내신의 공존이 이뤄졌다. 학생들로서는 무엇 하나 포기할 수 없이 준비해야 할 요소들이 잔뜩 늘어났다.

사실 대학입시의 영향력은 조지 마다우스George Madaus가 지적한 것처럼 관련자들의 인식이 중요하다. 만약 학생, 교사, 행정가들이 시험결과가 중요하다고 믿는다면, 그게 사실이건 허위이건 상관없이, 인식하는 대로 효과가 만들어진다.[329] 최근 각 대학들이 공개한 대학입학전형을 보면, 수능시험의 영향력이 많이 줄고 있지만, 아직도 많은 학생과 교사들은 수능시험의 영향력이 전혀 줄지 않았다고 인식한다.

진학진로협의회(진협)에서 작성한 자료를 봐도 결국은 시험이란 게 드러난다. 대부분 교사들은 그 자료를 참조해서 원서를 작성하는데, 그 자료가 수능이 끝나고 각 고등학교마다 학생들의 시험성적과 특이사항을 적어서 진협에 제출하면, 그 자료들을 집대성해서 만드는 자료인데, 결국 합격한 애들 보면, 아주 특별한 특이사항이 있는 애들이 아니면 다 시험성적이다. 결국 그 시험성적이 돼야 수시든 정시든 학교에 입학하거든.[330]

진학지도를 담당하는 고등학교 교사들이 수능시험을 여전히 중시하고, 또 학생들과 학부모들도 그렇게 인식하는 한, 현실제도의 변화와는 무관하게 시험은 상당 기간 위력을 발휘할 수밖에 없다. 그렇지만 대학입학을 준비하는 이들은 내신도 소홀히 할 수 없다고 인식하고 있다. 작은 점수 차이로 당락이 결정되는 선발상황에서, 학생과 교사 입장에선 학교생활기록부는 당락의 캐스팅 보트이다.[331]

현재의 학벌사회와 대학입학제도 아래서, 시험과 내신의 공존은 더 나은 선발방법이 아니라 수험생들과 학부모들에게 또 하나의 고통으로 인식되기 십상이었다. 무시하기에는 시험이 너무 강력하고 내신을 준비하기엔 내신이 너무 복잡해 보인다. 수험생들은 강력한 시험과 복잡한 내신에 갇혀 꼼짝달싹 하지 못하는 신세가 된다. 2008학년에 수능과 내신에다가 대학별 논술까지 추가되자 수험생들은 즉각 "죽음의 트라이앵글"이라고 비판하며 길거리로 나섰다. 더 타당한 선발을 위해서 다양한 전형요소를 활

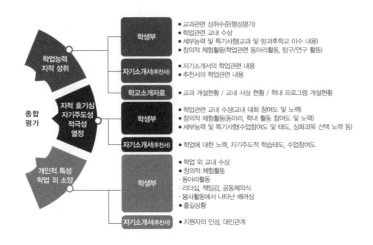

[그림 22] 2016학년도 서울대학교 학생부종합전형 평가기준
* 출처: 서울대학교 입학본부(http://admission.snu.ac.kr)

용해야 하지 않느냐는 생각은 수험생과 가족들에게는 한가한 소리이다.

대학입학에서 가장 중요한 주체는 지원하는 학생이다. 선발이라 해도 학생에게는 권리가 없고 의무만 존재할까. 국가와 대학이 요구하는 능력만 중요한가. 국가와 대학이 요구하는 능력의 바깥에 있는 능력은 무의미한가. 선발 국면에서 학생의 권리란, 학생이 적극적으로 자기 능력을 표현할 기회이며, 계층·계급·성별·지역을 가리지 않고 자신의 역량을 축적하고 배울 수 있는 공정한 기회의 확보이다.

대학입학을 위한 더 나은 방법을 고민할 때, 무엇이 기준이 되어야 하는가. 개혁의 방향이 어느 쪽이어야 하는가에 관심을 기울여야 한다. 크리스토퍼 젠크스Christoper Jencks는 표준화시험 대신에 더 나은 평가방법으로 대안을 마련하고자 할 때, 세 가지 기준을 고려해야 한다고 했다.[332] 첫째는, 새 대안이 여러 집단의 삶에 어떤 영향을 미치는가. 가령, 부자와 빈자에게, 고학력자와 저학력자에게 대안이 삶에 어떤 변화를 가져오는가를 고려한다. 둘째는 제도적으로 어떤 영향을 미치는가. 예컨대, 기존 체제에서 선발된 사람보다 대안적 방법으로 선발된 사람이 더 유능한가? 새로운 대안이 사람들이 살아가는 데 동기와 도덕, 공동체성 회복에 도움이 되는가를 고려하는 것이다. 세 번째로 대안이 모든 이들에게 가장 좋은 것인가를 염두에 둔다.

지금껏 해볼 수 있는 시도는 다 해보았다는 대학입학제도 개혁. 하지만 중요한 건, 개혁의 궁극적 지향점이다. 좋은 것을 끝없이 추가해서 학생들이 그 좋은 것들에 익사당하거나 질식당하게 만들어버리는 개혁이라면, 개혁이라고 할 수 없다. 1996년 교육개혁이 한참 발표되고 진행될 때, 교육학자 정범모는 말했다. 정말 교육개혁이 이루어졌는가를 잴 수 있는 첫 번째 잣대는 '아이들에게 얼마나 방과후와 저녁과 방학을 돌려주었느냐'이다. '아이들에게 삶의 충실과 환희의 시간을 한 시간 돌려주면 그만큼 성공이고, 다섯 시간 돌려주면 그만큼 더 성공'이라는 것이다.[333] 이는 모든 걸 평가 대상으로 삼고, 아이들에게 자유를 박탈하고 있는 오늘의 입학 전형이 고민해야 할 지점이다.

|||
체력장, 입학시험에 들어오다
|||

이 악물고 철봉에 턱을 걸고 얼굴이 새빨개질 때까지 대롱대롱 매달려 버틴다. 하늘이 노래져도 운동장을 달리고 달린다(남자 1Km, 여자 800m). 1972년 가을, 고등학교 입시생들에게 체력장은 힘겨운 싸움이었다. 1973학년도 고등학교 입학생부터는 '체능시험'이 '체력장 검사'로 바뀌면서 검사종목도 4개에서 8개로 늘어났다. 특히 이전에 없던 오래 달리기는 체력이 약한 학생들에게 꽤나 고역이었다. 당연히 체력장 점수가 입시성적에 포함되었다. 체력장이 실시된 첫 해, 체육 과외가 생기고, 오래 달리기 연습을 하던 학생들이 졸도하고 숨지는 사고까지 겹쳤다. 1977년 체력장 검사 무렵에는 사망자가 네 명이나 발생했다. 문교부 장관이 황급히 체력장 검사를 입시와 분리하는 방안을 검토하겠다고 발표했지만, 결별은 쉽지 않았다. 1994년에야 체력장은 모든 입시와 오랜 인연을 끊었다.

체력장 검사는 입학시험과 끈끈한 관계를 맺어왔다. 그 시작은 일제시대이다. 초창기 근대적 학교들은 '신체 건전하고 품행방정한 자'를 입학자격 조건으로 제시했다. 1927년 12월 학무국에서 입학자 선발을 위해 "신체검사를 필히 행하라"고 주문했지만, 이때까지도 신체검사는 주로 '신체 건전'을 확인하는 데 그치곤 했다.

본격적으로 달리기, 매달리기 같은 운동 능력검사, 이른바 '체능'을 시험한 때는 1939년 학무국에서 〈중등학교 입학자 선발에 관한 건〉을 발표하면서부터이다. 신체검사는 '체격과 체질, 체능' 세 항목으로 나뉘고, 그중 체능은 달리기, 넓이 뛰기, 던지기, 매달리기(턱걸이) 능력을 측정했다. 달리기와 넓이 뛰기, 매달리기 등 각 종목마다 점수기준표도 작성해서 일선 학교에 시달했다. 전체 입학시험 성적 1,000점 중 신체검사가 30퍼센트를 차지했다. 일제가 신체검사를 중시한 까닭은 중일전쟁 전후하여 언제든 노역장과 전쟁터로 달려 나갈 수 있는 황국신민 양성에 주력했기 때문이다.

해방 후 학교마다 일제의 유산인 체능시험 비중을 낮추거나 없앴다. 그러나 일제시대 때 사범교육과 군관학교 교육을 충실히 받았던 박정희가 1961년 군사쿠데타를 일으키면서 체능시험도 부활했다. 1961년 7월에 발표된 〈중·고등·대학교 입학자 전형요강〉에 따르면 중고등학교와 대학교 입학시험에 체능시험이 포함됐다. 이 시험이 1972년에는 체력장으로 이름이 바뀌고 종목도 늘었다. 유신체제 후기 학생들은 입학시험을 위해서 체력장 시험을 쳤다. 1979년 유신이 막을 내리고도 체력장 시험은 군사정부 기간 내내 입학시험에 업혀 있었다. 군사정부는 교련 수업과 마찬가지로 강력한 체력장 시험이 필요했기 때문이다. 늘 내세운 명분은 학생들의 체력 향상을 위해서였지만.

하나의 시험,
두 개의 관점: '일제고사'

시험을 보는 두 개의 눈이 있다. 근대 교육학이 시험의 역사라고 한 푸코의 입장에서 보면, 시험을 보는 두 눈은 교육을 보는 두 개의 눈이다. 하나는 교육받은 결과를 평가하여 학생들을 선별하고 사회에 '유능한 인재'를 조달해야 한다는 눈이다. 유능한 인재들이 사회를 지도한다고 믿는다. 다른 하나는 교육에서 결과는 과정에 뒤따르는 것일 뿐이며, 모든 학생들에게 성장할 수 있도록 기회와 충분한 지원을 해줘야 한다는 눈이다. 누구나 충분한 기회와 지원을 통해 성장할 능력이 있고, 저마다의 다양한 능력이 사회의 동력이라고 본다. 엘리트주의 교육관과 인간권리로서의 교육관이다. 두 개의 시선은 시험을 이해하고 활용하는 방법도 다르다. 엘리트주의 관점에서는 분류와 선발장치로서 시험을 주로 활용하고, 후자는 시험을 진단과 지원장치로서 주로 활용한다. 전자는 교육을 아예 시험으로 바꿔치기해도 된다고 보고, 후자는 시험의 권력과 횟수를 최소화한다.

국가 주도 시험, 학생·교사 반발 불러

2008년 학업성취도 평가는 뜨거운 사회 이슈였다. 이명박 대통령은 시험이라는 블랙박스를 활짝 열어 전 정권 10여 년 동안 과잉된 시험을 진정시키려던 사회적 노력을 일순간 허물어버렸다. 이명박 정권은 초등학교 3학년은 기초학력 진단평가, 초등학교 4학년부터 중3까지는 교육청 단위의 교과학습 진단평가, 중3은 전국연합학력평가, 초등학교 6학년과 중3, 고등학교 1학년 또는 2학년은 국가 수준 학업성취도 평가를 실시했다.[334] 그중 초등학교 3학년의 기초학력 진단평가와 초등 6학년, 중 3, 고1 또는 2학년을 대상으로 하는 국가 수준 학업성취도 평가는 이전에 표집방식(1~5퍼센트)으로 실시하던 것을 전수조사로 바꾸었다.[335] 이 정책은 2008년 〈교육 관련 기관의 정보 공개에 관한 특례법〉과 함께 실시되었다. 특례법과 그 시행령은 학업성취도 평가결과를 학교가 공개해야 할 법적 정보로 규정했다. 명시적 목적은 "교육 수요자"의 알 권리였다. "교육 수요자의 알 권리"를 통해 교육 수요자의 학교선택권, 그리고 학교와 교사의 책무성을 높이고자 했다.

이런 정책들은 미국의 낙오방지 교육정책(No Child Left Behind: NCLB)을 차용한 것이다.[336] 낙오방지 교육정책은 교육을 국가 단위에서 표준화하고 관리·통제하겠다는 개혁조치로, 그 중심에는 표준화시험이 있었다. 주지사 시절 이른바 '텍사스의 기적'을 만들었던 부시는 대통령이 되자, 표준화시험을 통해 표준화와 책무성을 높이는 교육개혁안을 실시했다. 책무성에 대한 직접적인 압박은 정보의 공개였다. 평가결과를 공개함으로써 학부모와 학생에게는 알 권리와 학교선택권을 돌려주고 국가는 학교교육 통제 권한을 갖는 방식이다. 국가는 대상을 평가하고 그에 따른 책임을 묻는 '평가적 국가evaluative state'의 위치에 섰다. 미국의 변화된 교육정책이 온전히 성공을 거두지는 못했다. 각종 '기적'들은 어두운 면을 드러냈다. 하루아침에 놀라운 학업성취를 이뤄낸 기적 뒤에는 성적 조작, 부당한 배제, 성적지상주의 등 예상할 수 있는 모든 일들이 벌어졌고, 미국 내에서 교육학자, 교사와 학부모들이 비판의 목소리를 쏟아냈다.[337]

이명박 정권의 야심작 '국가 수준 학업성취도 평가'도 거센 반대에 부딪혔다. 반대에는 한국사회의 고질병, 시험과잉이 있었다. 2008년 4월 이명박 정권은 이른바 '4·15 학교자율화 추진계획'으로 사설 모의고사 참여금지 지침(2001)을 폐지했다. 명분은 학교 자율성 침해, 교육 수요자의 요구 수용이었다.[338] 학교나 학부모들의 자유는 결국 시험선택의 자유로 수렴되었다. 초·중·고등학교에서 한 학년의 평균 시험횟수가 2007년 3.3회에서 2008년 4회(중간·기말고사 총 4번 제외)로 증가했다. 사설 모의고사를 한 번이라도 치른 고등학교는 2007년 369곳이었는데 2008년(1~9월)에는 718곳으로 두 배 가까이 증가했다.[339] 시험은 계속 늘어서, 2013년에는 사설 모의고사를 치르지 않은 교육청(강원·광주·세종·전북 교육청)을 제외하고 12개 교육청 소속 619개 고등학교가 총 2,199회의 사설 모의고사를 치렀다. 대구, 경북, 경남은 평균 4회 이상, 대전 지역 고등학생들은 최소 5회 사설 모의고사를 치렀다.[340] 시험이 학교를 이끌었다. 교육과정과 방법의 다양성은 시험 앞에서 무용지물이었다. 시험이 사람에게 방해가 되는 게 아니라, 역으로 시험성적이 낮은 학생은 시험의 방해물이 되어갔다. 시험은 인간 따위를 거들떠볼 여지가 없이 괴물처럼 증식해갔다.

잦은 시험을 반대하는 중심에는 초등학교 교사들이 있었다. 2008년 일제고사를 반대하다 해임된 서울 지역 교사 7명 중 6명, 강원도 지역 교사 4명 전부가 초등학교 교사였다.[341] 시험의 부정적 영향이 초등학생에게 더클 것이라는 예측 때문이었다. 초등학생들은 실제로 시험에 대한 두려움이 커 시험을 매우 부정적 경험으로 인식하는 경향이 있다.[342] 시험 많기로야 한국의 고등학교가 세계 최고이지만, 고등학생에게는 시험이 익숙하고, 학업성취도 평가 정도는 가볍게 여겨졌다. 그러나 초등학교에서는 국가 수준 학업성취도 평가가 어린 학생들에게 서열화 의식과 낙인 효과를 남길 것이라는 염려가 컸다. 초등학생도 OMR카드 사용법에 익숙해져야 했고, 교육과정 파행 운영도 심각했다. 중학교에서보다 초등학교에서 수업 중 문제풀이 경험이 더 많았다.[343] 학부모들도 적어도 초등학생만큼은 시험과 성적에서 자유로워야 한다고 생각하기 때문에 일제고사에 대한 반발이 컸다.

정부의 교육철학이 얼마나 빈곤하면, 시험을 쳐서 국가 교육과정과 정책을 수립하고 학교의 평가방법을 개선한다는 말인가. 결국 시행 5년 후인 2013년, "학생들이 과도한 시험부담에서 벗어나고" "행복교육 실현 기반 마련을 위해" 초등학교 학업성취도 평가는 폐지됐다.[344]

일제고사의 위력, '성취도 평가' 명분 삼켜

논쟁의 핵심은 '일제고사'와 '국가 수준 학업성취도 평가'라는 두 개의 명칭에서 잘 드러난다. 이름은 정당성을 확보하는 상징물로서, 두 개의 명칭은 각각 사태를 읽고 제기하는 두 개의 시선이다.

일제고사는 모든 학생들이 동일한 내용을 동일한 방식으로 한날한시에 치르는 시험이다. '일제고사'라는 명칭은 사람들에게 호소하는 문제의식이 컸다. 일제고사라면 누구나 공유하는 추억이 있기 때문이다. 일제고사가 얼마나 반교육적이며 실력과 거리가 먼지 국민들에게는 축적된 생생한 집단경험이 있다. 교육부에서 아무리 평가의 목적을 알리고 '국가 수준 학업성취도 평가'라고 해도, 이미 '일제고사'라는 낙인이 찍혀버린 시험은 새로운 이미지를 얻기가 어려웠다. 낡은 일제고사의 이미지에 학업성취도 평가는 갇혀버렸다. 사실 정권은 프레임 전쟁에 졌다.

과거에 컨닝 방지를 위해 책상 위에 올려두던 책가방이 2008년 초등학교에서는 규격화된 종이 가림막으로 바뀌었을 뿐이다. 가림막 속에서 시험을 친다는 것은 응시자 모두에게 시험이 고립된 개인 능력을 잰다는 사실을 고지시켜준다. 아이들은 면벽 수도승처럼 가림막 속에 갇혀 시험문제지하고만 대결한다. 응시자는 온전히 홀로, 어떤 인적·물적 지원도 금지당한 채 답을 찾아내는 능력을 요구받는다. 어떠한 협력도 부정이고 비리이다. 시험에서 요구하는 지식은 고정불변이고, 그 지식은 숱한 가짜들 속에 숨어들어 있으니 가려내야 하는 것이다. 하지만 빠르게 변하고 집단지성을 통해 공유되고 재구성되며 확장되는 지식을 날마다 만나고 있는 이 시대에 고정불변의 답을 찾는 일제고사는 낡아빠진 게임이다. 세상은 점점 더 협력해서 지식을 생산하고 문제를 해결하는데, 일제고사는 과거에 매몰된 채 있다.

그리고 정부가 "학업성취도 평가에 서열화 목적은 없다", "학생들의 성취도를 알려주려는 의도다"라고 줄곧 외쳐도 좀처럼 설득력이 없었다. 키를 여러 번 많이 잰다고 키가 자라는 건 아니라는 비유는 탁월한 반대논리였다. 성적을 여러 번 많이 낸다고 실력이 절로 나아지진 않는다는 사실을 경험으로 알고 있기 때문이었다.

일제고사라는 명칭은 교육 현장의 전문성과 자율성을 부정하는 국가권력적 평가라는 이미지를 부각시켰다. 2000년대 들어 '가르친 자가 평가한다'[345]는 교사의 평가권 논의가 막 자생하려는 때, 일제고사가 다시 평가철학과 평가방법을 과거로 회귀시킨다는 비판을 담고 있었다.[346] 실제로 전국 교사들이 교육과정 재구성과 수업혁신 같은 움직임을 활발하게 펼치면서, 학생들에게 적합한 평가에 대한 고민도 따라나오고 있었다. 다양한 수행평가, 지필고사 횟수의 조정, 정기시험과 수행평가의 비율 조절 등이 논의되고 시도되고 있었다.[347] 그런데 일제고사는 이 흐름을 일시에 과거로 되돌려놓을 정책이라는 우려가 높았다. 교육학자들도 목소리를 보탰다.

> 전국 일제고사는…… 다양한 교육적 대안을 모색하고 있는 오늘날, 이는 과거 회귀적 발상에 지나지 않는다. 아울러 전국 일제고사를 통해 기대되는 이른바, 학력신장이 단지 반복학습과 선행학습의 강화에 불과하다는 지적은 이미 수차례 확인되고 있다. 이렇게 논란이 되고 있는 교육정책에 대해 현장교사들이 교육 전문성과 자율성에 기초해 비판적 목소리를 내는 것은 자연스러운 일이며, 건설적인 교육문제 해결을 위해 오히려 권장할 만한 일이다.[348]

"참신하고 타당한 평가도구를 개발·공개"[349]한다는 학업성취도 평가의 목적은 한국사회 구성원들이 지나치게 시험에 시달려왔던 집단경험의 벽에 부딪혀 설득력을 상실했다. 오래 된 집단경험의 힘이 미국에서 빌려온 개혁이론보다 막강했다.

시험결과와 책무성 논쟁

학교에서 낙오자가 한 명도 없게 하겠다! 이 선언에 많은 학부모와 교육학자들도 대찬성이었다. 학부모와 교육자, 정치인들의 찬성에 힘입어 미국은 낙오자 없는 학교를 위한 법까지 제정했다. 우리도 마찬가지다. 학교에는 다녔는데, 초등학교를 마칠 때까지 한글도 제대로 읽지 못하는 학생들과 고3이 돼도 알파벳도 제대로 쓰지 못하는 학생들이 있다. 교사 한 명이 맡은 학생 수가 많다고 핑계 대는 교사들이 있지만, 학급당 인원이 적은 소규모 학교에서도 학생들이 기초 능력을 익히지 못 하는 사례들이 있다. 학교와 교사들이 가정 배경과 학생 탓만 하는 동안, 학생들은 몇 년씩 시계추마냥 학교에만 왔다갔다 했다.

어느 한 초등학교 교사[350]는 이렇게 고백한다. 매년 초 교사들은 자신의 학급에 있는 학습부진아 인원을 교육청에 보고한다. 학습부진아 지도 후 숫자를 보고하는 연말이 되면, '학습부진아 0명!', 모든 학습부진아가 싹 사라진다. 다음 해 초, 또다시 학습부진아 계획을 교육청에 제출해야 할 때면 봄풀 돋듯 학습부진아가 또 수북이 나온다. 이 웃지 못 할 일이 학교의 현주소이다.

아이들에게 가르칠 것을 가르치지 않는 무책임을 내부에서부터 비판하는 목소리가 있다. 흔히 학습부진아로 보충수업을 받는 학생들은 절망하고 모욕감을 느낄 것이라는 편견을 갖지만, 대구 지역 한 교사가 학습부진 중학생 열다섯 명을 심층조사하니 자신의 학습부족 상황을 인정하고 문제 해결 의지를 보였다.[351] 학생에게 배움의 기회를 만들어주고 배움에 참여시켜 학력을 향상시키는 것이 교사의 책무이다.

"난 학교 다닐 때 정말 아무것도 배운 게 없어. 어쩌다가 한두 번 뭔가 배운 적은 있어도, 학교에서 배운 건 하나도 없어"를 외치는 성인들의 목소리에는 학교가 도대체 무얼 했느냐는 비난이 잔뜩 묻어 있다. 학교 교사를 학원 교사들과 비교하며 교사의 무책임성에 목소리를 높이는 경우도 많다. 김이경의 연구[352]에 따르면, 한국에서 교사의 위상은 다른 나라에 비해 전반적으로 높지만 학생의 교사 존경 정도, 교사의 교육활동에 대한 신뢰도는 다른 나라에 비해 많이 낮았다. '교사가 잘 가르치고 있다고 신뢰하는가' 라는 물음에 21개국 중 세 번째로 낮았다. 부모들은 교사직이 자녀에게 권할 괜찮은 일자리라고 생각하지만, 교사들이 잘 가르치고 있다고는 생각지 않았다. 이런 인식은 경험을 통해 축적되었다. 정작 가르치는 일에

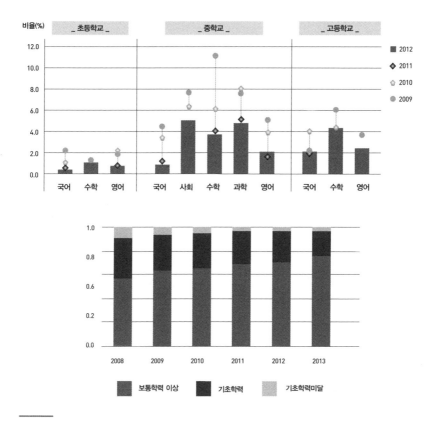

[그림 23, 24] 학교급별 기초학력미달학생 비율 추이

* 출처: 한국교육과정평가원, 《2012 학업성취도 포커스모음집》

소홀한 교사들이 있고, 그들을 보며 학부모들은 책무성 논의에 찬성한다.

그런데 문제는 그리 단순하지 않다. 교사 책무성 논의에 찬성하는 저변에는 갈수록 심각해지는 사회의 경쟁과 빈부격차 문제도 도사리고 있다. 중산층 붕괴와 비정규직 양산, 언제나 위험에 처한 삶을 살아야 하는 많은 사람들의 분노가 상대적으로 안정적인 교사직에 대한 부정적인 시선으로 쏟아지는 탓도 있다. 불평등한 사회에서 사람들 사이에 질시의 심리가 번지는 현상은 당연하다.

정부의 논리, 시민들의 분노, 어디에서 출발했건 학교와 교사에 대한 책무성 논쟁은 시험에 힘을 실어주었다. 학생들의 시험결과가 학교와 교사의 책무를 말해준다는 시각은 먼저 정부 교육정책이 조성한 논리였다. 정부는 2009년 학생들의 시험결과에 따라, 학교에 '표창 및 인사상 우대 등 다양한 인센티브 제공', '행·재정 및 인사상 불이익', '학업성취 향상도를 지방교육재정교부금 배분기준에 반영'을 골자로 하는 조치를 발표했다.[353] 학업성취도 평가 후, 정부에서는 매년 평가결과를 발표했다. 2008년부터 2013년 사이 학업성취도 '보통' 이상 학생(중 2)이 눈에 띄게 늘고, 기초학력 미달 학생 비율은 10.4퍼센트에서 3.3퍼센트로 줄었다. 이 결과대로라면, 이명박 정부는 '기초학력 미달 제로 플랜'을 거의 달성했고, 학교와 교사의 책무성은 현격히 높아졌다. 교사들은 수업이 안 된다고 아우성이지만.

그러나 시험결과를 책무성으로 치환하는 논리에 대한 비판이 영미 교육학계에서부터 제기되었다.[354] 시험이 책무성을 높이고 학생의 지적 성장을 돕는다는 믿음은 숫자에 대한 환상에 불과하며, 시험점수를 안다고 교육이 제대로 이루어졌는지를 절대 알 수 없다고 학자들은 비판했다.[355] 대니얼 코레츠의 실험에 따르면, 성적이 많이 오른 학교에 재시험을 실시한 결과 점수는 그렇게 오르지 않았다. 성취도 향상은 환상에 불과했다. 그리고 시험 공부로는 수준 높은 생각을 하는 학습자를 만들어낼 수 없고, 교사의 창의성과 자율성도 억압하게 된다. 시험문제지의 반복풀이만으로도 점수는 충분히 높일 수 있다. "사회적 의사결정에 양적 지표들이 많이 사용될수록 평가과정은 타락하고 왜곡될 가능성이 크며, 제대로 평가돼야 할 사회적 발전도를 왜곡하고 부패"시킨다는 캠벨의 법칙은 학교에서도 틀리지 않았다.[356] 시험결과로 대체된 책무성은 우리나라에서도 동일한 문제를 일으켰고 비판을 받았다.[357]

시험을 반대하면 무능력하거나 무책임한 낭만주의자로 오인받기 쉽지만, 일제고사 반대를 외치는 목소리에는 교육의 근본을 살리고자 하는 염원이 담겨 있다. 그렇다고 학교에서 아무것도 배우지 못하는 학생들을 방치해서는 안 된다. 평소에 학업 미달 학생을 파악했다면, 지원계획과 도달목표를 세워서 학생들의 성장 기회를 만들어야 하는 책무가 교사와 학교에 있다.

일제고사 논쟁으로 읽는 사회

전교조 결성과 1,400여 교사의 집단 해직, 교육행정정보시스템NEIS 찬반, 교원평가 실시와 반대……. 1980년대 이후 교육계는 치열한 싸움이 이어졌다. 강력한 이슈를 둘러싼 싸움이 거듭되면서, 교육계는 분명한 진영이 생겼다. 진영논리가 때로 교육에 대한 사고와 실천을 밀고 나간다. '일제고사'와 '학업성취도 평가' 역시 교육계의 진영논리를 다시금 확인해주는 사건이 되었다.

보수진영에서는 학업성취도 평가를 반대하거나 평가의 선택권을 고지한 교사와 교장을 파면·해임하는 중징계를 내리고, 진보진영에서는 '일제고사'의 부당성을 알리고 '일제고사'를 거부하고 체험학습을 떠났다. 일제고사 반대로 2008년부터 2012년까지 교사 19명이 파면, 해임, 정직되고, 교사 17명이 감봉과 견책 처분을 받았다. 싸움은 법정으로 옮겨갔다. 지배권력도 법으로 징계하고 저항세력도 법으로 맞섰다. 2012년 현재 파면, 해임, 정직되었던 교사 19명은 모두 복직했다.[358] 지배언론들은 교육부의 담론을 재생산하며, 반대 교사와 학부모, 학생들에 대한 비난을 쏟아냈다. 반대쪽에서는 일제고사의 폐단과 선택권을 주장했다. 교육선택권 논리는

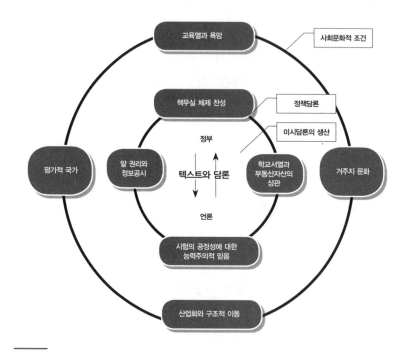

[그림 25] 일제고사의 담론 생산구조

* 출처: 성열관, 2014

그동안 보수진영의 단골 메뉴였으나, 일제고사 논쟁에서는 진보진영이 역으로 선택권 논리를 활용했다. 시험을 선택할 권리를 인정하라는 주장이었다. 법원에서는 국가의 일괄시험이 위법하지 않다고 판결했지만,[359] 시험선택권 주장이 시험을 학생들의 의무사항으로 여기던 관행에 파열구를 냈다. 시험도 선택할 수 있다는 발상과 실천이 이루어진 셈이다. 교육학자들도 일제고사의 폐단을 주장하는 이들과 침묵하는 다수로 나뉘어졌다. 사실 수차례 진영논리를 겪어왔기 때문에, 교육계에서는 각자 자신들이 서야 할 위치를 잘 알고 있었다.

일제고사 문제는 성열관의 주장처럼, 교육학적 또는 교육평가학적인 문제만이 아니다.[360] 일제고사 문제는 "교육학적인 문제인 동시에 문화정치학적 연구 대상"이다. '책무성 체제논리', '알 권리와 정보 공시논리'를 정부가 생산하고, 지배언론이 정부의 담론을 재생산하는 구조 속에 일제고사가 있었다. "그 기저에는 교육열과 학부모 욕망, 자본주의 체제의 심화에 따른 거주지 분화, 급속한 산업화에 따른 구조적 이동, 신자유주의 교육개혁의 흐름(평가적 국가관의 도입)이 있다." 일제고사 논쟁은 일제고사가 단순히 하나의 시험이 아니라, 그 속에는 한국사회의 구조, 교육논리, 개인적 욕망이 복잡하게 얽혀 있음을 보여주었다.

|||
일제고사는 일제시대에 만들어졌나
|||

2008년 '일제고사'로 한창 나라가 시끄러웠을 때, 사람들은 간혹 "일제고사는 일제시대에 만들어졌나요?"라고 물었다. 아마 '일제고사'의 '일제'라는 단어가 일본제국주의의 '일제'라는 단어와 같아서이기도 하지만, 무엇보다 일제가 주도한 획일적인 교육 기풍 때문이었을 것이다. 강압적인 집단질서를 강조하고 학생들을 군사훈련에 동원했던 일제시대 교육활동이 일제고사의 풍경과 꽤 유사하게 생각되기 때문이었을 것이다.

그러나 이 질문에 긍정도 부정도 곤란한 까닭은 일제 때 일제고사가 전혀 없지도 않았고, 그렇다고 오늘날 우리가 흔히 말하는 일제고사가 전국적으로 실시되지도 않았기 때문이다. 그리고 일제고사의 기원을 따질 때 사실 일제고사를 어떻게 정의하느냐도 문제고, '일제고사'라는 단어를 교육계나 일반인들이 언제부터 어떻게 사용했느냐의 문제도 있다.

1929년 2월 7일 충청북도 학무과에서는 도내 초등학생들의 "도내 초등교육의 실적을 평가"하려는 목적에서 도내 초등학생들에게 일제히 똑같은 시험문제를 배부해 시험을 치렀다. 이날 각 학교 교사들은 인근 학교에 상호교차 출장을 가서 시험을 감독했다. 시험답안지는 밀봉해서 학무과에 보내졌고 학무과에서 평가결과를 일괄 발표했다. 지금으로 말하자면, '도 학력고사' 혹은 '도 일제고사'에 해당하는 시험이다. 동일한 학년 학생들을 대상으로 같은 시험문제지로 일괄 시험을 쳐서 그 결과를 낸다는 점에서 일제고사이다. 그러나 이런 일제고사를 각 도별로 반드시 시행했던 것은 아니며, 총독부 학무국 단위에서 전국 모든 초등학생들을 대상으로 실시하지도 않았다. 또한 이런 평가를 당시 '일제고사'라는 명칭으로 부르지도 않았다. 일제시대에 "일제히" "고사"한다는 단어는 썼지만 '일제고사'라는 명칭을 일반적으로 사용하지 않았다. 오히려 각 학교의 입학시험을 두고 "일제고사—齊考査"(《동아일보》1940. 3. 21)라는 용어를 간혹 사용했다.

해방 직후 객관식 시험문제가 활발하게 도입되면서 초중등학생을 대상으로 일괄시험이 치러졌다. 1948년 문교부에서 전국 초등학생 10만 명을 대상으로 평가를 실시했다. 무엇보다 1951년 한국전쟁 당시 문교부가 객관식으로 일괄 실시한 중등학교 입학시험이 중요한 계기가 되어 각 지역단위 교육청들이 '일제고사'를 실시했다. 1954년에는 창녕군 내 초등학교들이, 1955년에는 달성군 교육청에서도 일제고사를 쳤다. 서울교육청에서는 1957년과 1958년에 초등학교 6학년을 대상으로 "일제종합고사", "일제고사"를 쳤다. 그리고 1959년에는 문교부에서 전국 초등학교 5학년과 6학년 70만 명을 대상으로 "일제학력고사"를 치렀다. 1969년 중학교 입학시험이 없어진 다음에도 서울시 교육청에서는 초등학생을 대상으로 일제고사를 쳤다. 이처럼 한국전쟁 후 일제고사가 지역교육청 단위는 물론이고 문교부 차원에서 전국 단위로 실시하면서 급격히 증가했고, "일제고사"라는 명칭도 언론에 자주 오르내렸다. 이때 일제고사는 이른바 "객관적 고사법"과 결합된 형태로 이뤄졌다. 오늘날 동일한 학년 학생들을 대상으로 객관식 시험을 쳐 그 결과를 평가하고 서열을 매긴다는 의미에서 일제고사라는 용어는 해방 이후부터 주요하게 사용되었다.

길이 남을
시험 사건들

시험 역사가 길고 시험 집착이 강했던 만큼 우리 사회에는 역사에 길이 남을 시험 관련 사건들이 많다. 1945년 8월 15일! 바로 전날부터 시작해 8월 15일 오전까지 치르던 조선변호사시험이 해방 소식과 함께 오후에 갑자기 중단됐다. 응시자들에게 해방의 기쁨은 합격증으로 돌아왔다. 미처 끝내지 못한 시험이었지만, 응시자들의 항의로 시험위원회는 연락이 된 응시자 전원에게 변호사 합격증을 쥐어줬다.[361] 해방은 시험을 멈추었지만, 전쟁은 시험을 멈추지 못했다. 1951년 그러니까 전쟁에도 시험은 계속됐다. 1951년 7월 실시한 중학교 입학시험, 그리고 11월 실시한 고등고시에 응시자들이 모여들어 합격의 열의를 불태웠다. 1997년 IMF사태 이후에는 해고를 위한 시험도 등장했다. 이외에도 시험과 관련된 애환 어린 사건들, 부정비리 사건들, 저항행위가 무수히 많았다. 그중 어떤 사건들은 시험과 사회제도를 바꾸어놓았다. 제도를 바꾸진 못해도 인식과 문화를 바꾼 계기가 되기도 했다. 그 많은 시험사건들 중 학교를 둘러싼 시험은 언제나 초미의 관심사였다.

'스페셜 케이스' 이강석

이승만 대통령의 여든두 번째 생일은 퍽 요란했다. 전국 방방곡곡에 태극기를 게양하고, 서울 시내에서는 수십만 군중이 지켜보는 가운데, 육군, 해군, 해병대, 공군, 여군 부대가 깃발을 나부끼며 사열식을 펼쳤다. 경무대 관저에서는 이기붕 민의원 의장, 대법원장, 전 국무의원 등이 참석한 성대한 생일상이 차려졌다. 생일상에서 이기붕의 아들, 이강석이 이날 이승만의 양자가 되어 이승만 대통령에게 술잔을 올렸다.[362] 1957년 3월 26일이었다.

이튿날부터 세상은 대통령의 양자 이강석 때문에 시끄러워졌다. 서울대 일부 교수가 이강석의 서울대 편입이 부당하다며 항의했다는 기사가 언론에 실렸다. 3월 27일만 해도 서울대 교학국장은 서울대 학칙상 이강석의 정식 편입이 불가능하다고 발표했지만, 실제로는 그렇지 않았다.[363]

이강석은 1956년 육군사관학교 1학년을 중퇴하고 1957년 4월 서울대 법대에 "편입"했다. 그런데 이 "편입"이 말썽이었다. 당시 서울대 학칙에 따르면, 최소한 이전 대학에서 1학년 이상 수료했거나 동등한 자격이 있다고 인정된 자로 "실력을 고사考査" 받아서 2학년이나 3학년에 편입할 수 있었다. 그런데 이강석은 육군사관학교 1학년을 수료하지도 않았거니와 '실력고사'도 치지 않았다. 그리고 학교의 첫 해명과 달리 '청강생 정도'가 아니라 정식 학생이었다.

처음 편입학 시도가 있었던 시기는 이로부터 6개월 전이었다. 이강석은 육군사관학교를 나오면서, 바로 서울대 편입 가능 여부를 알아봤다. 아버지 이기붕이 서울시장과 국방장관을 거쳐 1954년부터 민의원 의장을 하던 시절이었다. 그러나 그의 편입 시도는 순조롭지 않았다. 1956년에 대학은 한 번도 없었던 '특례'라 허락하지 않았고, 1957년 초에는 입학시험을 치라고 요구했다. 그가 이승만 대통령의 양자가 된 순간, 쉽지 않았던 편입이 일사천리로 성사되었다.

이 일이 알려지자 세상은 시끄러워졌다. 서울대 법대생들이 4월 9일 학생총회를 열어 "학교의 신성을 짓밟는 부정편입" 철회를 주장하면서 동맹휴학을 단행했다. 4월 13일 다시 열린 학생총회에서 다수 학생이 이강석을 정식 편입생으로 인정하는 안을 반대했지만 교수들과 타협파 학생들이 박수로 타협안을 통과시켜버렸다. 이강석은 받아들이되 앞으로는 이런 일이 없게 하겠다는 안이었다. 이로써 학생들의 동맹휴학도 싱겁게 끝났고 사건도 종료되었다. 일단 서울대 편입에 성공한 듯 보였던 이강석은 따가운 시선 속에서 그 해 학교를 그만두고 육군보병학교로 옮겼다.[364]

이 특혜사건은 대통령 양자의 편입학을 위해 권력이 어떻게 움직였는지를 잘 보여준다. 최규남 문교부 장관은 4월 10일 국회 문교위원회 질의에서 이강석의 편입은 정당하나 학생들이 오해한 것이라며 부정입학을 두둔했다. 그리고 문교부 차관은 "입학의 권한은 총장의 자유재량에 속한다. 총장의 권한 행사를 학생들이 침해한다는 것은 불법"이라면서 학생들의 동맹휴학을 질타했다.[365] 치안국장은 부정입학을 반대하던 교수와 학생들을 사실상 내사했다. 심지어는 차관회의에서까지 이 문제를 다루었다. '이강석 법과대학 입학에 관한 건'이 안건 중 하나로 다루어졌는데, 회의록에 따르면 "정당한 절차를 밟은 후 입학을 허가하게 되었다"고 대통령에게 보고됐다. 서울대 측에서도 강력하게 이강석 편입을 옹호했다. 서울대 윤일선 총장은 입학과 졸업은 총장의 결정권한이며, "일국의 행정수반이며 또한 일생을 조국광복을 위해 몸 바치신 이 대통령의 자제"에 대한 "특별 고려"가 타당하다고 담화를 발표했다. 교학국장도 이강석이 대통령 양자로 "정식 입적함으로써 '스페셜 케이스'로 입학시킨 것"이라는 사실을 확실히 했다. 이강석의 편입을 위해 서울대 총장 및 학장회의, 교학국장, 문교부 장관과 차관, 치안국장, 그리고 차관회의까지 총동원되었으며, 이 사건은 대통령에게까지 직접 보고되었다. '외압' 설은 체계적이고 노골적인 사실이었다.[366]

이 사건에 대한 민심은 학생들의 동맹휴학과 교수들의 반발을 통해 확인할 수 있었다. 이는 "우리 사회의 암으로 지적되어온 특권의식"이 "학원學園에서까지 발견"된 사건이었다. 이런 식이라면, 차후에는 특권이 더욱 확대되고 민주주의는 없어질 것이라고 당시 서울대 법대 학생은 비판했다.[367] 사건 초기부터 내내 비판적 입장을 견지한 《경향신문》에서도 이 문제는 사회문제임을 분명히 했다.

> 학생 하나의 진퇴가…… 중대한 사회문제화가 되는 까닭은 금일 우리사회에서 준법관념의 엄격한 수립이 시대적 요청이란 점이요, 둘째 그것이 특히 권력층의 시범을 요한다는 현실에서 입각하고 있다. 문제가 최고지도자의 가정에 관련되고 또는 도의정신의 중심점이 되어야 할 문교행정에 속하는 만큼 중요성을 가중하는 것이 아닌가.[368]

《경향신문》은 이 사건에 "낙하산 입학"이라는 용어를 사용했다. 학교와 문교부에서는 '스페셜 케이스'에 의한 "편입"이라고 했지만, 당시 학칙을 어기고 서울대에 들어간 이강석의 경우, 사실 무시험 입학이오, "낙하산 입학"이었다. 이는 서울대가 처음에는 이강석의 편입을 허락하지 않았다는 사실에서도 확인할 수 있다. 즉 최고권력자 자제가 남들이 다 치르는 시험을 치르지 않고서도 입학한 '음서제도'의 재현이었다.

한국인들이 객관식 시험은 공정하다는 강한 신념을 갖는 까닭은 시험문제에 절대적 객관성이 있다고 믿어서가 아니다. 연필 하나 들고 기억력에 의존해 답을 골라내는 시험이 가난한 정신인 줄 안다. 시험성적이 능력도 행복순도 아님을 잘 안다. 그럼에도 시험은 최소한 눈에 보이는 성적에 따라 합격 여부를 결정하는 동일한 규칙이 모두에게 작동한다는 점에서 공정하다는 의미이다. 경쟁이 어쩔 수 없고 시험을 지원하는 가족 배경이 어쩔 수 없다면, 적어도 시험결과 앞에서는 모든 사람이 평등하게 같은 규칙을 적용받아야 한다는 분노가 서려 있다.

무즙 파동과 창칼 파동: '치맛바람' 뒤에 숨은 권세들

역사상 가장 유명한 무즙과 창칼은 '국6병'이 유행하던 1960년대에 탄생했다. '무우즙 파동', '무우즙 엿', '무우즙 덤 입학' '무우즙 재판'……. 아마 무가 이렇게 창의적으로 쓰일 줄은 그 누구도 몰랐을 것이다. '창칼'은 또 어떤가? 창칼이 심야농성을 부르고 대법원까지 올라갔으니, 아마 동서고금에 이토록 유명한 창칼도 없을 것이다.

1960년대는 '일류 중학교' 입시를 위한 초등학생 과외와 재수가 성행했다. 1960년대 이후 초등학교 취학률은 90퍼센트를 넘어섰지만, 중학교 진

[그림 26] 왼쪽: 〈폐습 치맛바람〉, 《동아일보》 1972. 3. 6.
오른쪽: 〈'무즙' 농성 사흘째, 승소한 자모들 입학을 요구〉, 《동아일보》 1965. 4. 3.
학부모들이 학무국장에게 항의하고 있는 이 사진은
'치맛바람'을 상징하는 사진으로 두고두고 회자되었다.

학률은 54퍼센트밖에 안 되고 '일류' 학교에 진학해야 한다는 강박증도 심했다. 초등학교 6학년생의 81퍼센트가 과외를 받았고, 75퍼센트가 심리적 불안감을 겪었다.[369] 입시 부담은 열두세 살 어린이들에게 극단적인 선택을 하도록 내몰았다. 1966년 서울시의 경우, 10월 한 달 동안 초등학교 6학년생 13명 가출, 11월 25일 같은 반 학생 3명 집단가출, 12월 2일 중학교 입시를 전후한 1주일 사이 10여 명 가출, 12월 5일 불합격 소식에 자살기도 등[370] 초등학생은 입시스트레스에 극도로 시달렸다.

1964년 12월 초부터 시작된 '무우즙 파동'은 이듬해 6월 말 서울시 교육감이 사표를 제출하고 겨우 진정되었다. '무우즙 파동'은 첫째, 교육계의 무능과 무책임성 문제였고, 둘째, 입학시험을 법정에 세워 학부모가 이긴 사건이며, 셋째, '치맛바람' 뒤에 숨은 최고 권력자들의 부정입학사건이었다. 그러나 오랫동안 이 사건은 시험문제 하나로 교육계를 들쑤신 '치맛바람' 사건이라 불렸다. 마치 큰 부정비리를 마구 저질러도 이름이 남지 않는 남자 권력자들과 달리 조그마한 일에도 쉽게 날선 비난의 화살이 꽂히는 '된장녀', '개똥녀' 들처럼, 이 사건이 '치맛바람'이라 불린 이유가 있었다. 반듯한 올림머리에 한복을 곱게 차려입은 어머니들의 맹렬한 투쟁, 대법원까지 사건을 끌고가 원하는 성과를 얻고야 물러서는 끈질긴 법정 투쟁, 무즙으로 엿을 만들어내는 창의적 음식솜씨까지 단연 언론의 시선을 사로잡았기 때문이다. 가문의 명예를 짊어지고 입시문제로 투쟁하는 어머니들은 언론이 주목할 만한 힘이 있는 존재들이기도 했다. 분명 이때까지 보지 못한 여성들의 출현이니, 그녀들도 이름을 부여받았다. 특히 서울시 학무국장 면전을 향한 손가락질은 치맛바람 어머니의 위세를 보여주었다. 언론에서는 연일 이 사건을 치맛바람이라 부르고 '치마' 입은 여성들의 드센 사진과 한 컷 만화를 게재했다. 언론의 이미지만 보면, 치맛바람이라 해도 하나도 이상할 게 없었다. 교육학자마저도 "'치마부대'의 폭력 아닌 폭력"[371]이라 질타했다. "세도가들의 '사모님'이나 관련자"로 분류된 '치마부대'는 '덤 입학', '뒷문 입학', '뒷구멍 입학'이라 불린 부정입학보다도 오랫동안 매서운 질타를 받아야 했다. 그러나 이 사건은 끝까지 잘못된 문항에 대한 대대적이고 끈질긴 항의로 사건의 실체를 밝히고 책임자를 추궁한 사건이다. 그럴 수 있는 권세와 재력을 가진 집안의 부인들이자, 제 자식 '일류 중학교' 합격에 모든 걸 걸었던 학부모이자, 이전보다 학력이 높아져 시험문제를 두고 시비논쟁을 벌일 수 있는 학부모들이었기 때문에 가능했다. 치맛바람 부대가 없었더라면 그저 묻혀버렸을 이 사건의 본질은 당시 오락가락하던 교육행정, 졸렬한 시험문제와 채점방식, 청와대 고위 공직자가 연루된 부정입학이었다.

사건의 발단은 1965학년도 서울 전기중학교 입학시험 문제였다. 이때 시험문제는 "졸렬한 시험문제"라는 비판을 받을 만큼, 애매하거나 잘못된 문제가 여럿 있었다.[372] 소송까지 올라간 문제는 〈자연〉 과목 18번 문제였다. "엿을 만드는 과정에서, 엿기름 대신에 넣어도 좋은 것"을 묻는 문제였다. 출제위원회에서 정한 답은 디아스타제였다. 학생들 중에는 '무우즙' 혹은 '무우'를 답으로 쓴 아이들이 상당히 많았다. '무우즙'도 정답일 경우, 커트라인에 걸려 재합격하게 되는 학생만 해도 약 370명이었다.[373] 경기중학교에만 80명이 추가로 합격하게 될 정도로 '무우즙'을 답으로 선택한 아이들이 많았다. 자연 교과서에 '침이나 무우즙에도 디아스타제 성분이 있다'는 내용이 포함돼 있었기 때문이었다. '디아스타제'만 정답이라는 발표 후 '무우즙'도 정답이라는 항의가 빗발쳤다. 서울시 교육위원회에서는 합격자 발표도 중단하고, 정답을 세 번이나 바꾼 끝에 자연 18번 문제 자체를 아예 무효화하겠다고 발표했다. 이에 '디아스타제'라고 답을 쓴 학생 학부모들의 항의가 거세졌다. 사라진 한 문제 때문에 졸지에 불합격하게 될지도 모를 위기에 처했기 때문이었다. 학부모의 항의에 교육 당국은 정답을 다시 번복했다. 서울시교육위원회에서 '무우즙'으로 엿을 고을수 없다는 전문가 의견을 받았다고 발표했으나, '무우즙' 학부모들은 무로 '무우즙 엿'을 고아 솥 채로 들고 서울시교육위원회에 나타났다. 자식의 합격에 사활을 건 어머니의 극성이 전문가의 이론을 삼켜버렸다.[374]

1965년 2월 25일 학부모들은 '입학시험 합격자 확인청구소송'을 제기했다. 시험은 교육 현장을 떠나 법적 사건으로 바뀌었다. 이 소송이 입학시험 관련 첫 소송은 아니었다. 바로 직전 해인 1964학년도 입시문제로 서울시교육위원회는 한 차례 행정소송 파동을 겪었고,[375] 1966학년도, 1968학년도 입학시험에서도 계속 소송에 휘말렸다. 법정으로 넘어간 문제는 시험이 사회적 사건이라는 시험의 본질을 말해줬다. 3월 30일 서울고등법원 특별재판부는 '무우즙'도 정답이라는 판결을 내렸다. 그러나 승소한 학생 38명은 즉각 지원학교(경기중 30명, 서울중 4명, 경복중 3명, 경기여중 1명)로 돌아가지 못했다. 이번에는 서울시교육위원회와 해당 학교 교장단이 "교육질서 파괴" 운운하며 입학을 격렬히 반대했기 때문이다. 교장들은 고등법원 재판결과에 불복하여 상고했다. 학부모들은 포기하지 않고 계속 항의했다. 그동안 서울시교육위원회와 문교부에서는 서로 책임 떠넘기기에 급급했다. 문교부는 학생 구제가 교육감과 학교장 재량이라고 발뺌하고, 학교에서는 법적 정원 이상 받을 수 없다고 우겼다. 5월에 문교부가 한 학급 정원 이외에 학생들을 더 받는 전입이 가능하다고 발표한 후에야 학부모들은 상고를 취하했다. 학기 시작 석 달이 지난 후에야 전입이 가능해졌다.[376]

교육 당국의 오락가락 행보는 여름이 되어서도 계속되었다. 행정소송을 하지 않았지만, '무우즙' 정답 처리로 합격 가능한 점수를 받은 학생들이 많았다. 이들을 '소외학생訴外學生', 즉 소송을 제기하지 않은 학생이라 불렀다. 경기중학교에만 이런 학생이 50명가량 되었고, 전체적으로 '커트라인'에 들게 되는 학생이 약 370명이었다. 'Y중학교의 경우 소외학생이 36

명인데, 이들을 구제하면 전체 '커트라인'이 낮아져 합격권 내에 드는 학생이 160명이나" 되었다.[377] 승소학생의 전입이 결정되자, 소외訴外학생의 구제가 문제였다. 소외학생 학부모들은 구제가 안 되면 행정소송도 불사하겠다고 학교에 통지하고, 국회 문공위로 달려가 국회의원들에게 구제를 요청했다.[378] 여론도 학생 구제가 당연하다는 편이었다. 그러자 문교부 장관은 소외자도 동등하게 구제해줘야 하지만, 그 책임은 서울시교육감에게 있다고 책임을 떠넘겼다. 김원규 서울시교육감은 "이 문제는 상급 관청인 문교부 또는 국회에서 정책적인 바탕을 마련해줘야 한다"고 뻗댔다.[379] 이후에 문교부는 소외학생을 구제하겠다고 여러 차례 약속했지만, 이 약속은 가을이 다 가도록 끝내 지켜지지 않았다.[380] 서울시교육위원회와 각 학교장의 완강한 반대에 문교부는 소외학생들을 대상으로 거짓말만 남발한 꼴이 되었다.

교육 당국이 우왕좌왕 하는 동안에도 빠뜨리지 않고 챙긴 것 하나. 바로 권세가 자녀들의 입학 자리였다. 승소한 학생들이 전입하는 사이, 청와대 정무비서관, 청와대 공보비서관, 국회문교공보위원 전문위원, 한국전력 사장 등의 특권층 자녀들이 몰래 유명 학교들에 부정입학했다. 경복중학교에 15명, 경기중학교에 6명이 '무우즙' 합격생들의 전입을 틈타 '뒷구멍 입학' 했다. '무우즙 덤 입학' 이었다. 정작 합격점을 받고도 소송을 안 했다는 이유로 합격시켜주지 않은 학생 수백 명은 방치해두고, 학교는 '뒷구멍' 으로 최고위 권력층과 부유층 자녀들의 부정입학 처리에는 신속했던 것이다. 문교부의 '알선' 없이는 권력층의 부정입학이 불가능하다는 비판이 쏟아져 나왔다.[381] 두 학교 교장은 더욱 가관이었다. 경기중학교 김영기 교장과 경복중학교 김인수 교장은 "남는 자리"에 부정입학생을 넣었을 뿐이라 변명하고 서울시교육감은 "지나치게 친절을 베풀다가 생긴 문제"라며 뻔뻔하게 굴었다.

두 교장은 결국 사퇴서를 냈다. 권력자 부정입학의 당사자 청와대 민충식 정무비서관, 박상길 공보비서관도 해임됐다.[382] 6월 28일에는 허선간 문교부 보통교육국장, 엄한준 서울시 학무국장도 해임됐고, 한상봉 문교차관의 사표는 반려되었다.[383] 김원규 서울시교육감도 버티지 못하고 6월 29일 사표를 제출했고, 6월 30일 서울시교육위 중등교육과장 서장석, 서울시교육위 서무과장 이창우도 면직처리되었다.

부정입학 시리즈는 여기서 끝나지 않았다. 이른바 '일류' 고등학교와 대학교의 부정입학도 이 해에 밝혀졌다. 경기고등학교에서는 상업은행장 전신용, 럭키치약 사장 구인회, 교육계 인사의 자녀들이 부정입학한 게 발각됐다.[384] 서울대 부정입학사건도 드러났다. 서울대는 교수 18명의 자녀들을 추가로 입학시켜놓고는 "등록 못 한 학생의 빈자리를 메우기 위해서" 교수 자녀를 입학시켰다고 금세 들통 날 거짓말을 버젓이 했다. 부정입학한 교수 자녀들에게 의예과와 공대 같은 1지망 학과에 가도록 하는 특혜까지 베풀었다. 문교부는 이 부정입학 사실을 보고받고도 한 달이 넘도록 아무 조치도 취하지 않았다. 그런데 당시 교수 자녀의 부정입학이 얼마나 만연했는지 홍윤명 연세대 교무처장은 "각 대학에서 교수 자녀들에게 어느 정도의 특전을 주긴 했으나 교육적으로 좋지 않은 성과를 가져오고 있어 이를 없애야 된다"고 밝힐 정도였다.[385] 심지어 서울대 교수 부인은 신문에 교수 자녀의 부정입학을 '학교 당국의 아량'이라면서 월급을 올려주든지, 아량을 베풀든지 하라고 오만을 떨 정도였다.[386]

'일류' 학교에 부정입학은 계속되어도 부정입학생의 입학이 취소되는 일은 좀체 없었다. 교육 당국과 권력자들의 부정비리를, 그리고 학생들의 부정입학을 '치맛바람'으로 덮어버렸다. 마침 치맛바람이라고 부를 그녀들의 대단한 자식사랑도 있었기에……. 같이 손가락질하며 서민의 마음도 달래는 척하면서, 부정권력자들과 교육 당국은 치마폭에 숨어버렸다. 그들에게는 치맛바람이 절실히 필요한 바람막이었던 셈이다.

1964학년도 입시에서도, 1966학년도 입시에서도 소송은 되풀이되었다. 불합격생 부모 110명이 소송을 제기했지만 패소했다.[387] '입시→출제문제와 정답에 대한 항의→농성 및 데모→소송'[388]으로 이어지는 살풍경은 1967년 연말도 다르지 않았다. 1967년에는 '창칼 파동'으로 이름만 바뀌었다. 학부모와 교육 당국 사이에는 불신이 팽배했다. 창칼 파동이 번진 이유에는 권력층에 대한 의심이 있었다. 문교부까지 가세한 고위층 자녀의 부정입학사건을 고질적으로 겪어왔던 터라, 1967년 연말 경기중학교의 정답기준 변경사건은 의심받기에 충분했다. 창칼의 사용법을 묻는 문제의 정답이 "정부 모 고위층의 차가 학교를 다녀간 후" 갑작스럽게 변경됐다. 그러니 경기중학교 교사들마저 "말썽이 날 줄 알았다"고 토로했다.[389]

이 일로 500여 명의 학부형이 학교서무실에 난입해 닷새 밤을 철야농성하고, 학부형 50여 명이 문교부 장관실 앞에서 농성을 했다. 국회에도 압력을 가했다. 채점 시비는 소송전으로 돌입했다. 경기중학과 서울중학의 낙방 학부형 548명이 대규모 소송단을 꾸렸다.[390] 엎치락뒤치락 하던 재판

〈그림 27〉 창칼 파동 당시 풍자만화
《동아일보》1967. 12. 7, 《경향신문》1967. 12. 7.

은 1968년 10월 22일 대법원에서 학교 재량권을 주장한 학교 측의 승리로
끝났다.[391]

결국 '창칼' 학생과 학부모들은 졌지만 이 소동은 큰 성과를 낳았다. '창
칼 파동'으로 재판이 진행되는 동안, 1968년 7월 15일 문교부는 1969년부
터 중학교 무시험 입학을 실시하겠다고 발표했다. 학생들은 해방의 기쁨
을 맛보았다. 입시 때문에 "죽을 정도로 공부를" 했던 한 충남고등학교 학
생은 무시험 입학제도 덕에 "팽팽 노는" 초등학교 6학년 동생을 보고 일기
에 한 대목 썼다.

> 아이들이 노는 것을 보니, 내가 6학년 때 생각이 난다. 그 때는 중학교 시험제이
> 여서 죽을 정도로 공부를 해야 했다. 그러나 지금은 중학교 무시험 추첨제로 개
> 편되어서, 마음껏 놀고 있는 것을 보니 잘한 일이라 생각된다(1970. 2. 23.).[392]

무즙 파동과 창칼 파동으로 초등학생은 입시에서 해방되었다. 아동들에
게는 분명 축복이었다. 고등학교 입시는 피할 수 없었지만, 적어도 아동기
에 "졸렬한 시험문제"지를 앞에 두고 달달 외는 짓에서는 벗어나 놀 권리
를 보장받을 수 있었다.

그러나 50여 년이 흐른 후, 한국의 초등학생은 다시 공부에 시달리고 있
다. 대학 서열화가 심해지면서 공부압력은 점점 어린 나이로 내려오고 있
다. 그리고 잘못된 시험문제와 정답으로 시험소송도 계속되고 있다. 매년
입시문제를 둘러싼 소송이 끊이지 않아, 2014학년도 수능시험 세계지리 8
번 문제는 1년이 지난 후 고등법원에서 출제문제와 정답이 잘못 됐다고 판
결이 났다. 이 문제로 성적이 바뀐 수험생만 1만 8,884명이고, 불합격했다
추가합격한 학생도 629명이었다.[393] 후폭풍은 더 있었다. 하향지원한 학생
들, '잃어버린 1년'을 주장하는 학생들의 외침이 과장은 아니다. 아직도

대학입학에서 수능점수 1, 2점의 영향력은 매우 크기 때문이다. 시험문제
도 인간이 출제하는지라 완벽할 수는 없다. 틀릴 수도 있으나 수험생의 입
장에서 최대한 잘못을 시인하고 정정하느냐, 책임을 끝까지 회피하려느냐
는 매우 다르다.

〈논란이 된 1960년대 중학교 입학시험문제들〉

1965학년도 전기중학입학시험

자연 18번.

> 다음은 엿을 만드는 순서를 차례대로 적어놓은 것이다.
> 1. 찹쌀 1kg 가량을 물에 담갔다가
> 2. 이것을 쪄서 밥을 만든다
> 3. 이 밥에 물 3ℓ와 엿기름 160g을 넣고 잘 섞은 다음에 60도의 온도로 5~6시간 둔다.
> 4. 이것을 엉성한 삼베주머니로 짠다.
> 5. 짜낸 국물을 조린다.
>
> 위 3과 같은 일에서 엿기름 대신 넣어도 좋은 것은 무엇인가

1968학년도 전기중학입학시험

> 〈미술〉 13. 목판화를 새길 때 다음 중 창칼 쓰는 법이 바른 것은?
>
>
>
> 〈미술〉 19 우리가 조형작품을 만드는데 가장 기초가 되는 것은?
> ① 꾸미기 ② 만들기 ③ 스케취 ④ 협동제작

◆ 서울시교육위원회가 제시한 정답은 13번 문제는 2번, 19번 문제는 3번이었다. 경기중학교에서도
처음에는 서울시교육위원회 채점기준표대로 채점했다가, 교장의 지시에 의해 13번 문제는 2과 3,
19번 문제는 1, 2, 3 모두 정답으로 채점했다.

소수점 반올림에 울고 웃어

모든 점수는 총점으로 기록되고 총점으로 석차를 매긴다. 이는 오랜 동안 시험점수를 매기는 기본 원칙이었다. 공부 잘 한다는 말은 등수가 높다는 말이고 등수는 총점순에 의해 결정되었다. 일찍이 개화기 법관양성소에서 정부에 보고한 성적일람표에도 총점순으로 학생이름이 명기되었다. 그리고 일제시대의 성적일람표를 거쳐 수능시험에 이르기까지 총점이 곧 석차이고 능력이었다. 모든 시험과목 점수는 하나로 합산하고, 총점이 가장 높은 이의 지적 능력이 일반적으로 가장 뛰어나다고 인식했다. 이 인식은 입시뿐만 아니라 모든 시험에서 수험생을 선발하는 첫 번째 원칙이었다. 이 원칙에서 벗어날 때, 공정성 문제가 불거졌다. 오랫동안 유지되어왔기에 선발자와 응시자 모두 가장 공정하고 합리적인 방법, 가장 말썽이 적은 방법으로 인식해왔다.

이런 흐름에 변화가 생긴 것은 대학입학 전형의 다양화를 내세운 2002학년도 수능시험이었다. 한국교육과정평가원에서는 원점수를 합산한 총점을 학생들과 각 대학에 통지하지 않았다. 총점으로 서열화하는 대신에 "학생의 소질과 적성"을 중시하는 선발을 위해서였다. 총점제 대신에 영역별 원점수, 백분위 점수, 영역별 등급, 5개 영역 종합등급, 표준점수를 표시했다. 총점은 없지만, 얼마든지 총점을 손쉽게 계산할 수도 있고 총점과 다르지 않은 역할을 하는 다양한 점수들이 표기되었다. 총점이 사라지고 등급만으로 수험생의 능력 변별이 가능한지, 수험생들은 지원전략을 어떻게 짜야 하는지 모르겠다는 회의론이 있었다. 이럴 때는 항상 언론이 수험생들의 불안을 대서특필하고, 사설학원들은 그들만의 특별한 비법이 있는 양 수험생들을 불러모았다. 그러나 총점제에 대한 오래된 회의론이 컸다. 총점이 학습자의 일반 능력을 나타내지도 못할뿐더러, 영역별 등급점수로

[표 12] 반올림과 합격: 수험생 3인의 사례

	점수표기	언어	사회탐구	외국어	총점	합격여부
A	원점수	88.2	61.0	68.0	217.2	탈락
	표기점수	88	61	68	217	
B	원점수	91.6	54.5	70.5	216.6	합격
	표기점수	92	55	71	218	
C	원점수	88.2	57.5	71.0	216.7	합격
	표기점수	88	58	71	217	

도 충분한 변별력이 있고, 게다가 영역별 등급이 개인 적성에 맞는 진학에 적합하다는 논리가 설득력을 얻었다.

2002학년도 시험에서는 총점만 폐지한 게 아니라 소수점 표기도 폐지했다. 한국교육과정평가원은 소수점 이하 점수는 사사오입해서 그 점수를 각 대학에 CD로 배포했다. 이미 1998년도에 '2002학년도 대학입시안'을 발표할 때 예정된 내용이었다. 당시 시험문제는 문제당 배점이 소수점까지 포함하였다. 가령 언어 영역의 경우 한 문제당 1.5점, 1.8점, 2.2점짜리가 있었다. 그래서 한 학생이 받는 각 영역별 점수는 소수점 아래까지 나오는데, 대학에 통보되는 점수는 반올림한 점수였다. 당장 문제가 발생했다. 2003학년도 서울대 예체능계에 지원했던 불합격생 A는 고득점 순 선발 원칙에 따르면 다른 두 수험생 B와 C보다 성적이 높았지만, 합격은 다른 두 명 몫이었다. 원점수 합계로 가장 낮은 점수를 받은 B는 반올림 점수 덕분에 합격하고, A와 C는 동점자가 되었다. A는 동점자 처리기준에 따라 탈락했다. 영역별로 반올림해서 점수를 합산하니 나타난 점수 역전 현상이었다. 불합격생의 아버지가 이 사실을 알고 항의했으나 대학은 한국교육과정평가원에서 반올림한 점수를 제공하기 때문에 대학의 책임이 없다고 하고, 교육부에서는 "점수 위주의 서열화를 막고 다양한 전형요소를 반영하

기 위한 것"이라며 정당화했다.[394]

비단 서울대만이 아니었다. 같은 해인 2003학년 대구한의대 한의예과에 지원해 불합격한 학생 2명도 똑같은 일을 겪었다. 학생들은 대한민국과 한국교육과정평가원을 상대로 소송을 걸었다. 이 소송은 아주 길어 2007년 12월에야 끝이 났다. 소송결과는 불합격한 두 수험생의 패배였다. 대법원은 대학입시 정책은 교육부의 재량사항이며, '반올림에 의한 소수점 폐지' 역시 전문적이고 정책적 판단에 따른 폭넓은 재량사항이므로 불법 또는 위법행위가 아니라고 판결했다.[395]

불합격자들로서는 억울하기 짝이 없는 노릇이었다. 오직 점수로만 합격선이 갈리는 상태에서 반올림 때문에 더 높은 점수를 받고도 떨어진다고 하니 억울하지 않겠는가. 시비가 붙은 대학들은 서울대나 대구한의대처럼 한 번 합격하면 그 후광이 평생을 가는 대학들이었다. 그런 대학의 지원자일수록 예민해질 수밖에 없다. 소수점 이하의 값을 버리면 서열화가 사라지는가? 0.1점을 버리고 올린다고 과연 교육부가 얘기했듯이, "서열화의 폐단"을 줄일 수 있었을까? 전혀 그렇지 않다. 서열화는 서열화대로 있으면서 불신을 초래했다. 여러 대학에서 점수 역전현상에 대한 우려를 제기했지만, 교육부는 '재량권'만 믿고 전혀 대책을 세우지 않았다. 단 0.1점도 버릴 수 없는 수험생의 심정은 아랑곳 않고 버티던 교육부는 결국 2014학년도 시험부터는 문제당 배점에서 소수점을 없앴다. 너무 늦은 대책이었다.

성적 표기문제가 가장 큰 사회적 논란이 되었던 때는 2008학년도 대학수능시험이었다. 이전에는 원점수, 영역별 등급, 5개 영역 종합등급, 백분위점수, 표준점수까지 샅샅이 계산해서 대학에 제공하다가, "서열화 완화와 대학수능시험의 원래 목적에 충실하겠다"는 이유로 영역별 등급만 표기한 점수를 수험생과 대학에 통지했다. 반발은 예상보다 훨씬 컸다. 등급

[표 13] 수능시험 성적표기법의 변천

연도	성적표기법
1994-1998학년도	원점수, 총점, 백분위점수
1999-2001학년도	원점수, 총점, 백분위점수, 표준점수, 변환표준점수
2002-2004학년도	원점수, 영역별 등급, 5개영역 종합 등급, 백분위점수, 표준점수
2005-2007학년도	영역별 과목별 표준점수, 백분위, 등급
2008학년도	영역별 등급
2009-2016학년도	영역별 과목별 표준점수, 백분위, 등급

표기제에 대한 의심과 불안이 언론을 장악했다. 등급제만으로도 변별이 가능하다는 것을 시뮬레이션을 통해 확인했고, 수능점수만 아니라 생활기록부를 활용한다면, 학생 능력은 다양하면서도 충분하게 변별할 수 있다는 교육부의 대답이 씨알도 먹히지 않았다. 반발의 주 진원지는 유명 대학과 불안한 수험생들이었다. 개혁입안자들에 대한 비난은 원색적이었다. 그러나 2008학년도 신입생들은 대학에 진학했고, 변별력을 요란하게 떠들던 각 대학들도 아무 일 없었다는 듯 신입생을 뽑았다. 변별력이 없어 신입생을 뽑지 못한 대학은 단 한 곳도 없었다. 변별력 없는 학생을 뽑아서 한 1, 2년 가르쳐 보니 못 가르치겠다는 대학도 단 한 곳 없었다.

대학입시 성적 표기와 관련하여 가장 힘이 센 담론은 언제나 변별력이었다. 유명 대학들과 고득점자들은 학생들의 성적을 최대한 세밀하게 서열화해주기를 요청했다. 입시학원들도 계속 불안을 부추겼다. 만약 조금이라도 서열화가 흐트러지면 곧장 변별력을 외치며 시험제도 자체를 흔들었다. 대학은 고득점 입학생으로 그들의 명성을 유지하기 원했을 뿐이며, 수험생들은 자신의 피나는 노력에 대한 보상을 요구했다. 수학 능력을 측정한다는 원래의 가치, 중등학교 교육의 정상화를 위한 성적표기법 주장은 늘 학벌사회에 막혀 힘을 잃을 때가 많았지만, 현재는 점수 1, 2점이 능력의 기준이 아니라는 생각에 모두가 동의할 수 있다. 필요한 건 서열화된 대학체제를 무너뜨리는 개혁이다.

시험 엄숙주의를 깬 "엽기 시험"

"엽기 시험", "쓰레기 시험", "교육을 뭘로 알고", "저런 선생은 당장 내쫓아야 해"……. 사람들은 일시에 가장 준엄하고 비장한 교육자로 돌변하여 한마디씩 던졌다. 파장은 컸다. 전국 일간지와 방송에 오르내렸다. 교육이 무너졌다는 통탄의 목소리가 쏟아지는 데는 이유가 있었다. 한 대학에서 기말고사로 쳤다는 시험문제가 한 번도 본 적 없는, 어찌 보면 시험을 조롱하는 문제였기 때문이다. 절정은 마지막 40번 문제였다. "머리 아파서 50문제는 도저히 ( ) 내겠다." 답은 "못" 내겠다. 이 문제는 출제자 스스로도 경솔했다고 고백했다.

2002년 12월, 경북대 '미술의 이해' 과목을 담당한 정효찬 선생이 출제한 기말시험문제가 한 인터넷 사이트에 올라왔다. 인터넷이 보편화되면서, 세상 뉴스를 인터넷이 막 만들어내던 참이었다. 이 시험문제는 세상의 사건들을 찾는 인터넷에 딱 걸려들었다. 누구나 시험을 쳐봤고 시험으로 골탕먹어봤기에, 누구에게나 시험은 정말 좋은 이야깃거리였다. 그런데 이 문제들은 자못 비장하게 생각했던 시험을 한순간에 허무는 문제들로 채워져 있었다. 문제 하나, 점수 1점에 늘 민감했던 사람들에게 그까짓 시험문제가 뭐 별거냐, 수업에 열심히 참여해 활동했으면 누구나 시험시간을 즐길 자격이 있지 않느냐는 도발이었다.

대학마다 방학 초 풍경. 인터넷에 학생들 성적이 공지되면 그때부터 성적 이의신청 기간이다. 이때 많은 선생들의 핸드폰은 불이 난다. 핸드폰을 끌 수도 없다. 여하튼 받아서 성적이의를 처리해야 한다. 간혹은 부당하거나 부주의한 채점도 있기에, 학생들은 이의를 신청할 권리가 있다. 그러나 대부분은 학생들 읍소다. 장학금을 받아야 하는데 A학점이 꼭 필요하다, 차라리 F를 주면 고맙겠다고 읍소한다. 모두 이렇게 성적에 예민한 시기에 이 웃기는 시험문제지가 인터넷에 올라온 것이다. 항의하고 읍소하고 체념하면서 받아낸 그 시험점수를 비웃듯이, "첫 수업시간에 다 같이 무엇을 했느냐", "성공률 100퍼센트의 키스법은 뭔가"하는 문제라니……. 내내 근엄하고 초조하고 답답하기만 했던 시험문제였는데, 이 시험에는 엄숙 따윈 없었다. 한국인들에게는 시험유전자가 박혀 있다는 얘기를 들을 정도로, 시험에 강하고 시험에 진지했던 수백 수십 수년의 역사가 와르르 무너졌다.

정효찬 선생은 한 학기 내내 학생들과 프로젝트 수업을 했다. 생활 속 미술을 발견하고 표현하게 만들려는 목표였다. 수업시간에 라면 끓이는 소리를 들려주는 등 학생들의 발표도 이채로웠다. 정효찬 선생은 학생들에게 쉽고 재미있고 만만한 미술을 경험하게 하고 싶었다. 미술을 가지고 놀도록 하고 싶었다. 수업도 시험도. 그래서 시험 치르는 학생들도 키득키득 웃을 법한 문제, 프로젝트 참여를 즐거이 떠올릴 수 있는 문제를 고안했다. 수업에 불참한 이들에게는 요령부득의 시험지였다. 어처구니없어 보이는 시험문제들은 수업시간에 진행된 프로젝트 내용과 관련된 것들이었다.

기말고사가 끝나고, 한 학생이 시험지를 가져가고 싶다고 선생에게 허락을 구했다. 이 학생은 그 전부터 인터넷에 꼬박꼬박 수업내용을 올리고 있었고, 시험문제지는 수업내용 업로드의 완결판이었다. 업로드 한 학생도 예상치 못한 일이 펼쳐졌다. 밤새 인터넷은 천리를 누볐다. 수업 맥락을 전혀 모르는 채, 문제지를 접한 이들은 "엽기 시험", "엽기 강사", "쓰레기 문제"라는 비난을 쏟아냈다. 이 사건이 유명세를 타게 된 배경에는 인터넷

발달과 '엽기 토끼 시리즈', 영화 〈엽기적 그녀〉에서 시작된 엽기문화 유행이 있었다. 인터넷이 없었더라면, 대구 지역 한 대학, 어느 한 수업시간 시험문제가 전국에 퍼지지 않았을 것이다. 또 인터넷을 통해 엽기 코드가 만개하던 때라 이 시험은 엽기 시험이라는 이름으로 빠르게 퍼졌다. 누구도 예측하지 못한 사건이었다.

하루밤새 학교서버가 마비되었다. 대학은 당황했다. 엽기 강사가 엽기 시험이나 치는 학교로 낙인찍힐까 걱정했다. 학교는 빨리 사건을 종료시키고 싶었고, "엽기"라는 비판에 맞서 짐짓 교육자의 엄숙주의 자세를 취하기로 결정했다. 매우 엄숙하게 사태를 해결하는 방법, 바로 문제 강사의 해고였다.

이후는 일종의 블랙코미디였다. 정효찬 선생이 기억하는 해고과정은 코믹하기 그지없다.[396] 학과 교수회의를 먼저 열고, 그 다음으로 학교 차원의 회의를 열어 정효찬 선생을 불렀다. 사과문을 제출하고 학교를 떠나도록 지시했다. 다음날 정효찬 선생은 사과문을 들고 학교의 회의에 들어갔다. 그날을 정효찬 선생은 이렇게 회상한다.

사과문을 제출하고 회의장 밖에서 3시간을 기다렸다. 3시간 회의 결과, "아직 변명이 많다"며 사과문 수정을 요구했다. 출제 이유 등은 다 생략하고 5줄로 죄송하다는 사과문을 제출했더니, 1시간 30분 동안 다시 회의를 했다. 이제는 "너무 짧다"고 수정을 요구했다. 자존심도 상하고 해서 고민을 하다가 컴퓨터로 한글 좌우 여백과 줄간을 조정해서 5줄보다는 더 긴, 그러나 동일한 사과문을 제출했다. 학교 측은 사과문을 받아들고 30분 동안 또 회의를 했다. 밖에서 기다렸다. 이번엔 "이젠 됐다"고 통지했다. 그리고 학교를 떠났다.

사과문을 낸 다음날 학교는 강사를 해촉했다고 공식 발표했다. 공식적인 해촉 발표는 이례적이었다. 강사의 해촉 여부를 공개적으로 알리는 경우는 없었기 때문이다.

해촉 발표 이튿날, 상황은 서서히 달라지기 시작했다. 인터넷 한 편에서 "신선한 문제다", "통쾌한 문제다"라는 댓글이 달렸다. 수강학생들도 발 벗고 나섰다. 수강생들은 수업이 매우 참신하고 재미있고 독창적이었다고 알렸다. "엽기", "쓰레기"로 내몰렸던 이 사건에, 수강생 말고도 일부 시민들이 등장하여 반론을 펴기 시작했다. 비정규직을 단칼에 해고해버린 국립대학을 보면서, "대한민국에 비정규직은?", "시간강사는?"이라는 질문을 던지기 시작했다. 비정규직의 열악한 처지가 사회문제로 등장한 것이다. 상황 역전! 쉽게 해고한 대학 측이 오히려 경솔하다는 비판을 받아야 했다. "쓰고 버리는 사람, 강사인가"라는 비판은 먹혀들기 시작했다. 그리고 독창적인 수업목표와 수업방식이 알려지면서, 인터넷은 정효찬 선생을 〈죽은 시인의 사회〉에 나오는 키팅 선생으로 변신시켰다. 엽기 강사에서 키팅 선생으로. 인터넷은 정효찬 선생과 그의 시험문제를 녹신녹신하도록 두들겨 팼다가 다시 끄집어내 활활 되살렸다.

"거의 폐인"처럼 일주일을 보내고, 정효찬 선생은 수업을 포기하고 타일 붙이는 일을 하러 다녔다. 어느 날 한양대에서 전화가 왔다. 창의력 관련 수업 설계 중인데, 강사로 초청하고 싶다는 연락이었다. "엽기"는 창의력으로 재해석되었다. 방송에서도 새로 주목했다. 창의력 넘치는 수업을 하고, 창의력 넘치는 시험문제를 출제하는 유쾌한 선생으로. 해가 흘러 경북대는 다시 정효찬 선생을 학교로 불러들였다. 떠들썩한 해고였던 만큼, 경북대로의 귀환은 세간의 주목을 받았다.

세상에는 시험과 관련된 유머가 많다. 시험지와 시험점수 앞에서는 꼼짝 못하지만, 시험문제와 채점에 대한 불만은 인터넷이나 유머집에 돌아다닌다. 어느 조류학과 교수가 새 다리를 그려놓고 새 이름 맞추는 문제를 냈다. 문제를 본 한 학생이 교수에게 "문제가 이게 뭐냐"고 따졌다. 그러자 교수는 신경질적으로 "자네 이름이 뭔가?" 그 말이 떨어지기 무섭게 학생은 교수 앞에 자신의 시꺼먼 다리 한쪽을 불쑥 내밀고 "맞혀 보시죠. 제 이름"했다는 우스갯소리가 있다. 새 다리 보고 새 이름 맞추기나 학생 다리 보고 학생 이름 맞추기나……. 이처럼 시험장 밖에서 시험은 조롱당하는 일이 많다. 그럼에도 막상 시험지 앞에서는 모두 엄숙한 얼굴을 하고 최선을 다해 풀어야 하는 근면성실함을 몸속에 체화하고 있다. 조롱당하는 시험과 비장한 시험 사이의 간극은 매우 크다. 시험장에서는 모두 비장해지지만, 왜 무엇 때문에 그래야 하는지 물어보지 못한다.

이 사건은 시험에 주눅 들었던 이들에게 새로운 사고를 열어주었다. 시험이 꼭 엄숙하고 진지해야만 하나? 시험도 교육의 한 과정이라는 인식을 하게 만들었다. 교육을 더 잘하고, 인간을 더 잘 알기 위한 도구라는 점을 망각한 채, 시험에 대한 과잉엄숙주의는 비극을 자초하는 희극에 불과하다.

〈논란의 시험문제〉

2) 첫 수업시간에 모두 다 같이 행했던 행위는 무엇인가?
  1. 휴강 2. 의자에 앉아서 자리 땡기기
  3. 교실 옮기기 4. 나의 살던 고향 노래 합창
4) 야외수업에서 본 작품 중 인상적이었던 작품을 적고 그 이유를 간단히 쓰시오.
21) 배용준식 머플러 매는법의 순서는? (, , ,)
  1. 감지 않은 쪽의 목도리를 돼지꼬리의 원안으로 살짝 공간을 두고 넣는다.
  2. 긴쪽으로 목을 한번 감으면 돼지꼬리 모양이 된다.
  3. 공간이 생긴 곳으로 먹을 감은 목도리 쪽을 교차하듯 넣어서 당긴다.
  4. 한쪽은 짧게 다른 한쪽은 길게 목에다 건다.
39) 화염병 투척 시 유의해야 할 점이 아닌 것은?
  1. 인솔자의 지휘에 따라야 한다.
  2. 적들이 주눅 들도록 화염병을 될수록 크게 돌린다.
  3. 친구나 후배들에게 잘난 체 할라고 오바해선 곤란하다.
  4. 최루탄이 터지면 일단 뛰어야 한다.
40) 머리 아파서 50문제는 도저히 ( ) 내겠다.
  1. 밥 2. 못 3. 혀 4. 빚
*** 2002년 2학기 정효찬 강사의 '미술의 이해' 40개의 시험문제 중 일부

|||
과거제 폐지 이후, 신식 학교들의 입학시험 풍경
|||

1894년 갑오개혁으로 과거시험을 폐지하고, 조선은 〈전고국조례 銓考局條例〉와 〈선거조례選擧條例〉를 발표했다. 인재를 추천받은 다음 보통시험과 특별시험을 쳐서 관리를 선발하도록 한 이 조례들은 임시방편이었고, 더 근본적으로는 근대 학교제도를 통해 인재를 양성하고자 했다.

근대적 학교들이 생기고, 학교별로 입학시험을 실시했다. 일제 후반기 친일행적을 남겼지만 장응진은 1909년 3월 조선인 최초로 도쿄고등사범학교를 나와 대성학교 교사로 근무했고 1912년에는 신민회사건으로 1년간 복역했던 인물이다. 그는 1897년 관립 영어학교에 입학했다. 당시 입학시험을 이렇게 회고하고 있다.

그때 시험은 학부대신이 직접 보앗습니다. 광화문 전에 잇는 학부로 가닛가 학부대신이란 이가 사모관대를 하고 장죽을 물고 안저 시험을 밧는데 지금 생각하니 우슴이 남니다. 시험과목이라곤 다른 것은 업고 다만 한문뿐인데 그때 논어를 따로 읽어 보라 합듸다. 그래 나는 칠서七書를 다 읽엇든 터이라 어렵지 안케 단숨에 주루루 내려 읽으닛가 학부대신은 "에 잘 읽는군. 그만 하면 쓰겟군" 하고 곳 학교로 통지하야 입학을 식켜 줍듸다.[397]

그로부터 10년이 지난 1908년 관립 한성외국어학교 입학시험에 서도 여전히 모집학과가 영어든 독어든 가리지 않고 시험과목은

"국한문 독서 및 작문"이었다. 1895년 설립된 관립 한성사범학교의 입학시험도 다르지 않았다. 1899년 입학시험을 친 김창제는 그해 120명가량이 지원해 18명이 합격했다며 이렇게 떠올렸다.

입학시험은 학부의 큰 대청에서 보앗는대 지필묵을 죽 난호아 주엇고 상시上試로는 학부대신, 부시副試로는 학무국장 그리고 일반 시관試官으로 각 교관이 열석하엿스며, 수험생은 최소년자 18, 9세 이상으로 4, 50세의 장년 또는 장년기를 지난 사람들노서 큰 갓을 쓰고 혹자는 수염까지 쓰다듬고 안젓스니, 지금과 비교하야 상상컨댄 일종 가관이라 할 것이다. 내가 치른 기억을 들추건대, 제1일은 독서시험이니 칠서七書 가운데 어느 중에서나 읽혀보앗다. 나는 그때 대학大學 서문을 읽히웟다. 그리하야 제1일 독서시험에 한 절반이 떨니고, 제2일에는 순純한문으로 작문을 지엇스니 이 결과 또한 절반 이상이나 떨니웟고, 제3일에는 합격자 발표가 잇섯다.[398]

1905년 한성사범학교 학생모집 광고에서는 국문과 한문 그리고 본국역사와 본국지지地誌를 입시과목으로 명시했고, 1908년 강습과 학생모집 광고에서는 한문과 국문은 물론 산술(사칙)과 일어 능력(독해, 회화, 번역)까지도 시험과목으로 적시했다. 1905년 을사늑약 이후 입시과목도 차차 변화의 조짐을 보였다.

試験國民

武論尊

4

전부를 걸어
출세하라

누구를 위해
공부하는가

한때는 민족과 국가를 위하여

민족 간 경쟁상황에서는 시험점수나 석차도 민족을 대표하는 중요한 상징이 되곤 한다. 지적·문화적 우월을 상징한다. 특히 '열등'한 정치경제적 처지의 피식민지인들은 식민지배자들과 줄곧 비교당하고 차별당하면서, 심리적으로나마 보상받을 수 있는 영역을 발견하고자 한다. 사회진화론의 시대에 교육과 성적은 핵심적인 비교기준이 됐다. 실력양성론자들은 교육의 중요성을 역설하면서, 빼어난 성적을 내는 소수 실력자를 발굴해 민족적 희망을 발견하고자 했다.

일본인 학생들과 한 공간에서 공부하게 되는 경우 성적비교는 거의 본능적이었다. 경성제대처럼 한 공간에서 함께 공부하는 조선인과 일본인에게는 특별한 항일의식이 없어도 민족적 비교의식은 당연했다. 일본말로 교육이 이뤄지는데다 경제·문화적 환경까지 모든 게 일본인 학생에게 절대적으로 유리했다. 일본인 교수 중에는 조선인 학생을 대놓고 경멸하는 이도 있었다. 그래도 고등보통학교 시절, 자기 지역과 학교에서 수재 소리를 연신 듣고 자란 조선의 공부전사들이 모인 경성제대, 이곳의 조선인 학생들은 개인의 안위를 위해서든 국권회복을 위해서든 실력을 키워야 한다는 일종의 사명의식이 있었다. 본인들이 제일 잘 하는 공부와 시험성적으로 일본인 학생들 코를 납작하게 해주고픈 "본능적 경쟁심"이 작용했다. 조선인 문과 학생들은 입학 때부터 성적이 좋았고, 이과 학생들은 학기가 지날수록 발군의 실력을 드러냈다. 일본인들에게 멸시당하지 않기 위해서는 공부를 잘 하는 수밖에 없었다.[399]

한편 일본으로 건너간 유학생들도 일본인 학생들과 비교에서 자유로울 수 없었다. 정치, 경제, 문화 등 전적으로 불리한 처지에서 성적 말고는 비교할 영역도 없었다. 일본유학생이었던 홍명희는 동양상업학교와 동경대성중학교까지 총 5년간 모든 시험에서 1등 아니면 2등이었다.[400] 이에 "못난이 영어 선생 한 분이 교수시간에 너희들이 저 한국인만 못하다는 것은 일본 남자의 수치"라며 일본학생들을 자극할 만큼 그의 실력은 일본인들의 경계 대상이었다.[401]

식민지배자들에게는 탁월한 성적을 내는 식민지 학생들이 질시 대상이지만, 차별당하는 식민지인들로서는 성적이 좋은 조선인 학생들에게 쉽게 민족의 대표성을 부여한다. 본인은 민족을 위해 공부한다는 인식이 없더라도, 같은 민족 구성원들은 그의 실력이 민족의 과거와 미래를 대변하는 것으로 읽었다. 그럼으로써 집단적 자긍심을 회복하고 미래 희망을 설계할 수 있기 때문이다. 따지고 보면, 홍명희 같은 학생보다 성적이 안 좋은 조선인 학생들이 월등히 많았을 것이다. 그럼에도 탁월한 성적을 내는 소수 학생에게 민족대표성을 부여함으로써, 민족적 우위를 확인하고 싶은 심리가 있었다. 현실적으로는 그들이 일본인들과의 문제상황에서 문제를 해결해줄 동아줄로 인식되었다. 가서 항변이라도 할 수 있는 사람이 그들이었다. 신문에 한 줄 기사라도 쓸 수 있고, 학교 교사가 되어 교육을 할 수 있는 이들도 그들이었다.

이국땅에서도 민족 간 비교상황에 놓일 경우가 많다. 식민지시기 권력에 의해 추진된 대규모 이주사업으로 조선인들은 중국 땅으로, 하와이로, 사할린으로 이주해 갔다. 이주 조선인들은 이민족들과 살면서 끊임없이 민족적 정체성을 고민했다. 2009년에 만난 한 이십대 후반 고려인 여성은 "고려인은 공부를 잘 한다"는 의식으로 똘똘 뭉쳐 있었다. 그녀는 이민 4세대였다. 증조부가 연해주로 이주했고, 1937년 겨울 조부모는 중앙아시아로 강제이주당했다. 타지키스탄에 처음 정착했다가 내전으로 다시 우즈베키스탄으로 떠나야 했다. 1991년 소련 붕괴로 부모들이 러시아로 나왔다. 1983년생인 이 엘레이나는 우즈베키스탄에서 초등과정을, 러시아에서 초등 고학년부터 대학까지 공부했다. 대학은 블라디보스토크 경제대학을 졸업했다. 그녀의 기억으로는 고려인들은 항상 공부를 잘 했다. 우즈베키스탄에서도, 러시아에서도 그랬다. 대학을 졸업할 때도, 성적 우수자에게는 "빨간 졸업장을 주는데, 경제대학에 있던 고려인 두 명 모두 빨간 졸업장을 받았다."[402]

2009년 초에 만났던 연해주의 많은 고려인들은 고려인들이 러시아와 중앙아시아에서 늘 공부를 잘 했다고 회상했다. 그녀만이 아니라, 2009년 당시 블라디보스토크 고려인 문화자치주회장인 이 베체슬라브, 민주평화통일자문회의 극동협의회 의장 백규성, 우수리스크 노인단 회장 윤 스타니슬라브, 극동대학 교수 송지나도 고려인들의 높은 교육열과 좋은 성적을 거론했다.[403] 중국 이주자들과 달리, 외모와 체형이 본토인과 확연히 달랐던 러시아 고려인들로서는 차별이 눈으로 확인되기 때문에 더욱 열심히 노력하지 않으면 안 됐다고 한결같이 입을 모았다. 고려인들이 높은 교육열을 보였다는 현지인들의 문서나 글[404]이 남아 있는 걸 보면, 그랬을 수 있다. 먼 이국땅에서 한인들의 성적과 석차가 민족의 지적 역량을 대변해 주는 자긍심이었다. 그러나 실상 이주자 대다수의 성적과 석차가 높았는지 알 수는 없다. 생각해보면 강제이주당한 중앙아시아에는 교육시설도 변변치 않았고, 생존조차 위협받던 시기여서 교육을 제대로 받지 못한 고려인들도 많았을 것이다. 그럼에도 항상 성적이 우수한 사례들을 민족성과 동일시했다. 그들은 성적우수자들을 호명해 조선민족과 동일시하고자 했다. 그런 사례들은 발굴되어 사람들 사이에 이야기로 퍼지고 민족적 자부심의 원천으로 만들어진다. 이야기가 되레 정체성을 이끌고간다. 중국 조선족에게서도, 해방 이후 세계 곳곳으로 이주한 한인들에게도 그런 사례를 발견할 수 있다.

해방 후에는 국가와 국가발전을 위해서 공부해야 한다는 인식이 강해졌다. 민족이 분단된 상황에서 국가주의 논리는 자주 동원됐다. 1955년에 보문고등학교 학생이었던 이*배는 공부를 게을리하는 자신을 끊임없이 자책했다. 그는 게으른 자신이 본인의 장래도 어둡게 하겠지만, 국가의 장래마저 어둡게 할 것이라 생각했다.

> 3교시를 마치고 귀가했다. 병사兵事문제를 핑계 삼아 내년의 입시를 앞두고 그러한 썩어빠진 이념으로 공부한다면 개인의 장래는 물론 국가의 장래가 의문이다. 학구열이 전연 무無하고 오직 오락과 타락된 행동으로만이 만족을 느끼고 있으니 도대체 어찌할 셈인지?(4288년 6월 28일 수요일 雲).

수업료를 못 낸 학생들은 시험마저 치지 못하는 열악한 상황에서 "편히 학교 다니면서 공부를 하지 않는 것은 사회의 죄악의 하나다(4288년 11월 18일 금요일 晴)"라고 일기장에 또박또박 적어두었다.

개인 일기장에도 시험 공부의 이유를 국가적 이유와 사회적 이유에서 찾을 만큼 학생으로서, 수험생으로서 개인들이 국가주의를 철저히 내면화하고 있었다. 5·16군사쿠데타 정권은 아예 우리가 "민족중흥의 역사적 사명을 띠고 이 땅에 태어났다"고 천명한 시대가 아니었던가.

예나 제나 내 가족을 위하여

겨우 낙제나 면한 성적표를 들고 고향으로 돌아가야 하는 유학생 이*배의 마음은 신산하기 그지없다. 부모님을 무슨 낯으로 뵐지 아득하지만, 추석을 앞두고 가야만 할 고향집. 무거운 마음을 달랠 길 없어 자신을 저주해본다.

1학기 말 방학이 내일부터 10월 3일까지라 해서 향고향向故鄕하게 되었다. 성적 표를 받아 보니 겨우 낙제를 면한 정도이니 입시의 문제가 두려워진다. 진학시 킬 형편도 못되는 가정과 정성을 다하시어 가르치시는 부모님 앞에 좋지 못한 성적표를 내놓는 것은 자식은 도리는 물론 아니려니와 자신의 노력이 없다는 것 이 여실이 나타날 때 저주했다(4288년 9월 28일 수요일 晴).

부모에 대한 미안한 마음 때문에 공부 해야겠다 다짐해보지 않은 이들은 드물다. 고3인데도 간혹 술집도 가고 친구 만나기 좋아하는 한 여학생[405] 도 학교에 상담하러 온 엄마의 고개 숙인 모습을 보면서 '공부를 해야겠 다' 이 악물었고(1987. 4. 8.), "공부 열심히 해서 부모님 실망시키지 말라" 는 친구의 충고도 새겨들었다(1989. 11. 14.). 홍명희도 그랬다. 부모에게 미 안하지 않기 위해 공부했다.[406]

부모들의 자식교육에 대한 헌신과 집착은 국경을 넘는다. 어쩌면 국경까 지 넘었기 때문에 집착은 더욱 고질적이다. 오욱환은 한국계 미국인들은 미국 내 소수민족으로서 당하는 불평등을 교육과 출세로 극복하려는 '교 육출세론'을 강하게 믿고 자녀들에게 주지시키고 있다고 분석했다.[407] 그래서 자녀들은 탁월한 학업성취로 유명 대학에 입학하고, 전문직을 얻어 출세해야 한다. 자유의 상징 미국에서 정해진 길로만 가야 하는 이 역설적인 현상을 오욱환은 이렇게 적고 있다.

조선시대 과거시험은 양반들이 추구하는 유일한 출세 길이었다. 세계 최고의 선진국인 미국에서 한국계 미국인 부모들은 자녀들을 변호사와 의사로 대표되는 직업을 갖도록 촉구함으로써 미국에서 조선시대 사람처럼 생활하고 있다. 자유를 상징하는 미국에서 한국계 자녀들은 자신들의 직업조차도 마음대로 선택하지 못하는 상황에 처해 있다.

부모를 위해 공부해야 한다는 마음은 다른 국가들과 비교해보면, 한국인에게 유독 강하다. 한국, 일본, 미국, 독일의 직장인을 대상으로 "우수한 성적으로 부모님을 기쁘게 해드리려 노력했는가?"라고 물었더니, 한국인은 75퍼센트, 미국인은 69퍼센트, 독일인은 50퍼센트, 일본인은 26퍼센트가 그렇다고 대답했다.[408] 공부를 통한 출세론을 내면화한 부모에게 최고의 효도는 열심히 공부해 이름난 학교에 입학하고 전문직을 갖는 일이었다.

공부 못 하는 자식들은 가족의 입도 무겁게 만든다. 지인 사이에 자식 얘기만 나오면 "벙어리가 된다."[409] 성적 나쁜 자식이 있으면 부모들은 교육에 관해 말할 공적 권위를 완전히 상실한다. 밖에서 보면 조용한 가족이다. 말하지 말라는 사람이야 없지만, 그 이야기에 귀 기울일 사람이 없으니 공적 이야깃거리가 될 수 없다. 시험으로 가족들이 영광을 안는 집안도 있지만, 많은 가족이 갈등과 좌절을 겪게 된다. 여하튼 대부분 시험 공부는 가족의 희생과 지지 위에 서 있기 때문에, 어떤 시험이든 실패하면 수험생은 가족들에게 가장 먼저 면목이 없어진다. 낙방자는 가족에게 미안하고, 가족은 응시자가 애처롭거나 원망스럽다. 심지어는 1995년 대학입시

에 낙방한 수험생이 자살하자, 손녀를 잃은 슬픔을 못 이겨 할머니마저 자살한 사건도 있었다.[410]

패배의 상흔이 큰 만큼 가족들은 시험 포기도 쉽지 않다. 응시자 본인이 끝내고 싶다고 끝낼 수 있는 게 아니다. 가족들이 이제 충분하다고 포기할 때까지 언제나 망령처럼 시험은 주변을 떠돌며 삶을 압박한다. 나 하나만 아니라 가족 전체의 계급적 상승을 짊어지고 수험생은 시험에 임한다. 고생 많았던 가족에 대한 부채의식, 수험생에 대한 가족의 염려가 한 덩어리가 되어 더 높은 성적과 합격을 기원한다. 자신과 가족의 오랜 욕망을 추진력으로 공부 좀 하는 가족의 대리주자는 공부하고 또 공부해야 한다. 당장 극심한 고통이 닥쳐오지 않는 한, 가족들은 미래의 희망을 안고 수험생을 시험세계 속에 가둬 둔다. 시험을 누구도 쉽게 끝낼 수 없다. 시험을 통한 욕망은 질기게 돋아난다.

결국은 안정된 삶을 위하여

나도 대학 가고 싶고 대학이란 곳에서 인간다운 인간이 되어 인간의 세계에서 꿈을 꾸고 싶다. 아무리 열심히 해도 대학엘 갈까 말까 한데 난 이게 무엇인가 (1989년 어느 날, 한 고3 여학생 일기).[411]

1989년, 그녀는 정말 대학을 가고 싶었다. 남몰래 사랑하는 남자도 있었다. 부모 사이는 좋지 않았다. 부모 싸움은 공부를 방해했다. 백일주를 진하게 마시고 간혹 맥주도 한 잔 하러 다녔다. 그래도 대학 가고 싶은 맘만큼은 강했다. 이유는? "인간다운 인간"이 되기 위해서다. 인간다운 대접을 받기 위해서였다. 그녀의 일기에는 1960년대, 70년대 학생들이 간혹이라

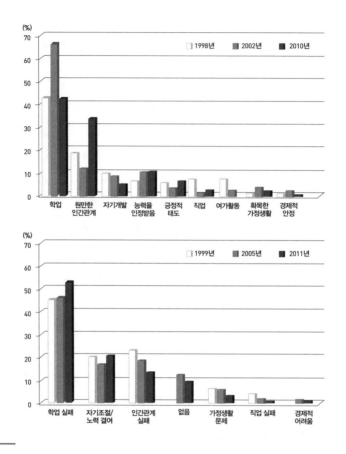

[그림 28] 청소년의 가장 자랑스러운 성공경험(위). 청소년의 가장 고통스러운 실패경험(아래).
* 출처: 박영신·김의철·한기혜, 2012, 59, 64쪽.

도 일기장에 내비쳤던 민족이니 국가 따위를 염려하는 마음은 자취도 없
다. 다만 인간으로서 대접받으려면 대학을 가야 한다고 확신했다.

　1980년대 말까지도 강고했던 반공주의와 국가주의는 1990년대 들어 약
화되었다. 1987년 민주화투쟁 이후, 군사정권이 물러나고 시장자본이 일
상을 장악해가던 시대였다. 팽창해가던 시장주의가 1997년 외환위기를 겪

으며 더욱 맹위를 떨치기 시작했다. 이때부터 본격적으로 공동체가 붕괴되고 한국사회는 야만적인 시장논리가 더 강화되어 소득 양극화와 각자도생의 길로 나아갔다. 각자도생을 위해 절대 놓을 수 없는 무기 한 자루, 그건 공부, 더 정확하게는 유명 대학이나 직장과 거래 가능한 높은 시험성적이었다.

박영신 등은 1998년부터 10여 년 동안 한국인들이 성공과 실패를 어떻게 의식했는지 연구해왔다.[412] 연구결과를 보면, 청소년들은 학업 성공을 가장 중요한 성공경험으로 꼽았으며, 성인들은 화목한 가정생활이 이뤄졌을 때 성공했다는 생각을 가장 많이 했다. 그러나 성인들이 말한 '화목한 가정생활'을 뜯어보면, 자녀교육과 자녀의 발전이 핵심이었다. 결국 한국 성인들은 "자녀가 공부를 잘 하고 잘 성장해주면 행복한 가정"이라고 생각하며, "그것이 궁극적으로는 원하는 미래를 성취한 것"[413]이라고 생각하고 있었다. 가장 고통스러운 실패경험도 학업 실패였다. 청소년 두 명 중 한 명은 학업에서 실패했을 때 가장 고통스러웠다고 인식했다. 성인들이 꼽는 가장 고통스러운 실패경험도 학업 실패였다. 시험 실패가 고통스러운 까닭은 열정과 희망과는 무관하게 한 개인의 인생을 결정해버리기 때문이다. 원하는 점수를 받아야 원하는 인생에 접근할 기회가 생기기 때문이다.

한국인들은 민족과 국가를 위해서든, 부모를 위해서든, 그도 아니면 안정된 삶을 위해서든 공부, 더 정확히는 시험 공부를 해야 할 사명을 저마다 짊어지고 살았다. 그 사명을 가정에서부터 학교에서부터 사회에서부터 나날이 배우고 체화한다. 시험 공부는 인생의 하나의 길이 아니라, 가장 넓고 안전한 탄탄대로이다. 샛길과 갓길이 전혀 없는 바는 아니지만 그 길은 앞을 알 수 없는 험한 길이다.

운명의 그날, 시험일

이번 과거시험장科場은 엄숙하지 못하여 떡과 엿, 술이며 담배를 등불을 켜놓고
일산 아래서 거리낌 없이 팔았으니, 그때의 금란관禁亂官에게는 삭파削罷의 형
전刑典을 시행하여야 마땅합니다.[414]

[그림 29] 평생도 중 일부: 국립중앙박물관 소장

1773년 지평[415] 이한일李漢一이 임금에게 이같이 아뢰자 영조는 그대로 따랐다. 시험 칠 때, 엿을 먹기 시작한 게 언제부터였을까? 교문에 엿 붙여놓고 애타는 심정으로 기도하는 일이 요즘이야 사라졌지만, 1990년대 초반까지도 엿과 기도는 시험을 알리는 상징물이었다. 그 시초를 정확히 알 수 없지만, 최소한 영조 때 과거시험장에서 파는 먹거리 중에 엿이 있었다. 달콤한 엿은 시험장에서 긴장된 몸과 마음을 풀기에 좋은 간식거리였다.

이한일이 임금에게 아뢴 시험장 풍경은 흥성스러운 운동회날 같다. 학교 들머리 운동장부터 괴괴할 만큼 고요하고 교실에선 연필 굴리는 소리조차 눈총 받는 시험날 같지 않다. 1770년대 과거시험장에는 햇볕을 가리는 커다란 일산이 곳곳에 펼쳐져 있었다. 흔히 생각하는

엄숙한 과거시험 풍경과는 사뭇 다르다. 생각해보면, 내리쬐는 햇살 아래 몇 시간씩 쪼그리고 앉아 시험 치자면 예삿일이 아니다. 박지원이 중국의 독자적인 과거시험장 건물에 탄복한 까닭 중 하나도 이 때문이지 않았을까.[416] 뙤약볕과 바람도 피하고, 또 비 온다고 시험을 연기하지 않아도 되니…….

시험장에 모여 앉은 응시자를 강세황은 이렇게 묘사했다.

봄날 새벽의 과거시험장, 수많은 사람들이 과거 치르는 열기가 무르익어, 어떤 이는 붓을 멈추고 골똘히 생각하며, 어떤 이는 책을 펴서 살펴보며, 어떤 이는 종이를 펼쳐 붓을 휘두르며, 어떤 이는 서로 만나 짝하여 얘기하며, 어떤 이는 행담行擔에 기대어 피곤하여 졸고 있는데, 등촉은 휘황하고 사람들은 와자지껄하다.[417]

조선 후기로 올수록 시험장의 부정은 심해졌다.[418] 김구 역시 "원래 과장에는 노소도 없고, 귀천도 없고 무질서한 것이 유풍"이라며 1892년 해주의 과거시험장 풍경을 전한다. 응시자들이 좋은 자리를 잡으려 아우성이고, 나이 많은 선비들은 합격을 청원하는 '걸과乞科'를 했고, 김구 자신도 늙은 아버지 대신에 과거시험을 치려고 작전을 꾸몄다. 고종의 엄포에도 끝내 문란했던 과거시험은 1894년 마지막을 고한다.[419]

해방 이후 시험장의 진풍경은 곳곳에서 펼쳐졌다. 1950년 1월 실시된 고등고시 1회 본고사, 이때 시험장은 비장했다. 1월 매서운 '시험 한파' 속에서도 응시생 500여 명이 아침 일찍 수험표를 교부받고, 9시에는 운동장에서 전체 국민의례를 했다. 고시위원장은 "민중의 공복으로 형극의 길을 스스로 선택하는 길"이라며 응시생에게 한바탕 훈시를 늘어놓고서야 응시생들을 시험장에 들여보냈다.[420] 중학교 입시날이면, 모교 수험생들을 응원하기 위해 재학생들을 가득 태운 버스들이 교기를 달고 줄 지어 달렸다. 시험날이면 으레 엿도 빠지지 않았다. 대신 미역국은 끓이면 안 됐다.[421]

2000년대, 엿을 주는 풍습은 아직 남아 있지만 수험문화는 점점 상업화되고 있다. 술술 잘 풀라고 두루마리 휴지를 건네고, 잘 찍으라고 포크를 사서 수험생에게 준다. 시험 백일 전에는 백일주를 마셨다. 시험 백일 전부터 부모들은 절로, 교회로 가서 간절히 기도를 한다. 기댈 수 있는 모든 것에 기대서 시험 합격을 기원한다. 수험생들은 모든 걸 걸고, 주변의 지인들은 온 정성을 모아 간절히 기원해 볼밖에 달리 도리가 없다.

시험은 언제나 긴장된다. 게다가 대학 입시날에는 '입시 한파'가 몰아친다. 한파가 덜한 날을 기상청에 문의해 시험일을 정한다지만, 용케도 한파를 꼭 집어 날을 잡았다는 소릴 듣곤 했다.[422] 시험을 12월이나 1월에 칠 때 비해, 11월에 치는 요즘은 "한파"라 할 날이 사실 많지 않다. 다만 그날이 춥든 포근하든 그 어떤 날이라도 수험생과 가족들에게는 마음속에 한파가 몰아치는 날이다. 공무원과 기업체 출근시간은 늦춰지고, 경찰들은 수험생 수송작전에 총동원된다. 시험일 새벽에는 시험장마다 학교별로 선배들의 합격을 바라는 재학생 응원팀이 뜬다. 합격 기원 현수막이 펄럭이고, 교가를 부르는 목소리가 높다. 요란한 합격 기원의 응원을 뚫고 수험장에 도착, 적막감이 돈다. 모두 심기일전, 인생을 건다. 듣기 시험시간에는 비행기들이 뜨지도 내리지도 못한 채, 하늘을 맴돈다.[423]

2011년 수능시험날, 한 여학생이 시험장에 들어섰다. 그리고 1년 후 그날을 그녀는 이렇게 회상했다.

작년(2011) 11월 둘째 주 목요일 아침, 날이 밝았다. 시험이 뭐라고……. 긴장해서 단 한숨도 자지 못했고, 컨디션은 바닥을 쳤다. 이른 아침에 수능장에 도착해 멍하니 시험장을 둘러보았다. 내가 살아온 19년 인생을 책임지는 하루를 보내는 곳이라고 하기엔 초라했고 너무 휑하고 쓸쓸한 곳이었다. 정신을 차리고 시험이 시작하길 기다리다 1교시부터 시험을 치는데 점점 눈앞이 흐리고 어지러워졌다. 순간 눈앞이 암전이 되었다가 다시 시야가 되돌아오길 수차례, 1교시가 끝이 났다. 정말 수능시험장을 뛰쳐나가고 싶었다.…… 단 몇 시간의 시험으로 내 시험과 내 인생이 모두 망가진 것처럼 느껴졌다. 그냥 덤덤히 교문을 나섰고 엄마 차를 타고 돌아오는 길에 교문 앞에 서서 망가진 것처럼 느껴졌다. 저녁을 먹고 집에 돌아와 놀다가 밤늦게 채점을 했다. 결과는 참담했고, 이 한 번의 시험으로 내 인생이 모두 망가진 것 같았다.[424]

"모로 가도 서울만·····" 컨닝의 유혹

고등고시에서도 '방망이질'

'컨닝'이라는 용어는 일본을 통해 들어왔다. 일본에서는 1900년대 초반부터 '칸닝구カンニング'라는 용어가 사용되었다. 1905년《요미우리신문》에서는 '칸닝구'가 학교 시험 때 도둑질해서 보는 행위를 말하는데, 남학생들 사이에 유행했다가 근래는 여학생들에게도 퍼지고 있다고 보도했다.[425] 한국에서는 1920년대 말 무렵에 이 '컨닝'이라는 단어가 들어와 사용되기 시작했다. 그래서 1930년 2월호《별건곤》'신어新語 사전'에 '컨닝'이란 단어가 등장했다.

> 컨닝 – (Cunning) 교활한 것, 꾀가 약은 것의 의미인데 그것은 변하여 학생이 시험 때 방망이질을 하는 것을 컨닝이라고 만히 쓴다.[426]

1936년 변영태는 '컨닝'이 "시험 시의 부정행위, 즉 방맹이하는 것"으로 "학교용어화學校用語化" 됐다고 소개했다.[427] "컨닝", "칸닝" 그리고 해방 이후에는 영어식에 가깝게 "커닝"이라고도 많이 썼다. 하나 재미있는 사실은 컨닝을 우리말로 '방망이질'이라 불렀다는 점이다. 1959년 고등고시 부정행위를 두고도 《동아일보》에서는 "이번 고등고시 시험 중에 방망이질을 하는 수험생을 다섯 명이나 잡아냈다"고 썼다.[428] 지금은 '방망이질'이나 '방망이꾼', '방망잇군'은 잃어버린 단어가 된 셈이다.

컨닝조사대 이런 곳이 생긴다면 고난인데

靑
駒

[그림 30]
《컨닝조사대》, 《동아일보》 1936. 2. 21.

컨닝의 경험은 누구나 직간접적으로 가지고 있다. 과거시험에도 컨닝은 있었다. 중국에서는 깨알 같은 글씨로 빽빽하게 예상답안을 베껴놓은 속옷을 입고 시험장 가는 수험생도 있었고, 한국에서는 소맷자락이며 콧구멍 속에 컨닝 페이퍼를 집어넣은 이들이 있었다. 컨닝은 시험이 존재하는 한 늘 수험생을 유혹한다. 아는 문제인데, 본 듯한 문제인데, 단지 조그마한 단서가 필요할 뿐인데, 이 문제만 맞추면……. 온갖 심리가 발동하고, 그 심리를 억누르기 쉽지 않다. 홀로 기억을 떠올려 답을 해결해야 하는 고립상황에서 컨닝의 심리는 모두에게 생겨날 수 있다. 시험 순간에 답이 명확하지 않다고 모른다고 할 수도 없다.

컨닝 맛을 알게 되면, 컨닝의 유혹을 뿌리치기는 더욱 어렵다. 컨닝이 가져올 징계도 두렵지만, 들키지만 않는다면 컨닝은 좋은 성적이라는 꽤 큰 보상을 해준다. 조직적이고 계획적 컨닝 사업을 하는 불법집단도 있다. 컨닝은 본인이 주도하거나 공모하는 경우도 있고 또한 주변에서 부추겨지는 측면도 있다. 컨닝을 돈벌이 수단으로 이용하는 세력들은 컨닝이 인생을 바꾼다고 꼬드기고, 지인들의 조직적이고 계획적인 컨닝에서 혼자 빠져나오기 어려워 암묵적인 동조자가 되기도 한다. 누군가에게는 컨닝이 끔찍한 불공정이거나 손쉬운 돈벌이 수단이지만, 누군가에게는 은밀한 비밀을 공유하는 친구관계이고 순간의 선택으로 성적이 오른 달콤한 경험이 된다.

컨닝에 관대한 분위기가 지속되기란 어렵다. 2013년, 교수의 컴퓨터에 해킹 프로그램을 깔아 문제를 빼냈던 연세대 로스쿨 학생이 발각됐다. 그리고 컨닝보다 훨씬 대담하게 2016년에는 정부종합청사를 몰래 드나들며 시험성적과 합격자 명단을 조작한 공무원시험 응시자도 꼬리가 잡혔다. 로스쿨 학생은 대학 때까지 최고 성적을 기록했고, 공무원시험 응시자도 줄곧 좋은 성적을 받던 학생이었다. 이들은 높은 성적에 대한 강박관념으로 낮은 성적을 참을 수 없는 인간으로 변모해버렸고, 남몰래 부정행위를 되풀이하고 있었다. 낮은 성적보다는 컨닝과 부정을 선택했다. 어느 새 시험성적을 위해서라면 어떤 짓이든 하는 괴물이 되어버렸다.

시험이 반복되고, 시험이 중요해질수록 컨닝은 앎의 진정성 문제도 심리적 유혹문제도 아니고 사회적 부정비리사건이 된다. 컨닝은 답을 훔치는 게 아니라 남의 자리를 훔치는 사회적 사건이 된다. 시험에 대한 압박이 클수록 컨닝의 유혹이 커진다. 시험성적에 따라 평생을 따라다닐 대학 이름이 결정된다든가, 삶의 질을 결정할 취직이 결정되는 절박한 때, 컨닝에 대한 두려움도 커지지만 컨닝 욕구도 자란다. 모든 수험생에게 결정적인 시험일수록 컨닝은 다른 수험생들의 결과를 왜곡시키는 비리행위이기 때문에 교육적 처벌은 물론 법적 처벌을 피할 수 없다.

컨닝 처리의 딜레마

소설가 김동인이 문학을 하게 된 동기에는 컨닝 사건이 있었다. 그는 중학교 때 성경시험 시간에 컨닝을 하다 들켜 다음날부터 학교도 못 나갔다. 그저 책보만 들고 실업자마냥 정거장에 앉았다 집으로 돌아가기를 반복하던 어느 날, 이를 눈치챈 아버지가 김동인을 불렀다. "너, 동경 가 볼 생각이 없느냐." 어차피 학교에도 못 갈 처지였던 김동인에게는 너무 달가운 소리였다. 당장 동경으로 달려가 주요한을 만났는데 주요한이 자신은 앞으로 문학을 하겠다고 하지 않나. 김동인은 주요한을 만난 후 서점에서 문학코너의 책을 읽기 시작했고 이후 작가의 길을 걷게 되었다.[429]

컨닝 사건이 김동인처럼 낭만적인 결론으로 항상 이어지는 건 아니다. 컨닝 때문에 학생들은 정학도 당하고 시험 칠 권리를 몰수당하기도 한다. 2005학년도 수능시험에서 핸드폰 문자로 부정행위를 한 사건으로 300여 명이 시험 무효처리되었고, 토익이나 토플 같은 영어시험에서는 최근 초소형 카메라, 초소형 고막 이어폰을 이용한 최첨단 컨닝이 발각되었고, 미국대학 입학시험인 SAT시험에서는 국가별 시간차를 이용한 컨닝으로 많은 한국인 수험생들의 시험이 무효화되기도 했다. 수능시험이나 토익시험 부정사건처럼 경찰이 개입하면 컨닝에 대한 처리는 명쾌하다. 법적 기준에 따라 처벌하면 된다.

학교 현장에서는 컨닝한 학생을 처리하는 문제가 그리 간단하지 않다. 특히 어린 학생일수록 컨닝을 성장과정의 한 사건으로 처리할지 학교생활기록부에까지 남길 행정적 사건으로 만들지 교사들 사이에도 논란이 있다. 한 초등학교 3학년 아이가 시험 중에 교과서를 꺼내 보고는 답을 적었다. 컨닝 현장을 목격한 다른 아이가 쉬는 시간에 담임교사에게 일렀다. 담임이 컨닝한 학생에게 사실이냐고 확인을 하니, 그 아이는 순순히 교과서를 봤다고 시인했다. 반성은커녕 "교과서를 봤는데요, 왜요?"라고 교사에게 냉큼 되물었다. 교사는 교감을 찾아가 이런 사건은 절대 용납해서는 안 되고 학부모에게도 경고를 날려야 한다고 분통을 터트렸다. 나이 지긋한 교감은 입장이 달랐다. "이제 초등학교 3학년 아니가. 니는 컨닝 한 적 없나, 훈계하고 그냥 덮어라." 담임의 입장은 수그러들지 않았다. 오히려 팽팽히 맞섰다.

담임은 성적사정위원회에 아이를 회부해야겠다고, 회의를 해야 되겠다고, 젊은 선생님이니까 컨닝이 용납이 안 되는 거예요. 대박인 게, 교감이 나도 어릴 때 컨닝 한 적 있다, 선생님들도 컨닝 한 적 있지 않느냐 하니까, 지금 이삼십 대, 정말 수능 고득점자들이 초등학교 교사가 되잖아요, 이 교사들은 컨닝 하는 걸 정말 견디기 힘든 거예요. 이삼십대 선생님들은 전부 우린 컨닝 한 적이 없다고 항의하는 거예요.[430]

젊은 교사들은 스스로 컨닝 한 적도 없고, 컨닝 사건을 흐지부지 넘어가서도 안 된다는 단호한 입장을 취했다. 40대 교사들은 컨닝에 예민한 이삼십 대 교사들과 생각이 달랐다. 아이가 자라면서 그럴 수 있고, 이제 3학년인데, 그런 걸로 무슨 성적사정위원회를 하냐는 분위기였다. 결국 교감이 상황을 종료시켰다.

갈수록 컨닝은 예민한 문제가 되고 있다. 시험점수의 영향력이 크기 때문에, 컨닝을 그냥 성장과정으로, 혹은 또래들끼리의 가벼운 문화로 치부할 수 없는 중대한 범죄행위가 된다. 공무원시험이라든가 의사시험 같은 선발시험이나 자격시험에서 컨닝에 대한 징계는 당연하다. 컨닝이 누군가의 기회를 박탈하고 무자격자에게 사람을 맡기게 하며 시험의 공정성을 훼손하기 때문이다. 학교 시험에서도 시험결과가 상급학교 진학이나 사회 진출 자료로 사용되면서 컨닝을 엄벌하고 있다. 교사의 감시만으로는 컨닝을 다 잡아내기가 역부족이라는 인식도 있지만 교사를 잠재적 부정 공모자로 보는 인식도 있는지라, 학부모들이 시험장에 들어가 학생들의 컨닝을 감시하게 되었다.

컨닝을 엄격하게 처벌하는 것이 문화화되고 있다. 수능시험장에는 핸드폰을 가지고만 있어도 시험 무효처분을 받는다. 딜레마는 감시와 처벌이 살벌해진다고 컨닝이 사라지지 않는다는 점이다. 부정행위자의 숫자는 줄어들 수 있지만 부정행위자들 사이에는 컨닝이 더 교묘해지고 첨단화되고 더 대담해지고 더 상업적이 될 가능성이 높아진다.

다시 생각하는 컨닝

시험이라는 제도를 통해 교사들은 컨닝이 도둑질이라고 일러주고 규율에 맞춰 징계하면서 아이들은 컨닝이 나쁜 짓이라는 사회적 개념을 갖게 된다. 시험 때면 책상을 서로 떨어뜨려 앉히고 가방이나 가림막으로 서로를 가리면서 컨닝을 대하는 인식이 생긴다. 아이들은 흔히 초등학교 1, 2학년만 되도 시험을 반복하면서 컨닝 개념이 생긴다. 만약 시험이라는 극적 장치가 없다면, 지식을 공유하는 행위가 부정한 행위가 될 수 없다. 수업시간이나 일상생활 속에서 장려 받던 지식 공유행위가 시험 때는 징계 대상이 된다. 모르면 묻고 찾아보고 협력하는 게 당연한 일상의 삶이지만, 시험이라는 사태에서만은 반대가 된다. 지식을 공유하는 행위가 시험이라는 특정 순간에 부정행위가 된다. 만약 시험이 개인에게 지식 소유 상태를 묻는 게 아니라면? 지식을 어떻게 연계 짓고 탐구하고 창조하는지를 평가한다면? 이 경우에 컨닝은 개념이 달라질 것이다.

컨닝의 이유도 좀 더 따지고 볼 일이다. 개인의 도덕성 프레임으로만 봤을 때, 보이지 않는 이유가 있을 수 있다. 1954학년도 대학입시에서는 컨닝이 매우 심했다. 수험생들은 "컨닝 경연대회", "도둑놈의 자격을 테스트한 것"이라고 비난했다. 그 해의 많은 수험생들이 유독 반도덕적이어서 그런 일이 벌어진 것은 아니다. 문제를 식별하기 어려운 조악한 인쇄상태에

다가 잘못된 글자까지 있어 수험생들로서는 옆자리 수험생들과 이야기를 하게 되었고, 그러면서 컨닝도 발생한 것이었다.[431] 컨닝이 일어나는 요인은 개인 문제만은 아니다. 70대 1, 80대 1, 해마다 최고 경쟁률을 경신하는 공무원시험에 청춘을 몽땅 걸게 만든 사회시스템도 컨닝의 공모자이다. 컨닝을 교사에 대한 소극적인 저항으로 이용하는 경우들도 있다.

무엇보다 평가 개념이 달라지면 컨닝 개념도 달라진다. 컨닝이 가장 쉬운 시험은 선다형이나 단답형 시험이다. 시험문제만 달라져도 컨닝은 어렵다. 2013년 캐나다 토론토대학부설 영어 연수과정에서는 시험을 자주 치렀다. 일주일에 한 번꼴로 교사별로 시험을 치고 3개월 과정에 전 연수생들이 다 치는 시험도 몇 번 있었다. 그런데 각자 답안을 작성하기 전, 시험지를 받고 학생들끼리 의논할 수 있는 시간이 20여 분 주어졌다. 시험문제지에는 시험문제를 대략 추정해볼 수 있도록 단서가 되는 내용들이 적혀 있고, 정확한 문제가 제시되어 있지 않았다. 학생들은 그 시험지를 보고 원하는 학생들끼리 모여 앉아 의논을 하기 시작한다. 어떤 문제가 나올지, 어떤 논리로 답을 작성할지, 그리고 서로 모르는 철자를 확인해주는 등 20여 분 의논을 거친 다음, 전체가 본격적인 시험에 들어갔다. 각자 의논한 자료를 바탕으로 답안을 작성한다. 전자계산기나 사전을 시험에 사용할 수 있도록 허용하는 시험은 시험에서 물어야 할 능력이란 어떤 단편적인 지식이나 능력이 아니고, 좀 더 고차원적인 응용 능력이어야 한다고 여기는 것이다. 마찬가지로 시험 개념에 따라 컨닝은 달라진다. 현실의 지식은 암기될 대상으로 존재하는 것이 아니라, 서로 연계되고 재발견되고 재창조되기를 기다린다. 미술시간에 잘 그린 그림이나 친구들의 그림을 둘러보고 내 그림을 그린다고 컨닝은 아니다. 오히려 권장할 일이다. 그렇다면 과정 평가나 협력적 평가에서는 타인에게 의견을 구한다든가 타인의 결과물을 참조했다고 곧바로 컨닝이 되지 않는다. 문제는 어떻게 배우고 성장하느냐, 그 성장을 평가가 돕느냐이다.

|||
김구, 과거시험장에서 다른 길을 꿈꾸다
|||

김구는 질 좋은 답안지試紙[432] 한 장 구하기 어려운 형편이었지만, 1892년 해주 과거시험장까지 늙은 아버지와 함께 좁쌀을 지고 갔다.

드디어 시험 보는 날, 선화당 옆 관풍각 주변 사방에는 새끼줄로 망을 둘러쳤고, 정해진 시간에 과거장의 문을 열었다. 흰 베에 '산동접山洞接'이니 '석담접石潭接'이니 하는 접의 이름을 써서 장대 끝에 매달고 자기 접의 자리를 먼저 잡으려고 힘 있는 자를 앞세워 큰 종이양산을 들고 도포 입고 유건 쓴 선비들이 접접接接이 들어가는 대혼잡의 광경은 참으로 볼 만했다. 과거장에는 노소 귀천이 없이 무질서한 것이 내려오는 풍습이라 한다.[433]

접接은 함께 공부하는 서당이나 같은 지역사람들 모임이다. 이 날 김구는 응시생들이 깃발을 들고 우르르 몰려다니는 광경만 본 게 아니다. 늙은 선비들이 죽기 전에 초시라도 합격시켜달라며 시관들을 향해 고함치고 통곡하는 비굴하고도 처량한 '걸과乞科' 풍경도 지켜봤다.

심지어 응시자들 모두가 스스로 글을 짓고 써서 제출하는 게 아니었다. 접에 따라서는 글을 짓기만 하는 이와 글을 쓰기만 하는 이가 따로 있었다. 대리시험이었다. 이 모습을 보고 김구도 늙은 아버지를 위한 대리시험을 생각해냈다. 함께 간 글 선생에게서 답안내용을 받아 글씨는 자신이 써 아버지의 답안지를 제출할 계획

을 세웠다. 글 선생과 나누는 대화를 들은 접장이 김구의 효심에
감탄해 글씨도 자신이 대신 써주겠다고 나섰다.

이렇게 선생님이 짓고 접장이 쓴, 아버님 명의의 과거답안지를 새끼줄 망
사이로 시관 앞을 향해 쏘아 들여보냈다.[434]

　김구는 대리시험을 치고도 별 양심의 가책이 없었다. 그가 전해
들은 과거시험은 부정과 비리 투성이었다. 시험 관리인이 중간에
답안지를 도적질 했다는 둥, 돈과 청탁으로 합격을 샀다는 둥. 김
구는 결심했다. "선비가 되는 유일한 통로인 과거장의 꼬락서니가
이 모양이니 다른 길을 연구하리라." 김구는 결심대로 다른 길을
갔고, 조선도 그 2년 후 과거시험을 폐지했다. 과거시험이 폐지되
고, 한동안 글 공부할 이유가 사라져 막막해져버린 선비들도 있었
고, 과거시험 부활을 상소하는 선비도 있었다. 그러나 과거시험
폐지는 조선만 아니라 중국과 베트남에서도 단행되었다.
　과거시험은 역사적 운명을 다했고, 선비들은 새로운 삶을 개척
해야 할 때였다. 그들 앞에는 놀라운 기술문명을 앞세운 서양과
일본이 있었다.

시간과
싸워라

시간관리 전략의 내면화

사당오락四當五落, 네 시간을 자면 합격하고 다섯 시간을 자면 불합격한다! 수십 년 동안 수험생들 책상머리를 지켜온 금언. '사당오락'은 지금도 수험생의 일상시간을 관리하는 살아있는 지표이다. 과학자들이 충분한 수면의 효과를 발표하고, 간혹 고득점자들이 "나는 충분히 잤다"고 우아하게 알려줘도 좀체 먹히지 않는다. '충분한 수면'이 일반 수험생의 삶을 지배하지 못한다. 시험은 시간과의 싸움이기 때문이다. 그것도 자발적인!

시험은 최대한 자발적 의지로 많은 시간을 확보하고, 질적으로 흔들림 없는 몰두의 시간을 요구한다. '몰두'는 자칫 오해를 초래한다. 질적으로 하나로 응집된, 그래서 뭔가를 깊이 온전히 경험하는 시간처럼! 사실 시험에서 요구하는 몰두의 시간이란 그런 것이 아니다. 시험의 시간이란 여러 개의 문제들로 구성되어 있으므로 문제에 따라 분절된 시간, 어떤 문제에도 감정 없이 균형 잡힌 균질적 시간이다. 즉 최대한 많은 문제를 풀고 높은 점수를 받을 수 있도록 자신의 시간을 분절해서 균형 있게 사용하는 시간관리 전략이다. 이때 균형이란 궁금하고 어려운 문제라고 덥석 물고 몰두해버리면 안 되고 냉정하게 시간을 쪼개어서 총점수를 높일 수 있는 시간관리에 몰두한다는 의미이다.

이것이 시험시간을 통해 배우는 시간관념이라면, 시험을 준비하는 시간을 통해 배우는 시간관념은 시간을 되도록 많이 축적할 것, 인생의 다른 곳에 "낭비"하지 않고 시험 준비에만 몰두할 것과 같은 효용적 시간이다. 효용성의 기준은 결과로 받게 될 시험점수이다. 자발적으로 현재의 시간을 늘려 미래의 안정을 도모하는 이 방식이 아무리 자기착취적이고, 한 세대의 육체적·정신적 건강을 위협하는 짓이라 해도 포기하기 어렵다. 모든 건 자기 책임이고, 모든 건 자발적으로 결정되기 때문에.

시험에 출제될 내용을 샅샅이 공부하는 데는 우선 시간의 양적 확보가 필요한데, 누구에게나 하루 시간은 동일하다. 문제는 24시간을 어떻게 쪼개 사용하느냐. 시간 확보의 가장 쉽고도 어려운 방법은 인간에게 필수적인 수면시간이나 휴식시간을 줄이는 것이다. 한국의 청소년들(15~24세)이 영국, 미국, 스웨덴, 핀란드 청소년(평균 8시간 30분)보다 1시간 이상 덜 자고(7시간 30분), 시험전사 고3은 주중 평균 다섯 시간 이십 분가량만 잔다.[435] 수험생에겐 일상이 잠과 사투이다. 고3만 아니라, 지금은 초등학생까지도 수면시간을 줄여 공부하는 게 노력의 최소치이다.

한국인의 시간관념은 급속히 변화했다. 불과 십수 년 만에 '코리안 타임'은 말끔히 사라졌다. 근대 이전의 시간은 인간의 삶이 소속된 바탕이거나, 적어도 시간이란 존재는 인간의 삶과 병행하는 것이었다. 자연의 시간 속에서 인간이 살았고, 시간의식이란 자연의 절기와 흐름에 맞추어가며 저절로 생겨났다. 근대 이후 시간은 관리 가능한 것이 되었다. 시간을 계획하여 사용하는 방식planning은 미국의 시간관념에서 출발했다. 미국은 현재 시간을 효율적으로 관리하여 미래의 목표를 완수하려는 미래전망적인 시간 개념을 발명했다.[436] 이런 시간관념이 우리의 삶도 지배하고 있다.

시간은 쪼개고, 연장하고, 절약하고, 질적으로 압축해서 사용해야 하는 환금換金가치가 있는 물질로 바뀌었다. 시간을 회고하고 반추하는 일은 현대인에게는 어울리지 않는다. 그런 일은 최소한 젊은이들의 몫은 아니다. 시간은 앞으로 나아가기 위해 필요하다.

이런 시간관념이 극대화되는 시기가 수험생 때이다. 근대의 시간 개념이 균질적이라고 하지만, 시험 앞에서처럼 이토록 균질적인 시간은 없다. 시험 앞에서는 어느 시간이나 동일하다. 밤도 낮도, 명절도 일상도, 봄도 겨울도, 방학도 학기 중도, 평온한 시기도 역사적 격랑기도, 심지어는 지인의 삶과 죽음이 닥친 시간조차도 균질적이다. 다만 24시간 중 공부할 수 있는 어느 한 시간, 어느 일 분, 일 초일 뿐이다. 절대 돌아오지 않는, 낭비해서는 안 되는 시간이다. 시험 앞에서 시간은 무심히 흐른다. 무심한 시간, 균질적인 시간의 속성을 인식하고, 시험 때 수험생은 시간을 냉철하게 관리해야 한다. 시간에 심리를 불어넣으면, 목표하는 미래 전망은 어긋날 수 있다. 불의 앞에서도, 지인의 죽음 앞에서도 초연해야 한다. 모든 심리적 시간은 유예시키고 시험 앞에서는 동일가치의 시간만 존재한다는 사실을 깨달아야 한다. 그래서 효율적으로 시간을 계획하고 관리해야 한다.

효율적인 시간관리법의 기본은 시간표이다. 미래의 목적에 가장 적합하게 시간을 구성하는 방식이다. 1971년 중학교 2학년이었던 장*식은 지역

> **시계**
>
> 양시공립보통학교 김도준
> 《동아일보》 1923. 11. 25.)
>
> 시계야 시계야.
> 째각째각하는 저 시계야
> 아침부터 저녁까지
> 쉬지안코 째각째각
> 째각째각할 때마다
> 分秒를 가르친다
> 잠시 쉬지안음으로
> 너를 보고 시간정해
> 한시 되면 한번 땡
> 두시 되면 두 번 땡
> 불가결할 필요지물
>
> 땡땡친다. 땡땡친다
> 너로 시간정하고서
> 공부하기 죳코요
> 운동하기 조흐네
> 벌써 땡땡친다
> 공부시간 되엿다
> 어서 교실에 드러가자
> 땡땡땡땡 네 번 친다
> 下學시간 되엿다
> 집으로 돌아가자
>
> (중략)
> 너를 一時暫時라도
> 귀중히 넉인다

내 '명문' 고등학교로 진학할 결심이 확고한 아이였다. 그는 1971년 겨울 방학 일기장에 방학 생활시간표를 꼼꼼히 짜서 기록해놓았다. 오전 10시 부터 12시 30분까지, 오후 3시부터 5시까지, 오후 7시부터 10시까지 방학 숙제, 보충수업, 영문법 공부 등 공부시간이 꽉 잡혀 있다.[437] 전국에 장*식 은 수두룩했다. 또 지금까지도 장*식은 계속 출현한다. 수험생 책상 앞에 는 생활계획표 하나쯤은 붙어 있다. 혹여나 계획대로 실천하지 못한다 해 도 생활계획표는 '시간은 계획해서 써야 한다, 낭비 없이 써야 한다'는 날 마다의 다짐이다. 장*식의 형 장*규는 희망하는 대학에 가고자 스스로 고1 때부터 내내 수험생으로 산다. 날마다 영어단어 시험을 치고, 저녁마다 수 학 문제풀이로 "1만 2,800초를 소비"했다. 그는 초 단위로 시간을 계산하 고 있었다.[438]

시간관리는 일제시대부터 언론에서 틈만 나면 강조해왔다. 언론들은 입 시철이 되면, 시간관리법을 일러주었다. 일차적으로 수험생들 스스로 시 간을 관리해야 한다. 그리고 학교도 두 팔 걷어 부치고 시간관리를 해왔 다. 그 전통은 지속되고 있다. 일제시대에도 입시 때문에 보충학습이 있었 지만, 1980년대는 대대적으로 학교가 학생들의 방과후 시간을 관리했다. 야간자율학습은 학교가 학생의 시간에 개입하여 목표를 달성하려는 욕망 이었다. 고3만 하던 야간자율학습이 1990년대, 2000년대에 들어와서는 고 등학교 1학년부터 3학년까지 모두가 해야 하는 의무처럼, 마치 학교는 원 래 밤 9시, 10시에 마치는 곳인 것처럼 변모했다. 불 꺼지지 않는 학교는 학구열의 상징처럼 이미지화 되었다. 졸업 앨범에 불야성을 이룬 학교 사 진 몇 장 끼워 넣어도 아무렇지 않게 여겨졌다.

절정은 시험시간이다. 시험시간을 잘 관리할 줄 알아야 시험에서 성공한 다. 십수 년 시험을 치고, 인생의 행로를 시험으로 결정해왔던 한국인들의 무의식에는 시험시간에 대한 공포가 자리 잡고 있다. 아직 문제를 덜 풀었는데, 답안지에 답을 미처 다 옮겨 적지 못했는데 시험시간은 야속하게도 째깍째깍 흘러간다. 그런 경험을 한 번쯤 겪기도 하고, 다른 수험생의 경험을 보기도 하면서 두려움이 내면에 쌓인다. 초등학교 5학년생[439]도 시험시간 때문에 곤혹스러워 한다. "40분 만에 40문제를 풀라고 하는 게 말이 되냐고. 학교 밖 시험 대비한다고 선생님이 40문제를 내서 시험 쳤는데, 죽는 줄 알았어. 스무 문제도 아니고." 열 살을 갓 넘긴 아이 때부터 시작된 시험시간 관리의 공포는 사람들의 심리와 몸을 지배한다. 오죽하면 나이 예순 된 대학교수가 아직도 시험시간을 관리 못해 쩔쩔매는 악몽을 꾼다고 털어놓는다.[440]

> 아직도 일 년에 한두 번씩은 그런 꿈을 꿔요. 꿈을 꾸면, 다른 학생들은 시험을 다 치고 막 나가는데 난 아직 수학시험에 1번을 못 풀어서 쩔쩔 매고 있는 꿈을. 그럼 내 시험전략에 대한 비판도 꿈속에서 해요. '1번이 어려워서 못 풀면, 다른 문제부터 풀어야지' 하면서 스스로 비판을 하는 것이지요. 꿈속에서.

시험시간은 초조함과 압박감으로 체험되어왔다. 정신 바짝 차려야 하는 시간이다. 시험시간이 완전한 공포나 체념의 시간으로 각인되기 전에 시험시간을 계획대로 사용할 수 있도록 연습해야 한다. 시험시간은 문제의 수와 점수로 환산된다. 40분에 40문제를 풀라는 게 말이 되냐고 항의하는 초등학생도 머릿속에선 평균적으로 1분에 한 문제를 풀어야 한다는 계산을 한다. 게다가 난이도에 따라 점수가 차별화된 문제들이 많다. 배점이 높되 풀기 어려운 문제를 풀 건지 말 건지는 응시자의 전략이다. "시간의 안배"가 핵심적인 시험기술 중 하나이다. 모의고사가 유용한 이유도 시험시간 사용법을 몸에 새겨 넣는 연습이기도 한 때문이다.

중대한 시험이 임박하면, 시험시간에 적합하게 내 몸을 맞추도록 요구받는다. '시험기계'로서 정체성이 확연해지는 순간이다. 대부분 언론기사들은 "D-day"라고 선언하는 순간부터 이른바 입시전문가의 입을 빌려 시험 시간에 익숙해져야 한다고 충고한다. 수능 100일 전부터 "가능하면 수능 시험 시간표에 맞춰 국어·수학·영어·탐구 영역 순으로 공부하고, 쉬는 시간이나 화장실 가는 시간까지도 수능 당일 스케줄에 맞추는 것이 좋다.…… 되도록이면 답안지 마킹까지 시간 내에 완료할 수 있도록 실전처럼 연습하는 것이 좋다." 수험생들은 "생체리듬을 수능스타일로" 만들어야 한다.[441]

이처럼 수험생들은 시험시간에 자신의 몸과 의식을 구겨 넣는 훈련을 함으로써, 시험 당일 무사히 시험을 칠 수 있게 된다.

한국 사람들이 시간을 분초 단위로 나눠 정확하게 사용하게 된 것, 그것도 해야 할 일을 정확한 시간 안에 무조건 끝내야 하는 초절정의 시간경험은 시험시간이었다. 십수 년을 그렇게 훈련하면서 시간에 대한 집단관념과 집단경험을 형성하게 된다. "수능스타일의 생체시계"가 몸속에 박혀버렸다. 과거 인구의 칠팔십 퍼센트가 농촌에서 살 때 몸속에 농사일 시계를 하나씩 차고 다녔다면, 배고픈 이들이 많을 때 사람들은 몸속에 "배꼽시계"를 하나씩 차고 다녔다면, 지금 대한민국의 사람들은 저마다 시험스타일의 생체시계를 몸속에 지니고 살아왔다. 시험스타일의 생체시계는 한 문제에 너무 깊이 빠지지 말고 시간 안배하기는 물론 시험에 적합하게 공부할 것, 시험에 적합하게 인간관계를 맺을 것 등 가치관 형성에도 깊숙이 개입한다.

수험생이 된다는 것은 한국사회에서 기본적으로 삶의 유예를 의미한다. 가족관계에서는 효도를 유예하고, 개인 심리에서는 모든 충동과 취향을 유예하고, 사회적 인간관계에서는 인간관계를 미뤄두는 것이다. 유예했던 그 시간을 시험이 끝난다고 돌이킬 수 없다. 다만 시험결과가 보상해주거나 더 깊은 좌절에 빠뜨린다. 삶을 유예하고 얻은 시험 준비시간. 그 시간의 효율적 사용을 위해 온갖 유혹으로부터 스스로를 차단하고 목적 달성에 적합하게 시간을 배치한다. 유혹 차단의 첫 단계는 흔히 관계의 단절이다. 성인들은 스스로 암자, 독서실, 고시원 같은 곳으로 자신을 유폐하거나 군중 속에서 홀로 지낸다. 그래서 시간을 최대로 확보한다. 수험생을 실어 나르는 학부모들의 자동차는 학생들의 시간 확보와 높은 성적을 위한 수험생용 인큐베이터이다.

성인들의 시험은 많은 경우, 자발적이거나 절박한 필요에 의한 응시이기 때문에 수험생 스스로 시간과 싸운다. 목표를 향해 방향 짓고 분절된 매 순간을 살아간다. 학생들은 좀 다르다. 시험을 잘 치고 또 잘 치고 싶은 의욕이 있는 학생들과 의욕을 상실한 학생들로 나뉜다. 시험 공부 잘 하는 아이들이 시간과 싸우듯이, 시험 공부를 포기한 학생들도 시간과 싸울 때가 많다. 어느 대안교육기관에 속한 한 중학생[442]은 말한다. 어차피 시험시간에는 정답지에다 "한 줄로 쭉 세워놓기만 하면 시험은 끝난다. 그리곤 잔다." 이 학생은 남들이 깨어 있는 시간에 잠들어 있으면서, 혹은 잠든 척 하면서, 억지로 잠들려고 노력하면서, 포기와 체념을 배우며, 남과 다른 시간 관념을 갖는다. 아이들은 잘 치든 못 치든 시험시간을 버티면서 사회 속의 인간으로 길들여진다.

시험, 시간과의 전쟁

인간 능력을 측정하는 방법으로 오랜 시간 사제가 동행하는 도제제도가 있다. 동고동락하면서 장인은 직인의 능력을 판단하고, 그 판단으로 새로운 장인이 탄생된다. 굳이 시간 제약 없이 가장 가까이서 가장 적절한 때에 능력을 인정해주는 방법이다. 시간이 능력을 결정하지 않고, 능력이 시간을 조정한다. 도제제도에서는 유능한 자는 시간을 당겨서, 시간이 더 필요한 자는 시간을 연장해서 사용하게 된다.

그러나 대규모 경쟁시험에서는 시간이 먼저 정해진다. 시간의 울타리 안에서 시험은 실시된다. 과거시험도 시작과 끝이 정해져 있었다. 대부분 하루를 기준으로 했지만, 시간을 재는 다른 방법도 있었다. 유형원의《반계수록》에 따르면, 정시庭試와 알성시謁聖試의 경우, 불을 켠 초에 금을 그어시간을 제한했다. 이를 두고 유형원은 "시간을 제한해놓고 시험을 보는 바그 시험하는 것이 짝을 맞추어 짓는 잡문에 불과하다"고 비판했다.[443] 그런가 하면 정약용은 하루 동안 글 한 편 짓는 긴 시험시간을 탓했다. 시험시간이 너무 길기 때문에 남의 글을 대신 써주는 이들이 수천 명이나 된다면서, 유능한 자는 하루에 여러 편의 글을 지을 수 있으므로 시간을 제한해야한다고 주장했다.[444]

시험시간이 능력을 가르는 중요 기준이 된 때는 근대적 시간 개념 도입이후이다. 1895년 자격루가 표준시계로서 의미를 상실하고, 조선은 새로운 시간 개념을 갖게 되었다. 1896년에 양력이 도입되고, 이후 시계도 살만한 사람들에게 사치품이나 인기상품으로 부각되었다.[445] 시계와 시간표의 보편화가 서서히 이루어지던 시기였다. 이때부터 대부분의 인간행위는시간을 표준으로 삼아서 이루어졌다. 시간을 표준으로 활동의 시작과 끝이 결정되고 이동을 결정했다. 기차시간표가 이동시간과 다른 시간의 사용을 결정해주고, 근무시간표가 노동행위의 시작과 끝을 알려줬다. 설령시간표를 넘어서더라도 그 노동은 초과근로이거나 계약 위반의 시간으로계산됐다. 그러면서 근대적 시간의 중요성이 강조되었다. 시간이 곧 생산력이다. 짧은 시간 안에 대규모 생산이 근대 산업사회의 특징이었다.

시계가 수입되면서 근대적 학교공간도 수업시간표와 교과목 시수가 정해지고, 시간에 따른 교육활동이 이루어졌다. 시험도 역시 시간표에 따라 행해졌다. 1896년 한성사범학교에서 일본어 교사 선발광고를 내면서, 시험 시작시간을 명시했다. 그러다 1907년에 오면, 신입생 선발시험을 치는 몇몇 학교들에서 시험 시작시간과 함께 마감시간까지도 공지했다.[446] 시간이 중요해지면서 학교에서도 학생들에게 시상할 일이 있으면 시계를 상품으로 주었다. 1899년 외국어학교 연합운동회의 종목별 우승상품이 시계였고, 관립 독일어학교 하기시험 1등상도 금시계였다.[447] 각 학교들은 그 이후 졸업식 우등상, 월말시험 우등상, 1학기 우등상, 그리고 체육대회 수상에서도 시계를 상품으로 주었다. 시계는 학생들에게 선망의 물건이었다.[448] 학교로서는 학생들에게 신문물과 근대적 시간관념을 선사하는 행위였고, 학생들로서는 공부시간과 시험시간에 유용한 물건이기도 하거니와 시계를 찬 근대적 인간으로 자신을 뽐낼 기회이기도 했다. 1920년대 후반, 여학생들이 전철에서 자리가 나도 좀처럼 앉지 않는 "일층 중요한 이유가 잇스니왈, 설백雪白한 팔둑에 동인 18금 완권시계腕卷時計(손목시계) 때문"이었을 정도이다. 2000년대 중학생들 사이에 한때 값비싼 유명상표 신발과 등산점퍼가 유행했듯이, 개화기 이후 학생들 사이에 손목시계는 유행상품이었다.[449]

시험시간은 생산력의 지표이자 공정성을 의미하는 발명품이었다. 불균등한 시간 배분은 항의의 대상이 되었다. 누구에게나 균등하게 주어지는 시험시간은 타인과 구별되는 개인의 문제해결 능력을 말해준다. 지필시험은 제한된 시간 안에 정답을 찾아내는 능력을

[그림 31]
학생용 회중시계광고 《동아일보》 1920. 10. 7.

요구하고, 더구나 대부분 선발시험들이 상대평가이기 때문에 시험시간 제한은 상대적으로 서열을 정하는 편리한 방법이다. 시험시간은 많은 수험생들을 일괄적으로 통제하기에 용이한 장치이다. 시험시간은 응시자들의 속도로 합격자를 가려내는 방법이면서, 시간제한은 시간에 적응하지 못하는 사람을 가려낼 수 있게 만든다. 만약 시험문제 풀이시간보다 시험시간을 짧게 준다면, 탈락하는 응시자 규모가 커지게 된다. 때문에 응시자가 많고 선발해야 하는 사람이 적을 때, 또 서열을 명확히 해야 할 때 시험시간을 조정하는 방법을 취한다. 시험시간을 줄이더라도 문제가 되지 않는 건, 주어진 시험시간이 동일하기 때문이다. 동일한 시간이 주어지면, 응시자들은 일단 시험상황을 수용하고 상황을 돌파하는 방법을 찾게 된다.

빨리 더 빨리, 속도도 능력

자격시험도 시간을 다툰다. 속도전을 치르듯이, 정답을 찾는 빠른 능력이 곧 문제상황을 즉각 해결하는 능력과 동일시된다. 보건의료인 국가시험은 시험이 속도전이라는 사실을 잘 보여주는 사례 중 하나다. 한의사시험을 쳤던 한 한의사는 "문제풀이에 정신이 없다. 문제 읽는 즉시 재깍재깍 답을 찾아내고, 실수 없이 마킹하는 게 중요하다. 시간과 싸움이다"라며 시간에 응전하는 전사 같은 기운을 내뿜는다. 합격하기 위해서는 짧은 시간 안에 문제를 보고 즉각 정답을 찾아내는 능력을 키워야 한다. 2013년, 의사시험은 시험시간 545분에 400문제, 한의사시험은 370분에 420문제, 약사시험은 265분에 300문제, 간호사시험은 250분에 330문제를 풀어야 했다.[450] 한 문제당 의사시험 약 82초, 한의사시험과 약사시험 약 53초, 간호사시험은 50초가 소요된다. 이 시험들은 모두 오지선다형이거나 확장결합

[표 14] 보건의료인 시험의 시간과 문항 수

국가자격 시험종류	시험시간(분)	시험문항 수	문제형식	1문제당 풀이시간(초)
의사	545	400	객관식 5지선다형 및 R형	81.8
한의사	370	420	객관식 5지선다형	52.9
약사	265	300	객관식 5지선다형 및 R형	53
간호사	250	300	객관식 5지 선다형	50

형(R형) 문제[451]이기 때문에 시간 안에 다섯 개나 그 이상의 보기를 보고 답을 찾아 정답을 표기해야 한다. 그렇기 때문에 실제로 문제를 읽고 정답을 찾아내는 시간은 문제당 산술적인 평균시간보다 훨씬 짧을 수밖에 없다.

사법시험도 대표적인 속도전 시험이었다. 2008년도에는 1차 시험에서 기본 3법(헌법·형법·민법)의 질문과 지문 글자 수가 9만 2,870자였고, 분당 442자를 읽어야 했다. 이 때문에 "속독시험", "순발력 테스트"라는 비난을 받았다.[452] 글자 수를 조금 줄였던 2009년에도 분당 437자를 읽어야 했다. 답 표기 시간을 제외한다면, 민법시험은 실제로 분당 530자를 읽어야 했다. 2010년과 2011년에 글자 수가 조금 줄었으나, 2012년에 다시 글자 수가 증가했다. 사법시험 1차만 문제가 아니라, 2차 논술시험도 2시간 안에 두세 개의 논술형 문제가 출제된다. 수험생들은 시간 안에 대략 10장 정도의 답안지를 작성한다. 단련된 "속기사"가 아니면 합격하기 어렵다. 그래서 수험생들과 전문가들은 사법시험이 "속독시험", "속기록시험"이라는 불평을 쏟아냈다.

빠른 속도가 곧 유능함을 입증하던 오랜 관습이 시험에서도 나타난 것이다. 사회는 남들보다 더 빨리 글을 읽고 수학문제를 풀 때, '영재', '천재'라고 환호해왔다. 아이가 남들보다 한두 달 빨리 일어서 걷는다고 날지 못한다는 걸 뻔히 알면서도, 빠르다는 사실에 온 가족이 박수를 보내고 안도한다. 그 빠름이 인생 내내 지속되기를 바란다. '조기'는 밥상에 오르는 생

[표 15] 사법시험 1차 문제량 추이

과목	총글자수(자)				문항수	시험시간(분)	분당 글자 수					
	2009	2010	2011	2012			2009	2010	2011	2012	변호사시험1회	변호사시험2회
헌법	31871	29071	30999	33491	40	70	455	415	443	478	422	377
형법	25641	28574	26586	27864	40	70	386	408	380	398	343	396
민법	34235	27889	27802	30429	40	70	489	398	397	435	350	366
계	91747	85534	85387	91784	120	210	436.9	407.3	406.6	437.1	371.7	379.7

* 출처: 〈수험생들, 사시1차 속독시험 될까 우려〉,《법률신문》2013. 2. 8.

선이 아니라, 삶을 내내 지배하는 용어이다. '조기 교육', '조기 영어교육', '조기 학습', '선행학습', 빨리 빨리 할 수 있는 능력이 찬양받아왔다. 빠른 속도에 대한 사회적 예찬은 교육과 시험 영역에서도 마찬가지였다.

그러나 속도전 식의 시험으로는 잃는 것도 많다. 빠른 시간 안에 많은 문제를 해독하는 능력에 주목하면서 본질적으로 얻어야 할 목표는 등한시하게 된다. 법 이해와 활용 능력보다 속독 능력이 더 중요해지게 된다. 속도전 식 시험에 대한 반성으로 최근 시험문제를 줄이거나 시험시간을 늘이려는 노력들이 있다. 대학수능시험도 2014학년도부터 문항 수를 줄였다. 그리고 공직 적격성평가PSAT와 7·9급 공무원 공개채용 필기시험 시간도 2010년도부터 늘였다. 공직 적격성평가에 대한 분석에서, 수험생들의 가장 많은 불만이 시험시간 부족이었다. 시간 부족으로 풀지 못한 문제 수가 평균적으로 영역별 5문제라는 결과를 근거로 시험시간을 늘였다. 그래서 문항당 2분에서 2분 15초로 시험시간이 늘어났다.[453] 법학적성시험LEET도 2010년부터 언어이해 영역과 추리논증 영역이 각각 40문항에서 35문항으로 줄고 논술 영역도 3문항에서 2문항으로 줄었다. 문제를 줄이고 시

[표 16] 대학수학능력시험 문항 수와 시험시간

교시	2009~2013학년도				2014~2016학년도		
	시험영역	시간	문항수	비고	시험영역	시간	문항수
1	언어	80분	50	듣기 포함 (13분이내)	국어	80	45
2	수리 (가/나 형)	100분	30	단답형 30 퍼센트포함	수학	100	30
3	외국어 (영어)	70	50	듣기말하기 17개 포함 (20분이내)	영어	70	45
4	사회/과학/ 직업탐구	최대 3과목 선택가능	과목당 20문항		탐구	과목당 30분	과목당 20문항
	사회영역	과목당 30분, 총 94분 ; 최대 3과목 선택	과목당 20문항		사회 (최대택2)	과목당 30분	과목당 20문항
	과학영역				과학 (최대 택2)		
	직업탐구				직업(택1)	60	40
5	제2외국어 (8과목) 및 한문	40분	30	8개 과목 중 택 1	제2외국어 (8과목) 및 한문	40	30

험시간도 단축했다. 그러면서 출제기관에서는 시험의 질을 높이겠다고 발표했다.[454] 이처럼 시험시간에 대한 인식이 달라지고 있다. 아직 갈 길이 멀긴 하지만.

법정으로 간 시험시간

2005년, 사법시험 1차 시험에 두 번째로 합격한 사람이 있었다. 2005년 1차 시험 응시자 1만 7,642명, 합격자 2,884명, 약 6대 1의 경쟁률을 뚫고 합격했다.[455] 2차 시험은 연속 불합격. 다시 2007년에 1차 시험을 합격한 임 씨. 그는 매우 불운해 보였다. 남들은 1차 시험 합격이 어렵다는데, 1차

시험 합격만 세 번째였다. 그러나 2차 시험에서 번번이 떨어졌다. 세 번째로 1차 시험에 합격한 2007년에 그는 헌법소원심판을 청구했다. '본인은 악필이고 필기 속도가 느린 수험생이다. 그런데 2차 사법시험에서 과목당 시험시간을 2시간으로 제약함으로써, 헌법상 직업선택의 자유와 평등권, 행복추구권을 침해한다'는 내용의 소송이었다. 2008년 6월 헌법재판소 전원재판부는 위헌이 아니라며 소송을 기각했다.

> 사법시험은 실무가를 선발하는 시험으로서, 실무가에게는 법률지식을 얼마나 능숙하게 실제의 상황에 활용할 수 있느냐 하는 측면도 중요한 평가요소이다. 따라서 실무가를 선발하는 사법시험에 있어 주어진 문제를 충분하지 않은 시간 동안에 해결하는 능력을 평가할 필요성이 있다.[456]

법원 판결의 요지는 이랬다. 법조인은 "학자가 아니라 실무가"이기 때문에, '우선 제한된 시간 안에 시험을 끝낼 수 있는 능력을 갖추어야 하고, 특별 배려가 필요한 장애인을 제외하고는 모두에게 시험시간 2시간은 동일하기 때문에 평등권을 침해하지도 않았다'는 요지의 판결이었다. 헌법재판소에서는 임 씨가 제안한 컴퓨터 활용 시험방안에 대해서도 법무부장관의 재량권이라고 보았다. 시험시간을 법적으로 다투는 소송은 임 씨의 소송이 처음이 아니었다. 이미 2002년, 2003년, 2004년에도 논술시험에서 필기 속도가 느린 수험생들의 기본권 침해를 문제 삼는 소송이 있었다.[457] 소송결과는 모두 기각이었다.

적법하고 타당한 시험시간이 존재할까? 헌법재판소 결정에서는 외무고시와 행정고시도 논술시험이 2시간이고, 모두에게 시험시간이 동일하기 때문에 문제되지 않는다고 했다. 그렇다고 2시간이 타당한 시험시간일까. 2시간은 논술시험과 어떤 내적 연관을 갖는가? 시험시간이 얼마면 시험문제 풀이에 타당하며, 수험생에게 타당할까? 또한 수험생 능력을 측정하기에 타당할까? 개별 수험생의 사정은 어느 정도 고려되어야 하나? 법적 장애인만 고려하면 되는가? 필기 속도가 느린 사람도 배려해야 하나? 충분한 시간을 줘서 사실상 시간제약이 없는 시험을 치면 안 되는가? 이 모든 물음에 현재의 시험시간은 마땅히 답할 논리가 없다. 시험시간은 대부분 행정기관에서 임의적이고 관례적으로 정한다. 학교 내부시험들은 교과 수업시간으로 정하고, 공무원시험이나 사법시험, 여타 시험들은 관례에 따라 정해지며 한번 정해진 시험시간은 특별한 사유가 없이 잘 바뀌지 않는다. 출제자들은 정해진 시간 안에 문제 수와 난이도를 배치해 넣고, 수험생들은 정해진 시간에 자신을 맞추는 연습을 한다.

제한된 시험시간은 수험생들에게 언제나 골칫거리다. 토익시험, 수능시험, 공무원시험, 변호사시험, 공인중개사시험 등은 자주 시험시간이 화제에 오른다. 문제 수에 비해, 시험시간은 짧거나 시험문제가 어렵기 때문이다. 그래서 시험시간 관리 능력이 고득점의 중요한 관건이다. 수험생들은 시험의 중요한 기술 중 하나가 시간관리임을 알고 연습한다. 쉬운 문제부터 풀고, 풀리지 않는 어려운 문제는 일단 넘어가고, 듣기문제가 있을 때는 미리 보기를 읽어놓고, 긴 지문은 앞뒤를 읽어 최대한 핵심을 빨리 파악하는 방법을 배운다. 논술시험을 치면 악필을 교정하고, 정해진 시간 안에 글의 구성에 맞추어 적는 연습을 수도 없이 한다. 커다란 시계를 걸어놓은 시험장은 수험생들에게 시간의 중요성을 끊임없이 일깨워준다. 수험생들도 언제나 시계를 앞에 두고 시간을 조절해가면서 시험문제를 푼다.

적어도 교육의 장에서 시험은 학생의 배움에 적합하도록 시험시기와 시간을 설계할 수 있다. 시험은 속도전 또는 정기전定期戰이라는 생각을 버리고 유연해질 수 있다. 시험시간에 대한 유연한 생각은 응시자의 능력을 한층 더 높일 수 있는 계기가 된다. '최고의 교수'[458] 들 중에는 전공이나 학습 속도에 따라 학생마다 시험시간을 달리 하기도 하고, 시험시기에 따라 점수 부여방식을 달리 하기도 했다. 학습자가 가장 잘 안다고 생각할 때 개별적으로 시험시기를 정해서 칠 수도 있다. 고정된 시기에 집단적으로 시험을 시행하는 관행은 행정적 편의 이상도 이하도 아니다. 그러나 관리의 편의를 버리면, 개별 학습자가 완전히 학습했을 때 개인이 시험시기를 선택하여 시험을 칠 수 있다. 시험시간을 채점의 요소에서 제외시키면 출제자가 의도하는 학습자의 능력이 분명해진다. 시간에서 자유로운 평가는 평가의 더 근본으로 다가가는 시도이자 모험이 된다.

최근, 개인의 차이와 사회적 약자에 대한 인식이 높아지면서 각종 선발 시험도 시험시간을 조정하고 있다. 시험시간을 반드시 집단적으로 획일적으로 관리해야 더 공정하다는 인식이 깨지고 있다. 진짜 공정성은 목적을 지키는 일이다. 시험이 진짜 개개인의 성장 혹은 능력을 보고자 한다면, 시간에 훨씬 더 유연해져야 한다.

청춘을
박제하라

두 갈래 길 앞에 선 청춘

불평등이 대한민국을 위태롭게 하고 있다. '금수저, 흙수저'는 청춘들이 겪는 일상이다. IMF사태 이후 고소득자의 실질소득은 급격히 치솟고 저소득자의 실질소득은 곤두박질 중이다. 김낙년의 연구 〈한국의 소득불평등, 1963~2010〉에 의하면, 1996년과 비교해 2010년 현재, 상위 10퍼센트 소득자의 소득은 53.8퍼센트, 상위 20퍼센트 이내는 41.3퍼센트 증가했다. 반면 하위 20퍼센트 소득자의 소득은 24.3퍼센트나 줄어 생존이 위태로운 지경이다.[459] 그리고 2012년 기준 상위 10퍼센트의 소득비중이 전체 소득의 45퍼센트 이상을 차지하고, 상위 1퍼센트의 소득비중이 12.4퍼센트를 차지하고 있다.[460]

이런 불평등은 현실에서 더욱 극적으로 체험된다. 대법관을 지낸 이가 퇴임 후 변호사 개업 고작 5개월 동안 15억 원이 넘는 돈을 벌고 현대백화점 부회장이 퇴직금으로 약 50억 원을 챙기는가 하면, 월 소득 200만 원이 안 되는 근로자가 절반이고,[461] 형편이 어려워진 세 모녀가 집주인에게 방값과 함께 미안하다는 쪽지를 남겨놓고 자살했다. 하루 4, 5만 원 일당을

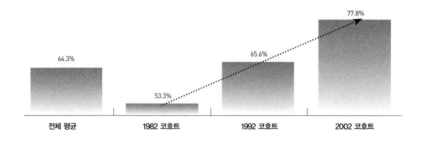

[그림 32] 대학 졸업년도별 하향취업 고착화 비중

* 출처: 전재식, 〈대졸 하향취업의 고착화 현상과 노동시장 효과〉,
《KRIVET Issue Brief》7, 2012.

받는 노동자와 교도소 노역 일당이 5억 원인 재벌이 공존한다. 2016년에
는 노골적으로 "부모의 경제력도 실력"이라며 평범한 청춘들을 비웃는
"비선 실세의 딸"도 등장했다.

소득 불평등이 사회평등과 인간존엄을 위협하는 이때, 어떤 일자리에서
일하느냐는 개인과 그 가족에게 매우 중요하다. 어떻게든 첫 일자리를 잘
잡아야 한다. 보통사람들이 특권층이 될 리는 만무하지만, 첫 일자리는 보
통사람들에게 안정적인 삶의 길과 불안한 잉여의 길 중에서 어느 길로 들
어설지를 결정하기 때문이다. 윤유규·성재민의 연구를 보면, 첫 일자리가
저임금 일자리였을 때 이후 일자리에서도 저임금 근로자나 저소득자가 될
가능성이 높다.[462]

저임금 근로 경력이 쌓일수록 저임금이나 저소득의 덫에서 벗어나기 힘
들어진다. 대학을 졸업한 취업생도 예외가 아니다. 대졸자들이 근로조건이
안 좋은 첫 직장에 자리 잡을 경우 경제상황이 더욱 열악해지는 고착화가
80퍼센트에 육박한다.[463] 한번 어려우면 가난이 수렁이 될 수밖에 없는 이

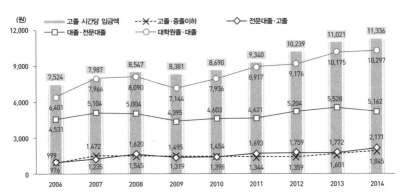

자료 : 고용노동부, 〈고용형태별 근로실태조사보고서〉

[그림 33] 교육수준별 임금액 차이

[표 17] 근로시간과 임금

	월근로시간(시간)	월평균임금(만원)	시간당임금(원)	성별(원, 퍼센트)			교육수준별(원, 퍼센트)					
				남자임금	남자	여자	고졸임금	중졸이하	고졸	전문대졸	대졸	대학원졸
2006	198.0	248	9,400	10,819	100.0	64.3	7,524	86.7	100.0	113.0	173.2	258.3
2007	191.5	258	10,275	11,831	100.0	64.9	7,987	81.6	100.0	115.5	179.4	279.1
2008	188.7	272	10,996	12,677	100.0	64.7	8,547	81.9	100.0	119.0	177.5	272.2
2009	194.8	271	10,591	12,216	100.0	64.6	8,381	82.2	100.0	115.7	168.2	253.4
2010	192.8	279	11,155	12,880	100.0	65.0	8,690	83.3	100.0	116.1	169.1	260.4
2011	189.3	292	11,916	13,661	100.0	66.6	9,340	85.6	100.0	118.1	167.6	263.1
2012	182.3	300	13,145	14,968	100.0	68.4	10,239	86.7	100.0	117.2	168.0	257.6
2013	176.3	312	14,075	16,071	100.0	68.2	11,021	85.5	100.0	116.1	166.2	258.6
2014	175.9	324	14,587	16,754	100.0	67.7	11,336	83.7	100.0	119.2	164.7	255.5

＊ 출처: 고용노동부, 〈고용형태별 근로실태조사보고서〉각 년도. 교육수준별로 보면, 2014년 고졸의 시간당 임금
은 11,336원이며, 고졸대비 중졸 이하는 83.7퍼센트, 전문대졸 119.2퍼센트, 대졸 164.7퍼센트, 대학원졸은
255.5퍼센트로 나타남.
＊ 주: 2006~2008년은 8차, 2009년 이후는 9차 기준이며, 상용근로자 5인 이상 사업체가 대상임

유이다. 일할수록 가난해진다. 그렇다고 일을 하지 않고는 살 수가 없다. 살 만한 이들은 모색하고 도전할 여유가 있지만, '흙수저'들은 그럴 경제적 여유가 없다. 다만 모욕당하고 살 수 없다는 결연한 각오로, 청년 구직자들은 처음부터 괜찮은 일자리에 들어가기 위해 갖은 노력을 다 할 수밖에 없다.

취업으로 가는 길; 스펙과 시험

청춘들의 욕망이 실현되는 통로는 매우 좁다. 통로가 좁으니 욕망의 숫자도 통제된다. 먼저 실현할 욕망과 다음에 실현 가능한 욕망으로 욕망이 서열화된다. 기초적인 욕망이 실현되지 못하면 다른 욕망들은 자동적으로 금지 혹은 포기된다. '삼포세대', 'N포세대'라는 말도 그래서 생겨났다. 취업할 때까지 또는 안정된 자리를 잡을 때까지, 연애도, 결혼도, 출산도 포기하는 세대이다. 청년들이 하고 싶은 것을 다 하고도 원하는 삶을 살 수 있다면, 청춘들의 인원 수만큼이나 다양한 욕망이 사회에 존재하고 창조적이고 문화적인 세상이 될 가능성도 커진다. 그러나 갈수록 청춘들의 삶은 팍팍하다. 입시관문을 어렵게 통과하면, 또다시 취업관문이 기다리고 있다. 괜찮은 일자리를 위한 취업관문은 흔히 두 가지 경로를 따른다. 하나는 이른바 스펙을 충실히 쌓는 것이다. 스펙 쌓기는 기업이나 사회의 요구에 기민하게 대응하여 개인의 쓸모를 입증하는 방식이다. 스펙을 거부하거나 넘어선다는 정책이라며 나온 '스펙 초월'이니 '스토리텔링'도 따져보면 결국 기본 스펙을 쌓아 그럴싸하게 포장하는 스펙 쌓기 경로이다.[464]

또 다른 취업준비 경로는 시험 준비이다. 재학 동안 학점을 관리해야 하기에 학교시험 공부도 소홀히 할 수 없다. 학점 인플레가 심각하다고 매년

[표 18] 괜찮은 일자리를 위한 4년제 대학 졸업생의 스펙 쌓기 실태

		졸업 평점 (4.5 만점)	토익 점수 (990점 만점)	어학 연수 참가 비율	자격증 취득자 비율	취득 자격증 수	인턴 경험자 비율	기업 자체 운영 인턴제 참여자 비율	휴학 경험자 비율
일자리별	공공부문	3.66	795	14.1	80.3	2.1	8.4	29.9	12.6
	민간부문	3.62	812	32.3	65.1	2.0	20.5	59.0	13.4
대학 특성별	서울소재 대학	3.55	825	28.7	56.5	1.8	18.5	53.0	19.4
	경기인천 소재대학	3.59	757	23.2	63.3	2.0	14.9	35.2	12.8
	지방국립대	3.65	753	15.1	68.2	2.0	11.2	24.3	10.5
	지방사립대	3.66	715	17.1	64.0	2.0	9.7	29.2	10.7

* 출처 : 한국직업능력개발원, 〈4년제 대학생의 스펙 쌓기 실태〉, 《KRIVET Issue Brief》16, 2012.

국회의원과 언론은 비난하지만,[465] 속내를 들여다보면 대학생들의 눈물겨운 학점 관리가 있다. 학점 따기 쉬운 강좌를 남들보다 빨리 수강신청하고, 학점이 낮으면 재수강하는 등 애를 쓴다. 스펙이 될 만한 자격증을 따기 위해서도 시험 공부가 필요하다. 진짜 시험경쟁은 취업을 위한 시험이다. 수많은 경쟁자를 물리치고 선발되느냐 마느냐가 결정되는 시험이기 때문이다.

'괜찮은 일자리' 들은 취업시험을 요구한다. 가장 대표적인 취업시험은 공무원시험이다. 입사시험과 입사를 대비한 자격증시험을 준비하는 청년층이 계속 증가하고 있다. 2007년에 청년층 68만 명이 시험을 준비했으나 2013년에는 96만 명으로 늘었다. 2013년 대졸자가 50만 명이니 2년 동안 대졸자 전부를 합한 숫자와 맞먹는다. 6년 만에 취업시험 준비생이 40.8퍼센트 증가했다. 15세에서 29세 미취업청년 인구의 10.1퍼센트, 즉 열 명 중 한 명은 취업 관련 시험을 준비하고 있다. 시험 유형별로는 공무원시험

준비 인원이 31만 9,000명으로 가장 많아서, 약 세 명 가운데 한 명꼴로 공무원시험을 준비하고 있다. 공무원시험 준비생 숫자는 30여 만 명으로 이미 포화상태이다.[466] 재학기간 중 취업시험이나 자격시험 준비를 위해 휴학하는 학생들도 2007년 15만 3,000명에서 2015년 23만 8,000명으로 늘었다. 특히 휴학하는 여학생들은 같은 기간 8만 명에서 15만 7,000명으로 두 배 가까이 증가했다.[467] 2013년 대졸자 이동경로를 조사한 자료에 따르면, 20~24세 취업준비자의 47.9퍼센트가, 25~29세는 53.9퍼센트가 취업시험을 준비하고 있다.[468] 수험생이 증가할수록 합격이 더 어렵다. 떨어질 때마다 이 길을 포기해야 하나 말아야 하나 갈등한다. 매년 들어가는 비용도 감당할 수 없어진다.[469] 공무원 시험을 준비하던 20대 여성은 일기에 이렇게 적었다.

> 작년부터, 재작년부터 계속 공부해왔을 공무원 수험생들. 이번 국가직, 지방직을 마지막이라 생각하고 아득바득 공부하고 있을 전국의 수십만 청년들. 바글바글 수백 명이 강의를 듣는 노량진, 신림동 사진을 보니 한숨이 절로 나온다. 올해 안에 되지 않으면 다른 어떤 희망이 또 있을까. 엄마와 나, 돈이 없다. 상반기 섬(시험)까지 안 되면 잠시 공부를 포기하고서라도 알바를 뛰어야 할 듯하다 (2006년 3월 2일 안혜영 일기 중에서).[470]

대학 졸업자와 대학원 졸업자 중 미취업자의 경우 시험준비생 비율이 더욱 높다. 2013년 현재 미취업자 48만 7,000명 중 27만 3,000명, 즉 56.1퍼센트가 자격증시험을 제외한 취업시험 준비를 하고 있다. 즉 대학과 대학원 졸업생 중 절반 이상이 민간기업이나 공무원 채용시험 준비를 하고 있다.

공무원시험이나 민간기업 채용시험을 준비하는 청년층 중에는 이미 취업한 사람 비중도 높다. 공무원시험 준비생 다섯 중 한 명, 민간기업 시험

[표 19] 청년층 취업시험준비 인원

(단위: 천 명)

	2007	2008	2009	2010	2011	2012	2013
전체	682	695	708	702	921	941	960
남자	373	376	369	370	478	479	513
여자	309	319	339	332	443	462	447

출처: 한국직업능력개발원, 《KRIVET Issue Brief》 49, 2014. 4.

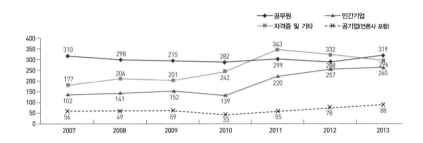

[그림 34] 청년층의 취업관련 시험 준비 유형별 현황

출처: 한국직업능력개발원, 《KRIVET Issue Brief》 49, 2014. 4.

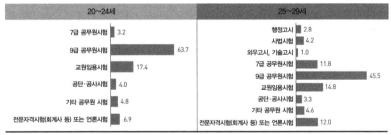

주 : 가중치 적용한 수치이며, 시험준비자 전체에 대한 비중임
자료 : 한국고용정보원, 2013 대졸자이동조사

[그림 35] '시험 준비자'의 시험 준비 종류

출처: 박진희 · 양수경, 〈청년층 취업준비자 현황과 특성〉, 2016. 6. 30

준비생 서너 명 중 한 명이 이미 취업한 이들이다. 그만큼 취업한 청년층도 다니는 직장이 불안하거나 불만스럽다는 뜻이다. 아무래도 취업시험을 준비하는 청년층 중 가장 많은 인구는 비경제활동 인구인데, 비경제활동 청년층 중에 약 61만 4,000명이 취업시험을 준비하고 매년 그 수치는 증가하고 있다. 이들은 통계청에 의해 평상시 취업자도, 실업자도 아닌, 경제활동을 하지 않는 집단으로 분류된다. 이 기간이 길어지면 흔히 말하는 '낭인', '고시낭인'이 된다.

'고시족'의 자발적 유배지, 노량진

2000년대 들어 많은 시험들이 '고시'가 됐다. 시험마다 수십 대 일의 경쟁률을 자랑하면서 '고시'라는 명칭이 일반화되었다. 그래서 사람들은 '공무원고시', '언론고시', '임용고시'라 부른다. '고시'라는 명칭으로 스스로 위안을 삼는다. 또 타인을 설득한다. 떨어진다 해도 '고시'이기 때문에, 스스로에게도 타인에게도 할 말이 있는 불합격이다.

그런 시험을 준비하는 집단을 일러 '공시족(공무원고시 준비족)', '임고족(임용고시 준비족)'으로 부른다. 새로운 종족이다. 모든 삶이 정지되고 시험 공부만 하고 시험만 치는 새로운 종족의 출현. 그들의 진리도, 도덕도, 아름다움도 시험 합격이다. 그들만의 생활방식이 있고 그들만의 공간도 있다. 후줄근한 차림새, 삼선 슬리퍼, 뒤로 대충 묶어 올린 머리칼, 시험 외에는 세상 무엇에도 관심 없는 듯 무심한 태도로 학원과 고시원 쪽방을 시계추처럼 오가는 고시생들의 현재는 경제적으로 무기력하지만, 장차 예비공무원이자 예비교사이자 예비법조인의 위상을 내재한 '고시'생이다. 지금은 음지에 있지만 저 높이 양지를 꿈꾸는 종족, 수험생이다. 이런 각종 고시 혹은 시험을 준비하는 이들에게 최적화된 공간이 고시촌이다.

일제시대 문관고등시험을 준비하던 이들은 친일이라는 시선을 피하기 위해 집이나 학교 도서관에서 공부했다. 해방 이후 고시생들은 산속 암자 같은 격리된 공간을 찾았다. 번잡한 세속적 관심을 끊기에 적합한 공간이고, 유명 사찰 가운데는 고시생들을 위한 공간을 대여해주는 곳도 있었다. 고시생들이 확산되면서는 대학에도 고시원이 들어섰고, 대학가에도 고시생들이 무리지어 공부하는 공간이 생겼다. 현재 전국에서 고시촌으로 유명한 곳은 쇠락한 신림동 고시촌과 새로이 활기를 맞은 노량진 고시촌이다.

신림동 고시촌은 서울대가 관악구로 이전해오면서, 고시생들이 자연적으로 신림동 인근에서 함께 공부하고 정보를 나누면서 1990년대에 형성되었다. 고시생을 위한 고시원, 독서실, PC방, 식당 같은 여러 상업시설들이 번성했지만, 사법시험 폐지 발표 이후 신림동 고시촌은 쇠락해가고 있다. 노량진 고시촌은 1970년대 서울의 공간조정 정책에 의해 교통이 좋은 노량진에 일부 학원들이 옮겨가면서 시작됐다. 처음 입시학원으로 출발하여 한때 퇴락하다 공무원시험준비 학원가로 변신하면서 현재 활황이다.

노량진 고시촌은 전국의 많은 수험생이 스스로 유배 가는 곳이다. 공무원시험 학원과 교원임용시험 학원이 즐비한 이곳에서 정보를 얻고 또 시험에 최적화된 생활을 하기 위해서이다. 노량진 대로를 가로지르는 육교는 노량진 고시촌의 상징이었다. 속세와 고시촌을 잇는 육교가 2015년 10월 철거되기 전까지 35년 동안 수험생들의 인생 건널목이었다. 노량진 1, 2동 총 인구가 5만 여 명인데, 고시촌 수험생들을 대략 4만~5만 명으로 추정한다.[471] 낮 시간대 유동인구 중 65퍼센트가량이 20대이고, 30대까지 포함한 젊은층이 83퍼센트를 차지한다.[472] 내일을 기약한 채 오늘 숨죽인 청춘들의 거리이다. 특히 학원시간에 따라 수만 명의 청춘들이 거리로 밀물처럼 몰려나왔다 썰물처럼 빠져나가지만 청춘의 전매특허, 넘치는 에너지와 발랄함은 무거운 수험세계 속에 가라앉아 있다. 이들 청춘들은 하나의 집단을 이루고 문화를 형성했다. 그래서 차라리 고시촌에 머물 때 마음이 편하다고 수험생들은 말한다.[473] 바깥세상과는 다른 패션과 소비문화가 있다. 다른 시간이 흐르고, 다른 정신이 흐른다. 시간은 시험일정에 맞춰, 학원시간에 맞춰 바쁘게 흐르고, 정신은 시험제도의 변화에 예민하게 작동하고 자신은 합격해야 한다는 무한긍정주의로 무장해 있다. 고시촌에 있을 때, 수험준비생으로서 자신의 정체성을 가장 잘 확인할 수 있다. 바깥 세상에 나가면, 그냥 청춘이지만 고시촌에서는 예비법조인이고 예비공무원이고 예비교사로서 수험생이다. 그렇게 자신을 호명한다.

3개 고시를 석권했던 어느 교육감 후보는 2014년 선거운동 첫날 노량진 고시촌을 찾았다. 그는 "목표를 정해 노력하면 무엇이든 될 수 있다는 얘기를 해주고 싶어서"라며 자신의 영광을 더듬었다.[474] 그러나 노량진 고시촌은 결코 노력만으로 성공한다는 걸 증명해줄 수 없는 동네이다. 현재 공무원시험과 같은 시험들은 아무리 노력해도 불합격자가 더 많을 수밖에 없는 구조이다. 수많은 수험생들이 노력하지만, 노량진에는 누군가의 성공과 더 많은 이들의 실패와 좌절이 함께 있다. 실패하면, 실패자들의 노력이 부족했다고 무턱대고 몰아붙일 수 없다. 본인 스스로도 더 노력, "더 노오력"을 외치는 노력강박증은 우리 사회의 오랜 신화이지만, 제한된 인원만이 합격하는 게임에서 노력이 성공의 열쇠라고 말하는 무책임함은 이데올로기이다. 노량진에는 성공과 좌절이 공존하며, 노량진 육교는 성공과 좌절의 경계를 상징했다. 지하철을 빠져나오자마자 마주쳤던 육교 이쪽, 즉 노량진역 쪽에서 보면, 육교 너머 노량진 고시촌은 무수한 청춘들이 모든 욕망을 박제하고 성공을 위해 격렬하면서도 숨죽인 시간을 보내는 인고의 시공간이다. 성공과 실패의 대가가 간극이 클수록, 더 강도 높고 오랜 인고의 세월이 필요하다. 스스로 걸어들어온 수험 유배지에서 모두가 속세의 희망을 기대한다. 직접 만남은 피하지만 날마다 고생하는 가족들을 마음속으로 불러내 희망을 다짐하고 각인한다.

조용한 청춘의 섬 노량진에 들어갔던 이들 중 끝내 살아 돌아오지 못하는 이도 있다. 노량진 육교는 누군가에겐 삶과 죽음의 경계가 되어버렸다. 2013년 1월 초 외무고시를 준비하던 한 수험생이 노량진 육교에서 펄럭이듯 몸을 던졌다. 그해 6월에는 두 명이 자살했다는 소식이 있었다. 시험이 다가오거나 합격자 발표 즈음에 좌절을 이기지 못하고 목숨을 끊는 수험생들이 있었다. 고시원들이 아무리 쉬쉬해도 수험생들은 바람처럼 소문을 접하며, 지방자치단체 보건소는 수험생들의 절망을 예방하고자 심리검사를 실시한다.[475] 몇 년 동안 공부하다 다른 길을 찾아 돌아가는 수험생들도 있다. 시험시기만 임박하면 노량진으로 들어갔다 나오길 반복하는 이도 있다. 시험 때만 되면 마치 냉동고 속 통조림처럼 고시촌의 좁고 차가운 공간에 몸을 밀어넣어 청춘을 박제시켜 살다가, 시험이 끝나면 다시 청춘을 끄집어내 살아간다. 노량진 고시촌의 청춘들, 그들은 오늘의 청춘을 박제하여 내일의 영광을 얻으려 한다. 2년이고 3년이고 성공할 때까지 노량진의 청춘은 유예된다.

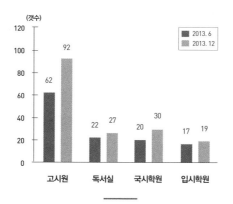

[그림 36] 고시촌 노량진

오랫동안 시험공부를 위한 공간은 욕망을 제어할 수 있는 최소한의 공간이면 충분했다. 시험 이외에 다른 무엇도 개입할 수 없도록 공간을 조정한다. 꽉 막힌 좁은 공간에서도 준비 가능하다는 점, 다시 말해 저렴하다는 점 때문에 많은 수험생들은 시험에 도전할 수 있다. 허용되는 욕망은 합격뿐이고, 다른 욕망은 아예 발생하지 않도록 차단하는 것이다. 노량진 고시촌은 오직 시험에만 최적화된 방식으로 살아가도록 만들어진 공간이자, 생존을 위한 최소공간이다.

노량진 고시촌을 대표하는 공간은 고시원과 학원, 또 하나 들자면, '컵밥'을 파는 노점이다. 그중 고시원은 먹고 자고 공부하는 데 필요한 최소한의 공간이다. 신림동 고시원에서 몇 년 동안 공부한 적이 있는 이는 말한다. "꼭 관 같아요. 두 팔 딱 펴면, 그게 공간의 끝이에요. 침대 있고, 책상 있고, 그게 다죠. 그 속에서 먹고 자고 공부하고, 모든 게 이뤄지지요. 난 인간이 살면서 그렇게 큰 공간이 필요 없다는 걸 고시원에서 처음 알았어요."[476] 이 폐쇄적인 공간의 유일한 출구는 시험 합격밖에 없다. 합격하지 않는 이상 고시원 문을 열고 나가도 결국 또 학원이고, 독서실이다. 그래서 비좁은 고시원 방마다 빽빽한 공부일정표와 다짐들이 걸려 있다. 그 단순하지만 버거운 공부 일정과 꼭 합격해야 한다는 다짐들을 날마다 가슴에 새기기 위해 눈에 잘 보이는 곳에 비장한 각오들을 붙여둔다. 패기나 반항심 따위는 쏙 빼버리고 맘 깊은 곳에서 스멀거리는 패배감을 합격할 것이라는 무한긍정의 자기다짐으로 치환하여 오늘을 산다.

그리고 노량진 학원들! 경찰공무원시험 학원, 일반행정 공무원시험 학원, 교원임용시험 학원, 대규모의 대학입시 학원까지 50개가량의 학원이 8차선 도로가를 따라 늘어서 있다. 인기 강의를 수강하기 위해서는 강의 시작 한 시간 전부터 학원 앞에 줄을 서기도 한다. 강의 가운데는 200여 명이 함께 듣는 강의도 있다. 장강명은 소설 《표백》에서 노량진 학원에서 7급 공무원 시험을 준비하는 젊은이들을 이렇게 묘사한다.

> 동작구 노량진 '파워스터디 공시전문학원' 건물은 가만히 앉아 있는 것만으로
> 온몸의 기운이 쭉쭉 빠져나가는 그런 공간이었다. 학원에 있는 놈들은 강사부터
> 학생, 청소부에 이르기까지 모두 겨드랑이 땀 냄새와 패배자의 기운을 물씬 풍
> 겼다. 그 자리에 있다는 것 자체가 이미 일종의 패배였다.[477]

합격하기 전까지 학원에서 모든 수험생은 합격의 희망을 되뇌이지만, 몸
속 깊이 스민 패배의 두려움을 온전히 몰아낼 수는 없다. 고시원과 학원을
뱅뱅 돌며 하루를 보내는 사이사이 수험생들은 '컵밥'을 먹는다. 밥과 반찬
을 한꺼번에 쓸어 담아 넣은 스티로폼 그릇을 한 손에 올려놓고 길거리 한
귀퉁이에 서서 가난한 청춘의 밥을 먹는다.

좁은 공간에 몸을 누이고, 책을 들여다보고, 수백 명이 가만히 강의를 듣
는 곳. 그들은 거의 가만히 앉아 있다. 움직이지 않는다. 움직일 시간도 공
간도 없지만 불편하다는 말조차 사치처럼 여겨지고, 묵묵히 공부만 하는
곳, 고시촌. 그 곳에서 청춘들의 가난한 정신은 더욱 여위어간다. 오직 시험,
합격과 불합격만 있는 메마른 고시촌의 살풍경은 기성세대가 원하는 시험
실력을 키워내는 최적의 배양소이겠지만, 달리 보면 매년 구조적으로 더 많
은 실패자가 양산됨에도 과잉 노력을 강요하는 희망고문소이다.

어디나 '노량진', 희망고문 당하는 청춘들

시험을 위해 유예된 청춘, 박제당한 청춘은 노량진 고시촌에만 있지 않다.
대한민국 곳곳에 퍼져 있다. 대학 도서관, 깊은 산 속 고시원과 암자, 동네

독서실, 혼자 틀어박혀 지내는 저마다의 외딴 방에서 청춘들은 오늘을 저당 잡힌 채 살고 있다. 시험에 맞춰 몸과 마음을 잔뜩 웅크리고 산다. 노량진의 안과 밖, 어디든 시험 공부에만 매진하는 청춘들은 삶의 일시적 정지를 도모한다. 하루 열 시간 이상 시험과 싸우는 청춘들에게 시험 준비기간은 모험과 활동의 무덤, 고립과 단절의 시간, 자기 욕망과의 경쟁시간, 미래를 위한 현재의 죽음이다. 청춘의 스위치를 꺼 모든 작동을 멈춰놓는다.

시험에 최적화된 삶의 기본은 먼저 모든 관계있는 것들과의 관계단절이요, 다음은 어떤 상황에서도 자신은 시험에 합격할 것이라는 무한긍정의 정신이다. 그 외에는 어떤 것도 불필요하다. 사회적인 문제도, 가족 간 문제도 미처 돌볼 여력이 없다. 시험이 코앞이라는 말로 어떤 사회적 참여도 스스로 제지할 수 있고, 타인들도 그 이유를 정당하게 수용한다. 명절이 되어도, 고시촌을 맴돌며 고향으로 돌아가지 못한다. 시험에 아직 합격하지 않은 상태에서 집에 가봤자 걱정이랍시고 하는 뻔한 말들에 상처만 입는다. 주변의 어떤 반응에도 무감각하게 오직 자신의 합격에만 집중할 만큼 정신이 완전무장되어 있지 않다면, 시험 준비기간에 누군가를 만나는 일은 꽤나 괴로운 일이다. 일어나고 있거나 일어날 모든 문제를 줄이거나 제거하는 최고의 방법이 관계있는 것들과 단절이다. 그러기 위해선 매사 조심해야 한다. 어쩌다 맺어진 관계가 생활에 침투해오는 불상사를 사전에 막아야 한다. 그래서 밥 먹을 때조차 조심한다. "밥 친구가 제일 무섭거든요. 때가 되면 만나야 하고 밥 먹으면 커피 마셔야 하고요."[478] 이처럼 밥 먹을 때조차 함께하는 게 두려운 청춘들. 최소한의 인간관계조차 두려운 청춘. 공부도 철저히 원칙에 따라 혼자서 한다. 자발적 "아싸족outside"이 되어 식사도 홀로, 휴식도 홀로, 공부도 홀로 한다. 그렇게 타인들과 관계를 줄이고 시험에만 몰두할 수 있다.

7급 공무원시험을 준비하고 있는 대학생인 맑음이는 현재 휴학하고 집에서 시험 공부만 한다. 하루 11시간 정도 공부한다. 친구는 한 달에 한두 번 주말에 만나는 게 고작이다.

공무원시험 공부하는 동안 다른 생각은 하지 않는다. 시험에 최적화시킨다. (심리적으로) 매우 피폐하다. 불안하다. 그러나 불안을 다스리기 위해서 다른 생각을 하지 않는다. 산책하거나, 시험 공부로 마음을 관리한다. 공부하는 시간 동안, 내 청춘이 사라지니까 아쉽다는 생각이 든다.…… 내 청춘의 시험은 내게 피폐한 시간이긴 하지만, 미래를 위한 투자이다.[479]

포기하는 것들 중 첫 번째가 연애이다. 수험생 청춘들이 가장 먼저 내리는 스위치이다. 비단 오늘만 아니라, 시험에 인생을 걸어야 했던 한국의 역사에서는 내내 그랬다. 1955년 대학입시를 앞두고 여러 날 이성문제로 번민하던 한 청년은 일기장에 "대학 진학을 앞두고 지금에야 정신이 혼동되어 번민한다는 것은 대단한 잘못 아닐까? 그러나 청춘에만 향유할 수 있는 이성의 교제, 인간의 본능인 이성의 교제, 어찌 삼가야 하고 제재를 받아야 하는가?"라며 괴로워한다.[480] 그래도 결론은 공부, 모든 관계를 끊고 공부해야 살아야 한다고 끊임없이 스스로에게 명토 박는다.

학교를 졸업하고 돌아갈 곳마저 없는 수험생들은 시험에 더욱 절박해진다.[481] 뒤돌아갈 다리를 불살라버린 전사의 심정이다. 시험 공부만 몇 년 하다 보면, 자격증도, 어학점수도, 활동경력도 하나도 없는 빈털터리 신세다. 다른 무엇을 시도하기에는 가진 게 너무 없다. 기업이나 다른 곳에 취직하려면 처음부터 다시 시작해야 한다. 그렇기 때문에 합격할 때까지 시험을 포기할 수도 없는 처지가 된다. 이 수험생들에게는 시험이 마지막 탈출구이다. 탈출할 수 있는 비상구를 사회는 제공하지 않는다. 성공의 대가도 본인, 실패의 책임도 본인에게 돌아간다. 본인 책임이라는 멍에에 갇혀

[표 20] 7, 9급 공무원 시험 지원자 및 합격자 평균 연령

	지원자 평균 연령		합격자 평균 연령	
	2013		2004년	2013년
국가직 7급 공무원	29.6세	20대 55.0%, 30대 39.4%	28.9세	30.1세
국가직 9급 공무원	28.4세	20대 61.9%, 30대 32.6%	26.9세	29.0세 (남자 30세, 여자 28세)

안전행정부 자료 참조

수험생들은 다만 가장 효과적으로 자신을 조련한다.

그들을 절박하게 만드는 데는 경제적 문제도 한몫한다. 고시원에서 공부할 경우 한 달에 백만 원 이상, 집에서 공부할 경우에도 최소 30만 원가량 든다.[482] 경제적 여유가 없는 집안의 수험생들은 "경제적으로 말라버리면, 정말 힘들어진다."[483] 공무원시험 준비에도 집안 배경이 영향을 미친다. 오랜 준비기간이 필요한 5급과 7급 공무원시험은 아버지 학력이 높을수록 응시할 확률이 높지만, 9급 공무원은 아버지 학력이 높을수록 응시할 확률이 낮아진다.[484]

관계를 단절하고 짧게는 1년, 길게는 4, 5년을 시험 준비로 청춘을 보낸다. 갈수록 경쟁률이 높아지고 합격자 연령이 높아지는 추세이다.[485] 김정운의 연구에 따르면, 공무원시험은 시험 준비기간이 길수록 합격할 확률이 더 높다. 5급과 7급 공무원시험은 1년 미만보다 1년 이상 2년 미만 준비생의 합격률이 154퍼센트 높았고, 2년 이상 3년 미만은 247퍼센트 높았다. 9급 시험도 1년 미만 준비생보다 2년 이상 3년 미만인 경우 합격률이 148퍼센트 높은 것으로 나타났다.[486]

여하튼 시험 준비기간 동안 수험생들은 응시인원, 경쟁률, 시험문제, 가산점 따위에만 불을 밝히고 산다. 소설《표백》의 등장인물이자 시험 공부를 계속한 휘영이는 확실히 "왜소해져 있었다. 시험 하나에 모든 것을 걸

고 티끌만한 유·불리에 부들부들 떨면서 그 외의 것은 아무것도 보지 못하는 전형적인 고시생의 모습"[487]이다.

무한긍정의 최면을 걸면서 몇 년을 보낸 수험생들은 그들만의 심리가 발생한다. 시험 준비기간 동안 청춘을 유예시켜 둔다. 청춘을 학살하는 시간이다. "피폐했던 시간"을 한 교사는 이렇게 회상한다.

(고시원에서 지내던) 당시 불면증이 심했다. 수면제를 복용했고, 새벽 1시에 누우면 3시 정도에 잠들었고, 6시에 일어나 준비해서…… 당시는 인생에서 가장 피폐한 시기였다. 안개 속에 갇힌 느낌, 막막한 느낌이었다.[488]

대신 합격하면 무엇이든 하고 싶어진다. 피폐한 마음속에 합격의 대가를 제대로 받고 싶은 보상심리가 자라게 된다. 그래서 "요즘 젊은이들은 비정규직의 주장을 이해하지 못한다. 시험도 안 치고 들어와서 정당한 대가를 달라는 주장을 이해할 수 없다. 나는 이렇게 치열한 경쟁을 통해 들어왔는데, 저렇게 주장하는 하는 사람들은 새치기하는 짓이라 생각한다."[489] 노동에 대한 임금이 아니라, 그 노동에 접근하기 위해 거쳤던 치열한 경쟁에 대한 보상으로 임금을 인식하고 있다.

오늘날 대한민국의 임금 산정방식이 정확히 그렇다. 어려운 시험통과자에게 임금과 복지를 몰아준다. "억울하면 출세하라"는 말과 동일한 구조이다. 몇 년씩 고시원 쪽방에 자신을 유폐시켜 공부했던 이들의 심리는 잃어버린 청춘에 대한 상실감이며, 그리고 약자를 무책임하거나 무능력한 존재로 보고 그들에게 부당하게 본인들의 고생을 전이하는 분노의 심리이다. 실패자들 역시 실패에 따른 분노와 냉소가 생기게 된다. 사회구성원의 지위를 다시 회복하기 어려운 상황에서 사회에 대한 부정적 심리를 초래한다.

　실패했든 성공했든 시험에 자신의 청춘을 쏟았던 이들은 모두가 쓸쓸한 내면을 지니기 십상이다. 모두가 가난한 영혼을 지니고 산다. 가장 찬란한 시절을 가장 쓸쓸히 보낸 대가는 개인에게도 사회에게도 돌아온다. 청년의 수많은 도전과 활동을 상실한 사회가 다양한 목소리를 내는 공적이고 민주적 사회가 되기는 몹시 어렵다.

|||
"고시병은 내가 아니라 아내가 걸려"
|||

고시생 본인만큼이나 가족들도 시험 포기가 어렵다. 사법시험 준비생으로 10여 년 살았던 한 고시생이 시험세계에서 빠져나오지 못하도록 오랫동안 발목을 잡은 이들은 다름 아닌 가족이었다. 시험에 지쳐 시험을 떠나고 싶어도 가족들은 틈만 나면, 경제적 여유가 조금만 생기면 공부하라고 권유했다.

고시병 걸린다고 하잖아요? 그런데 고시병은 (수험생인) 내가 아니라, 내 아내가 더 심했어요. 사법시험 1차 두 번 합격하고, 2차 사법시험에서 네 번 떨어지고 그렇게 4년이 흐르고 또 노무사 시험에서도 1차에서는 합격하고 2차에 떨어지고 또 몇 년의 시간이 흐르고 난 도저히 더 이상 자신이 없더라고요. 그런데 제 아내는 아니었어요. 전 학원강사 쪽으로 들어왔고 벌써 몇 년이 지났는데도, 아내는 시간만 나면, 조금만 형편이 괜찮으면 공부를 하라고 해요. 아내는 포기를 못 하고 있어요. 끝나도 끝난 게 아니지요. 요즘은 나는 직장에 나가 열나게 싸우고 있어요. 이 일도 열심히 해야 돼요. 그런데 아내가 다시 시험 공부하라고 하면 아내가 세상과 싸우고 있는 나를 자꾸 등 뒤에서 찔러대는 기분입니다.

정작 고시병에 걸린 이는 수험생 본인이 아니라 아내였다고 한 고시생출신은 털어놓았다. 시험의 세계에서 겨우 돌아나오려는데 또다시 끝을 알 수 없는 어두운 통로로 밀어넣는 이가 가족이라고 말한다. 그 끝이 어디가 될지는 누구도 모른다. 다만 고시 같은 대단한 시험들은 본인은 당연하고 가족까지 동반 수직상승시켜준다. 합격만 하면, 그동안의 노고를 싹 치유하고 '대단한 부모님' 또는 '사모님'이 될 수 있는 길이다. 그렇기에 공부 꽤 한다는 자식이나 가족이 있다면, 응시자 본인은 물론 가족들도 시험을 쉽게 손 놓지 못한다. 가족은 시험 주변에 계속 맴돌며, 시험을 통해 가족의 계급적 상승을 꿈꾸게 된다.

[김대식(가명·학원강사) 인터뷰(2014. 3. 19)]

시험과
전투적 교육가족

수험생 자녀를 '섬기는' 가족들

성공과 실패, 그 마법의 경계를 통과하기 전까지, 시험은 가족 전부가 감내해야 할 의례이다. 한국사회에서는 서구보다 훨씬 일찍부터 교육이 계급 대물림에 결정적 역할을 해왔다. 그래서 가족에게 시험은 중요하게 치러야 할 가족의례이다. 국민의례가 국민을 사회적으로 형성하는 의식이듯이, 가족의례로서 시험은 가족들을 생물학적 가족에서 사회·경제·문화적 가족으로 재형성해주는 사건이다. 가족들은 수험생을 모시고 가족의 모든 역량을 총투입하여 시험이라는 사회문화적 난관을 함께 겪으면서 자식과 부모는 똘똘 뭉치기도 하고, 무수한 갈등을 겪으면서 가족 구성원의 기존 가치를 조정하거나 갈등이 더 심화되기도 한다. 여하튼 시험 앞에서 가족의 가치와 자원이 고스란히 노출된다.

적어도 과거시험이 관직 등용과 양반계급 유지 수단이었던 시절부터 양반계층에게는 시험이 가족의 중요한 의례였다. 서울 권세가 집안에서도, 지역 양반가문에서도 양반지위 유지를 위해 과거시험이 중요했다.

1617년 6월, 경북 예안 지역 양반 김택룡[490]은 과거시험 길을 떠나는 자식(김각)을 위해 챙겨야 할 게 한두 가지가 아니었다. 미리 하인을 보내 시험장이 어떤지 살펴보고, 타고 갈 말도 점검했다. 시험지는 잘 마름해서 녹명단자錄名單子를 쓰고 피봉해서 말끔히 준비해 뒀다. 글 읽는 양반 집에 붓이 왜 없겠냐만 이왕이면 과거합격자의 붓을 빌리고 싶어 퇴계의 손자 이영도에게 편지도 보낸다. 그뿐이랴. 집 떠나는 당일에는 시험장 인근에 사는 지인에게 자식의 숙박을 당부하는 편지도 써서 아들 손에 쥐어준다. "1617년 7월 2일 먹구름 낀 날", 애비의 일기는 단 한 줄이다. "이 날이 의흥 과거시험날이다." 아비의 긴장이 묻어난다.

"과거시험을 일찍이 그만두어 마음이 한가하고 거리낌이 없었다"던 박지원마저 자식의 과거시험 앞에서는 안달했다. 자식에게 과거시험 공부한답시고 쩨쩨한 인간은 되지 말라는 당부를 잊지 않으면서도, 애비는 애비였다. 연암이 지방에 근무하던 1797년, 한여름부터 가을 과거시험이 임박할 때까지 아들에게 보내는 편지마다 과거시험 준비를 채근했다. 예순 살아비가 아들에게 시제는 몇 수나 지었는지 묻고, 시험시간에 맞추어 글 짓는 연습을 하라고 재촉했다. 본인은 답안지에 답 대신 기암괴석을 그려 제출한 전력이 있으면서, 아들에게는 답안의 반만 적어도 답안지는 꼭 제출하라고 일러둔다.[491] 일제시대까지만 해도 글을 아는 사회 유경험자가 아버지였으므로 아버지들이 오랫동안 자식의 시험 공부를 챙겼다.

학교가 일반화되기 전까지는 시험이 가족사에서 중요한 집단과 그렇지 않은 집단으로 양분되었다. 시험을 거쳐 입신출세하는 계층에서는 시험이 가족공동의 통과의례였다면, 그렇지 않은 계층의 자녀들은 바로 노동 현장에 투입됐다. 생활패턴도 달랐고, 입신출세할 기회도 달랐다. 신식 학교 제도와 각종 사회적 선발이 정착된 후부터는 수험가족이 양적으로 급속히 확대되었다. 특히 근대 학교의 보편화는 전 국민을 수험생과 수험생 가족, 혹은 수험생의 친인척으로 만들었다.

수험생 가족은 어떤 정치적 변화가 닥쳐도 자녀의 수험생활을 지원했다. 한국전쟁 중에도, 80년 광주항쟁이 있을 때도, 세월호사건이 있을 때도 입시는 있었다. 가족들에게 직접 강력한 피해나 변화가 없다면, 사회정치적 사건은 멀고 시험은 가까웠다. 한 개인이나 가족으로서는 소득과 분배구조를 바꾸거나 사회 개혁과정에 참여하기 어렵지만, 시험을 통한 성취는 도전해볼 만한 영역이다. 가령 고시에 합격하면 본인과 가족의 지위에도 변화가 생기지만, 곧바로 권력의 한 복판에 뛰어들어 권력 강화나 개혁 논의에 참여할 여지가 생긴다.

가족의 수험생 지원방식이 역사적으로 항상 같지는 않았다. 근대 가족의 지원은 인간심리와 신체에 대한 과학적 정보를 바탕으로 '자연적 돌봄'에서 '계획적 관리'로 바뀌었다. 어린 시절부터 한 인간을 수험생으로 인식하고 수험준비의 장기계획에 근거해 부모가 정한 스케줄에 따라 자녀를 양육한다. 가족 차원에서 관리되는 시험 지원방식은 가족이 만든 인위적인 성격이 강화된 의례이다. 특정한 지위 획득을 위해 가족의 모든 사회·경제·문화적 자본을 투자하는 집중적인 방식으로 전환된 것이다. 이 같은

[그림 37] 시험장 앞에서 수험생들을 기다리는 가족들《동아일보》1935. 3. 15.
이 당시 수험생을 기다리는 가족은 대부분 남자들이었다.

계획적 관리는 중산층 이상의 가족들의 전략이고, 여전히 많은 가족들은 자연적 돌봄상태에 있다. 생물학적 가족들이 하듯이 생존을 보장해주고 자녀의 능력과 희망대로 자라주기를 바란다.

경쟁적 교육투자의 부작용

한국만은 아니다. 자식교육에 열성을 다하는 부모들은, 특히 어머니들은, 유럽에도 북미에도 있고, 중국에도 일본에도 많다. 헬리콥터 맘, 타이거 맘, 사커 맘, 매니저 맘……. 자식 관리하다 괴물이 되어버린 몬스터 맘까지 숱한 이름의 엄마들이 있다. 아버지가 경제활동을, 어머니가 자식교육의 관리를, 자식은 공부만 전담하는 가족역할 분담체제는 학벌을 효율적으로 성취하기 위한 가족전략이다.

어디서나 나타나는 이런 가족의 자녀교육 방식은 적극적 개입이다. 자식의 장래 희망부터 목표 달성까지 모든 행위와 생각마저 관리하는 개입이다. 브라운Brown. P.은 이를 가족이기주의와 계급적 이익에 근거한 '부모주의parentocracy'라고 불렀다.[492] 최종 목표에 도달하기까지 가족생활은 자식교육의 차원에서 처리된다. 가족의 여가도, 문화생활도 자식교육에 도움이 되는지 여부에 따라 결정된다. 프랑스 학계에서는 '학교 소비자', '직업적 학부모'라는 용어가 회자되고 있다. '학교 소비자'는 쇼핑을 하듯이 사립학교를 찾아 자녀를 입학시키는 부모, '직업적 학부모'는 자녀 스케줄을 시간대별로 관리하다 못해 "집안을 마치 중학교의 부속시설로 변모"시키는 학부모들이다. 어떤 여가시간도 자연상태란 없다. 부모의 계획과 관리 하에 생산적인 여가만 존재한다.

글로벌시대에 직업적 학부모화 현상은 강화되는 추세이다.[493] 아네트 라루Annette Lareau는 미국의 열두 집을 관찰한 결과, 중산층은 '집중적 양육'을, 노동자 및 빈곤층은 '방임적 양육방식'을 취하고 있고, 이것이 불평등의 대물림에 영향을 미친다고 주장했다.[494] 노동자 및 빈곤층 부모는 교육의 주도권을 교사나 전문가에게 전적으로 이양한 반면, 중산층 학부모는 필요하다면 교육제도를 바꾸고, 학교생활에도 개입하여, 다양한 교외활동 프로그램 스케줄을 잡고 지원해준다. 두 계층의 양육방식이 다른 까닭은, 중산층은 경제적 위기에 대비하여 경쟁력을 길러주기 위한 방식을 선호하고, 경제적 어려움을 겪고 있는 노동자 및 빈곤층은 자녀에게 어린 시절만큼이나마 행복하고 자유로운 시기를 보내게 하겠다는 인식 때문이다. 두 계층의 다른 사회적 삶이 다른 양육방식을 선택하게 만들었다.

한국에서도 가족의 문화자본과 교육에 주목하는 연구들이 나왔다. 한국 중산층 가족을 '입시가족'이라 명명한 김현주는 대학입시 결과가 가족의 문화자본과 유관하다는 것을 입증했다.[495] 대학입시에 외국어 능력과 종합적 논술 능력 등 다양한 평가항목들이 중요해지면서, 중산층 이상의 '입시가족'들은 경제적 자본으로 다양한 문화자본을 쉽게 구매하고 축적하면서 희망하는 입시결과를 획득해가고 있는 중이다.

세계 어디서건 자녀교육을 대하는 중산층 이상의 가족은 비슷한 행동양상을 보인다. 세계화 물결 속에서 자녀교육 방식이 거의 표준화되어 있다. 가족의 교육방식 중 하나는 삶의 모든 순간들을 가시적 성취물로 전환하고자 하는 노력이다. 놀이, 여행, 문화활동, 스포츠 활동, 봉사활동……, 이 모든 삶을 이력으로 표기 가능하고 점수로 환산 가능한 성취물로 전환해서 축적해놓는다. 차후 입학이나 입직, 사회관계 어디든 써먹을 수 있도록. 이런 활동들을 아이 스스로 미리 계획하고 관리하기란 어렵다. 부모의 기획 아래, 차곡차곡 성취물을 축적해놓으면 언젠가 사용 가능해질 것이라고 부모는 믿는다. 그게 개인의 경쟁력이고, 가족 재생산전략이다.

모든 것이 유사하다고만 할 수는 없다. 규모와 심각성에서 한국의 교육 현상은 다른 나라들과는 분명한 차별성이 존재한다. 매년 발표되는 사교육과 사교육비 문제, 국제비교 수치로 드러나는 아이들의 형편없는 행복도와 높은 자살률, 가족이 치러야 하는 사회경제적 고통은 이미 세계에 널리 알려져 있다.[496] 우리에게 가족은 안전한 피난처가 아니라, '기대의 감옥'이라는 조형근의 지적은 옳다.[497] 허약한 사회복지제도로 가족이 아니면 어디에도 기댈 수 없는 것이나, 가족이기에 끝없는 기대 속에 개인을 감금시키는 행위는 결국 같은 모습이다.

그런데 가족이 가족을 위해 투자할수록, 반가족적 결과를 낳고 있다. 부모와 자식관계가 도구적으로 변하고 반인륜적인 결과도 낳는다. 청소년문화를 분석한 김성윤은 '입시가족 현상'을 명쾌하게 꼬집는다.

교육을 위한 투자와 헌신이 역으로 가장 비교육적인 효과를 낳다니 말이다. 더 많은 교육을 받을수록 자신의 이성을 공적으로 사용하는 법보다 사적으로 사용하는 데 익숙해진다는 역설은 오늘날 입시가족 현상의 귀착점이라 할 수 있다.[498]

많은 자본을 투자해 길러낸 이른바 '엘리트'들이 보이는 반윤리성, 반공공성 그리고 특권의식은 그냥 만들어지지 않았다. 이런 부작용에도 가족의 경쟁적 교육투자는 멈출 수 없는 중독현상처럼 보인다. 그 맹렬한 기세를 보면 '전투적 가족'이라 할 만하다.

중산층 이상에 속하는 전투적 교육가족[499]은 계급 상속전략으로서 자녀 출세를 위해 가족의 모든 걸 투자한다. 이들은 교육적 성취를 경쟁사회에서 승리하기 위한 전투행위로 인식하고, 사회·경제·문화적 자본을 총동원하여 내 자식에게 최고 교육환경을 조성해줌으로써 교육전쟁에서 유리한 위치를 점한다. 한 걸음 더 나아가 교육전쟁을 기획하고 만들고 전선을 움직이며 승리를 위한 문화적 전략을 가지고 있다. 다양한 학교와 학교선택권, 시험변별력 등을 강조하며 새로운 교육논리를 유포하고, 가족 이익에 부응하지 않는 국가와 학교라 생각되면 언제든 어디로든 탈출할 수 있는 능력과 실행력도 갖추고 있다. 또 그들만의 교육경로도 개발해놓았다. 초등학교에서부터 고등학교까지 그들만의 특별한 학교 단계를 밟아 올라가되, 여하한 경우 우회로를 뚫을 수 있는 충분한 자본과 능력도 보유하고 있다. 이 체제 속에서 김현주의 지적처럼, "어떤 뜻있는 부모가 자녀에게 사교육 도움 없이 스스로 공부해서 대학입시를 준비하라고 말하는 것은 마치 자녀에게 경쟁 대상인 친구뿐만 아니라 친구의 부모와도 동시에 상대해 경쟁하라는 뜻"이 된다.[500]

입시전쟁의 소용돌이는 거세다. 저소득층 가정도 휘몰아치는 소용돌이에서 벗어날 길이 없다. 사실 이들이 들러리를 서줘야 누군가가 '일류'로 올라설 수 있기 때문에, 입시전쟁은 항상 줄 뒤편에 서 있는 잉여들을 필요로 한다. 그러나 꼬리 칸에 탄 그들도 최선을 다한다. 한 계단이라도 더 올라가야 형편이 나아지기 때문이다. 가족이 할 수 있는 최선을 다한다. 잔업과 철야를 죽도록 해도 입에 풀칠이 어려운 한 아주머니가 빚을 내가면서 자식을 대학에 보냈다. 그녀는 말한다. "우째 우리 아헌테꺼정 먼 베슬자리라꼬 대를 물리 가메 이 욕을 비이겠노. 내 몸이야 기왕지사 고달픈 거, 지한테는 지름밥 안 묵게 해야지."[501] 학력이 대물림의 매개임을 누구보다 잘 알고 있다. 그러나 쥐어짜도 동원할 자원이 별로 없어 "나처럼 안 살려면", "막일 안 하려면", "정신 차리라"고 자식을 으르고 달래는 수밖에 없다.

사회경제적 지위의 대물림 통로

그 모든 게 한꺼번에 다 와요. 가난하고, 조손가정이고, 나중에 왕따 피해자, 학
교폭력 피해자가 되기도 하고, 그리고 학습부진까지……. 대체로 한 아이가 모
든 걸 다 안고 있지요. 모든 걸 다 겪습니다. 한 아이가 한꺼번에 몽땅 다 당해야
한다는 점이 가장 안타깝지요.[502]

교사 경력 30여 년째인 서대구초등학교 박성애 선생은 가난한 아이들에
게 모든 고난이 다 한꺼번에 몰려오는 것을 체감하고 있다. 학자들이 변인
들을 통제하면서 숱한 통계분석을 하는 동안, 아이들은 무엇 하나 통제할
수 없는 채 생활 속에서 "한꺼번에 다" 고스란히 고통을 겪고 있다. 혹은
한꺼번에 모든 걸 누리면서 공부하고 대학 가고 취업한다. 이게 현실이다.
현실은 실험상황이 아니다. 학자들은 고급 통계로 현실을 최대한 잘 설명
하고 원인을 찾으려 분주하지만, 여전히 통계가 현실 맥락을 다 담기 어렵
고, 연구자들의 연구결과가 현실을 위로하지도 바꾸지도 못한다. 모든 걸
가졌거나 모든 걸 가진 적 없는 사람들로 구성된 불평등사회에서는 민주
주의가 멀다. 불평등은 민주주의를 훼손한다.[503] 서로 소통할 이유도 사라
지고, 소통할 통로도 막혀버린다.

대한민국은 이미 지위세습이 이뤄지고 있고, 특히 사회 양극단에서 강한
세습이 일어나고 있다. 주목할 점은 세습이 대개 교육을 거쳐 이뤄진다는
사실이다.[504] 모든 게 한꺼번에 오는 만큼 '있는 집안 아이들 유학 가듯이,
없는 집안 아이에겐 가출이 당연한 수순'[505]처럼 여겨진다. 입학이 복잡해
지고 전인적인 것을 요구할수록 쌓아올린 문화자본이 없는 아이들에게는
텅 빈 생활기록부와 고질적인 생활문제들이 남게 된다.

당연히 시험결과도 가정 배경과 상관이 있다. 김영철의 연구에 따르면,

부모의 사회경제적 지위와 자녀의 수능등급은 유관하다.[506] 게다가 비슷한 결과를 받아도, 가정 배경에 따라 대학진학률과 진학 대학은 매우 달라지고 있다. 류방란과 김성식 역시 가정 배경에 따라 같은 성적이라도 대학진학률은 차이가 크다고 밝힌 바 있다.[507] 그리고 이른바 유명 대학일수록 가정 배경이 좋은 학생들이 더 많다. 이런 유사한 결과는 국가장학금 신청자를 근거로 유명 대학 재학생 비율을 조사한 안민석 국회의원 자료에서도 입증되었다. 서울대, 연세대, 고려대생 35퍼센트가 경제적 최상위 10퍼센트 가정 출신이고, 10개 유명 대학 재학생의 50퍼센트가 경제적 상위 20퍼센트이다.[508]

다양화란 이름으로 시작한 고등학교 차별화 작업은 유형별로 학교를 서

[표 21] SES 분위별 구성과 고등교육 진학 성과[509]

SES분위	학생수	구성비 (퍼센트)	수능등급	4년제대학 진학률	30위권대학 진학률	9대 주요 대학 및 의대 진학률
1	169	9.8	5.6	33.8	2.3	0.8
2	170	9.8	5.4	45.7	6.3	0.0
3	106	6.1	5.6	34.2	3.8	2.5
4	207	12.0	5.7	49.3	6.7	0.7
5	187	10.8	5.8	52.2	5.9	0.0
6	184	10.6	5.5	61.3	10.2	0.7
7	153	8.8	5.2	74.3	14.9	5.0
8	174	10.1	4.9	64.7	13.4	2.5
9	194	11.2	4.8	75.8	14.8	6.3
10	187	10.8	4.3	74.5	23.4	13.8
합계	1,731	100.0				
표본평균			5.2			2.8

수능등급은 언어, 수리, 외국어 영역 등급의 평균치. 출처: 김영철, 2011: 15.

열화하는 토대가 되었다. 학교 서열화는 곧 바로 치열한 경쟁구조를 낳았으며, 위계상 상위에 속하는 학교들, 즉 특목고, 자사고, 국제학교에는 사회경제적 배경이 좋은 가정의 자식들이 더 많이 입학했다.[510] 그리고 특목고 출신의 학생들이 유명한 대학에 더 많이 입학한다. 서울 지역 특목고생이 전체 고등학교 재학생의 3퍼센트에 불과해도 서울대에 입학하는 비율은 2011년 현재 40.5퍼센트이다. 이 사실은 상위권 대학을 진학하는 특별한 트랙이 만들어졌음을 확인해준다. 그 좁은 트랙 속으로 어떻게 자식을 집어넣을 수 있는가에 가족들의 성공과 실패가 갈리게 된다.

부정입학·위장전입 등 반칙도 불사

2013년, 당시 삼성전자 부회장 이재용의 아들이 영훈국제중학교에 부정입학했다는 사실이 밝혀졌다. 이후 다른 국제중학교와 외국인학교에서도 사회경제적 최고위층 자녀들의 부정입학이 속속 드러났다. 권력층의 자녀 부정입학은 관행이나 다름없었다. 1997년 김영삼 정권이 초창기 압도적 지지를 받았던 이유 중 하나는 권력층 자녀들의 부정입학을 공개했기 때문이었다. 더 오래전에는 이승만의 양자 이강석도 입학시험 없이 서울대에 들어간 적 있고, 과거시험에서도 자식을 위한 비리사건들이 횡행했다.

2013년에 드러난 사실에 의하면, 부자들은 국제중학교에 자녀를 입학시키기 위해 사회적 약자 선발 창구를 기웃거렸고 학교는 돈을 받고 그들과 결탁했다. 영훈국제중학교의 사회적 배려 대상자 전형은 일반전형의 입학 경쟁률보다 경쟁률이 낮았다. 성적 조작도 쉬웠다. 주관적으로 점수를 매기는 자기계발계획서와 추천서 평가항목에서 아동보호시설 출신 학생들의 점수는 고의로 깎아내리고, 부잣집 "사회적 배려 대상" 아이들에게는 만점을 줬다. 2009년과 2010년 2년 동안 지원자 867명의 성적을 이렇게 조작해서, 재벌, 의사, 변호사의 자식들을 합격시켰다.[511] 사회적 배려 대상자 전형이 최고 부자들을 위한 변칙과 반칙 창구였다. 2012학년도와 2013학년도 사회적 배려 대상자 전형 합격자들 중 부유층 비율이 영훈국제중학교가 41.7퍼센트, 38.5퍼센트, 대원 국제중학교가 91.7퍼센트, 84.6퍼센트였다.[512] 사회적 배려 대상자로 둔갑한 최고 권력자와 부자들의 변신술에 탄복할 노릇이었다.

외국인학교에서도 대규모 불법 부정행위가 포착되었다. 금호그룹, 일진그룹, 현대차그룹, 롯데그룹, 동화면세점, 두산그룹의 가족, 그리고 전두환 가족, 전직 국회의원 가족 등이 부정행위에 가담했다. 이 사건으로 부유층 학부모 47명이 법정에 섰고, 집행유예와 사회봉사 명령을 선고받았다.[513] 위조여권이나 위장결혼으로 국적을 위조하거나, 해외체류 기간을 조작했다. 알선업자들과 학교에도 검은 돈을 건넸다. 외국인학교에 내국인 혹은 '검은 머리 외국인'이 더 많다는 이야기는 하루 이틀이 아니다. 2016년 만천하에 드러난 '비선 실세' 최순실 사건에서도 최순실의 딸 정유라는 고등학교부터 대학까지 학교 입학과 교내평가, 졸업까지 교육비리의 종합선물세트였다. 출석을 안 해도 고등학교는 높은 수행평가 성적을 대령했고, 이화여대 역시 입학과 두둑한 학점을 안겨주었다.

최고위층 가족들은 제도의 허점을 파고들거나 불법 부정행위로 자녀의 학벌을 만들었다. 학벌 만들기를 위해 불법인 위장전입도 수시로 했다. 이명박 대통령은 본인이 자식교육을 위해 무려 5번이나 위장전입했다고 자백했다. 이명박 정권 동안 법률 집행 책임자인 천성관 검찰총장 후보자와 조현오 경찰청장을 비롯한 스무 명이 넘는 고위 공직자 후보자들과 고위 공직자들이 위장전입을 실토했다.[514] 마치 위장전입이 흔한 자녀사랑법이라도 되는 양 고위층은 당당했고, 언론은 눈감았다.

이들 특별한 가족들은 재산을 상속하듯, 학벌도 희망하는 대로 챙기려고 했다. 이 반칙 가족들은 보통사람들에게 깊은 사회 불신을 남겼다. 그리고 결과적으로 시험 이데올로기를 강화시켰다. 일반인들이 '시험이 그나마 공정하다'는 생각, 그리고 '객관적 채점이 공정하다'는 사고를 더욱 강고하게 굳히도록 만들었다. 문제 학교들도 객관적 채점 영역의 점수는 손대지 못했지만, 주관적 채점 영역은 마음대로 장난쳤다. 이러니 시험이 없는 곳에는 일단 의혹의 눈길을 보내게 된다. 사람들이 시험을 전적으로 신뢰하지 않으면서도 시험에 집착하게 되는 이유이다. 보통사람들이 시험을 포기할 수 없는 현실이 있다. 아무리 좋대도 다양한 평가방법에 맞춰 자식을 지원해줄 시간도 돈도 인맥도 없는데다, 주관적 평가 영역을 노리는 특권층들을 보면서 시험이라도 붙들고 있어야 한다고 집착하게 된다. 특권층의 이런 교육농단 때문에 교육의 전문성과 자율성이라는 이상이 차가운 현실을 이기지 못하고 있다. 학교는 돈을 받고 교육의 전문성과 자율성을 스스로 붕괴했고, 힘 있는 학부모들은 돈을 주고 그들만의 교육이력을 사들였다.

'강남신화' 와 '강남엄마 괴담' 이 나란히

곡절은 있었지만 끝내 합격시켰다, 공부하는 알약을 먹였더니 집중하더라, 책상 딸린 조그마한 뒤주에 아이를 집어넣으면 공부만 하지 않을까.[515] 이 모든 이야기는 부자동네에서 흘러나왔다. 시험 당락만 바꿀 수 있다면 무로 엿을 고아 재판정에 디밀고, ADHD 치료제를 공부 잘하는 약이라 먹이고, 외국인학교 입학을 위해 국적위조도 한다. 더 나은 시험성적을 위해서라면 '입시대리모'를 둬서라도 입시에 성공한 자녀를 욕망한다. 그래서 강남의 아이들은 성공했다는 이야기가 사람들에게 퍼진다.

모든 탄생설화가 영웅들의 비상한 탄생과정을 그린다. 알에서 났다, 동물에서 인간으로 변했다는 탄생설화들은 보통사람들 이야기가 아니다. 시험으로 탄생한 위인의 탄생설화들은 오랫동안 주로 개천을 끼고 이루어졌다. 1980년대까지 언론 속 시험영웅들은 지지리도 가난했다. 드라마들은 산골, 탄광, 바닷가의 찢어지게 가난한 집안 아들이 수석합격하는 장면을 단골메뉴로 써먹었다. 가난한 집안에서 어려운 시험에 합격했다는 이야기는 호소력이 있었다. 사회질서 유지에도 도움이 됐다. 개인만 열심히 하면 된다는 사회책임 회피용 이데올로기는 지금도 권력자와 언론이 기회만 닿으면 써먹는 화법이다. 언론으로서는 탁월한 상술이며, 교육을 관장하는 국가 입장에서도 달콤한 전략이다. 개천에서 난 용이라는 드라마틱한 이야기는 일반인들로서도 포기할 수 없는 희망이기에 중단하지 못한다.

요즘 시험영웅 탄생설화는 노골적으로 부자동네 강남을 거쳐 나온다. 과학과 사실의 옷을 입고 부자동네로 탄생설화가 내려왔다. 강남 출신의 서울대 합격률이 몇 배 높더란 식의 통계와 사실은 신화를 견고하게 만든다. 대신 실패 이야기들은 다 숨겨진다. 강남의 실패자들은 멀리 해외로 떠나거나 보통사람들이 범접할 수 없는 또 다른 길로 간다. 그래서 실패가 보이지 않고, 또 실패 이야기는 누구에게도 필요치 않기에 확산되지도 않는다. 강남은 타고난 용이 아니라 만들어진 용을 대변한다. 일단 강남은 점점 더 많은 '용'을 배출하고 있다. 강남은 개천의 용들과 달리, 홀로 열심히 하라고 말하지 않는다. 강남은 확실히 가족이 어떻게 용을 만드는지 그 제조과정을 보여준다. 타고난 부를 밑거름 삼아, 가족 단위로 동원할 수 있는 기초적 전술부터 최고급 최첨단 전술까지 모든 걸 총동원한다. 때에 맞게 적절하게, 심리를 파악하여 부드럽게, 전문가를 불러 전문적으로 시험형 인간을 조제해낸다. 강남은 자기들의 성공경험을 바탕으로, 부를 타고나지 않은 아이들과 부모들에게 교육 소비를 끌어올리고 입시에 특화된 교육법을 사용할 것을 권한다. 강남에 세간의 이목이 집중된다. 언론은 강남 사람들의 자식교육 비법을 살뜰히 알려준다. 마치 명문가의 훌륭한 자식교육법이라도 되는 양. 대체로 부러운 이야기지만, 가끔은 부작용도 알려줘 보통사람들에게 위안을 선사하는 선행도 빼먹지 않는다.

강남으로 내려온 시험영웅들의 신화는 실상 강남 출신자의 노력과 성취, 향후 사회진출에 정당성을 부여하는 역할을 한다. 강남 사람들의 삶과 사회를 정당화하고 강화한다. 강남신화가 퍼진 사회에서는 마치 사회적 성공을 못한 까닭은 노력의 결핍과 성취인 양 사람들을 내면화시킨다. 강남신화는 부자의 논리를 정당화할 뿐, 왜 국립대학, 법조계, 국회 같은 공적 기관에 다양한 계층의 사람들이 진입해야 하는지, 왜 꼭 시험성적이나 교육경력 따위가 진입 기준이어야 하는지 따지지 못하게 만든다. 기득권자를 정당화한다. 그래서 강남으로 내려온 신화는 개천의 용 신화보다 훨씬 더 무섭다.

강남신화를 이끄는 존재는 강남엄마이다. 술자리에서 떠돌았다던 강남엄마 괴담 하나! 고등학생 아들이 불러서 나가니 아들이 엄마를 벽쪽으로 확 밀쳤다. 엄마 얼굴이 벽에 쩍 달라붙어버렸다. 아들이 미리 벽에 본드칠을 해두었다나. 그 모습을 보고 피식 웃는 아들.[516] 이런 괴담이 강남 지역을 벗어난다면, 이야기는 퍽 싱거워진다. 배경이 강남쯤 돼야 먹힌다. 그만큼 강남엄마 이미지가 강하다. '강남엄마'들은 자식의 시험 공부를 위해서라면 뭐든 다 할 수 있는 한국사회의 괴물을 상징한다.

강남엄마들은 기꺼이 엄마 자리를 내놓았다. 대학 입학을 위해서라면 한 달에 천여 만 원을 지불하고 수험생 자녀를 '입시대리모'에게 맡길 수 있다.[517] 이처럼 강남엄마의 모성은 열성과 기괴함 사이를 넘나든다. 그런 엄마가 많을 수도 없고, 많을 리도 없겠지만, 강남엄마의 이 기이한 사건들은 뉴스를 점령하고 사람들의 마음을 흔든다. 아이 성공을 위해서는 저렇게도 하는구나. 나는 아이에게 참 해주는 게 없구나.

강남신화에 아버지들은 없다. 강남 신화에도 없는 아버지들을 보통 가정에서 불러낼 리가 없다. 아버지에게 하는 요구는 단순하다. 기러기 아빠, 펭귄 아빠, 아버지의 무관심, 이런 따위이다. 어떤 사교육이 붙더라도 경제적 부족함이 없도록 하라, 그 이상의 관심은 사양한다! 그렇게 아버지들에게 담을 친다. 권위주의에 사로잡힌 아버지들은 결코 입시가족에 적합한 인물이 아니다. 홀로 국내에 남은 아버지들은 간혹 기러기처럼 왔다갔다, 펭귄처럼 제자리에서 생사만 확인한다. 아버지가 가족 일원이 되고 싶으면 막대한 부를 상속할 정도가 되든지, 아니면 변신해야 한다. 어릴 때는 자상한 아버지가 되고 입시 때는 충직한 운전수로서 아이를 실어 나르거나 전문가로서 입시정보의 일부를 맡아주어야 한다. 권위 따위는 쏙 빼고, 입시가족에 적합하게 변신해야 가족의 일원이 된다. 근본적으로는 아버지들이 미덥지 못하다. 역사적으로 오랫동안 가족 안에서 시험 관리는 아버지 몫이었으나 세상은 바뀌었다. OECD 국가 중 최장시간 노동하고, 권위적 사회관계가 체질화된 아버지들은 수험생 지원자로서 적임자가 아니다. 자기 의견을 고집하는 아버지는 불필요하다. 고작 기러기나 운전수가 되는 세상에서 이미 아버지는 죽었다. 최종 결정권은 아이와 엄마와 입시전문가에 있다. 그 경계를 아버지들이 함부로 넘어서서는 곤란하다.

아버지로 상징되는 권력을 죽임으로써 아들 세대가 새로운 권력을 획득하는 것이 인류 역사였다고 흔히 말한다. 부친 살해사로서 인류사는 서양의 오랜 신화이자 상징이고, 동서양의 실제 권력사이기도 하다. 아버지를 살해함으로써 왕권을 쥐게 된 오이디푸스 이야기는 신화이자, 프로이드에 따르면 인간 내면 깊숙이 콤플렉스 형태로 자리 잡은 결핍과 도전의 심리이다. 조선 왕권사 역시 권력자 아버지와 차세대 권력자 아들 사이에 긴장이 있어왔다. 아버지로 상징되는 기존 권력을 살해함으로써 비로소 아들들은 새로운 역사를 시작할 수 있었다. 그렇기 때문에 역사는 아버지 살해의 역사, 다시 말해 권력자인 부친 살해는 새로운 권력 등극의 역사였다. 비단 왕권만이 아니라, 일상에서 가정 내 권력자 아버지를 넘어서려는 후세대의 노력이 인간발달의 한 과정이라고 프로이드는 보았다.

아버지의 권력이 절대적인 집안에서 아들이 아버지를 살해하는 일은 지금도 되풀이된다. 2010년 서울, 예술계 고등학교 진학을 꿈꾸던 한 중학생 아들이 아버지와 갈등이 깊었다. 아버지는 공부해서 판검사가 되길 바랐다. 말 안 듣는 아들에게 여러 차례 손찌검으로도 부족해 골프채로 때렸다. 아들은 잠자는 아버지 방과 거실에 불을 질렀다. 일가족 모두가 죽었다. 열세 살 아들은 아버지만 없어졌으면 싶었는데……. 2009년, 성적표를 보고 꾸짖는 아버지를 살해하고 4개월 동안 안방에 시신을 방치한 아들도 있었다.[518]

어머니 살해는 좀처럼 없던 비극이다. 어머니는 역사에서 권력자였던 적이 없다. 오이디푸스 신화에서 어머니는 아버지의 아내였다가, 새로운 권력자인 아들의 아내가 된다. 그녀에게 권력은 존재하지 않는다. 인류 역사에서 여성이 권력자로 등장한 적은 없다. 봉건사회에서 여성 권력자는 요부로 손가락질 당할 뿐 정상 범주의 여자로 인정되지 않았다. 어머니는 언제나 희생자였고, 장성한 자식에게 애틋한 존재였다. 가부장사회에서 어머니들은 가부장과 장차 가부장이 될 아들에게 희생하여 자기 존재를 인정받았다. 어머니가 수난을 감당하며 제 역할을 잘 하면 그 집안은 괜찮다고 여겨졌다.[519] 그런 어머니가 근래 모욕의 대상이 되고 있다. 본드 바른 벽에 밀쳐버릴 대상이 된 엄마. 혹은 '잡년', '지잡년'이라는 욕설까지 자식들이 한다. '(지 자식) 잡아 돌리는 여자'라는 뜻이라면서 아이들은 키득댄다. 그리고 항변했다.

"(성적이 떨어질 때마다 널 위해 모든 걸 바쳤다며 우는 엄마를 보면) 처음엔 미안해서 나도 슬펐지만 이제는 역겹다. 자기 멋대로 날 위해 모든 걸 희생했다고 강조하면서 내가 빚이라도 진 것처럼 말한다.", "둘 중 한 명이 죽었으면 좋겠다."[520]

2011년 서울, 실제로 아들이 엄마를 살해했다. 사회는 충격에 빠졌다. 고3 아들이 어머니를 죽여 무려 8개월 동안 방안에 방치해 둔 채, 집에 친구도 불러 놀고 수능시험도 치러 갔다. 어머니는 공부를 썩 잘 하는 아들에게 집착했다. 최상위권 성적을 강요하며 걸핏하면 폭력도 휘둘렀다. 골프채, 야구방망이가 가리지 않았다. 아이는 성적표에 손을 댔다. 어머니를 죽이기 전 날에도 가혹한 폭력이 있었고, 다음날 아이는 어머니를 죽였다. 그리고 8개월 동안 아이는 어머니 시체를 방안에 내버려뒀다. 이듬해 법정에 선 아들은 어머니가 없어져야 자신이 살 것 같았다고 울먹였다.[521]

지금은 유명 대학을 졸업한 20대 한 여성도 "수능을 준비하는 내내 자살하고 싶다고 생각했는데 만약 내가 아주 조금만 더 폭발했으면, 내가 아니라 엄마를 죽이고 싶다고 생각했을 것 같다"고 털어놓았다. 이 여성은 그 고3 아들이 엄마를 죽이지 않았다면 고3 아들이 자살했을 것이라 얘기했다. 본인의 심정이 그랬던 것처럼.[522] 2000년에도 유명 대학 한 학생이 '공포의 이름' 어머니를 살해하고, 아버지도 살해한 사건이 있었다.[523]

희생의 대명사 어머니들이 왜 자식에게 죽임을 당하고 모욕당하고 있는가? 어머니들은 "자식을 위해" "내 모든 걸 걸었다"는데, 도대체 왜 자식들은 어머니를 죽이고 있는가? 죽이지 못하면 자신이 죽을 것 같다고, 죽이든지 죽든지 해야 한다고 비명을 지르는가? 어머니의 눈물이 자식에게 왜 "소름 돋고", "역겨운" 짓이 되어버렸는가?[524] 입시교육에 지친 자식들이 칼끝을 가족에게, 엄마에게 돌리는 이유는 무엇인가? 칼끝이 가족을 향하는 동안, 사회는, 국가는 도대체 무엇을 하고 있는가? 사회와 국가는 가족

해체, 가족이기주의 타령만 하고 있어도 되는가?

엄마들은 입시전쟁이 시작되면서 서서히 수험생 뒷바라지를 위해 호출 당하기 시작했다. 해방 후 그리고 전후, 아버지들은 경제전선으로 떠나고 입시준비는 집안일의 일종으로 그 책임이 어머니에게 전가되어왔다. 이동 원은 아버지들이 입시에서 물러서 있는 까닭은 이중적 가치 때문이라고 지적했다.[525] 수험생 뒷바라지가 비정상적으로 치닫는 상황에서, 아버지들 은 사회적으로 인정받는 가치관을 짐짓 유지하면서도 비정상적인 자녀 입 시관리는 어머니들에게 미뤄 자식 합격을 얻는 이중적인 자세를 취했던 것이다.

요즘도 청문회장에 선 고위직 후보자들이 한결같이 "나는 모르고 아내 가 했다"는 말도 이 같은 맥락이다. 위장전입이나 부동산 투기 등에 대한 사회적 비난은 피해야겠지만, 부도덕하거나 불법적인 욕망의 충족도 포기 할 수 없다는 이중적 태도이다. 아내를 팔아서라도 개인 욕망을 충족하고 사회적 비난도 면해보겠다는 욕심이다. 혹은 "내 자식은 제 하고 싶은 것 실컷 했는데 유명한 학교에 가게 됐다"고 말하는 우아한 아버지 뒤에 흔히 어머니의 숨 막히는 자식관리가 감춰져 있다. 진보적인 학자와 교육자인 아버지들마저 내 자식의 좋은 학벌은 포기할 수 없는 가족의 명령이고, 그 명령을 어머니들이 대신 수행하고 있다. 명령의 지속적인 대리수행과 큰 성공은 어머니에게 자체의 권력을 발생하게 했다.

1997년 IMF사태 이후 교육 상속전략은 중산층을 중심으로 확고해졌다. 어머니의 사회적·경제적 지위도 달라졌다. 여성들의 학력과 사회참여도 가 높아지면서 매우 공세적 태도로 자녀교육을 주도해왔다. 시간이 지나 면서 어머니는 자녀 입시준비에서 가족이나 가부장의 욕구 대리수행자가 아니라 독자적인 전문가가 되고, 독자적인 권력을 지니게 된 것이다. 자녀 입시문제에 대한 무한책임을 요구하는 가족과 사회에게 어머니들은 되레

가족과 사회에 무한권한을 주장하고 나섰다.

미친 교육과 국가부재에 대한 경고장

엄마를 살해하라! 권력자 아버지를 살해하고 새로운 권력의 역사를 열었 듯이, 엄마를 살해하라! 전투적 교육가족의 어머니도 무한경쟁 사회체제 의 '과잉순응자'[526]이겠지만, 어머니가 사회 전면에 드러날수록 무한경쟁 체제는 뒤로 물러나고 보이지 않는다. 그저 전투적 교육가족의 어머니는 '일류 학벌' 성취를 위해 자식의 자기결정권과 행복권을 부정하는 기존 권 력의 상징이 되어버렸다. 그 상징권력을 살해함으로써, 미친 교육을 멈춰 세워야 한다. 모든 자식과 가족이 행복해지는 길을 찾아야 한다. 이는 국 가의 책임을 뒤집어쓰고 있었던 가족과 엄마의 해방사이다.

물론 물리적 살해 같은 참극을 말하는 게 아니다. 어머니를 모욕하는 비 극도 막아야 한다. 그러나 비극은 절로 소멸되지 않는다. 비극을 없애기 위해, 상징으로서 어머니 살해가 필요한 시기이다. 어머니를 통해 대리 표 출되는 가족과 사회의 부당한 욕망을 살해해야 한다. 19세기 프랑스 역사 에서도 자식들은 부모의 교육적·경제적 투자 대상이었다.[527] 자식들이 부 모로부터 해방되는 데는 권력자 부모에 대한 저항이 컸다. 예술가와 지식 인들에게 "가족의 독재는 실존적 고뇌의 원천"이었다. 그들은 가족의 관습 과 욕망, 명예에 도전하고 비웃음을 날렸다. 개인의 주체성을 강조하고 독 재적인 가족에게서 탈출하고 문학적 저항을 시작했다. 저항을 통해 자식 도 비로소 개인이 되었다. 개인으로서 자식을 인정함으로써, 부모와 자식 관계가 한결 편안해졌다. 그제야 부모는 자식에게 애정을 쏟는 일로도 시 간이 부족해졌다.

효를 중시하는 문화 속에서 부모에 대한 저항은 자녀에게 도덕적 부담을 안겨준다. 부모에 대한 저항이 옳고 그름을 떠나 효와 불효의 논리 속에 묻혀버릴 수 있다. 그 목적과 성격이 어쨌든 어머니의 희생과 투자가 클수록, 자식의 사소한 저항도 나쁜 짓으로 매도된다. 그런데도 엄마를 살해하라고? 엄마를 살해해야 한다고? 서양 예술가와 지식인들이 구속적인 가족제도를 고발하고 해체하는 문화적 저항행위를 했듯이, 그런 저항이 필요하다. 기성세대가 원하는 안정을 이룬 순간, 자살을 택하는 청년들의 이야기를 다룬 소설 《표백》, 부모를 살해한 이은석 사건을 분석한 《미안하다고 말하기가 그렇게 어려웠나요》, 영화 〈고사: 피의 중간고사〉처럼 패륜, 불효, 나쁜 자식들 이야기를 사회 차원으로 끄집어내야 한다. 가족문제를 패륜과 불효의 논리에서 해방시켜 일상적인 사회문화로 끌어올리려는 저항이 필요하다.

실제로 부모살해가 벌어지고 있는 이 시대에 어머니 살해가 무엇인가. 어머니 살해는 첫째, '일류 학벌'을 강요하는 기성세대의 욕망을 부정하는 행위이다. 차라리 부모로부터 '일탈 인증서'를 받아드는 인생이 진짜 인간답게 사는 방법임을 선언하는 행위이다. 둘째, 자식에 대한 무한책임을 어머니에게 물어온 배후를 캐내는 추적행위이다. 어머니는 가족에 대한 무한책임을 져야 하니까 무한권력자로 비칠 수밖에 없었다. 무한권력자 어머니를 밝혀낸다면, 어머니 뒤의 사회와 국가의 욕망이 드러난다. 후세대 양육과 교육을 통해 사회와 국가가 유지됨에도 불구하고 가족에게만, 특히 어머니에게만 지웠던 책임의 소재를 다시 질문하는 행위는 사회와 국가의 무책임에 대한 비판이다. 셋째, 가족의 효율적인 입시전략에 따라 비가시화된 아버지와 청소년들을 다시 호출하는 행위이다. 입시에 가려져버렸던 존재 전부 다, 공부 잘 하는 자식, 못하는 자식, 든든한 배경이 될 수 있는 부모, 그렇지 못한 부모 모두 자기 목소리를 살림으로써, 가족의 다양성을 회복하게 된다. 넷째, 어머니의 이름을 빌려 이뤄지는 사회경제적 지위의 대물림을 끊고자 함이다. 54년간 공장에서 잔뼈가 굵은 한 늙은 노동자는 꿈꾼다.

> 세상이 바까지면 애비가 노동자면 자식은 부자 한번 해 보고 이래 돼 봤시머 좋겠어.[528]

꼴찌가 일등 되고 일등이 꼴찌가 되는 세상, 이 세상은 대물림의 덫을 부정한다. '꿈도 꾸지' 못할 모든 '어중간한' 자식들에게 꿈을 되찾도록 하는 실천이다. 다섯째, 공공복지를 부활시키는 일이다. 부모가 자식을 양육하면서, 다음 세대의 안녕을 묻는 건설적인 사회복지 개념이 발생했고, 이는 인류의 미래를 설계하는 행위라고 듀이는 해석했다.[529] 뭇 패륜아, 뭇 나쁜 자식들의 출현이야말로 기성세대에게 진짜 사회복지와 미래를 다시 묻게 한다. 부모의 선호나 판단과 무관하게 자식들이 자기 기호, 적성, 결정권에 따라 어떤 학교든 어떤 직종이든 선택한다면, 부모세대는 모든 학교와 직장을, 그리고 사회 전체를 극단적 차별상태로 내버려둘 수 없게 된다. 엄마를 살해하는 나쁜 자식들은 이 시대 미친 교육과 국가부재에 대한 경고장을 보내는 중이다.

시험과 소멸되지 않는
개인 기록들

개인의 것이 아닌 개인 기록

2003년, 희대의 인사청문회가 열렸다. 감사원장 후보자 윤성식 고려대 교수가 인사청문회 대상자였다. 청문회장에서 자민련 조희욱 국회의원은 역사에 길이 남을 인사검증을 시작한다.[530] 조희욱 국회의원은 30년도 넘은 중학교부터 대학교까지의 후보자 성적을 까발렸다. "고3 성적은 대부분 '미' 도 별로 없어요. 수, 우, 미, 양, 가 있죠, '미' 도 별로 없고요. 주로 '양' 하고 '가'. 현재 공인회계사이신 후보자의 수학성적은 고 2, 3학년 전부 '가' 입니다." 그리고는 조희욱 국회의원, 후보자의 최후 급소를 찌르듯 소리를 냅다 질렀다. "이…… 양가 아저씨야!"

이 사건은 웃기기만 한 건 아니었다. 사람들은 생활기록부 내용을 이렇게 만천하에 공개하는 게 타당한지 묻기 시작했다. 생활기록부 내용은 개인정보 보호 차원에서 법률적으로 본인 이외에 열람이 금지되어 있다. 그런데 인사청문회장에서 조희욱 의원은 생활기록부 내용을 적나라하게 공개하는 걸 꺼리지 않았다. 이 일로 도대체 누가 생활기록부를 그 국회의원에게 넘겼는지 문제가 되었다. 이후 확인하니, 본인 동의도 없이 교육부가 후보자 본인은 물론이고 후보자의 부인 생활기록부까지도 제출하라고 학교에 공문을 보냈다. 생활기록부 유출은 학생 개개인의 기록을 보호해야 할 가장 큰 책임이 있는 교육부에 의해 자행됐다. 이 당시에도 생활기록부는 교육적 용도로만 사용해야 하고, '인사청문과 직접 관련된 자료(인사청문회법 제12조)'가 아니었기 때문에 생활기록부 제공은 불법이라는 게 법률가들의 의견이었다. 그러나 생활기록부 까발리기에 재미가 들렸는지, 2005년 감사원장 후보자 인사청문회를 앞두고 또 국회에서 후보자 본인과 배우자 그리고 아들과 며느리의 생활기록부까지 제출을 요구해 망신당했다.[531]

학생의 학교생활과 관련된 모든 기록이 담긴 학교생활기록부는 교사에 의한 학생 평가자료이다. 교과성적과 인성에 관한 평가내용까지 망라하고 있는 자료이다. 이 자료는 교과성적만 기록하는 성적표보다 훨씬 다양하고 깊은 사적 내용을 기록하고 있다. 1980년대는 신체 기록과 병력, 1990년대 중반까지만 해도 학생들의 IQ점수까지 기록되어 있었다. 개인의 가장 내밀한 기록이 담긴 정보이기에 유출 가능성이 늘 있었다. 유출 가능성은 가능성으로 끝나지 않았다. 비록 범죄자라고 해도, 범죄자 낙인이 찍히면 아무렇지 않게 생활기록부가 공개되었다.[532]

이런 문제 때문에 개인의 생활기록부를 개인에게 반환해달라는 행정심판도 있었다. 충남의 한 초등학교 교사가 2002년부터 교육부에 생활기록부 반환 민원을 제기했는데, 교육부는 반환거부 답변을 보냈다. "학교생활기록은 개인의 기록임과 동시에 학교, 학급의 역사를 대변해주는 자료이기도 하므로 반환할 수 없다"는 이유였다. 즉 교육부는 학교생활기록부가 개인에 관한 기록이지만, 개인의 기록은 아니라고 못 박았다. 생활기록부는 기록당한 당사자의 것이 아니라, 기록한 공공기관의 소유물이라는 입장이었다. 생활기록부를 반환받을 수 없자, 그 교사는 다시 2013년 행정심판을 청구했지만 기각당했다. 행정심판 기각 후에는 생활기록부 50년 보

존 규정이 위헌이 아닌지 헌법소원을 제출했다.[533]

청구인은 경력 15년의 초등학교 교사로서 청구인이 다닌 초·중·고교 모교 근처
에서 근무하여 왔는데, 청구인의 모교에 근무하는 교사들이나 행정실에 근무하
는 직원들이 청구인의 생활기록부를 언제든지 열람할 수 있어, 청구인의 생활기
록부가 이들에게 노출되어 있는 관계로, 청구인의 학생 때 성적, 행실, 지능지수
등 청구인의 사적인 정보가 인구에 회자될까 늘 불안에 떨어왔다고 주장하면서,
위 관리지침 제22조(생활기록부, 당해 학교에 50년 보관)가 청구인의 사생활의 비밀
을 침해한다는 이유로, 이 사건 심판청구를 했다.[534]

헌법재판소는 위헌심판을 기각했다. 행정실 직원이나 교사들의 열람 가
능성을 인정하긴 했다. 그래도 현재의 기본권을 침해하지도 않고 장래의
기본권 침해도 확실하지 않기 때문에 사생활 침해의 현재성도 없고, 청구
기간도 지났다는 이유로 기각했다. 민원을 제기해도, 행정심판과 헌법재
판소에 소송을 내도 생활기록부를 반환받을 수 있는 방법은 없었다. 개인
이 학교생활기록부에서 벗어날 방법은 현재로서는 없다. 학교생활기록부
의 내용은 개인에 관한 기록이지만, 국가가 반환해주지 않는 공적 기록물
이 되었다.

개화기 때는 관보에 학생성적 싣기도

성적표와 학교생활기록부는 학교에서 학생의 성적과 생활을 기록하는 대
장이다. 근대 학교에서 시작된 성적표와 학생생활기록부의 가장 큰 역사적
의의는 학교를 다니는 모든 개인들에 대한 누적적 기록을 남겼다는 점이

다. 개인을 의식한 기록행위이다. 근대 이전에는 주로 권력자의 권력행위
가 기록으로 남았지만, 일반 개인들을 의식하고 그에 대한 기록을 타인이
작성하여 누적적으로 남기지는 않았다. 개인이 남긴 기록은 있었지만, 개
인을 대상으로 타인이 기록한 것은 아니다. 이 점에서 성적표와 학교생활
기록부, 특히 학교생활기록부는 학교를 다니는 십수 년 동안 학생 개인을
기록의 대상으로 삼아서 교사가 교육적 관점 혹은 사회적 관점에서 학생
개인에 대한 기록을 누적적으로 남겨놓는 자료이다. 근대인들이 기록과 함
께 탄생하고 소멸하는 것처럼, 심하게 말하면 기록에 남지 않는 개인은 역
사 속에서 탄생하지도 소멸하지도 않았던 유령 같은 존재가 되는 것처럼,
근대적인 학교는 학생들 개개인을 기록 속에서 탄생시키고 성장시키고 완
성시켜왔다. 기록 속에 없으면 그는 학생으로 공인받지 못한다.

　학교생활기록부가 세밀해지기 전에는 학적부, 그야말로 재적 여부를 등
재하는 기록부가 있었다. 개개인에게 전달되는 시험과 관련된 기록은 성
적표가 도맡았다. 일본에서는 1800년대 초반 오이타 현에 세워진 한학 학
교 함의원에서 매월 학급별 석차를 기록한 월단표月旦表를 사용했고, 1855
년 게이오의숙은 함의원의 월단표를 발전시켜 '학업근타표學業勤惰表'를
만들어서 매달 학생들에게 나누어줬다. 학생들의 등급, 석차, 과목별 점
수, 출석상황 등을 기재한 것이었다.[535] 오늘날의 통지표 같은 것이다. 미
국에서는 우리와 같은 생활기록부는 없고, 성적표는 1800년대 후반에 처
음 도입되었다.[536]

　조선에서는 성균관과 학당, 향교 등에서 유생들의 시험결과와 모범답안
을 기록해 모아두었다. 이런 기록에 근거해서 생원진사시 초시를 면제받
거나 생원진사시 자체를 면제받기도 했다. 모든 유생들에 대한 기록은 아
니지만, 평상시 기록과 학교교육을 중시했던 문화를 엿볼 수 있다.[537] 개화
기 무렵에 근대적인 교육기관이 만들어지면서 보다 정밀한 성적일람표를

만들어 정부에 보고했다. 공개적으로 성적을 관보와 언론에도 실었다. 개인에게 배부되는 성적표 관련 규정은 아펜젤러가 1886년 세운 배재학당의 학칙(1890)에서 찾아볼 수 있다.[538] 100점 만점과 평균점수를 적어서 학부모나 추천인에게 성적표를 보내도록 했다.

이렇게 시작된 성적표는 '성적표', '통신부'(청주공립보통학교, 1922, 경성사범학교, 1924 등), '통신표'(청천공립보통학교, 1936), '통지표'(양동공립보통학교, 1936, 동대문여자보통학교, 1931 등), '아동성적표'(누교리 개량서당, 1939) '성적통지표'(중앙중학교, 1942, 공주영명중학교, 1952), '나는 얼마나 성장했나: 어린이 학교생활기록표'(추산국민학교, 1965), '가정통신표'(소이국민학교, 1965, 추산국민학교, 1971), '생활평가통지표'(전의국민학교, 1970), '학교생활통지표'(청산국민학교, 1970) 등 다양한 이름으로 불리며 근대 학교제도와 함께했다. 성적일람표는 법적으로 학교가 비치해야 할 장부였지만, 성적표는 학교마다 제작해 각 가정과 소통하는 기록부로 활용했다.

학교생활기록부는 성적표보다 학생에 대한 광범위한 내용을 담고 있는 법적 대장이다. 성적표는 시험 때마다 즉각 발부되어 학생들과 학부모의 가슴을 졸이게 했다면, 학교생활기록부는 기본적으로 학교와 가정 사이의 소통을 위한 자료는 아니었다. 학교의 법적 장부로서 학교생활기록부는 상급학교 진학과 취직을 위한 '내신자료'로 사용되면서 중요성이 커져왔다.

찢고, 변조하고, 훔치고……성적표의 수난

학교에서 돌아온 나. 밥상머리에 한 장의 봉투. 얼른 들고 겉봉을 보았더니 바로 광주사범학교서 온 서신. 나는 기뻐 얼른 내용을 보았드니……. 다 아는 사실. 나는 중간고사 성적이 도착되었는가 하고 떨리는 가슴을 움켜쥐고 간단히 내용

을 받았다. 그랬드니 엉뚱한 서신(1959. 8. 2. 일요일).[539]

성적표를 기다리는 이유는 두 가지이다. 좋은 성적에 대한 기대감에 부풀어서 얼른 성적표를 봤으면 할 때, 다른 하나는 몰래 감추거나 조작하기 위해. 대부분 학생들에게 성적표는 고통이다. 성적은 대체로 기대보다는 낮고, 성적표를 받아들면 괴로움의 연속이다. 가정은 성적표 한 장이면 분란에 빠져들기 십상이다. 마치 아이의 미래가 그 작은 종이에 다 담긴 양 모두가 심각해진다.

성적표가 고통과 분란을 몰고 오니, 위조기술도 동시에 발달했다. 1930년대 서울의 실업학교로 유학 간 한 학생이 내내 영화 보고 카페를 드나들다 보니 성적이 엉망. 몰래 학교 교장의 도장을 위조해서 위조성적표를 만들었다 발각된 일이 있었다.[540] 성적 위조, 부모님 도장 몰래 찍기는 고전적 수법이지만, 마음에서 지우기 힘든 유혹이었다. 2011년도에 어머니를 살해했던 고등학교 3학년도 어머니의 기대에 부응할 수 없게 되자, 성적표를 줄곧 위조했다. 그렇게라도 위기를 모면하고 싶은 이들이 많았다.

성적표가 여러 사람에게 괴로움을 주니, 성적표는 수난을 당했다. 성적표 위조쯤이야 흔한 이야기이고, 1980년에 한 학급 성적표가 몽땅 악취 풍기는 학교 변소에 처박힌 사건도 있었다. 어느 한 교사가 사흘 동안 출장을 다녀와서 보니, 학급경영록과 출석부가 사라져버렸다. "교사의 밥그릇" 같은 공부公簿가 없어졌으니 "눈이 빨개져서" 찾았지만 찾을 길이 없었다. 결국 학급 아이들을 추궁해서 범인을 잡았다. 변소에 버렸다고 한 아이가 실토했다. 교사가 찾던 학급경영록과 출석부와 함께 나타난 물건은 성적표 70장. "성적이 나쁘기 때문에 부모님이 알면 혼날까봐 그랬습니다."[541]

성적표의 수난은 그뿐 아니다. 북북 찢기고 위조당하고 버려지는 것만 아니다. 성적표에 담긴 내용들이 제아무리 많아도 제대로 해석되기 어렵다. 1968년, 대구 명덕국민학교의 학부모들은 성적표를 보면 성적이 올랐는지 내렸는지, 등수가 몇 등인지에 가장 관심이 많이 갔다고 대답했고,[542] 이는 지금도 다르지 않다. 수십 년이 흘러, 더 이상 초등학교 성적표에 점수도, 석차도 표기되지 않아도 부모들은 여전히 점수와 등수에 민감하다. 최근에는 성적표를 부모와 아이와 교사의 소통자료로 개혁하려는 노력에 따라 학교와 학급에 따라 새로운 성적표들을 개발하고 있다. 그러나 점수와 석차와 등급이 빠진 성적표를 성적표로 더 이상 인식하지 않는 이들도 많다.

공적 기록의 대상이 된 개인들

학교생활기록부는 소멸되지 않고 개개인의 일생을 따라다니고 있다. 그저 기억으로만 남아 회자되는 게 아니라 영구히 유통될 자료로 남는다. 한 번의 결과는 다음 결과로 누적되고, 누적되고 누적된 결과는 몇 년 치 묶음으로 거래된다. 누적된 자료는 개인을 완벽하게 재현해준다. 능력과 성실성, 무엇을 배우고 성취하며 살아왔는지를 입증해주고, 앞으로 무엇을 할 수 있을지 결정해준다. 자료의 누적은 계속적인 감시를 만든다. 자료의 누적 기간이 길어질수록 더욱 감시에서 벗어나기 어렵다.

푸코는 시험과 기록의 관계를 날카롭게 분석했다.[543] 시험의 기록은 개개인을 자료로 처리함으로써 공적 영역 속으로 끌고 간다. 개개인을 자료로 만들어서 일단 기록망 속으로 넣는다. 이 같은 기록방식은 당대 사회의 인간에 관한 철학이 포함되어 있다. 무엇을 기록할까는 사회적으로 또는 교육적으로 어떤 인간을 만들고자 하는지가 담겨 있다. 이 방식은 권력이 인간을 보고 주조하는 시선이다. 인간은 기록하는 지표에 따라 자기의식과 행동을 만들게 된다.

학교에서 인간을 기록하는 첫 번째 내용은 어디에서 나서 어디로 가는가, 그 출처와 진로를 적는 것이었다. 어디에서 났는가는 출신 지역이기도 하며, 부모를 묻는 물음이기도 하다. 한 인간을 아는 것은 바로 가정 배경을 아는 것에서 출발했다. "너그 아부지 뭐하시노?"는 영화적 수사가 아니라, 근대사회에서도 여전히 인간이 타인을 인식하는 중요 시선이었다. "너그 아부지"에 따라서 학력 불평등이 재생산될 가능성도 높아지고, "너그 아부지"에 따라서 직업도 달라질 수 있는 사회에 우리는 살고 있기 때문이다.

또 다른 기록내용은 교과 성취결과이다. 교과성적을 적는 입력칸이 있다. 교과성적은 100점 만점과 총점, 평균으로 표기하기도 했고, 갑을병정이나 수우미양가, 또는 숫자화된 등급으로 표기하기도 했다. 성적을 기록하는 방식은 학습자의 능력을 등급으로 표기하는 절대등급제나 절대적인 점수제도 있지만, 더 오랜 동안 영향력을 발휘해온 것은 타인들과의 상대적 비교이다. 함께 공부하는 이들 중에서 상대적으로 몇 등, 몇 등급, 몇 퍼센트를 따지는 비교의 기술이다. 통계학까지 동원해 비교기술을 정밀화하고 있다. 성적을 표기하는 기술은 점점 발달해왔고, 발달된 기술은 생활기록부나 각종 성적표에 각자의 위치를 적나라하게 보여준다. 각기 다른 교과목을 선택한 학생들이라도 타인들과 서열이나 등급으로 비교할 수 있는 기술을 개발했다. T-점수니 100점 환산점수니 하는 것들이 그렇다.

학교생활기록부에 기록되지 않는다 해도 성적표기법은 점점 전문기술을 동원해 아이를 정확하게 위치짓는다. 그야말로 한 개인을 발가벗겨놓는다.

요즘 아이들의 성적은 발가벗겨져 있다. 수능성적의 경우, 자기 반이나 학교, 전국의 등수까지도……. 수능시험의 개인 성적표에는 정확하게 몇 십 만 몇 천 명이 시험을 쳐서 계열별 석차가 얼마이고…… 예상석차까지…… 과목별 문항별 득점률의 분석과 평가요소별 성적 분석, 응시자 성적 분포, 월별 성적 누가기록 등 한 아이의 성적이 철저하게 해부되어 발가벗겨져 있다. 이외에도 T-점수니 100점 환산점수니 수능지수니 하는 전문 용어가 등장해 그 발가벗겨진 성적에 현란함을 추가한다.[544]

서열화된 사회에서 비교기술이 발달할수록 성적은 더 자유롭게 유통된다. 학교 밖으로 나가도 비교자료로서 손색이 없다.

학교가 평가하고 기록하는 내용 중에는 인성에 대한 평가도 있다. 인성을 어떻게 평가하고 기록하는가는 어떤 시선으로 개인을 포착하며 개인을 교육시키고자 하는지를 보여준다. 포착하는 인성지표에 따라 사람은 달리 읽히고 달리 보이게 된다. 가령 1950년 초등학교 생활기록부의 '행동 발달 상황'은 아주 세밀하게 인성을 쪼개놓았다. 친절·예의, 사회성, 자율성, 근로성, 준법성 등 총 16개 항목으로 나눠 각 항목마다 '가', '나', '다' 중 하나를 체크하도록 해놓았다. 자그마치 16개 항목으로 인성을 세분화할 수 있는가도 문제지만, 학급당 70명 내외였던 학생들을 16개 항목으로 구분해서 평가한다는 것은 가능하지 않은 일이었다. 1960년대 생활기록부와 마찬가지로 성적표에도 생활습관, 근면성, 책임감, 사회성, 준법성, 정서 안정 6개 항목으로 인성을 구분 평가하도록 되어 있었다. 세분화된 인성내용은 시간이 지날수록 간단해져서 지금은 행동발달 상황을 따로 기록하지 않는다. 그러나 해방 이후부터 1988년까지 변하지 않았던 인성항목 두 가지는 근면성과 책임감이었다. 이는 산업사회의 발달과 함께 노동자들에게 변함없이 요구되던 근대의 규율이었다. 근면하고 책임감 있는 규율을 충실히 내면화한 산업역군이 필요했기 때문이다.

황국신민으로서, 산업역군으로서 모범적인 생활을 했는가를 기록한 자

[표 22] 학교생활기록부 행동발달 상황 기록내용

연도	1955~1963	1964~1975	1976~1988	1989~1995	1996년 이후
항목	16개 항목	6개 항목	5개 항목	1개 항목	없음
행동발달 상황 내용	친절·예의, 사회성, 자율성, 근로성, 준법성, 협동성, 정직성, 명랑성, 검약성, 창조성, 인내성, 결단성, 책임감, 안정감, 정의감, 지도능력	생활습관, 근면성, 책임감, 사회성, 준법성, 정서안정	근면성, 자주성, 협동성, 책임감, 특기사항	행동특성	행동발달 상황란 삭제, 행동특성 및 종합의견으로 통합
표기 방식	〈가, 나, 다〉 중에서 ○표로 표기	〈가, 나, 다〉 중에서 ○표로 표기	〈가, 나, 다〉 중에서 ○표로 표기	서술식 평가	삭제

조영진, 〈초등학교 학교생활기록부의 변천과정〉, 대구교육대학교 교육대학원, 2006, 57쪽 참조

료는 공적 자료가 된다. 푸코가 얘기했듯이, 개인들은 하나의 사례로 남고, 그 사례들을 축적하여 국가는 평균을 구하고 비교하며 상관관계를 구하게 된다. 제약회사들이 개개인의 의료기록을 집적함으로써 약의 개발과 상품화를 결정하고, 어떤 층을 집중 공략하여 약을 팔지 결정하듯이 개인의 지적·인성적 자료의 축적은 인간에 대한 통제와 활용을 쉽게 하게 만든다.

저인망식 학교생활기록부는 폭력

학생생활기록부나 성적표는 교과성적과 인성의 평가 이외에도 더 많은 것을 기록해두고자 했다. 학교생활기록부가 1938년 중일전쟁 이후 한 개인에 대한 모든 평가내용을 망라하는 것으로 바뀐 이후 일본과 한국의 학교생활기록부는 다른 어떤 나라보다 많은 내용을 기재해왔다. 학교에서 한 학생에 대해 과연 어디까지 기록할 수 있는가는 당연히 사회적 논란을 불

러왔다.

일본에서는 도쿄의 한 중학교 졸업생과 그 부모가 학적부 기재내용을 두고 학교를 대상으로 1974년부터 15년에 걸친 소송을 벌였다. 이 재판은 1988년 최고재판에까지 올라가게 되었다. 사건은 원고 학생이 중학교 재학시절 전공투全共鬪 활동에 참가했는데, 이를 담임교사는 학적부 비고란에 기재하고, '기본적인 생활습관', '공공심公共心', '자성심自省心' 평가에 C를 준 사실에서 시작되었다. 이 점수와 기재가 원인이 되어서 학생은 고등학교에 불합격했다. 이에 기재내용의 위법성을 제기하는 소송을 제기하여 도쿄지방법원에서는 학생이 승소했지만, 1983년 도쿄고등법원에서는 교장의 재량권을 벗어났다 할 수 없다고 원고 패소판결을 내렸다. 다시 "자신의 사상에 밀접하게 관련된 외부 행동을 부정적으로 평가·기재한 것은 학습권을 침해"한 것이라는 이유로 상고를 했고, 1988년 최고판결에서는 "기재내용은 생도의 사상·신조의 자유를 침해하지 않았다"며 기각했다.[545]

이 같은 소송이 일본에서 벌어져서 그렇지 한국에서도 생활기록부의 기재내용은 문제가 된다. 3·1운동 당시 학생들의 참가계획을 미리 알아챈 학교 교감과 일제 경찰이 학적부를 조회하여 학생들 체포에 나선 일이나, 3·1운동에 참가한 학생의 학적부에 3·1운동 참가와 징계 사실을 적어넣어 상급학교 진학에 어려움을 겪게 한 일들이 있었다.[546] 일제시대 당시 그같은 기록은 학생의 장래를 방해하는 요소였던 것은 분명하다. 사회정치적 양심에 해당하는 활동을 모조리 다 기록해도 되는가 하는 문제는 생활기록부가 학교 내부 자료로 그치지 않기 때문에 더욱 문제가 된다.

개인의 사회정치적 활동이나 양심의 문제가 아니어도 개인에 대해 어디까지 기록할지는 여전히 문제이다. 2012년에는 학교폭력 근절방안으로 학교폭력 관련 사항을 기록하도록 교육부가 지침을 결정했다. 이런 교육부 지침에 반대하는 교사들은 징계사실 기록은 이중처벌이며 반교육적이라며 기재를 보류했다. 이 문제로 교육계는 한바탕 소동이 벌어졌다. 결국 교육부가 소송을 걸어 이 사건은 대법원까지 갔다.[547]

학생 개인에 관한 저인망식 기록을 하는 현재 학교생활기록부 양식을 바꾸어야 한다. '전인全人', '다양한 능력', '종합적 평가'라는 이유로, 학교생활기록부는 끊임없이 더 많은 것을 기록하도록 변해왔다. 교육적 내용, 교육적 필요가 우선하지 않고, 걸려드는 건 뭐든지 기록한다든가 사회적 필요가 있으면 뭐든 기록을 추가하는 방식은 저인망식의 기록방식이며, 망라형 기록방식이다. 기록되는 모든 것이 교육적일 것이라는 생각, 더 많이 기록하면 더 좋을 것이라는 생각, 지금 보기에 필요하다 싶은 모든 것들을 망라해 기록하면 장차 필요할 것이라는 시각, 이는 한 인간의 삶을 기록 속에 집어넣어 기록 속에 가두어버리는 행위이다. 양심의 자유를 위반하는 행위이며, 적극적으로 양심에 개입하여 평가하는 행위이다. 과연 학생들의 봉사활동과 독서활동 상황까지 모두 기록하여 국가가 준영구적으로 그 기록을 보관해야 할 타당한 이유가 무엇인가.

개인의 전면적 발달을 지원해주는 기록이 전면적 발달을 검열하고 오히려 더 많이 발달한 이에게는 더 많은 기회를 주고, 발달의 기회를 충분히 얻지 못한 이에게는 발달 기회를 박탈하는 도구가 될 위험성이 있다. 이것이 기록이 지닌 폭력성이다. 결과기록이 도움이 아니라, 삶의 기회를 규정해버리는 한, 차라리 모든 기록은 지워야 하지 않을까. 일제시대 학적부 기록이 반일사상자를 검열하기 위한 장치로서 사용된 역사를 반성해보면, 교육적 기록에 대한 성찰이 필요하다. 교육적 기록이 인간 삶의 기회를 더욱 확장할 수 있는 자원이 되지 못한다면, 기록은 그 순간 폭력이 된다. 학교생활기록부가 "감시와 처벌의 족쇄가 되어 인권문제와 교육문제를 야기한다"[548]는 주장을 귀 기울여 들어야 할 것이다.

어느 한 고등학교 교사는 "교사가 대학의 학생 선발에 발목 잡힌 성적

[표 23] 학교생활기록부(혹은 학생리포트) 목적 및 내용

구분		한국	일본	미국	독일	프랑스	호주
목적		학생지도, 상급학교의 학생선발에 활용	학생의 학적 및 지도의 과정 및 결과의 요약을 기록, 그 후의 지도 및 외부의 증명서 등에 활용원부	학생의 학습정도 파악할 수 있는 정보제공 의사소통의 통로, 스스로의 학습정도 파악, 학습동기를 유발	학생지도, 그러나 상급학교선발에 사용하지 않음	학부모, 교사에게 학생발달에 관한 정보제공, 학교-교사-학부모간의 소통, 연계	학생지도, 학부모에게 학생학업성취도 및 비교과활동 특징 공지
내용 및 항목	인적 사항	O	O	O (이름과 학년, 번호)	O	O	O
	학적 사항	O	O	X	O	O	O
	출결 사항	O	O	O (무단결석과 총결석일수 및 교과별로 표시)	O	O	O
	수상 경력	O	O (종합소견 및 지도상 참고로 되는 사항)	X	X	X	X
	자격증 및인증 취득 상황	O	O (종합소견 및 지도상 참고로 되는 사항)	X	X	O	X
	진로 희망 사항	O	O (종합소견 및 지도상 참고로 되는 사항)	X	X	X	X
	창의적 체험 활동	O	O	X	X	X	X
	교과 학습 발달	O	O (관점별 평가와 평정)	O (일부지역에서만 필독도서를 표시함)	O	O	O
	독서 활동	O	X (종합소견 및 지도상 참고로 되는 사항)	O (주로 학습기술 측면에서 접근함)	X	X	X
	행동 특성 및 종합 의견	O	O	O	X	O	초등학교의 경우에만 종합의견이 제시됨

박균열·김순남·데와타 카유키 외, 〈학교생활기록부 기재방식 및 교육적 활용에 관한 국제 비교 연구〉,
한국교육개발원, 2014, 328~329쪽.

중개인이 아니"라고 항변했다.[549] 학교생활기록부가 선발도구로만 사용되거나 선발도구로 귀속되어버리는 현상을 바꾸어야 한다. 교사가 제대로 된 학교평가를 하도록 하기 위해서도, 학교생활기록부와 내신자료는 분리해야 한다. 일본이 '지도요록'과 '내신서'('조사서')를 구분하는 것처럼, 혹은 학교성적표 이외에는 교사의 추천서로 학교자료를 대신하는 것처럼, 학생지도를 위해 필요한 사항들은 순전히 지도를 위해 사용해야 하고, 선발도구 자료는 별도로 다루어야 한다.

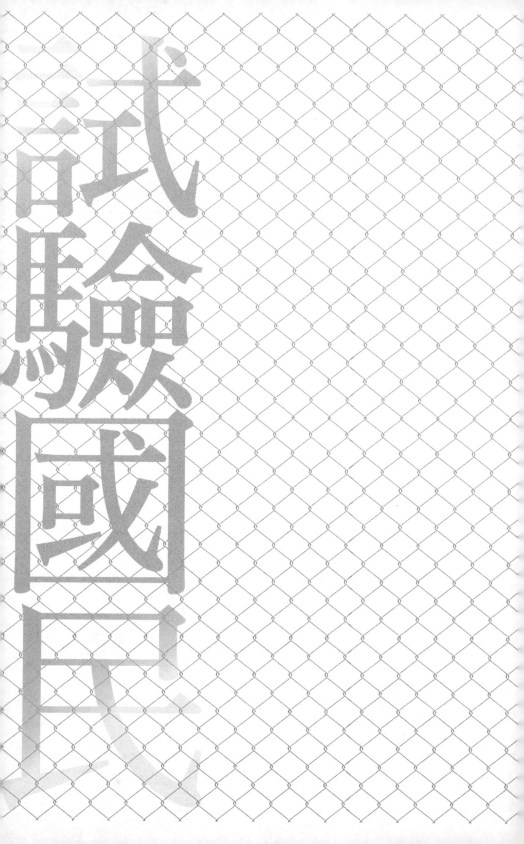

試驗合國民

5

해방적 평가와
평등사회

평가의 밖에서
다시 생각하기

인문학자들이 일찍이 말했듯이, 인류사회가 축적해놓은 지식을 한 개인이 소유하고 향유하는 행위는 마치 난장이가 거인의 어깨 위에 올라앉는 것과 같다. 인류가 발명한 교육제도는 거인의 어깨 위에 올라앉는 최고의 방법이다.

한국사회는 시험이라는 통로를 통해 지식과 교육에 접근하도록 해왔다. 시험이라는 사다리를 사용해 거인의 어깨 위에 올라섰다고 무조건 나쁘다 할 수 없다. 그러나 시험은 공부 중 가장 하수이다. 가장 질 낮은 공부법이다. 고작 시험으로 교육을 배반하고, 인간을 배반하는 현상은 심각한 문제이다. 시험 때문에 '우리 모두는 난장이이며 우리가 거인의 어깨를 빌려이 자리에 있음'을 망각한 채, 우승열패의 인간학[550]을 끌어안고 각자 생존 전략을 모색한다면 그런 시험이나 평가는 거부해야 한다. 평가의 밖에서 다시 생각해봐야 한다. 인간에게 평가는 무엇인지, 애초 불완전한 인간들이 평가를 통해 무엇을 이루어왔는지 되돌아보아야 한다. 인간에게 본성적으로 존재하는 평가 본능을 통해 인간은 새로이 해방되고 창조하는 인간으로 돌아가야 한다.

평가의 두려움 알아야

인간은 불완전한 존재이다. 도덕적으로도 완전하지 않고 감성적으로도, 이성적으로도 완전하지 않다. 모든 것이 종결된다고 믿는 죽음 이후에도 한 인간이 완전하지 않았음이 밝혀진다. 최고의 이름을 얻은 학자나 권력자들도 사후에 비판의 칼날을 피할 수 없다. 위인이라 해도 자신은 완전한 존재였다고 말할 자는 없다. 간디도 자신이 완전하지 않다고 고백했으며, 성철 스님도 자신은 과정을 살 뿐이라고 말했다. 톨스토이는 《참회록》에서 자신은 젊은 시절 저지를 수 있는 모든 악행을 다 저질렀다고 했다.

언제부터 한국사회에서는 완전한 인간을 요구하고 있다. '전인' 이라는 명분으로 모든 완전한 것을 갖추기를 요구하고 그 완전성이 진입 단계에서 검증된다. 대학 입학을 위해 봉사도 많이 했고, 공부도 잘 하면서 자신이 정한 목적에 따라 계획성 있게 도전과 모험을 하는 창의적 삶을 살았으며, 인성도 좋고……. 취직을 할 때도 이 온전한 인간을 요구한다. 사실 그토록 완전한 인간이라면 굳이 교육해야 할 이유가 있을까? 모든 인간의 발달 가능성을 믿는다면, 덜 완전한 존재에게 더 많은 기회가 필요하다. 완전한 인간을 선발했다고, 완전한 조직이 되고 완전한 사회가 되는가. 실제로 최고의 인간을 뽑았다고 하는 대학 안에서, 조직 안에서 늘 많은 문제들이 벌어지고 있다. 완전성은 영원한 추구이며 과정일 뿐이다.

불완전한 존재로서 인간은 평가를 두려워해야 마땅하다. 평가가 삶에 끼치는 파장을 생각하면 평가당하는 일이 두렵지만, 진정 두려운 일은 평가자의 위치에 서는 일이다. 평가하는 자의 윤리는 평가의 두려움을 아는 데서 출발한다. 평가자의 엄격성과 공정성은 그래서 나온다. 인간의 변화 가능성과 역동성을 알기 때문에, 현재의 평가가 행여 한 인간에 대한 낙인이 되지 않도록 하는 방법, 그 평가가 한 인간이나 한 집단의 가능성과 삶을 폭력적으로 중단시키고 착취하는 일이 되지 않도록 하는 방법, 그 방법을 강구해야 한다. 평가권이란 평가하는 자의 자의성이 아니라, 평가당하는 자의 권리 위에 성립한다. 평가하는 자는 평가의 한계를 명확히 해야 한다. 인간이 평가할 수 있는 것과 없는 것을 명백히 하여, 평가가 부당하게 남용되어서는 안 된다. 평가를 타인의 배제를 위해 사용하려는 자에게는 평가의 권한이 없다.

평가는 인간의 완전성을 판가름해서 상벌을 주는 행위가 아니다. 평가를 통해 누가 누구를 완전히 파악하는 것은 인간이기에 애초에 불가능한 프로젝트이다. 평가는 평가하는 자와 평가당하는 자 모두가 현재의 실천에 스스로 참여하고 변경하고 연대하는 활동이다. 평가를 통해 타인들과 소통하고 더 잘 소통할 수 있는 길을 모색하며, 자신의 변화를 시도하는 것이다. 완전하지 않기에 스스로 평가하고 남의 평가에 귀 기울이며 부당한 평가에는 저항하고, 평가를 통해 자기 삶과 사회를 변화시켜 간다.

평가의 기준·정당성 따져봐야

누구에게나 평가는 자연스럽다. 심미적 기호에서부터 도덕적 판단까지 우리는 끊임없이 대상을 보고 듣고 평가한다. 진, 선, 미를 판단한다. 대상을 잠시 잠깐 보고 판단하든, 깊은 통찰과 과학적 고찰을 끝낸 뒤 꽤 합리적인 평가기준을 만들어 평가하든, 모든 인간에게는 평가하는 습성이 있다. 홀로 또는 함께 평가를 거듭하며, 그리고 수준 높은 평가기준을 함께 구성하고 조정하는 연습을 통해 평가 대상을 바라보는 눈이 높아지고 평가와 삶이 진화한다.

평가자가 지닌 가치도 사회 속에서 형성되었기 때문에 자기 생각의 출처

를 곰곰이 따져보고, 이 평가는 정당한지, 이 평가기준은 도대체 어디서
나왔는지, 그런 생각의 출처와 경로가 무엇인지 비판적으로 따져봐야 한
다. 부당한 기준에 맞서서 새로운 기준을 만들고 공유해야 한다. 평가를
통해 인간은 스스로 비판하고 해체하고 새로이 기준과 활동을 정립하는
창조자가 된다. 부단한 평가의 실천이 새로운 창조를 낳고, 새로운 창조는
부단한 평가를 동반한다. 이 점에서 평가는 실천이며 과정이다. 실천과 과
정을 통해 평가는 끊임없이 부정과 긍정을 거쳐 새로운 가치기준을 만들
어낸다. 평가하는 인간은 변증법적 특성을 갖는다.

　모든 인간들에게 평가할 권리가 있다. 합리적이고 더 나은 삶과 사회를
위한 건강한 평가를 할 권리가 누구에게나 있다. 권력자도 평가하며, 시민
들도 평가한다. 교사도 평가하고 학생도 평가한다. 어떤 대상이든 평가할
수 있다. 타인이나 대상을 평가하기도 하고 끊임없이 자신도 평가한다. 평
가는 누구나의 것이며 누구나를 대상으로 한다는 점에서 공정하다. 그러
나 평가가 권력화되면 평가는 사회와 인간에게 깊은 상처를 남긴다. 모든
인간에게 편재하는 평가가 아니라, 권력자들의 독점물이 된 평가 앞에서
피평가자는 구속받는 존재가 되고, 마침내 독립적이고 창조적인 인간 정
신을 파괴당한다. 인간의 지적 해방을 위해서는 정신적 노예를 기르는 평
가체제를 거부해야 한다. 궁극적으로 모든 인간들이 독립적 개인으로 평
가할 수 있고 평가받을 권한을 갖고 평가를 통해 스스로 성장하고 타인의
성장을 도울 수 있어야 한다.

'작은 인간'들을 만드는 시험

권력이 평가를 제도화한 방식이 시험이다. 시험의 발명 자체가 권력집단

이 필요한 인간을 골라 쓰기 위한 장치였던 것처럼, 시험은 자연적 존재로서 인간이 아니라, 사회적 쓸모라는 개념에 의해 유능한 자와 무능한 자로 구분하고 그들 각각에게 표시를 한다. 시험이 이처럼 권력의 도구가 된 사회에서는 시험이 반성의 대상이 될 수 없다. 누가 문제를 출제하고 누가 시험을 치며, 누가 합격하는지, 왜 그런 문제를 내는지 따위를 묻는 행위는 개인으로서는 합격의 길로 가는 데 낭비요 장애의 시간이다. 그런 건 시험 이후에나 따져보자 싶지만, 합격한 뒤에는 이미 시험 기득권자가 되어 시험을 반성하지 않는다.

맑스의 말처럼 돈은 변소에서 나왔든 어디서 나왔든 가리지 않듯이, 시험도 결국 치명적인 부정비리가 발각되지 않는 이상 시험성적 이외에는 구분하지 않는다. 부유한 부모의 뒷바라지에서 나왔든 죽자고 노력한 결과로 나왔든 가리지 않고 시험성적 하나면 충분하다. 시험성적이 시공간을 넘어 널리 오래 유통될 수 있는 이유도 이 때문이다. 모든 이야기들을 초월해서 어떤 상황에서도 시험성적이 활용된다. 수능성적이 대학을 졸업한 지 십수 년이 지나도 삶의 고비마다 재등장하는 걸 보면 얼마나 강력한 통화인지 알 수 있다. 사악한 자본, 부정한 자본은 있어도, 학벌과 높은 시험성적은 항상 긍정적으로 수용된다. 학벌과 높은 시험성적은 다른 영역에까지 전이될 수 있는 인지적 능력, 인성으로서 성실성, 문제해결 능력 등을 포함한 인간 능력으로 포장된다.

시험 시스템은 개인으로 고립된 인간의 불안을 최대로 활용하기 때문에 한 개인이 시험 불안을 최소화하는 방법은 적응이다. 자신의 생각을 표현하고 토론하는 과정 없이 시험 기획자에게 자신을 적응시키는 폐쇄적 관계 속에서는 성장이 어렵다. 학습상황에서는 더욱 그렇다. '서울대에서 누가 A+ 학점을 받는지' 연구한 이혜정은 서울대 학생들의 고득점 비결은 교수와 최대한 가까이 앉아서 교수 말을 빠짐없이 정리하고 그걸 시험지에 잘 옮겨 적는 행동이라고 밝혔다.[551] 시험에서는 권력자의 의중까지 파악하여 답을 적어내는 습관을 길러내야 하니 다른 걸 돌볼 겨를이 별로 없다. 날마다 해마다 들이미는 성과기준표 앞에서 대범하게 살아보겠다는 시도는 무지한 용기이다. 김덕영은 입시공화국의 인간들은 "작은 인간"들이 될 수밖에 없다고 통찰했다.[552] 이른바 "소년급제"한 시험형 인간들은 사회를 돌보고 타인들과 공감하고 연대할 겨를도 마음도 없었다. 사회와 인간에 대한 정당한 물음을 스스로 차단해야 했다. 공적 감각과 공적 이성은 절대 권력자의 담장 안에서 나오지 않는다. 공적 감각과 공적 이성은 광장에서 부딪히고 갈등하고 조정하며 그리고 깊이 숙고하며 자란다.

시험당하는 이들만 평가의 이분법에 따라 조율되는 게 아니다. 권력적 시험관계에서는 시험하는 자들마저 황폐하게 한다. 시험 권력자는 앎을 다루면서 마치 앎이 자신의 것인 양 착각하게 된다. 앎은 원래 인류 역사에서 출발하여 역사 속의 무수한 사람들이 창조하고 재창조하며 형성해온 공유물이라는 사실을 망각한 채, 앎을 사적으로 소유 가능하다고 믿고 지식의 소유자가 곧 주인이며 능력자인 양 행세한다.

'큰 질문'을 하는 참여형 인간으로

현실의 많은 시험은 질문의 무덤이다. 제한 시간 안에 정답을 찾아 풀어야 할 수십 문제가 소복이 엎드려 있다. 시험시간까지 달달 외웠다 시험시간이 끝나면 기억 속에서 말갛게 지워버릴 무의미한 질문들이 시체처럼 널브러져 있는 시험지. 수북이 죽어 있는 질문들을 끌어안고 끙끙대다 내던져버리는 질문들은 정신건강에도 해악이다.

시험은 질문의 향연이어야 한다. 미처 생각지도 못했던 문제를 시험에서 만나 세상을 읽고 다시 해석하며 세상을 재창조할 꿈을 꿀 수 있다면 좋다. 질문의 향연 속에서 사람들은 더욱 깊어지고 넓어진다. 질문을 통해 다른 세상과 소통할 수 있게 된다. 이런 시험이 있을 수 있고 이런 물음에 답해 보려 안간힘을 써보고 다른 사람들과 생각도 나눠보며 생각이 커지는 앎의 축제 같은 시험이 있을 수 있다. 그런 시험을 지향해야 한다.

왜 살아야 하는지, 왜 죽는지, 사랑과 정의가 무엇인지……. 철학자들은 한가해 보이는 이런 질문들을 던졌다. 그 질문에 대한 대답들은 인류의 삶에 새로운 길을 냈다. 가드너는 이런 질문들을 "큰 질문"이라고 했다. 큰 질문이란 제한된 답이 있는 질문이 아니라, 인간과 세계의 근본에 해당하는 질문이다. 가령 인간의 삶과 죽음에 관한 질문, 마냥 신비해보이는 우주 생명체에 관한 질문은 큰 질문이다. 시험은 흔히 채점의 어려움 때문에 이런 큰 질문을 하지 않는다. 큰 질문들 앞에서 시험은 대체로 무력하다. 그래서 무력함에 솔직하지 않은 채, 큰 질문들은 쓸데없는 짓이라는 편견부터 드러내기 십상이다. 그러나 인간의 평가는 큰 질문 앞에 공동으로 맞서 협력하는 데 더 큰 가치가 있다. 큰 질문을 붙들고 답을 찾고 상호평가를 통해 답을 재구성할 수 있다.

큰 질문일수록 해석의 다양성은 언제나 있다. 루소의《인간불평등기원론》이 당대의 지적 권위자 볼테르에게 맹비난을 받았듯이, 어떤 대답은 당대 사회나 집단이 전혀 수용하지 못할 수도 있다. 시간이 지나서야 빛을 발하는 경우들이 있다. 시대를 앞선 해석에 시대의 채점자들은 주저 없이 내쳐버린다. 그렇다고 그 탐구는 무의미한가? 금서가 되고, 찢겨 버려졌던 답들이 역사 속에서 부활하여 의미를 되찾았던 숱한 사례들을 떠올린다면, 답의 다양성이 열려 있어야 한다. 다양성이 존중받을 수 있을 때, 무의미한 무한경쟁의 소용돌이에서 벗어날 수 있다.

큰 질문의 회복과 새로운 답을 찾기 위해서는 기존의 정답만 쫓아다니는 쪼잔한 인간들 대신에 세상에 참여하고 의미를 추구할 줄 아는 인간이 되어야 한다. 레베카 솔닛Rebecca Solnit은 재난의 폐허 속에도 인간들은 공적 생활에 참여하면서 기쁨을 느낀다는 사실에 주목했다. 큰 재난에 이웃들은 집에 처박혀있기보다 공적 공간으로 나와 서로 돕고 통제하는 수평적 권력을 누리게 된다.

> 사적인 사랑 말고도 다른 많은 사랑이 있다. 세계가 클수록 개인적 근심이 누그러지며, 우리들 각자는 이상주의적 열정과 참여로 세계를 확대한다. 의미는 추구해야 하는 것이지, 사람들의 삶 속에 내재되어 있는 것이 아니다.[553]

공적인 공간에서 적극적인 실천과 참여할 기회가 생기면, 인간은 성장한다. 인간들에게는 밀실의 자유만큼이나 광장에서의 정의와 광장에서의 공적 실천이 필요하다. 한 인간의 자아는 나면서부터 내면에 본성으로 엎드려 있는 게 아니라 관계를 통해, 참여를 통해 형성되고 성숙된다. 그래서 한나 아렌트Hannah Arendt는 정체성이란 공적 세계와의 관계라고 했다. 듀이 역시도 한 인간의 성장은 세계와 시간적으로 공간적으로 더 넓게 깊게 공감하면서 자신이 확대되는 경험을 통해 이루어진다고 보았다.

기존 질서에 묶여 살면 인간은 작아질 수밖에 없다. 기존 질서를 평가하고 파괴하고 재창조할 수 있는 기회를 만들어야 한다. 학교에서는 이미 정답이 정해진 질문들에 끌려다니며 점수화되고 등급화 되는 질서를 바꾸지 않으면 안 된다. 기존의 사회적 교육적 질문을 꺼내놓고 학생들이 서로 토론하고 탐구하는 참여의 현장에서 인간은 새로이 발견되고 발명된다. 사회에서도 마찬가지다. 참여 속에서 질문하고 답하고 새로운 역사를 쓴다. 그 속에서 인간의 무한한 능력과 모든 인간의 인간다움을 발견하고 확장할 수 있다.

평가는 원래의 자리로 돌아가야 한다. 참여와 평가는 어느 하나가 선행하고 다른 것이 후행하는 분리된 활동이 아니다. 참여의 근본 속성이 평가를 동반하며, 평가는 새로운 참여와 활동을 구체화한다.[554] 평가는 더 자유롭게 모험하고 비판하며 새로이 창조하는 인간이 되기 위한 과정이다. 참여의 현장 속에서 서로 협력하는 활동이며, 자신의 기준을 높이고 성찰하는 활동이다. 평가를 개인의 통제와 서열화에 사용하면 인간은 작아지지만, 인류의 앎을 향유하고 재창조하는 도구로 사용한다면 더 넓은 세상 속에서 더 자유롭고 평등한 인간을 만날 수 있다.

|||
종합적 평가는 언제 등장했는가
|||

지필시험만으로 인간을 알 수 없다는 고민은 오래 됐다. 과거시험을 실시할 때도 종합적인 평가를 해야 한다는 목소리와 정책적 시도는 늘 있었다. 유형원이 중앙과 지방에 4단계의 학제를 구상하고, 천거와 시험으로 관리를 선발하는 공거제를 주장한 까닭도 이 때문이다. 하지만 과거시험은 끝내 종합적 평가와는 거리가 멀었다.

종합적 평가를 먼저 고민하고 실행한 기관은 군대였다. 전쟁이라는 위험천만한 특수상황에서 막중한 임무를 담당할 첩보요원을 선발하고 평가하기 위해서는 총체적인 판단이 필요했다. 지필시험 능력이 뛰어나다고 첩보요원 임무를 무사히 완수하리라 생각하는 사람은 없다. 때문에 2차 세계대전 당시 미 국방부에서는 전인적인 평가를 할 수 있는 방법을 고안하기에 이르렀다. 임무와 관련된 스트레스 상황에서 장래 첩보요원들이 임무를 처리하는 과정을 심리학자들이 관찰하고, 면담해서 첩보요원을 평가하는 총평을 개발했다. 이런 종합적인 평가방식은 미군만 아니라 영국에서도 도입됐다.

한편 한국의 입학시험에서 종합적인 평가가 모색된 시기는 근대 학교들이 세워진 후 입학시험이 점차 치열해지던 때이다. 이 시기, 지필시험 이외에도 구술시험과 신체검사, 그리고 소견표 등이 중요한 평가자료로 등장하기 시작했다. 소견표는 가령 초등학교장이 중등학교장에게 직접 보내는 것으로, 학교생활기록부처럼 개별 학생의 성적과 인물평, 특이사항 등이 기록된 장부이다. 광주학생운동 이후 학생을 걸러내는 장치로서 학교들이 소견표를 중시하면서 말썽도 생겼다. 소견표에 적힌 반일 이력 때문에 입시 때 곤욕을 치른 학생들이 있었다. 1932년에는 박영효의 외손자가 소견표를 위조했다가 재판정에까지 섰으며, 1934년에는 한 학교의 교장이 소견표를 제대로 작성해주지 않자 학부모들이 교장 퇴진시위에 돌입했으며, 1936년 함흥에서는 교사들이 학생들의 소견표를 위조하는 일까지 벌어졌다.

짧은 시간에 인물을 평가하는 구술시험의 어려움이야 일제시대 숭실전문학교 교수를 지낸 이효석이 잘 묘사했다. "하루 동안의 인물시험은 격렬한 투쟁"이어서, 한참 보다보면 안개 속에서 아물거리듯 "초점의 착각으로 말미암아 채점의 준거가 뒤틀리고 표준이 어그러져 모두 착해도 보였다, 악해도 보였다" 했다. 일제는 구술시험에도 개입하여, 각 학교에 황국신민화에 관련된 내용을 출제하고 보고하도록 종용했다. 그래서 학교들은 입학시험에서 응시자들에게 대동아전쟁이 일어났을 때 국민이 무엇을 해야 하는지, 싱가폴 함락 당시 기분이 어땠는지, 조선어를 사용하는 친구를 보면 어떻게 할 것인지를 구술시험 문제로 물었다.

종합평가가 실제로 강제 적용된 때는 일제가 한창 전쟁에 혈안이 되었을 무렵이다. 중일전쟁을 전후하여 학무국에서는 종합적인 입학시험을 특히 강조했다. "필기시험, 구두시문과 신체검사의 세 성적을 균등히 중시하여 그 종합고사의 성적"에 따라 선발하도록 했다. 1939년 발표한 입학자 선발법에서는 구체적으로 신체검사(300점)와 구술시험(200점), 필답시험(300점), 소견표 및 학급성적일람표(200점)를 "종합판정"하는 점수기준표까지 확정해 각 학교에 내려보냈다. 학교들은 이 조치에 따라 학생들을 선발했다. 해방 직전까지 학생들은 입시를 위해 던지고 매달리고 달려야 했고, 사상검증이나 다름없는 구술시험에 시달려야 했다. 일어 능력이야 지필시험에서나 소견표, 구술시험 모두에서 중요했다.

해방 후 '종합평가'가 또다시 등장한 때는 1961년 이후이다. 이때부터 '체능시험'이 재개됐다. 데모가 잦았던 유신시기 대학도 종합평가를 비켜가지 못했다. 문교부는 종합평가 명목을 내세워 지필시험 이외에 출석과 리포트 등을 참고하여 채점하고, 학생에 대한 '누가기록부'를 작성하도록 지시했다.

이처럼 우리 역사에서 종합적 평가를 강조하는 시기는 지배권력이 국민을 총체적으로 동원하거나 관리하려고 시도할 때와 밀접한 관계가 있었다. 종합평가를 실시하는 교육적 명분에도 불구하고, 시험은 실제 지배자의 통치 도구로 종종 등장했다. 수험생들이 종합평가를 선뜻 신뢰하지 않는 까닭도 종합평가로 인한 수험생의 종합적 피로도 있지만 이 같은 역사적 배경도 한몫한다.

그렇다면 종합적 평가를 강조하는 현대는 어떤가? 사회발달과 함께, 한 인간이 직면하는 상황이 훨씬 총체적이라는 점 때문에 평가 역시도 종합적이어야 한다는 논리는 설득력이 있다. 종합적 평가는 분명 인간의 다양한 면모를 평가할 종합적인 방법이다. 학생들의 전인적 발달을 위해서는 종합적 고려가 필요하다. 그러나 종합적 능력을 사회의 공공성을 통해 실현하지 않고, 개인들이 각기 갖추어야 할 경쟁력으로 변질시키는 순간 모든 개인들은 각개전투 상황에 돌입하고 치열한 경쟁 속에서 피로해질 수밖에 없다.

탐구와 성장을 위한
교육평가의 개혁

사회정의의 의식적 실천, 네덜란드 식 선발

네덜란드는 시험을 사회정의를 위한 의식적 실천으로 본다는 점에서 많은
나라들과 다르다.

> 선발의 의미를 다시 생각해보자는 말이다. 영국 교육에서 선발을 통한 진학 시
> 스템은 하나의 악몽과 같다.…… 네덜란드의 교육체제에서 가장 놀라운 점은,
> 영국에서 엘리트주의와 동의어로 취급되는 바로 그 선발제도를 통해 엘리트주
> 의에 빠지지 않으려고 부단히 노력해왔다는 점이다. 네덜란드 사람들에게 선발
> 이라는 제도는 사회정의를 위한 의식적인 실천이었다. 선발제도가 평등한 교육
> 기회를 부여한다는 위장된 역설을 통해 네덜란드인들은 완벽하지 않지만 원칙
> 상 받아들여질 만한 나름의 방식을 고민했던 것이다. 실제로 그들이 실행해온
> 선발체제는 학습자들의 필요에 근거한 교육을 제공한다는 그들 시스템의 논리
> 적 결과물이다.[555]

네덜란드에서 선발은 필요에 의한 교육지원이며, 사회정의를 실천하는

방법이다. 이 인식에서 의대나 법대 학생들을 추첨제로 선발하는 제도를 만들 수 있었다.

네덜란드 역시 의·치의예과, 법학과 등 일부 학과는 한국과 마찬가지로 수험생들에게 인기가 많다. 의사, 변호사 등은 네덜란드에서도 선호하는 직업이기 때문이다. 지원자가 많고 경쟁이 심한 학과의 학생 선발문제는 성적순으로 뽑는 것이 가장 효율적인 해결책이라고 생각하는 게 일반적일 것이다. 하지만 네덜란드는 그렇게 간단한 방법을 두고 추첨이라는 다소 색다른 제도를 적용하고 있다.[556]

고등학교를 졸업할 기본 점수만 되면, 나머지 성적은 상관없다. 점수대별로 추첨 비율이 다르긴 하지만, 인기학과 학생을 추첨으로 선발한다.

첫째로, 부모가 부자든 가난하든, 점수가 높든 낮든 누구에게나 원하는 교육을 받을 수 있는 기회를 주기 위해서다. 둘째, 성적과 학업 능력이 훌륭한 의사를 만드는 데 중요한 요소가 아니라고 생각하기 때문이다. 의대생을 제비뽑기로 뽑는다고 학생들이 학업에 나태하거나 학력이 저하되는 일은 없다.[557]

의사가 되건 교사가 되건 고등학교를 졸업할 성적이 되면, 우리로 보면 대학교육을 수학할 능력이 되면 누구나 대학에서 원하는 공부를 할 수 있어야 한다. 모두가 의사가 되고 교사가 될 수는 없어서 네덜란드는 대학입학 추첨제를 택한 것이다.

네덜란드 식 선발과 비교하면 사회적 약자에게 5퍼센트 티켓을 나눠줬다고, 지역학생 몇 명 뽑아줬다고 할 일 다 했다는 듯 구는 한국의 로스쿨과 유명 대학들은 보통사람들의 노력을 얼마나 하찮게 대접하는지 알 수 있다. 배우고자 하는 이들은 원하는 곳에서 배울 수 있어야 한다. 우리 사회의 정의를 위해서, 선발이 부의 대물림 통로가 되지 않도록 제도화해야 한다.

시험 없는 입학을 고민할 때다

외국의 대입정책은 한국사회에 많이 소개되어 있다. 각 나라 대입정책의 장단점을 잘 알고 있고, 그 정책을 한국사회에 적용하려는 시도를 정부 차원과 민간 차원에서 열심히 해왔다. 정부 차원에서 도입한 외국대학 입학제도 중 대표적인 것이 입학사정관제도이다. 진보적 단체에서는 수능의 자격고사화, 국가 수준의 입시가 없는 캐나다형 입학제도, 프랑스 바칼로레아와 같은 논술형 입학시험, 국립대학 연합체제, 대학평준화와 같은 주장들을 해왔다.

그중 독일의 대학입시를 살펴보면, 주마다 차이가 있다. 어느 주에서나 고등학교 졸업시험인 아비투어 시험을 쳐서 통과해야 하고 그리고 내신성적과 합쳐서 대학입학을 결정한다. 프라이부룩 대학을 다닌 한 독일인[558]은 아비투어 시험을 치긴 하지만, 아비투어 시험은 입학 결정 요인의 30퍼센트를 차지하고 나머지 70퍼센트는 내신성적이었다고 말한다. 아비투어 시험은 지필시험을 치는 필수과목과 구술시험을 치는 선택과목이 있다.

프랑스의 바칼로레아 시험도 자주 사람들 입에 오르내린다. "본인이 인지하지 못한 행복도 행복인가"처럼 우리가 봐서 매우 심오하면서도 당혹스러운 시험문제들로 유명하다. 바칼로레아 시험주기를 '생각하는 날'이라 명명하고 유명인들도 그날 바칼로레아 철학문제를 풀고 자신의 생각을 밝힌다니 출제문제에 담긴 사회적 의미가 크다. 이런 문제 출제 뒤에는 채점을 교사에게 맡기고 학생들은 교사의 판단을 신뢰하는 문화가 있다.

80퍼센트에 육박하는 한국사회의 대학진학률은 대학 진학을 하지 않고는 살기 어려운 현실을 반영한다. 노동자·농민을 천시하고 노동조합이 노동자의 권리를 주장하면 가차 없이 탄압했던 역사가 없었더라면, 모두가 정당한 노동의 대가를 받고 인간으로서 기본권을 인정받는 사회였다면 이토록 대학으로 몰려들지는 않았을 것이다.

그렇다고 지적 엘리트만 대학에 가야 한다는 입장에는 반대한다. 인간 수명이 길어졌고, 창조적인 기술, 문화, 서비스 직종들이 중요해지는 이때에 모든 사람들에게 자신이 원할 때까지 충분히 교육받을 수 있게 해주는 것은 사회복지이며 미래를 창조하는 행위이다. 앞으로 100세를 산다는데, 굳이 10대부터 노동시장에서 싼 값에 일해야 할까? 고령화 사회에서 임금노동을 무조건 빨리 시작할 필요가 있는가? 일자리도 그만큼 충분치 않겠지만 모든 인간들이 더 천천히 노동시장에 진입해도 된다. 작업이나 임노동을 하다가 더 배우고 싶은 게 있다면 언제든 다시 교육기관으로 돌아가 충분히 배울 수 있도록 노동과 배움의 경계도 허물어야 한다.

한국사회는 시험이 없는 대학입학을 경험한 바가 없기 때문에 두려울 수 있다. 그러나 되돌아보면 중학교 입시도 고등학교 입시도 없앤 역사적 경험이 있다. 모든 이들이 희망할 때, 희망하는 만큼 배울 수 있는 기회를 만들어야 한다. 많은 대학들은 교수진이나 연구환경, 교육환경이 괄목하리만큼 성장했다. 평준화와 국립대학 연합체제를 시행해도 될 만큼 대학들은 역량을 키웠고, 학생들도 이전 어떤 세대보다 다양한 역량을 갈고 닦았고, 국가는 제도적 지원이 가능한 경제력을 보유하고 있다. 배움의 터전은 이미 닦여 있다. 배울 사람들도 어느 나라보다 많다. 굳이 입학시험이 없어도 교사와 학생이 배우고 싶은 내용을 두고 서로 마주할 수 있다. 무크니 코세라 같은 인터넷 프로그램으로 세계 유수의 대학들이 교육과 학습을 전 세계인들에게 개방하는 시대이다. 방해물은 우리의 머릿속을 점령하고 있는 고질적인 학벌주의이다. 학벌주의는 정권이나 권력에 의해 일시적으로 만들고 소멸시키는 정책이나 제도보다 오래 남는 문화현상이다. 사회 변화 없이 입학정책만으로 절대 교육은 변하지 않는다. 끼리끼리 모여야 공부가 되고, 일류가 된다는 습관화된 학벌주의 문화를 깨야 한다.

지적 해방의 출발점은 정답 아닌 물음

학내시험의 개혁은 학습자들의 성장을 돕기 위해 꼭 필요하다. 학교 현장의 평가에 대한 오래된 불신 요인 중 하나는 타당성과 공정성이었다. 내신의 문제 수준이 전문가들의 집중적인 논의와 검토를 거쳐 만들어지는 수능시험이나 국가 수준의 평가문제보다 저급하다는 생각이 여전히 팽배해 있다. 학내 평가의 타당성과 공정성을 높이기 위해 현장교사 연수가 필요한 것은 당연하고, 초중등학교의 평가가 상급학교 입학을 위한 수단이 아니라는 인식도 필요하다. 초중등학교의 평가는 가르치고 배우는 이들이 서로 함께 탐구하고 성장하는 데 도움이 되는 과정이어야 한다. 그러기 위해서는 학교 단위의 평가자율권, 교사의 평가자율권이 보장되어야 한다.

현장의 자율권은 권력적 시험에서 아이들을 해방시키는 데 사용해야 한다. 시험에서 해방이 육체적 건강이나 심리적 해방감에 그치지 않는다. 권력적 시험에서의 해방은 지적인 해방, 문화적 해방을 말한다. 대개의 권력적 시험은 지식을 생산하는 일이 아니다. 이미 생산된 지식을, 그것도 기존 권력이 서열화해서 더 권위 있다고 인정한 지식을 암기하고 확인받는 절차이다. 그래서 일찍이 맑스는 시험이 '지식에 대한 관료주의의 세례', '세속적 지식을 신성한 지식으로 전환시키는 행위를 공식적으로 승인해주는 절차' 일 뿐이라고 비판했다.

　지적 해방의 출발은 정답이 아니라 물음에 있다. 학생들 스스로 물음을 만들고, 새로운 물음에 직면하도록 안내해야 한다. 평가를 물음에 답하는 행위로만 해석할 게 아니라, 학생들이 질문할 수 있는 역량에서 출발할 수 있어야 한다. 물음은 기존 앎의 세계 속으로 들어가는 침투행위이며, 동시에 새로운 앎의 세계를 여는 생성행위이다. 묻는 만큼 새로운 답으로 가는 길을 열 수 있다. 미지의 지식이란 어디가 그 끝점일지 모르고, 어디가 길인지 모르기 때문에 누군가 알려준 대로 따라갈 수 있는 게 아니다. 물음으로써 앎과 모름의 경계를 스스로 명확히 하면서, 함께 앎의 경계를 넓혀갈 수 있다.[559]

　지적 해방은 실수를 염려하지 않고 묻고 해석하고 비판하고 창조하고 재창조하는 행위이다. 앎의 공간에서 실수에 벌벌 떨도록 위협한다면 당연히 누구라도 침묵하게 된다. 묻지도 않고 답을 탐구하려고도 하지 않게 된다. 굳게 다문 침묵은 입만 다문 게 아니라 지속되는 침묵을 통해 사고의 정지도 요청받게 된다. 사고를 멈춘 곳에 지적 자유는 없다. 실수를 허용하고, 개인의 자유를 허용하고 비판의 마당을 열어두어야 한다. 권력적 시험에서 해방은 바로 지적 해방으로 가는 길을 말한다.

　권력적 시험에서 해방은 또한 문화적 해방이다. 문화는 인간의 다양한 표현이다. 권력적 시험에서 해방은 억눌렸던 표현의 다양성을 되살리는 역할을 한다. 시험으로는 다 측정할 수 없는 다양한 표현들, 예컨대 연극, 영화, 리포트, 미술, 음악을 직접 행하는 길을 열게 한다. 문자로만 표현되는 지식, 이는 앎의 저장과 소통방식이 문자뿐이었던 과거에 매우 유용했다. 과학문명이 발달한 현재 인간의 앎은 문자 속에만 있지 않다. 문자 속의 지식만 지식이라고 우긴다면 지식은 문자 속에 박제된다. 지식을 기록하는 방식은 다양해졌고 지식의 기록물은 더 넓은 공간으로 확산되고 더 오랫동안 유지되고 자유로이 변경될 수 있는 자유도 얻었다. 지식의 표현

방식도 다양해졌다. 다양하기 때문에 더 보편적으로 존재할 수 있게 되었다. 권력적 시험 대신에 다양한 표현법이 교실에 넘쳐야 한다.

교육평가 영역에서 평가관은 변화해왔다. 지능검사처럼 인간의 고유성과 안정성을 바탕으로, 변화하지 않는 인지적 능력을 재고자 했던 측정관 measurement에서 인간의 변화 가능성을 인정하고 목표 달성을 목표로 하는 평가관evaluation으로, 그리고 전인적 평가를 목표로 하는 총평관assessment으로 전개되어왔다. 인간의 변화 가능성과 문화 구속성을 담지하지 못했던 측정관은 우생학과 결부하여 인간을 승자와 패자를 나누는 문제점을 낳았다. 목표 달성을 준거로 삼는 평가관은 목표를 기준으로 일률적으로 평가함으로써 획일화와 서열화 문제를 야기했다. 총평관은 환경과 피평가자 사이의 역동적인 관계에 주목하며 관찰, 수행, 자유연상법 같은 질적인 평가까지 동원하여 전인적인 평가를 시도하고 있다. 다만 그 복잡성에 기가 질리는 문제가 있다.[560]

평가관의 전환은 한국의 교실에서도 있었다. 해방 후부터 지금껏 측정관과 성취적 평가관이 교육 현장을 지배했다. 현재는 목표중심적인 평가관에서 학생 개개인을 존중하고 지원해줄 수 있는 수행평가, 성장참조평가 등 다양한 평가관이 소개되고 현장교사들 중에는 대안적 평가활동을 실험하는 이들이 있다. 학교 수업을 바꾸려는 학교 현장에서는 대안적 평가를 시도하고 있다.[561]

수행평가의 양면성과 참평가운동

학내시험 개혁의 계기는 1990년대 수행평가의 도입이었다. 박도순은 수행평가를 다음과 같이 개념화했다.

학습자가 답을 구하거나 만들어가는 실제 과정에서 능력이나 지식을 드러내 보일 것을 요구하는 다양한 검사방법을 망라하는 광의의 의미를 가지고 있는 것으로 지덕체에 대한 종합적이고 전인적인 평가를 중시하는 것.[562]

도입 초기에는 수행평가가 예체능 과목의 실기평가 같은 좁은 맥락에서만 이해되다가, 점차 다양한 방법과 영역에 걸친 평가활동으로 확장되어 왔다.

수행평가가 지필시험을 대체하는 과정적 평가라는 일반적 인식과 다른 시각도 있다. 번스타인은 수행평가가 산출물과 산출하는 행위 자체를 중시하는, 즉 결과를 중시하는 보수주의적 평가관이라는 점을 명확히 한다.[563] 인간의 능력이란 선험적이고 심층적으로 존재하고, 지속적인 내외적 상호작용과 압력 등에 의해서 변화하는 역동적 네트워크 속에 있기 때문에 가시적인 과정이나 결과만으로 능력을 다 평가할 수는 없음에도, 수행평가는 산출물을 만들어내는 기술이나 가시적인 성과를 강조한다는 것이다. 이런 수행평가는 인간의 근본적인 능력을 보지 못하며 학습자들의 심도 있는 학습을 방해한다고 번스타인은 비판했다.

수행평가에 대한 비판이 설득력을 얻는 이유 중 하나는 결국은 성취과정과 성취물을 가시적으로 드러내야만 한다는 점이다. 이런 평가에서는 학생 개인의 가정 배경이라는 요소 이외에도 학생의 심리적 특성이 평가결과에 영향을 미치게 된다. 수잔 케인이 《콰이어트》에서 주장했듯이, 현대사회는 외향적인 사람들이 평가받는 데 유리하다. 남들 앞에서 화려하게 과정과 결과를 선보일 수 있는 사람들에게는 수행평가가 유리하지만, 떠들썩한 곳을 피해 조용히 사색에 잠겨 몰두하기를 좋아하는 내향적인 사람들에게 수행평가는 유리하지 않다. 수행평가가 다양한 형태의 평가를 내세워 토론하고 논박하고 타인들 앞에서 과시하고 설명하는 경우가 많기 때문이다. 성과로 만들어내지 못한 내면적 변화는 무의미한가? 학생 내면의 앎과 가치관에 변화가 있어도 잴 수 없는 경우가 많다. 더구나 시간적 제약이 있는 제도 속에서 가시적 성과의 측정은 시간 사용과 자신을 드러내는 데 익숙한 사람들에게 유리하다.

암기의 결과만 보여주는 시험보다 수행평가가 교사와 학생 모두에게 압박감이 더 높다. 과정과 결과, 즉 모든 행위를 투명하게 공개해야 하고 순간 순간마다 생산성과 효과성을 입증해야 하기 때문이다. 적어도 학교에서만큼은 교육활동 공개의 이유가 점수나 등급이 아니라 학생 내면의 변화를 전문적으로 관찰하고 촉진하는 성장과정이 되지 않는다면, 교사와 학생에게 수행평가는 지필시험 없이 날로 먹는 평가가 되거나 매우 피로한 평가지옥이 될 가능성이 있다.

참평가운동authentic assessment movement[564]은 이 같은 상황에서 새로운 대안적 평가를 고심하는 가운데 등장했다. 교육 현장 속에서 등장했다는 의미에서 "풀뿌리 시민운동"에 비유된다. 현장에 가장 뿌리를 잘 내리고 있는 풀뿌리 평가인 셈이다. 알피 콘Alfie Kohn 등 참평가운동 주도자들은 인간의 실천은 근본적으로 평가적 속성을 가지고 있어서 실천과 평가란 분리 불가능하며 실천하면서 평가하고 평가하면서 실천을 구체화한다고 본다. 참평가는 학습과정 자체가 평가의 과정이 된다. 이 점에서 근본적으로 학습자와 교사 모두가 평가의 참여자가 된다. 교사가 평가자이고 학생은 피평가자라는 구분이 허물어지고, 교사와 학생이 함께 학습과정에서 평가하고 새로운 실천을 변경하고 재조직하며 성장하게 된다.

자기평가 능력을 키워야

평가가 교사와 학생 사이에 배움을 실현하는 교육과정이라면, 평가의 주체는 배움의 현장 속에 있는 사람들 모두이다. 교사와 학생 모두 자신의 배움과 관련해 자기주도적으로 평가할 수 있는 본성과 이성도 있고, 자기주도적 평가내용을 상호 소통하며 더 나은 교육활동을 만들어갈 수 있다. 특히 교육이란 가시적 결과물이 항상 보이는 활동은 아니다. 수학을 배웠다는 사실이 수학 시험문제 100점 맞는 것으로 대신할 수 없다. 그 학기에 배운 예술적 능력이 학기 중간과 학기 말에 꼭 재현되지도 않는다. 세월이 한참 흐른 후에 문득 찾아오는 예술적 감각을 통해 예전에 뭔가를 배웠다는 사실을 알 수도 있다. 배움이나 배움의 효과는 그리 단순하지 않다.

평가 개혁에서 주요한 문제 중 하나는 현장성이었다. 국가로 점점 귀속되었던 평가권을 현장으로 되돌려줘야 한다는 주장이었다. '교사별 평가'는 교사의 평가권 회복을 정당화했다. "가르치는 사람이 가르친 결과를 평가한다"는 교육원칙을 제도화한 평가가 교사별 평가이다.[565] 한 걸음 더 나아가 아이스너Eisner는 교육 주체들 스스로가 교육비평가가 될 수 있다는 점을 강조한다. 학생은 자기 작품의 최초의 평가자이며, 교사는 비평가의 일부이다. 평가는 인위적으로 설정된 상황에서 객관적인 진리 기준을 적용하는 방식이 아니라, 평가자 스스로가 자신이 구성한 가치관에 의해 평가하는 행위이다.

교육의 내면적 가치를 존중한다면, 평가 역시 학습자 자신의 평가를 통해 내면적 가치를 존중할 수 있다. 사실 한 인간이 살면서 가장 많이 평가하는 대상도 자신이며, 자신에 대한 최초의 평가자이자 마지막 평가자도 평가하는 자신이다. 때문에 자신을 평가할 수 있는 눈과 역량을 스스로 길러낼 필요가 있다. 학습자들이 부당한 평가에 저항하고 합리적인 평가를 활용하는 방법을 배우면, 평생 삶의 밑천이 된다. 이런 평가가 건강한 자아정체를 형성하게 만들며 본인의 삶과 사회를 더 나은 삶으로 이끈다. 이런 평가야말로 삶이 된 평가라 할 수 있다. 그러나 자기평가 역량은 자기 안에만 머물러서는 생기지 않는다. 여러 차례 공동협력 평가를 하는 동안 길러진다. 그래서 궁극적으로 자기평가 역량을 갖추고 자신을 평가하고 새로이 실천할 수 있게 된다.

이 점에서 아이스너는 구체적인 평가방법으로 자기기록 평가표와 집단비평법을 제시했다.[566]

(집단비평법의) 잠재적인 이점이 있다. 첫째, 그것은 모든 학생들에게 자신이 했던 것을 논의할 수 있게 하고 미술 교육과정의 비평 영역에 참여하게 한다. 둘째, 자신들이 처한 문제를 다른 학생들은 어떻게 해결하는지 체계적으로 배우게 된다. 비평법은 그들의 성공뿐만 아니라 실패도 공적인 것으로 만든다. 셋째, 그것은 교사에게 학생들의 논평을 진단할 수 있는 기회를 부여한다. 분명히 그런 정보는 교육과정과 지도에 많은 의미를 갖는다.

집단비평법은 동료평가이며 동시에 자기평가이다. 이 평가를 통해 각자의 평가관이 드러나며, 평가를 통해 새로운 실천상태에 이르게 된다. 교사도 평가상황 속에서 학생들을 평가하고 자신의 교육과정을 평가할 수 있다.

스티긴스Stiggins와 샤퓌Chappuis는 학생이 관여한 교실 평가가 성취의 차이를 줄인다고 말한다. 구체적으로 학습장면에서 교사와 학생이 함께 평가지표를 논의하고, 그 지표로 다른 이들의 작품을 평가해보고 자신의 작품도 평가해본다. 자기 작품의 장단점을 기록해두고, 예상문제를 출제해보고 예상답안을 작성한다. 실제 평가 이후에는 교사와 동료에게 받은 피드백을 참조해 다시 자기 작품을 장점, 단순 실수, 앞으로 할 학습 등으로 구분해

기록해둔다.[567] 이런 일련의 과정들은 평가기준을 공유하는 것이며 동시에
자기평가하는 과정이다.

평가가 모든 인간의 것이며 새로운 역사를 만들어온 도구라면, 평가는
결코 국가나 교육행정가들이 독점해서는 안 된다. 외부의 시선으로 당사
자를 배제하고 평가하고 기록하는 방식은 타인에 의한 개인의 지배이다.
국가나 교육행정가들이 장악한 평가일수록, 눈에 잘 드러나지 않는 내면
적인 교육가치는 배제된다. 교육은 눈으로 보이지 않는 가치와 지식을 다
루며 내면의 변화를 모색한다는 점에서 평가의 최초이자 근본은 자기평가
이다. 스스로 평가하되, 타인들 속의 개개인으로서 학생들은 평가를 공유
하고 수정하며 실천을 변경해나가야 한다.

인류의 지식이 수많은 이들의 경쟁과 협력 속에서 만들어지고 재창조되
어왔다는 점에서 평가 역시 홀로 고립된 상황에서 머릿속 지식을 인출하
는 방식이어서는 안 된다. 평가의 과정 자체도 적극적인 참여의 장에서 이
뤄져야 한다. 참여의 장에서 문제에 직면한 이들이 함께 문제를 발견하고
문제를 해결하는 방법을 모색한다. 최근에는 PISA에서도 협력적 문제해결
능력을 알아보기 위한 문항을 개발했다. ACT21S(Assessment & Teaching of
21st Century Skills)에서도 협동 문제해결 능력을 평가하고자 한다.[568] 인위
적인 시험상황을 만들지 않고 학습과정 자체가 협력적이고 역동적인 방식
을 취할 수 있다. 이 과정 자체에 참가하면서 학습자 스스로 평가하고 수정
하며, 교사도 관찰을 통해 즉각적인 피드백을 주면서 학생들과 협력적인
학습과 평가를 동시에 진행할 수 있다.

그리고 무엇보다 평가하는 순간, 학생들은 내용에 대한 집중도가 대단히
높다. 이 시간을 단순히 암기했던 지식을 인출하는 데만 사용하는 것은 낭
비이다. 평가의 시간을 몰입하고 탐구하는 학습과정으로 만들어야 한다.
그러기 위해 학생들 사이에, 혹은 교사와 학생 사이에 서로 대면하고 협력

하는 평가는 매우 효과적이다. 구술평가는 그 대표적인 평가이다. 시간과 경비, 공정성 등의 문제가 있지만, 구술시험의 최대 장점은 생동감에 있다. 학생의 입장에서는 평가자와 대면해서 치기 때문에, 추가적인 질문에도 답하면서 심층적인 사고에까지 이를 수 있고, 학생들이 질문에 답할 의무만 있는 게 아니라 교사에게 질문할 수도 있기 때문에 매우 능동적인 평가이자 학습과정이 된다. 또 구술시험은 교사가 질문하되 개별 학생에게 적합한 형태로 질문을 제시할 수도 있다. 학생이 알고 있는 내용을 끄집어내고 잘못 알고 있는 내용을 즉각적으로 교정하는 것이 가능하다.

피드백, 평가의 심장이자 학생의 권리

2000년 무렵 대학가에서 '리포트 돌려받기' 운동이 일어났다. 내가 작성한 리포트가 어떤 수준이며 어떻게 하면 더 좋은 리포트가 되는지 알고 싶었던 학생들은 리포트 돌려받기 운동을 펼쳤다. 이 운동에 호응하는 교수들도 있었다. 피드백 효과가 있기 때문이다. 피드백은 잘못된 정보를 교정해주는 역할만이 아니라, 학생들의 학습동기를 높이고 학습에 더 적극적으로 참여하게 만들며, 또한 수업을 개선하는 효과도 있다.[569] 피드백은 학생에게는 성장을 위한 권리이다.

피드백은 리포트 같은 과제에만 필요한 것이 아니다. 평가에서 피드백은 매우 중요하다. 행동주의 관점에서 보면, 피드백은 성취하고자 하는 목표를 달성했는지 점검하고 오답을 교정해주는 기능을 했다. 구성주의 관점에서 피드백은 평가 사후의 역할에만 한정하지 않는다. 평가가 학습의 과정이듯이, 피드백도 평가의 한 과정이며 또한 학습의 과정으로 이해된다. 학생과 교사 사이에 상호소통을 위한 방식으로서 피드백을 하며, 이 피드백을 통해 학생들은 고차적인 사고로 인도받을 수 있고 학습에 대한 열정도 더욱 높아진다. 또한 피드백을 통해 교사는 학생이 어떻게 학습하고 있는지 그 과정을 이해하게 된다. 이 같은 피드백은 총괄평가에서보다는 형성평가 과정에서 주로 일어나게 된다. 그래서 케이 버크Kay Burke는 "피드백은 형성평가의 심장이자 영혼"이라고 말했다.[570] 심장과 영혼이 없는 기계적인 평가를 반복하는 것은 결코 학습에 보탬이 되지 않는다.

해티Hatti와 팀퍼리Timperley는 피드백을 받은 집단은 받지 않은 집단에 비해 학업성취 효과가 두 배 높다는 결과를 제시하면서, 피드백에는 타이밍이 중요하다는 사실을 강조했다. 아이들이 절망으로 완전히 포기해버리기 전에 피드백을 줘야 한다. 하지만 너무 많은 내용을 너무 자주 피드백하는 조급증도 적절치 않다. 죽이 되든 밥이 되든 학생 혼자 알아서 하라는 방임도 적절치 않다. 둘 사이에 균형을 맞출 줄 아는 이가 전문적인 교사이다. 학습내용과 개념을 복합적으로 판단하고 깊이 있게 이해할 수 있도록 도와야 한다.[571] 스스로 해결하고 스스로 평가할 시간이 필요하며, 동료와 교사와 같은 타인들이 평가를 수용하고 조정할 수 있도록 도와준다면 피드백은 학생들의 성장을 도울 뿐 아니라, 교사와 학생, 학부모 사이에 깊은 신뢰가 생긴다.

아직 학교현장에서는 피드백을 꽤나 성가신 일로 치부하는 경향이 많다. 피드백을 평가의 과정이자 학습의 과정으로 보지 않고 행정적인 업무로 보기 때문이다. 피드백이 있어야 교사와 학생은 가장 적합한 평가를 실시할 수 있다. 또 문제를 함께 해결하고 더 나은 방향으로 나갈 수 있다. 피드백의 방식은 다양하다. 좋은 결과물을 전체 학생들과 공유하거나 동료 피드백을 하거나 교사와 학생 간 그룹 피드백 혹은 일대일 피드백을 하는 등 다양한 방법 중 과제에 따라 적절하게 선택하면 된다.

"피드백 해주지 않는 시험, 치지도 마라", "피드백 해줄 건지 물어보고

리포트 제출해라." 이는 단순한 호기가 아니라, 교사와 학생의 성장을 지향하는 실천이다.

평가의 윤리와 평가 소양교육

높은 학력을 얻지 못한 약자는 '자기 책임'이고, 그들의 장래 희망과 생존권을 빼앗아버리는 사회가 출현했다. 이건 이미 단순히 '과도한 경쟁'이 아니라, 학교를 인간의 존엄을 박탈하는 장으로 바꿔버린 경쟁이고, 중지시켜야 할 경쟁이다.[572]

평가도 당연히 인간권리 위에서 행해져야 한다. 학습자의 권리라는 측면에서 평가를 바라봐야 한다. 학교에서 하는 평가만이 아니라 모든 평가에는 평가의 윤리가 있다. 평가는 선한 것인가? 누구에게 선한 것인가? 하는 질문을 던질 수 있다. 평가를 통해 지속적으로 모욕당하고 재단당하고 있다면, 계속되는 평가를 통해 무기력을 학습하고 일탈자로 규정된다면, 그것은 단순한 평가가 아니다. 천천히 인간을 살해하는 기계이다. 평가를 하는 데 지켜야 할 윤리들을 다음과 같이 생각해볼 수 있다.

- 평가가 누구에게 좋은 것인가? 누구에게 필요한 것인가를 명확히 해야 한다.
- 평가의 목적, 방법, 일시 등을 정확히 알려주고 동의를 구한다.
- 평가 정보의 공개 및 활용에 동의 여부를 구하며, 개인적 평가 정보 열람은 본인과 본인 후원자 외에 금한다.
- 평가는 항상 공정성이 유지되도록 한다.
- 평가 문항 속에 인종적, 민족적, 문화적, 성별, 신체별, 지역별, 계층별, 종교

적 차별을 조장하는 문제를 출제하지 않는다.

● 평가 시에 피평가자의 특성 때문에 불이익을 당하지 않으며, 불이익이 발생할 수 있는 경우에는 대체할 수 있는 방안을 준비한다.

● 평가결과로 어떤 모욕도 당해서는 안 된다.

● 평가결과를 해석하는 방법에 대한 구체적인 정보를 제공해야 한다.

● 평가결과를 기록하는 이유, 항목, 방식이 평가받는 이의 인권을 침해해서는 안 되며, 평가대상자의 동의를 받지 않고 기록을 유출시켜서는 안 된다.

● 평가 이후 피평가자가 원하는 가장 적절한 때에 이해 가능한 형태로 평가결과에 대한 정보를 제공해야 한다.

● 평가문제와 채점기준을 공개해야 하며, 평가에 대한 비판과 항의가 가능해야 한다.

● 평가의 공정성에 대한 사회적 감시기능이 있어야 한다.

교육 현장에서는 평가관에 대한 공유가 필요하다. 학교는 평가의 목적과 방법, 평가결과 해석에 관한 정보, 평가에 따른 행정지원과 교육지원 등을 명확히 알려야 한다. 교사와 학생, 학부모 사이에 이 같은 인식이 공유되면 교육과 평가에 대한 신뢰가 높아질 것이다.

|||
"요즘은 뒤늦게 공부 잘 하기가 어렵지요"
|||

2014년 공부 좀 한다는 고등학생들이 모인 한 자율형 사립고등학교 강당, 인문학 특강이 열렸다. 첫 특강에는 화려한 학벌과 경력을 갖춘 교수가 등장했다. 10회 연속 특강 중 이례적으로 교장이 직접 나서서 강사를 소개했다. "서울대학교 졸업"이라는 소개에 자사고 학생들은 "와-" 환호했다. "하버드대 박사"라는 말이 떨어지기 무섭게 학생들은 열광했다. 대통령정책실장 경력에는 차라리 숙연하달까, 이내 학생들은 조용해졌다. 교수는 마이크를 잡자마자 자신은 어쩌다 보니 그런 학력과 경력을 얻게 되었노라 말을 꺼냈다.

2014년 5월 대구지역 사회적 협동조합 '지식과 세상' 사무실에서 이정우 경북대 교수를 만나 어떻게 공부를 잘 하게 되었는지, 시험 잘 쳤던 사람으로서 시험을 어떻게 생각하는지 물었다.

나는 처음부터 공부를 잘 했던 건 아니에요. 물론 나중에는 계속 시험을 잘 쳤어요. 초등학교 1학년 때 백일해, 홍역, 늑막염을 앓아서 제대로 학교도 못 다니고 그대로 2학년 올라갔으니까 2학년 때는 꼴찌가 되었지요. 특히 산수와 자연은. 60명 중 60등. 3학년 때 60명 중 50등. 1년에 10등씩 올라, 6학년 때는 10등을 했지요. 그래서 꼴찌의 서러움을 알지. 그래, 경북중학교에는 못가고 그 밑에 사대부중에 갔어요.…… 경북고등학교에서 첫 번째 시험이었는데, 경북고등학교에서는 매월 시험을 쳤는데, 당시 경북중학교 출신이 아니니까 난 또 꼴찌하지 않을까 했는데 60명 중 34등을 했을 거야. 그래도 나는 잘 했다는 생각을 했어요. 그 다음에는

8등, 그 다음에 5등, 그 다음부터는 3등 이내, 주로 1등을 많이 했지요. 난 이류의 심정을 이해해요.

처음부터 공부를 잘 하진 않았고, 공부를 잘 하게 된 데에는 교수였던 아버지의 영향이 있었다고 밝혔다. "내가 고등학교 3학년 때 밤 한 시까지 공부하면, 당시 교수였던 아버지가 책을 쓰시고 계셨는데 늘 나보다 더 늦게까지 공부를 했지요." "그러니까 내가 부끄럽지." 아버지 덕택에 열심히 공부할 수 있었다고 했다. 그러면서 되물었다.

"요즘은 나처럼 뒤늦게 공부 잘 하기가 어렵지요?"

이정우 교수는 사실 시험이 없어져야 한다는 입장이다. 시험에 빠져 "소탐대실"하는 사회를 "혁명적으로 바꾸어야 한다"고 확신하고 있었다.

나는 고시, 행시, 이런 시험, 그리고 수능까지도 완전히 없어져야 한다고 믿어요. 시험에서 해방되어야 한다고 믿어요. 좀 강력하게 주장하고 싶어. 혁명적으로 바꿔야 한다고 생각해요. penny wise pound foolish, 우리말로 소탐대실이라고, 공정성이라는 것 때문에 잃는 게 너무 크지요. 좀 잃더라도 과감하게 시험을 없애고 사람을 뽑는 게 필요하고, 대학도 대학별 시험 안 쳐서 문제가 아니라 쉽게 들어가고 어렵게 나오도록…… 초중등학생은 다른 나라의 두 배 공부하고 있으니까 공부하는 걸 줄이고, 대학생과 교수들은 두 배 정도 더 공부해야 한다고 봐요.

[이정우 교수 인터뷰(2014. 5. 13)]

평등한 사회를 위해 평가의 밖으로

시험의 밖에 선 새로운 역사

우리는 시험이 없는 사회와 학교를 상상하기 어려웠다. 시험이란 마치 자연인 것처럼 그 자리에 있어왔다. 시험이 자연이듯이, 시험을 통해 성공한 사람이 더 많은 것을 독점하는 것이 능력에 따른 정당한 분배이며 그 사회가 공정한 사회라는 신화를 갖고 있다. 그러나 시험이 시험 자체의 공정성을 담보하기도 쉽지 않지만, 더욱이 시험이 사회의 공정성을 담보하지는 않는다. 조선시대가 공정하지 않았던 까닭은 시험의 기회를 모두에게 주지 않아서가 아니라 신분제 사회였기 때문이다. 제롬 카라벨Jerome Karabel은 미국에서 여성과 다양한 소수자들에게 교육기회가 확대될 수 있었던 것은 공정한 시험기회가 아니라 사회민주화에 의해서 가능했다고 지적했다. 시험기회가 공정해지고 시험결과가 투명하다고 살 만한 사회가 되지 않는다. 더 근본적으로 사회제도의 문제가 있다. 어떤 학교를 나왔든 무엇을 하든 인간으로서 자존을 누리며 더불어 살 수 있는 사회제도가 문제이다.

《세계일보》와 아산정책연구원에서 전국 성인 1,000명을 대상으로 설문조사를 한 결과,[573] 응답자의 78.8퍼센트가 대한민국은 전혀 공정하지 않거나 별로 공정하지 않다고 답했다. 특히 20대는 92.8퍼센트, 30대는 86.7퍼센트, 40대는 83.4퍼센트가 공정하지 않다고 응답했다. 이토록 불공정하다는 인식이 팽배한 사회에서 시험은 유일하게 남은 공정성의 보루였다. 공정성을 유지하는 방법은 누구도 건드리지 못할 객관성을 유지하는 것이고, 이 명분으로 시험은 더욱 강화되었다. 시험 중에서도 점차 사람들의 개입이 어려운 방법, 즉 국가독점적인 출제방식, 비밀주의적 출제방식, 정답 변경 가능성이 낮은 방법, 누구나 납득할 수 있는 정답을 강화시켜왔다.

그 방법이 국가독점적인 선다형 시험문제와 일괄시험이었다. 국가로서도 국민들의 선호방식이 나쁠 리 없었다. 국가의 독점권이 인정되면, 국가 권력자의 가치관이 일방적으로 관철될 수 있고 국민들의 가치관을 조정하고 통제할 수 있기 때문이었다. 이런 불신사회 속에서 우리는 지금까지 시험점수를 잘 받기 위해 내부에서 전쟁을 해왔다. 내부에서 내내 싸움을 해왔다. 부모와 자식 사이의 싸움, 학생들과 학생들 사이의 싸움, 유명 학교와 덜 유명한 학교의 싸움, 무수한 입사지원자와 한 지원자의 싸움, 자신과 자신의 싸움……. 무수한 싸움을 치러왔다.

이제 싸움의 방향을 돌려야 한다. 시험점수로 인간을 서열화하고, 등급화하여 모든 것들을 부여하는 방식 자체에 대한 싸움을 해야 한다. 불평등한 세상은 인간 서열화의 결과라기보다 서열화가 자랄 수 있는 토양이며 양분이다. 불평등한 세상을 바꾸려는 싸움이 없으면 시험제도는 독이 된다. 시험의 밖에 서서 세상을 구상해야 한다. 시험의 밖으로 길을 내야 한다.

교육이나 학생 선발문제는 절대 교육 내부에서 해결될 수 없다. 평등하고 민주적인 사회가 아니라면, 시험을 폐기하든 부활하든 달라지지 않는다. 평등한 사회를 위한 개혁이 동반되지 않는다면 교육개혁은 찻잔 속 태풍이다. 동일노동을 해도 비정규직이라는 지위만으로 임금이 절반에다가 모멸감마저 견디고 살아야 하는 세상에서 어떤 비법의 평가법이나 선발법도 소용없다. 지금 필요한 사회는 모두에게 좀 더 평등한 인간적인 사회이다.

평가권한을 분산시켜야

지필시험이 오히려 인간적이었다고 느끼는 이유는 갈수록 평가가 만연하고 비인간적인 도구로 사용되고 있기 때문이다. 공적 영역과 사적 영역, 어디에나 평가가 퍼져 있다. 국가는 '평가적 국가'를 자처하고 있다. 과거에 국가가 투자하고 분배하는 기구였다면, 현재는 평가하고 평가에 의해 분배하는 기구로 변신했다. 평가와 책무성을 결합시킨 결과이다. 국가가 앞장서서 '저성과자 해고'를 밀어붙이고, 민간에도 평가를 통한 인센티브제를 실시하라고 강권하고 있다. 언론도 스스로 평가기관이 되어 대학을 줄 세우는 평가를 하고, 세상에 존재하는 평가들을 재빠르게 보도하며 시민들이 평가에 익숙해지게 만든다.

게다가 자유경쟁의 원리까지 결합되어 평가는 혹독해졌다. 그러나 누구에게나 혹독한 것은 아니다. 평가는 약자들을 관리하고 위협하는 도구로서만 가혹하다. 평가 무풍지대에 있는 이들도 있다. 더 많은 권력을 가진 이들일수록 성과주의를 내세우면서 정작 본인들은 평가 무풍지대에서 평가 권력을 즐긴다. 평가권은 권력자들이 독점했다. 그것이 그들의 전문성이라고까지 떠든다. 2008년 미국에서 글로벌 금융위기를 초래한 금융기관 임원들이 세금으로 구제금융을 받으면서도 거액의 인센티브를 챙겼다. 그들에게는 탐욕이 있을 뿐 스스로 평가하고 책임지는 일은 없었다. 한국의 기업들도 마찬가지이다. 회사 돈을 횡령한 혐의로 구속된 대기업 회장은 교도소에 앉아서도 한 해 동안 300억 원 훌쩍 넘는 돈을 챙겼고, 기업의 적자와 영업이익 감소에도 여러 대기업 회장들은 매년 수십억 원씩 챙겼다.[574] 성과나 재정상태를 들먹이며 직원은 해고할 수 있어도 본인들은 평가 영역에서 완전히 벗어나 있다. 성과주의와 무관하게 사는 이들이 다른 이들에게는 성과주의를 외쳤다. 기업만 아니라, 전문직의 경우도 전문성과 자율성 명분 아래 평가에서 비교적 자유롭다. 평가권을 독점해 멋대로 휘두르면서도 자신들은 평가 대상에서 항상 비켜 서 있다. 권력이 큰 만큼 사회적 책임도 크지만, 그들의 사회적 책임을 물을 수 있는 구조는 없다.

대신 약자들에게는 평가가 끔찍하다. 직원 중에서도 비정규직이나 파견업체 직원들에게 평가결과는 더욱 가혹하다. 기업체에서는 고객평가를 내세워 평가를 몰아붙이니 "삼성전자서비스 고객평가가 사람 잡는 일"까지 벌어졌다.[575] 평가권은 몰수당하고 평가 대상이 될 의무만 부여받은 많은 사람들이 있다. 삶이 위태로운 평가 쓰나미 지대에 사는 사람들이다.

평가의 권력은 상호적이어야 한다. 평가권한이 분산되어야 한다. 국가보다 지역, 지역보다 일의 현장에 평가의 권한을 돌려줘야 한다. 현장성이란 평가의 목적이 내부에서부터 분명해지는 것이다. 왜 평가하는지를 알고, 평가를 진행하는 과정에서 계속적인 피드백을 통해 서로가 함께 소통하고 성장하는 과정을 거치는 것이다. 현장성이 자칫 내부자들끼리의 결탁, 폐쇄적인 끼리끼리 문화로 전락할 수 있다. 현장성이 개방성과 이어지기 위해서는 자유로운 비판이 가능해야 한다. 내부자의 비판이 수용될 수 있을 때, 현장성이 담보된다.

사회가 필요로 하는 능력, 그 우연성에 대하여

인류사에서 능력 개념은 변화해왔다. 한국사회만 하더라도 마지막 과거시험을 친 1894년 봄날까지는 유학에 조예가 깊은 사람이 유능한 사람이었다. 그 사람은 국가행정을 지휘하고 법률적 판단을 하며 누군가를 가르치기에도 적합한 만능능력자였다. 날벼락 같은 과거시험 폐지와 함께 조선의 선비들은 만능능력자에서 졸지에 무능력자가 되어버렸다. 근대적인 학교교육을 받은 자가 유능자, 실력자로 등극했다. 남들이 학교교육을 받지 않았던 시절 학교교육 이력자들은 시대를 앞선 본인의 노력이라고 할지 모르지만, 개인의 능력보다는 사회적 우연성이 컸다.

시대를 앞서 살았던 이들이 역사적으로 무수하지만, 당대에 사회적 보상을 한 푼도 받지 못하고 떠난 이들이 많았다. 고흐는 평생 동생 테오에게 빚지고 구질구질하게 살아야했고, 이순신은 감옥행에다 백의종군해야 했다. 장영실이 자본주의 시대 과학자였다면 그의 삶은 어땠을까? 유전의 법칙을 발견한 멘델은 인류사에서 중요한 발견의 밑거름이 되었지만 그는 평생 사제로 살았다.[576] 유능과 무능! 굳이 시대의 차이가 아니어도 한 인간의 삶에서도 똑같은 일을 하는데도 어느 날은 유능했다 무능해지고 무능했다 유능해진다.

특정 사회에서 특정한 시기 동안 한 사회가 유독 더 필요로 하는 능력이 있을 수 있다. 선호하는 능력도 있다. 선호하지 않는 능력도 있다. 거의 버려놓다시피 했다가 중요해지는 능력도 있다. 변화가 빠른 사회일수록 인간의 능력에 대해 매기는 사회적 가치도 빨리 변화한다. 각광받는 능력이 자유롭게 솟아났다 사라졌다 할 수 있는 역동적인 사회가 될 수 있으려면 사회의 바탕이 튼튼해야 한다.

특정한 시기에 한 사회가 필요로 하는 유능함이 있겠지만, 그 유능함에 대한 보상과 다른 능력들에 대한 보상 간의 격차가 심하면 사회의 변동은 어려워진다. 시험 잘 치는 능력이 최고의 능력이고 고득점자에게 모든 특혜가 돌아간다면, 사람들은 시험 잘 치는 데만 관심이 쏠리게 된다. 시 짓고, 노래 부르고, 우주를 들여다보고, 사람 돌보는 공감능력자들은 점차 살기 어려워지고 사라지게 된다. 상처 입은 무수한 사람들을 위안하는 문화적 능력자들이 다시 필요해지고, 창발적인 문화적 콘텐츠가 사람들에게 필요하고, 기초과학자가 절실한 시기가 오면, 그들은 이미 없다. 한 사회 안에서 다양한 능력을 가진 사람들이 다양하게 자신의 흥미에 따라 전문성을 키워나갈 수 있어야 한다. 그리고 인류 역사 내내 존재해왔던 일이라 특별히 더 각광받을 일이 없는 그런 종류의 노동도 계속 지켜나가야 한다. 지금껏 가사노동과 돌봄노동이 그랬고 청소노동이 그랬고 농사가 그랬던 것처럼 인간에게 꼭 필요한 노동에 정당한 보상을 해야 한다.

사회적 능력이라는 그 사회적 우연성에 모든 것을 쏟아 붓고 나머지를 버려서는 안 된다. 한 분야로 사람들이 쏠리지 않을 만큼 직종 간 임금이 평등해야 하며, 인간에 대한 상호존중이 상대에게 모욕적이지 않을 만큼 평등해야 한다. 교육은 인간에게 다양한 관심사를 안내하고 접촉하고 창조하도록 만드는 사회적 기반이 되고, 사회는 모든 이들에게 일생 동안 안정되고 자유로우며 인간다워질 수 있는 토대가 되어야 한다.

모든 이에게 쉬고 배울 권리를

2012년 12월, 청소노동자였던 김순자 대통령 후보는 유급 안식년을 제1공약으로 내걸었다. 6년 일하고 1년 유급 안식년. 노동자들에게 이 꿈같은 공약이 얼마나 요원한지 그녀의 득표율이 0.15퍼센트였다는 사실에서 잘 드러난다. 6년 일하고 1년 유급 안식년이라는 이 공약은 단지 꿈일까. 꿈이기만 하다면, 왜 대학교수는 가능할까?

대학마다 시기나 기간에는 차이가 있지만 대체로 교수들에게 유급 안식년을 준다. 오랫동안 안식년이라 불렸지만, 요즘은 연구를 열심히 했으면

하는 바람 때문인지 사회적 이목을 의식해서인지 '연구년'이라 부른다. 실제로 그 기간 동안 연구하는 사람도 있고 안식만 하는 사람도 있다. 다 좋다. 오래 한 직장에 일하다보면 사람들은 한 몇 달만이라도 쉬었으면 하는 마음을 먹는 건 자연스럽지 않은가? 최근에는 소수이지만 교사들도 연구년을 보낸다. 중학생도 학교 공부에만 시달리지 않고 진로를 자유로이 탐색하고 모색하는 자유학기제를 보낸다.

모든 인간의 삶에 쉼표가 있다면, 그 기간은 쓸모없는 낭비일까? 모든 노동자들이 한 해 정도 안정적으로 쉬거나 여행하거나 혹은 연구를 하거나 삶을 새로이 탐색하거나 공적인 일에 한 일 년 참가한다면 좋지 않을까? 정작 한국사회에서 가장 안식년이 필요한 사람들이 누구일까? 일찍 학벌사회의 정점에 있었던 교수들에게 계속 연구할 기회와 안식할 기회가 주어진다. 교수들에게 이런 시간은 매우 유용하다. 그러나 반복되는 노동에 시달리는 사람들에게 쉴 수 있고 삶에서 새로운 기회를 갖도록 해주는 제도가 더 먼저 필요하다. 그들에게 충분히 휴식하고 함께 모여 사회문제를 공부하고 토론하고 자기 삶의 활력소를 갖도록 해주는 제도, 스스로 살고 있는 세상을 진단하고 바꿔보는 공적 활동에 참여할 기회를 허용한다.

더 이상 고성장 사회가 아니며, 일자리 성장도 제한되어 있다. 제한된 일자리마저 양극화가 심각하다. 높은 임금과 풍요로운 복지제도를 갖춘 일자리는 학벌이 좋은 사람들이 차지하기 십상이다. 열악한 일자리에 진입해 불안한 삶을 살며 사회를 지탱해왔던 이들에게, 당장 먹어야 할 밥과 살아야 할 방값 앞에서 무너져내린 이들에게 내일을 설계할 수 있는 기회를 주어야 한다.

평균수명이 길어졌다. '인생 이모작' 시대가 열렸다고들 한다. 굽은 허리 한 번 펴지 못하고 파지를 주우며 사는 노년에게 인생 이모작이란 말이 무슨 소용이겠는가? 사회에 꼭 필요한 노동을 하면서 가장 힘들게 살았던 이들에게 가장 큰 위험이 돌아오는 사회 대신에 그들에게 인간으로서 쉬고 사고하고 참여하고 배우는 기쁨을 누릴 권리를 가장 먼저 돌려주는 사회정책을 펴야 한다. 단적으로 현재의 임금체계에서 교수 한 명에게 안식년에 지급되는 임금이면, 대학에서 청소노동자 일곱, 여덟 명에게 안식년을 줄 수 있다. 국회의원이나 지방의원, 교장들이 국고로 해외시찰을 다니며 새로운 것을 배운다면, 지금까지 배움의 기회가 적었던 사람들은 배울 것이 더 많을 것이다. 그들이 공적 활동에 참여한다면 다수의 약자들을 위한 정책을 더 잘 만들고 실천할 수 있을 것이다.

시험으로 징벌하고 상찬하여 배움을 양극화한 세상에서 산 대가로, 많은 이들은 배움에서 멀어지고 무력해졌다. 그러나 생각해보면, 한 인간의 인생에서 누가 공부를 그만둬야 한다고 말할 수 있을까? 당신의 공부는 이제 그만 끝내야 할 때라고 말할 수 있을까? 누구도 배움을 강제로 중단시킬 수 없다. 배움은 어느 때고 필요하고 어느 때든 희망할 때 이뤄져야 한다. 기술이 빠르게 변화하는 사회에서 몇 년 직장을 다니다가 혹은 정년퇴직하고 다시 배울 기회가 사회적으로 주어지는 사회가 돼야 한다. 정말로 사회를 염려한다면 모든 사람들에게 내일을 설계하고 참여할 기회를 주는 제도를 만들어야 한다.

상생하는 사회를 위한 평가를 꿈꾸며

지금 이 순간에도 "올해 공무원시험, 역대 최대 지원"이라는 소식이 쏟아진다. 매년 경신하는 공무원시험 지원자 숫자는 이제 낯설지 않다. 며칠 전에는 한 기업연구소에서 2016년 공무원시험 준비생 25만 명의 사회적 비용이 17조 원이라는 발표를 했다. 언론에 따라서는 '17조 원 경제손실'이라고 표제를 뽑았다. 동시에 청년실업률도 좀체 나아질 기미가 없다. 언론보도를 따라가다 문득 지금은 탄핵당해 교도소에 간 대통령이 여전히 대통령이었다면, 이른바 '공시족' 보도를 보고 공무원시험을 당장 없애라고 즉각 지시하지 않았을까 생각했다. 세월호 사건에 해경이 문제라니 해경을 없애라는 조치만 즉각 발표했던 것처럼.

조금 엉뚱한 상상을 해 본다. 25만 명에 이른다는 저 많은 '공시족'들을 보면서 그리고 교원임용시험을 치르려 해마다 도서관에서 끙끙대는 수만 명의 청춘들을 보면서. 누구나가 간절히 공무원이 되기를 원하고 교사가 되길 원하는 사회라면 이 나라 국민으로서 누구나 희망한다면 한 5년 즈음은 공공기관에 근무해보도록 하면 안 될까. 고등학교 졸업률이 100%에 육박하는 사회, 건강한 사회적 상식을 갖췄다면 누구나 공무를 수행할 기본 역량은 충분히 갖추고 있을 터이다. 살아가는 동안 국민으로서 국가의 공공활동에 참여해 보는 것은 국가로서도, 시민으로서도 좋다. 국가와 사회가 어떻게 돌아가는지 알게 되고 삶의 터전에서 가장 필요한 정책을 수립하고 집행할 수도 있다. 사회 전체의 공공성을 높일 수도 있다. 공직에 진입하는 시점은 다를 수 있다. 의사나 교사를 한 십 년 하다가 보건의료정책이나 교육정책을 위해 공공활동에 참여할 수도 있고, 청년의 기상으로 곧바로 국가 활동에 뛰어들어 볼 수도 있다. 공공 활동이라고 모두가 하얀 와이셔츠 입고 사무실에서만 근무하는 게 아니라, 누군가는 건축현장에서, 누구는 공공예술에, 누군가는 공공 카페에서, 공공 여행에, 공공 병원에서 일할 수 있다. 한 오년 즈음은 누구나 이런 공직에 참여해보는 국가 설계를 해도 되지 않을까. 그런 다음 좀 더 전문적으로 공무에 계속 종사할 사람들을 시민들이 직접 선택하고⋯⋯. 시민들의 공직 활동은 노령연금이나 기본소득의 명분도 된다.

갈수록 사람들 사이는 양극화되는데 인공지능시대가 온다고 한다. 새로운 사회를 구상할 시점이다. 결국 시험은 해법이 아니다. 시민들 모두가 인간답게 정의롭게 평등하게 사는 사회를 설계하는 일은 시험정책으로 결코 안 된다. 지금껏 우리 사회는 적은 비용으로 사람을 골라 쓰기 위해 시험을 사용해왔다. 학교는 시험으로 미리 줄 세워 학생들을 사회에 내보냈다. 그러나 시험 잘 쳐온 시험선수들이 청와대에 모여 앉아 한 짓은 국민들의 분노를 자아냈다. 그렇다고 나는 모든 시험, 지필시험, 혹은 평가를 없애야 한다고 생각지는 않는다. 학창시절 시험을 내세워 시와 수학공식을 달달 외도록 시킨 선생님들의 뜻을 수십 년 지나 도무지 암기가 어려워진 나이에야 깨닫고, 지필시험과 수행평가를 준비하며 체계화한 앎이 창의력의 바탕이 된다는 연구결과들을 믿는다. 평가도 그렇다. 책임이 가장 무거운 자들은 책임에서 비켜나 있고, 약자들에게만 칼날 같은 평가를 들이대는 이 잔인한 사회가 문제이지, 평가를 통해 서로가 상생할 수 있다면 무엇이 문제이겠는가.

초고를 끝낸 지 2년 만에 드디어 이 부족한 글이 세상에 나온다. 이 글이 세상 빛을 보기까지 많은 분들의 도움을 받았다. 이십년 동안 함께 공부하고 프레이리 책을 번역해온 연구소 사람대사람((전)교육문화연구소), 원고 분량이 절반으로 줄면서 면담내용을 전혀 싣지 못한 여러 면담자들, 그리고 언제나 가난한 나를 지켜봐준 가족들에게 고맙다. 그리고 책 제목을 두고 나의 예민한 신경 탓에 작은 소동도 겪었지만, 출판사가 처음부터 끝까지 보여줬던 열정과 전문적 헌신에 내내 고마움을 표하고 싶다.

2017. 4. 21. 대구에서

참고문헌

〈일기〉

김*배(서산중학교 재학) 1962. 1. 1~12. 31.

노*근(광주사범학교 재학) 1959. 4. 1~1960. 2. 28.

박*경(고등학교 졸업) 1966.4.1.~5. 19, 1969. 2. 3~4. 7.

이기성(청주사범학교 재학) 1941~1945.

이*배(보문고교 재학) 1955. 3. 7~1955. 12. 31.

장*규(충남고등학교 재학) 1970. 2. 15~1971. 8. 2.

장*식(대신중학교 재학) 1970. 2. 15~1971. 12. 29.

최*영(부산지역 고등학교 재학 및 재수) 1987. 4. 8~1990. 4. 11.

〈일간지, 주간지, 방송 각 해당 날짜 기사〉

해당 관보

일제시대: 《대한매일신보》, 《독립신문》, 《매일신보》, 《중외일보》, 《황성신문》, 《동광》, 《별건
    곤》, 《삼천리》.

해방 이후: 《경향신문》, 《국민일보》, 《대구매일신문》, 《동아일보》, 《한겨레신문》 등 해당 언론
    Le Monde Culture Et Idees, The Economist, The Guardin, The Wall Street Journal, Toeic NewsLetter
    등.

〈관련 법령 및 규정 등〉

〈정부기관 관계 발표 자료〉

2015학년도 대학수학능력시험 출제본부, 〈2015학년도 대학수학능력시험 보도자료〉, 2014.

감사원, 〈감사결과 처분요구서 – 교원양성 및 관리실태〉, 2011.

    등 정부기관이 발표한 해당 자료들.

〈판결〉

97 헌마 38, 종합생활기록부제도 개선보완 시행지침 위헌확인.

2002 헌마 262, 사법시험 시험시간 등 위헌확인.

2003 헌마 553, 사법시험 시험시간 위헌확인.

2004 헌마 584, 결정문[각하(2호), 각하(4호)] 초등학교·중학교·고등학교학교생활기록부전산처리 및 관리지침 제22조 위헌확인.

대법원 1994.9.10. 선고 94두33 판결 [대학입시기본계획 철회처분효력정지] [공1994. 11. 1.(979), 2870]

대법원 2007. 12. 13. 선고 2005다66770 판결 [손해배상(기)] 〈수능 반올림 점수 사건〉[공2008상, 10]

학교생활기록부 반환조치거부민원, [교육인적자원부 03-11661, 2004.4.12., 교육인적자원부]

麹町中学校内申書事件, 最高裁判所判例, 事件名 損害賠償請求事件, 事件番号 昭和57年(オ)第915号, 1988年(昭和63年)7月15日, 判例集 判例時報1287号65頁 ; 麹町中学校内申書事件, http://ja.wikipedia.org.

등 해당 판결문.

〈국가인권위원회 및 진실화해를 위한 과거사정리위원회 제소사건 및 조사〉

국가인권위원회 제소된 사건들: 〈사립고등학교의 상설적인 우열반 편성〉, 2010.; 〈성적 우수자에 한정한 독서실 운영〉, 2010.; 〈고등학교 우열반 편성에 의한 차별〉, 2010.

국가인권위원회, 〈대학 장애학생 교육권 실태 및 개선방안에 관한 연구〉, 2009.

진실화해를 위한 과거사정리위원회, 《2007 하반기 조사보고서》, 1145~1172쪽.

진실화해를 위한 과거사정리위원회, 〈시위전력자 사법시험 면접탈락 사건 결정요지〉, 2007.

진실화해를 위한 과거사정리위원회, 〈제24회·25회 행정고시 면접탈락 사건〉, 《2008년 하반기 조사보고서 4권》, 333~365쪽.

〈관련 통계〉

고용노동부, 〈대졸자·퇴직자 수 전망〉, 2012. 2.

국토부, 〈2012년도 주거실태조사 연구보고서〉, 2012. 12.

법무부, 〈각 년도 사법시험 응시 및 합격현황 자료〉, 1963~2013.

안전행정부 사이버고시센터, 〈각 년도 행정고시 및 외무고시 응시 및 합격현황 자료〉,

1963~2013.

안전행정부, 〈2013 공무원 총조사〉, 2013.

통계청, 〈사회조사 등을 통해 바라본 우리나라 고3의 특징〉, 2010. 12.

　등 관련 통계자료.

〈인터넷 사이트〉

공훈전자사료관 e-gonghun.mpva.go.kr, 국가기록원 www.archives.go.kr,

국가기록유산 www.memorykorea.go.kr, 국가인권위원회 www.humanrights.go.kr,

대법원 종합법률정보 glaw.scourt.go.kr, 대한불교조계종 www.buddhism.or.kr,

독립기념관 search.i815.or.kr, 민주화운동 아카이브즈 archives.kdemo.or.kr,

법제지식정보센터 edu.klaw.go.kr, 사이버 국가고시센터 www.gosi.go.kr

상가뉴스레이다 www.sangganews.com,

오마이뉴스 www.ohmynews.com, 여성가족부 www.mogef.go.kr,

일기와 생활 스토리테마파크 story.ugyo.net,

조선왕조실록 sillok.history.go.kr, 조선총독부관보활용시스템 gb.nl.go.kr,

통계청 www.korea.kr, 한국 TOEIC위원회 www.toeic.co.kr

한국고전종합DB db.itkc.or.kr(경세유표, 반계수록, 북학의, 연암집),

한국보건의료인국가시험원 www.kuksiwon.or.kr, 한국사데이타베이스 db.history.go.kr,

한국역대인물종합정보시스템 people.aks.ac.kr

〈연구보고서 및 자료집〉

강태중, 〈대입제도 개선방안 연구〉, 교육부, 2013.

경기도교육청, 〈2013 평가혁신 우수사례〉, 2013.

교육과학기술부·한국교육개발원, 〈2012 한국 성인의 평생학습 실태〉, 2012.

교육기획력 실천모임, 〈일제고사와 학교현장〉, 교육기획력 실천모임 세미나 자료집, 2008.

교육혁신위원회, 〈학교교육 정상화를 위한 2008학년도 이후의 대학입학제도 개선방안〉, 2004.

김기헌·안선영·장상수·김미란·최동선, 〈아동·청소년의 생활패턴에 관한 국제비교 연구〉,
　　보건복지가족부·한국청소년정책연구원, 2009.

김영철, 〈고등교육 진학단계에서의 기회형평성 제고 방안〉, KDI, 2011.

김이경, 〈'2013 국제 교사 위상 지수' 분석 결과 및 한국 교원정책에 주는 시사점〉, 한국교육개발원, 2014.

김재춘·설현수·손종현, 〈교사별 학생평가 방안 연구〉, 교육인적자원부, 2005.

김희삼, 〈영어투자의 수익과 효율성〉, 한국개발연구원, 2011.

대구수창초등학교, 〈1970~1972학년도 교육계획서〉, 〈1980~1983학년도 학교운영계획서〉,
　　1970, 1971, 1972, 1980, 1981, 1982, 1983.

대학내일 20대연구소(www.20slab.org), 〈대한민국에서 취준생으로 산다는 것〉, 2013.

대통령자문 교육개혁위원회, 〈新교육체제 수립을 위한 교육개혁 방안〉, 1995.

라병현, 〈내신제 입시: 쟁점과 과제〉, 국회도서관 입법조사분석실, 1997.

류방란·김성식, 〈교육격차: 가정 배경과 학교교육의 영향력 분석〉, 한국교육개발원, 2006.

박균열·김순남·데와타 카유키 외, 〈학교생활기록부 기재방식 및 교육적 활용에 관한 국제
　　비교 연구〉, 한국교육개발원, 2014.

박종성·김상진·김상호, 〈민간자격실태와 정책과제〉, 한국직업능력개발원, 2005.

사교육 걱정 없는 세상, 〈사교육 걱정 없는 선진 내신체제를 설계한다〉, 2009.

신세호·강무섭·임연기·김홍주·박효정·주철안·송혜순, 〈입시위주 교육의 실상과 대책(I)〉,
　　한국교육개발원, 1990.

윤유규·성재민, 〈저임금근로자의 노동시장 이행경로 및 결정요인 분석〉, 한국노동연구원,
　　2011.

전국교직원노동조합 전문산하기구 참교육연구소, 〈일제고사에 대한 학생인식과 생활실태
　　조사 보고서〉, 2012.

KB금융지주 경영연구소, 〈최근 교육정책의 변화와 주택시장 영향〉, 2013.

OECD, PISA 2012 Results in Focus, 2013.

UNDP, Humanity Divided, 2013.

등 해당 보고서 및 자료.

〈단행본과 논문〉

강수돌, 《경쟁은 어떻게 내면화 되는가》, 생각의 나무, 2008.

강준만, 《어머니 수난사》, 인물과 사상사, 2009.

강준만, 《입시전쟁 잔혹사》, 인물과 사상사, 2009.

강준만, 《한국근대사산책》, 인물과 사상사, 2007.

강준만, 《한국인과 영어》, 인물과 사상사, 2014.

강창동, 〈한국 대학입시제도의 사회사적 변천과 특징에 관한 연구〉, 《교육문제연구》 28, 2007, 83~113쪽.

강창동, 《한국의 교육문화사》, 문음사, 2000.

게르트 보스바흐옌스 · 위르겐 코르프, 강희진 옮김, 《통계 속 숫자의 거짓말》, 작은책방, 2012.

경북대학교 60년사 편찬위원회, 《경북대학교 60년사: 1946~2006》, 경북대학교, 2006.

고은미, 〈1999~2008년 한국에서 대졸자 간 임금격차 변화〉, 《노동경제논집》 34(1), 2011, 103~138쪽.

곽진숙, 〈아이스너의 교육평가론〉, 《교육원리연구》 5(1), 2000, 153~194쪽.

교육학자회의, 〈2013 새로운 교육체제 혁신을 위한 교육학자 선언〉, 2013.

구자학, 〈教育時弊〉, 《대한흥학보》 12, 1910, 40~47쪽.

김경용, 〈전근대 서구 지식인의 시험제도에 대한 인식〉, 《교육사학연구》 13, 2003, 73~94쪽.

김경희, 〈PISA와 TIMSS를 통해 본 학업성취 수준의 국제비교〉, 《한국교육 60년》, 서울대학 교출판문화원, 2010, 237~258쪽.

김광억 · 김대일 · 서이종 · 이창용, 〈입시제도의 변화: 누가 서울대에 들어오는가?〉, 《한국사 회과학》 25(1) · (2), 서울대학교 사회과학연구원, 2003.

김구, 도진순 주해, 《백범일지》, 돌베개, 2002.

김대식 · 김두식, 《공부논쟁》, 창작과 비평, 2014.

김덕영, 《입시공화국의 종말》, 인물과 사상사, 2007.

김민남 외, 《간도의 삶과 교육》, 사람대사람, 2009.

김민남 외, 《좌절과 희망의 교육사》, 사람대사람, 2009.

김민남 · 손종현, 《한국교육론》, 경북대학교, 2007.

김부태, 《한국학력사회론》, 내일을 여는 책, 1995.

김상봉, 《학벌사회》, 한길사, 2004.

김성윤, 《18세상》, 북인더갭, 2014.

김성천, 〈공교육 내신의 한계와 문제〉, 《사교육 걱정 없는 선진 내신체제를 설계한다》, 사교 육 걱정 없는 세상, 2009.

김성훈, 〈교육평가는 교육을 교육답게 하는가?〉, 《교육원리연구》 13(1), 2008, 73~91쪽.

김소희, 〈인문계 고등학교 학생의 생활과 성적의 의미〉, 서울대학교 대학원, 1991.

김신일, 《교육사회학》, 교육과학사, 2009.

김영철, 〈대학진학 기회확대와 기회형평성 제고〉, 《KDI》 23, 한국개발원, 2012.

김용숙, 《점수병학교·학력병사회, 이대로 좋은가?》, 성원사, 1990.

김의철·박영신, 〈한국 사회와 교육적 성취(II): 한국 청소년의 학업성취에 대한 심리적 토대 분석〉, 《한국심리학회지: 사회문제》 14(1), 2008, 63~109쪽.

김정운, 〈한국 공무원 채용제도의 개선 방안에 관한 연구〉, 연세대학교 대학원, 2012.

김종혁·이경숙, 〈저소득층의 교육열망과 현실수용〉, 《교육열망과 재생산》, 한국학술정보, 2013, 177~204쪽.

김준연, 〈男女平等國과 不平等國〉, 《별건곤》 8, 1927, 110~111쪽.

김진숙, 〈공무원균형인사정책 효과성 평가연구〉, 이화여자대학교 대학원, 2014.

김진숙, 《소금꽃나무》, 후마니타스, 2007.

김진영, 〈대학서열과 임금격차 변화〉, 《한국직업능력개발원 개원 14주년 기념세미나 교육 – 노동시장 연계과정에서의 불일치와 불평등 해소 방안》, 한국직업능력개발원, 2011, 77~101쪽.

김찬호, 《모멸감》, 문학과지성사, 2014.

김철중, 〈학교교육에서 시험의 의미〉, 한양대학교 교육대학원, 1996.

김태완, 《책문》, 소나무, 2004.

김태일, 〈대학생의 공무원시험 준비가 취업, 보수, 직업만족도에 미치는 영향〉, 《조사연구》 12(1), 2011, 121~141쪽.

김택룡, 《조성당일기 – 일기국역총서I》, 한국국학진흥원, 2010.

김현주, 《입시가족 – 중산층 가족의 입시사용법》, 새물결, 2013.

김혈조, 〈科場의 안과 밖: 18세기 한 지식인이 본 과장의 백태〉, 《대동한문학》 38, 2013, 79~135쪽.

나홍하·변용철·김대현, 〈초등학생이 일제시험 기간 동안에 겪는 경험의 실체: 근거이론 방법론적 접근〉, 《초등교육연구》 20(2), 2007, 113~138쪽.

닉 데이비스, 이병곤 옮김, 《위기의 학교》, 우리교육, 2007.

다이앤 래비치, 윤재원 옮김, 《미국의 공교육 개혁》, 지식의 날개, 2011.

다치바나 다카시, 이규원 옮김, 《천황과 도쿄대》, 청어람미디어, 2008.

다치바나 다카시, 이정환 옮김, 《도쿄대생은 바보가 되었는가》, 청어람미디어, 2005.

대니얼 T. 윌링햄, 문희경 옮김, 《왜 학생들은 학교를 좋아하지 않을까》, 부키, 2011.

레베카 솔닛, 정해영 옮김, 《이 폐허를 응시하라》, 펜타그램, 2012.

로버트 프랭크, 안세민 옮김, 《경쟁의 종말》, 웅진지식하우스, 2012.

마이클 영, 한준상·백은순 옮김, 《교육과 평등론 - 교육과 능력주의 사회의 발흥》, 전예원, 1986.

마테오 리치, 신진호·전미경 옮김, 《마테오 리치의 중국견문록》, 문사철, 2011.

문찬기·한규석, 〈서열적 교류의 사회심리: 공손성과 서열관계 스트레스〉, 《한국심리학회지: 사회 및 성격》 27(4), 2013, 1~28쪽.

미셸 푸코, 오생근 옮김, 《감시와 처벌》, 나남, 1994.

미야자키 이치사다, 박근칠·이근명 옮김, 《중국의 시험지옥 - 과거》, 청년사, 1996.

민족문제연구소, 《친일인명사전》, 2009.

바렛·매킨토시, 김혜경 옮김, 《가족은 반사회적인가》, 여성사, 1994.

박광실, 〈검사의 빈도가 교과영역별 학업성취도 및 시험불안에 미치는 영향〉, 고려대학교 대학원, 1997.

박도순(대표저자), 《교육평가 - 이해와 적용》, 교육과학사, 2013.

박미량, 〈한말 경쟁적 선발의 제도화 과정에 관한 연구〉, 숙명여자대학교 대학원, 1994.

박병락, 〈푸코의 권력 - 지식론과 그 교육적 의미〉, 경북대학교 대학원, 2002.

박영신·김의철·한기혜, 〈한국인의 성취의식 탐구: 성공, 실패, 미래성취의식에 대한 10여 년간 연구의 통합적 분석〉, 《교육학연구》 50(3), 2012, 51~89쪽.

박종채, 박희병 옮김, 《나의 아버지 박지원》, 돌베개, 1998.

박지원, 김혈조 옮김, 《열하일기》, 돌베개, 2011.

박지원, 박희병 옮김, 《고추장 작은 단지를 보내니》, 돌베개, 2005.

박지태 편저, 《대한제국기정책사료집성 VI》, 선인문화사, 1999.

박천수, 〈최근 청년층 의중임금과 실제 임금 결정 요인 연구〉, 제9회 한국교육고용패널 학술대회, 2014.

배귀희·차재권, 〈여성공무원 채용목표제의 정책 효과 분석〉, 《정책분석평가학회보》 18(1), 2008, 233~262쪽.

백병부·김경근, 〈학업성취와 경제자본, 사회자본, 문화자본의 구조적 관계〉, 《교육사회학연구》 17(3), 2007, 101~129쪽.

백순근, 〈교육평가의 개념에 대한 고찰: '교육적 가치'를 중심으로〉, 《교육평가연구》 13(1), 2000, 1~20쪽.

백순근, 《일제강점기의 교육평가》, 교육과학사, 2003.

버텔 올먼, 김한영 옮김, 《마르크스와 함께 A학점을》, 모멘토, 2012.

보성중고등학교, 《보성80년사》, 보성중고등학교, 1986.

비토 페론, 나정 옮김, 〈어떻게 해서 이 지경에 이르게 되었는가?〉, 《어린 아동에 대한 성취도 검사, 왜 그만두어야 하는가》, 이화여자대학교 출판부, 1999, 17~32쪽.

서상철, 《무한경쟁이 대한민국을 잠식한다》, 지호, 2011.

서울시 교육청의 교사 파면, 해임 조치의 철회를 촉구하는 교육학자, 〈성명서: 서울시 교육감은 교사들에 대한 파면 해임 결정을 즉각 철회하고, 학교현장을 황폐화하는 반교육적 조치들을 중단하라〉, 2009. 1.

서준교, 〈시험이 논증적 글쓰기에 미치는 효과〉, 서울대학교 대학원, 2012.

선우현, 〈상징폭력으로서 "개천에서 용 난다"〉, 《사회와 철학》 21, 2011, 1~44쪽.

성기선, 〈외국사례를 통해 본 일제고사 방식의 평가에 대한 문제점〉, 《일제고사 폐지와 그 대안은?》, 총대선 승리 교육운동 연석회의, 2012, 25~41쪽.

성기선, 〈한국사회와 대학입시제도에 대한 성찰〉, 《대학입시와 교육제도의 스펙트럼》, 학지사, 2007.

성열관, 〈평가과잉의 시대를 어떻게 극복할 것인가?〉, 《국가 교육과정의 운영·지원체제의 개선방안》, 제3차 국가 교육과정 전문가 포럼, 2014, 41~56쪽.

성열관, 〈평가적 국가관과 일제고사, 그리고 대안〉, 《일제고사를 넘어서》, 살림터, 2011, 13~32쪽.

성지미·안주엽, 〈취업사교육과 첫 일자리〉, 《한국경제연구》 30(3), 2012, 5~46쪽.

성태제, 《현대교육평가》(3판), 학지사, 2013.

세라 먼데일·세라 B. 패튼, 유성상 옮김, 《스쿨: 미국 공교육의 역사 1770~2000》, 학이시습, 2014.

손종현 엮음, 《최초의 교육개혁 입학사정관제》, 경북대학교 출판부, 2010.

손종현, 〈일제시대 학교시험제도의 정치학〉, 《교육철학》 31, 2007, 21~44쪽.

손준종, 〈'내신제' 도입의 사회적 성격에 관한 연구-1930년대를 중심으로〉, 《교육사회학연구》 16(3), 2006, 131~161쪽.

손준종, 〈누가 교육을 위해 한국을 떠나려고 하는가?〉, 《교육사회학연구》 15(2), 2005, 95~120쪽.

송낙선, 〈다산의 인재등용을 위한 과거제 개혁에 관한 연구〉, 《한국행정사학지》 25, 2009, 49~71쪽.

송순재·양은주, 《대학입시와 교육제도의 스펙트럼》, 학지사, 2007.

스티븐 제이 굴드, 김동광 옮김, 《인간에 대한 오해》, 사회평론, 2003.

신라 천년의 역사와 문화 편찬위원회, 《신라를 빛낸 인물들》, 경상북도, 2016.

신은희, 〈일제고사의 경과와 현황〉, 《일제고사를 넘어서》, 살림터, 2011, 63~94쪽.

신필희, 〈입학시험〉, 《개벽》 50, 1924, 21~31쪽.

신혁석·신원학, 〈이명박 정부의 국가수준 학업성취도 평가 전수 시행에 관한 정책 상황 분석－A－VICTORY 모형을 중심으로〉, 《교육방법연구》 22(1), 2010, 121~145쪽.

심성보, 〈네이스의 반인권성과 비교육성〉, 《창작과 비평》 121, 2003, 347~355쪽.

아네트 라루, 박상은 옮김, 《불평등한 어린 시절》, 에코리브르, 2012.

아만다 리플리, 김희정 옮김, 《무엇이 이 나라 학생들을 똑똑하게 만드는가》, 부키, 2014.

안용식·송해경·정현백, 〈일제하 조선인 문관고등시험 합격자 분석〉, 《현대사회와 행정》 17(3), 2007, 363~404쪽.

알렉산더 우드사이드, 민병희 옮김, 《잃어버린 근대성들: 중국, 베트남, 한국 그리고 세계사의 위험성》, 너머북스, 2012.

알페로비츠 & 데일리, 원용찬 옮김, 《독식비판: 지식경제시대의 부와 분배》, 민음사, 2011.

앙드레 슈미드, 정여울 옮김, 《제국 그 사이의 한국: 1895~1919》, 휴머니스트, 2007.

양백화, 〈女學生과 金時計〉, 《별건곤》 10, 1927, 78~79쪽.

여영기, 〈17세기 사학합제의 성립과정과 사부학당 과시의 정비〉, 《시험의 역사》, 한국교육사학회 연차학술대회, 2012, 31~49쪽.

여용빈, 임옥균 옮김, 《유술록》, 학고방, 2012.

여유진, 〈한국에서의 교육을 통한 사회이동 경향에 대한 연구〉, 《보건사회연구》 28(2), 2008, 53~80쪽.

여유진·김수정·구인회·김계연, 〈교육 불평등과 빈곤의 대물림〉, 한국보건사회연구원, 2007.

연보라·장희원·김경근, 〈부모의 사회경제적 지위, 학업지원, 양육방식, 사교육 참여, 자기주도적 학습능력 간의 구조적 관계〉, 《한국교육학연구》 19(3), 2013, 99~122쪽.

오성철, 《식민지 초등교육의 형성》, 교육과학사, 2000.

오욱환, 〈한국계 미국인에게 교육출세론의 의미: 결사적 동기로서 역설적 신화〉, 《교육학연구》 49(4), 2011, 1~23쪽.

오찬호, 《우리는 차별에 찬성합니다》, 개마고원, 2013.

오천석, 《한국신교육사》, 현대교육총서출판사, 1964.

위문숙, 〈장애, 그 존재의 가벼움 1〉, 인권연대(www.hrights.or.kr), 2013.

윌리엄 보이드, 이홍우·박재문·유한구 옮김, 《서양교육사》, 교육과학사, 2009(개정증보 3쇄).

윤치호, 〈상해생각〉,《삼천리》10⑸, 1938. 5. 63~66쪽.

윤치호, 〈특별기사-한말외교비록(임오일기)〉,《개벽》신간 1, 1934. 11, 6~13쪽.

윤치호, 박정신 옮김,《국역 윤치호 일기 2》, 연세대학교 출판부, 2003.

이경숙, 〈1920·30년대 "시험지옥"의 사회적 담론과 실체〉,《한국교육》32⑶, 2005, 35~59쪽.

이경숙, 〈1930년 조선총독부의 "시험폐지"규정과 교육담론〉,《정신문화연구》29⑶, 2006, 225~253쪽.

이경숙, 〈객관식 시험 지배와 국가개입〉,《교육철학》34, 2008a, 245~275쪽.

이경숙, 〈격랑의 시대, 모색과 전환의 시험〉,《과거를 묻고 현재를 풀다》, 시험을 통해 본 한국현대사 특별전, 대한민국 역사박물관, 2014, 170~178쪽.

이경숙, 〈교육평가: 성장의 약속과 피드백〉, 중등수업혁신을 위한 능력개발 직무연수, 대구광역시교육연수원, 2011, 80~99쪽.

이경숙, 〈모범인간의 탄생과 유통 : 일제시대 학적부 분석〉,《한국교육》34⑵, 2007, 217~239쪽.

이경숙, 〈블라디보스토크 한인학교의 변동〉,《정신문화연구》34⑴, 2011, 7~40쪽.

이경숙, 〈시험과 권력〉,《사회과학적 사고와 표현》, 대구가톨릭대학교 출판부, 2012.

이경숙, 〈시험모순 변별력 담론〉,《최초의 교육개혁 입학사정관제》, 경북대학교 출판부, 2010, 195~215쪽.

이경숙, 〈1930년 조선총독부의 "시험폐지"규정과 교육담론〉,《정신문화연구》29⑶, 2006b, 225~253쪽.

이경숙, 〈전투적 교육가족: 학벌전쟁을 이끄는 가족〉,《교육열망과 재생산》, 한국학술정보, 2013, 51~78쪽.

이경숙, 〈삶과 물음에 비춰본 시험: 물음, 시험, 그리고 삶〉,《한국교육》35⑴, 2008b, 3~23쪽.

이경숙, 〈일제시대 시험의 사회사〉, 경북대학교 대학원, 2006a.

이계삼, 〈슬픈 사람, 안혜영〉,《오늘의 교육》8, 교육공동체 벗, 2012.

이광수, 〈規模의 人 - 尹致昊氏〉,《동광》10, 1927, 8~10쪽.

이기정,《내신을 바꿔야 학교가 산다》, 미래인, 2008.

이남희, 〈과거제도, 그 빛과 그늘〉,《오늘의 동양사상》18, 2008, 117~136쪽.

이동원 외 공저,《대학입시와 한국가족》, 다산출판사, 1996.

이득재,《가족주의는 야만이다》, 소나무, 2001.

이상무, 〈문관전고서 시험의 시행과정〉,《교육사학연구》19⑴, 2009, 51~85쪽.

이상욱, 〈베트남과 한국의 전근대 과거제 비교 연구시론〉,《淵民學志》14, 2010, 105~130쪽.

이성무, 《한국 과거제도사》, 민음사, 1997.

이성우, 〈일제고사의 해악성, 철학적 접근〉, 《일제고사를 넘어서》, 살림터, 2011, 128~143쪽.

이숙인, 《정절의 역사》, 푸른역사, 2014.

이시카와 사카에, 이연·김경환·정수영 옮김, 《여론조작 위기의 시대》, 이담북스, 2009.

이양섭, 〈일제고사와 부진학생 지도〉, 《일제고사와 학교현장》, 교육기획력 실천모임 세미나 자료집, 2008, 61~79쪽.

이영석, 〈빅토리아 시대의 교육 문제 – 시험에 관한 담론〉, 《서양사론》 74, 2002, 89~115쪽.

이원재, 《과거공부를 알아야 우리교육이 보인다》, 문음사, 2011.

이종승·허숙 엮음. 《시험, 왜 보나》, 교육과학사, 2003.

이종재·김성열·돈 애덤스 엮음, 《한국교육 60년》, 서울대학교 출판부, 2010.

이지애, 〈조선후기 서얼의 차대 철폐 운동과 그 지위의 변화〉, 한남대학교 교육대학원, 2012.

이충우·최종고, 《다시 보는 경성제국대학》, 푸른사상, 2013.

이해명, 〈개화기 교육평가 연구〉, 단국대학교 대학원, 1990.

이혜정, 《서울대에서 누가 A+를 받는가》, 다산에듀, 2014.

이훈구, 《미안하다고 말하기가 그렇게 어려웠나요》, 이야기, 2001.

일기자—記者, 〈국제회합과 조선인의 활동〉, 《동광》 17, 1931, 60~65쪽.

자크 르 고프, 최애리 옮김, 《중세의 지식인들》, 동문선, 1999.

장강명, 《표백》, 한겨레출판사, 2011.

장상호, 〈학교교육의 정상화를 위한 교육평가의 재구성〉, 《교육원리연구》 9(1), 2004.

장승수, 《공부가 가장 쉬웠어요》, 김영사, 1997.

장응진, 〈이십 년 전 한국학계 이약이, 내가 입학시험 치르던 때〉, 《별건곤》 5, 1927, 16~18쪽.

장재천, 〈조선시대 과거제도와 시험문화의 고찰〉, 《한국사상과 문화》 39, 2007, 123~156쪽.

장재천, 〈조선시대 성균관 유생의 서치순과 방차순 논란〉, 《한국사상과 문화》 74, 2014, 155~170쪽.

장재천, 〈조선시대 과거제도와 시험문화의 고찰〉, 《한국사상과 문화》 39, 2007, 123~156쪽.

장재천, 〈조선 전기 성균관 교육과 유생문화연구〉, 성균관대학교 대학원, 1993.

전경목, 〈한글편지를 통해 본 조선후기 과거제 운용의 한 단면: 진성 이씨 이동표가 언간을 중심으로〉, 《정신문화연구》 34(3), 2011, 27~57쪽.

전경목, 〈여용빈의 《유술록》을 통해 본 조선 추기 수옥의 실태와 체옥의 원인〉, 《정신문화연구》 37(1), 2014, 61~95쪽.

전교조 정책실, 〈2012 일제고사 관련 파행사례〉, 《일제고사 폐지와 그 대안은?》, 총대선 승리 교육운동 연석회의, 2012, 4~24쪽.

정구선, 《조선의 출셋길 장원급제》, 팬덤북스, 2010.

정기오, 《시험과 민주주의》, 한국학술정보, 2006.

정동준, 《프랑스 대혁명기의 공교육계획》, 국학자료원, 2003.

정범모, 〈교육개혁을 재는 잣대〉, 《교육개발》 102, 1996, 4~6쪽.

정병모, 〈새벽녘 과거시험장의 풍경〉, 《국악누리》 84, 국립국악원, 2007, 30~33쪽.

정약용, 박석무 편역, 《유배지에서 보낸 편지》, 창작과비평사, 1997(8쇄).

정연식·배양수, 〈베트남 고등교육의 역사와 제도〉, 《동남아시아연구》 22(3), 2012, 111~155쪽.

정우식, 〈내신산출이 아니라 평가를 하고 싶다〉, 《열린 전북》 8, 2007, 24~27쪽.

정원규, 〈교육의 본래 목적과 공정성의 입장에서 본 대학입시의 문제〉, 《사회와 철학》 21, 2011, 107~140쪽.

정일균, 〈갑오개혁기 정부의 관리등용제도〉, 《사회와 역사》 94, 2012, 131~171쪽.

정현숙, 《공교육 천국 네덜란드》, 한울, 2012.

조영진, 〈초등학교 학교생활기록부의 변천과정〉, 대구교육대학 교육대학원, 2006.

조용기, 《교육의 쓸모》, 교육과학사, 2005.

조은, 《091012 공부 열심히라구?》, 또 하나의 문화, 1998.

조지민 외, 〈2011년 국제 학업성취도 평가 연구(PISA/TIMSS)〉, 《KICE 연구리포트 2011》, 2011.

조지프 스티글리츠, 이순희 옮김, 《불평등의 대가》, 열린책들. 2013.

존 듀이, 이홍우 옮김, 《민주주의와 교육》, 교육과학사, 2007.

존 테일러 개토, 〈바틀비 프로젝트〉, 《녹색평론》 112, 2010, 205~219쪽.

주요섭, 《붙느냐 떨어지느냐, 사랑손님과 어머니 외》, 유페이퍼, 2004, 218~233쪽.

중앙일보·한국정신문화연구원 공모전, 《나의 20세기 공모당선작: 시험》, 선인, 2000.

지그문트 바우만, 안규남 옮김, 《왜 우리는 불평등을 감수하는가?》, 동녘, 2013.

지은림, 〈교사의 피드백 수행을 위한 구성요인 및 특성에 관한 연구〉, 《아시아교육연구》 10(3), 2009, 77~102쪽.

지정민, 〈중세 예수회 학교의 표준적 학습지침서: 라디오 스투디오룸〉, 《한국교육사학》 31(2), 2009, 211~226쪽.

진정, 김효민 옮김, 《중국 과거 문화사》, 동아시아, 2003.

차미희, 《조선시대 과거시험과 유생의 삶》, 이화여자대학교 출판부, 2012.

채휘균, 〈시험의 힘: 지방관의 영향력 행사와 이미지 형성 – 조선후기 수령의 개인기록을 중심으로〉, 《영남학》15, 2009, 189~228쪽.

최광만, 〈17세기 과시제도의 형성과정〉, 《시험의 역사》, 한국교육사학회 연차학술대회, 2012, 53~77쪽.

최광만, 〈조선후기 교육제도사에서 《태학성전》과 《반상과시집》의 위치〉, 전국역사학대회 제59회, 2016, 718~734쪽.

최명환, 〈이십년 전 한국학계 이약이, 내가 입학시험 치르던 때〉, 《별건곤》5, 1927, 22~23쪽.

최신일, 〈참 평가로서의 도덕과 평가〉, 《초등도덕교육》41, 2013, 315~342쪽.

콘스탄스 카미 엮음, 나정 옮김, 《어린 아동에 대한 성취도 검사, 왜 그만두어야 하는가》, 이화여자대학교 출판부, 1999.

파울로 프레이리, 교육문화연구회 옮김, 《프레이리 교사론》, 아침이슬, 2000.

파울로 프레이리, 남경태 옮김, 《페다고지》, 그린비, 2002.

필립 아리에스 외, 김기림 옮김, 《사생활의 역사 5》, 새물결, 2006.

필립 아리에스 외, 전수연 옮김, 《사생활의 역사 4》, 새물결, 2002.

하워드 가드너, 문용린·유경재 옮김, 《다중지능》, 웅진지식하우스, 2007.

한국교육과정평가원, 《대학수학능력시험10년사 I·II》, 2005.

한국교육연구네트워크, 《일제고사를 넘어서》, 살림터, 2011.

한국보건의료인 국가시험원, 〈확장결합형(R형) 시험문항 만들기〉, 《한국보건의료인 국가시험원 간행물시리즈 7》, 2000.

한기언·이계학·이길상 공편, 《한국교육사료집성 개화기편 IV》, 한국정신문화연구원, 1993.

한기호, 〈국가공인민간자격검정 시험관리 개선 인식조사 연구〉, 연세대학교 교육대학원, 2006.

한만봉·정덕희·김진욱, 〈과거제도 시험주기의 정책분석〉, 《담론 201》8(4), 2005, 37~70쪽.

한영우, 《과거, 출세의 사다리 1》, 지식산업사, 2013.

한영우, 《과거, 출세의 사다리 4》, 지식산업사, 2013.

한준상, 《학교 스트레스: 시험제도의 개혁》, 연세대학교 출판부, 1995.

한지혜 외, 《대학거부 그 후》, 교육공동체 벗, 2014.

허숙, 〈학교 성적의 의미에 관한 현상학적 탐구〉, 《교육평가연구》7(2), 한국교육평가학회, 23~63쪽.

헨리 뢰디거·마크 맥대니얼·피터 브라운, 김아영 옮김, 《어떻게 공부할 것인가》, 와이즈베리, 2014.

현승효, 노천희 엮음, 《내 님, 불멸의 남자 현승효》, 삶이 보이는 창, 2007.

홍명희, 〈자서전〉, 《삼천리》 2, 1929, 26~29쪽.

홍세화 외, 《교사, 입시를 넘다》, 우리교육, 2014.

홍인기, 〈영어 사교육 실태 조사 결과 발표: 강남권과 비강남권 비교를 중심으로, 영어 사교육
실상을 말한다〉, 《영어사교육포럼 자료 총서 1》, 사교육 걱정 없는 세상, 2009, 17~42쪽.

황여정·김경근, 〈입학사정관 제도에 대한 정보접근성 영향요인 및 그 계층적 함의〉, 《한국
교육학연구》 18(3), 2012, 183~211쪽.

히라카와 스케히로, 노영희 옮김, 《마테오 리치》, 동아시아, 2002.

EBS 제작팀 엮음. 《최고의 교수》, 예담, 2008.

Elana Shohamy, 신동일·박윤규 옮김, 《시험의 권력》, 아카데미프레스, 2010.

　등 해당 글과 책(미주 참조).

朝鮮教育會, 《中等學校 改正入學考査の手引》, 朝鮮教育會, 1940.

朝鮮印刷株式會社 編, 《朝鮮教育法規例規大全(乾)》, 朝鮮印刷株式會社, 1932.

佐貫浩, 〈競爭, 分斷, 孤立お超える 共同へ〉, 《教育》 809, 2013, 5~13.

天野郁夫, 《試驗の社會史—近代日本の試驗·教育·社會》, 東京大学出版会, 1983.

天野郁夫, 《學歷の社會史》, 平凡社, 2005.

天野正輝, 《教育評價史研究》, 東信堂, 1993.

平川祐弘, 《西欧の衝撃と日本》, 講談社, 1974.

海後宗臣·仲新·寺崎昌男, 《教科書でみる 近現代日本の教育》, 東京書籍, 1999.

Baird, Jo-Anne, The Currency of Assessments, Assessment in education: Principles, Policy &
Practice, 20(2), 2013. pp. 147~149.

Bangert-drowns, R.L, Kulik, J.A., & Kulik Chen-Lin C., Effects of Frequent Classroom
Testing, *The Journal of Educational Research*, 85(2), 1991, pp. 89~99.

Broadfoot P. M.(ed), Selection, Certification and Control, *The Falmer Press*, 1984.

Broadfoot P. M., Education, *Assessment and Society*, Buckingham: open university press, 1996.

Broadfoot, P. & Pollard, A., *The changing discourse of assessment Policy: The case of English
Primary Education*, Ann Filer(ed), Assessment: social practice and social product,
RoutlegerFalm, 2000, pp. 11~26.

Brown, P., The Third Wave: Education and the Ideology of Parentocracy, Education: Culture, Economy, and Society. Oxford: Oxford University Press, 1997, pp. 339~408.

Burke, K., Balanced Assessment, Solution Three Press, 2010.

Celarent, B., The Rise of the Meritocracy: 1870~2033, American Journal of Sociology 115(1), 2009, pp. 322~326.

Deck, D.W.Jr., The Effects of Frequency of Testing on College Students in a Principles of Marketing Course, Virginia Polytechnic Institute and State University, 1998.

Frase, L.E & Streshlysms, W., A National Standardized Testing Program Will Boost Achievement, Top Ten Myths in Education, The Scarecrow Press, Inc., 2000.

Halsey, A.H.(ed), Education: Culture, Economy, and Society, Oxford University Press, 1997.

Howe, K.R., Standards, Assessment, and Equality of Educational Opportunity, Educational Researcher, 23(8), 1994, pp. 27~33.

Janesick, Valerie J., Reflections on the Violence of High−stakes Testing and the Soothing Nature of Critical Pedagogy, Critical Pedagogy: Where Are We now?, Peter Lang International Academic Publishers, 2007, pp. 239~248.

Jencks, C., If not tests, they what?, Test policy and test performance: education, language, and culture, Kluwer academy publishers, 1989, pp. 115~121.

Karabel, J., The Chosen: The Hidden History of Admission and Exclusion at Harvard, Yale, and Princeton, Boston: Houghton Mifflin, 2005.

Lemann, N., The Big Test: The Secret History of the American Meritocracy, Farrar, Straus and Giroux, 2000.

Madaus, G., The Irish study revisited, Test policy and test Performance: education, language, and culture, Kluwer Academy Publishers, 1989, pp. 83~85.

Madaus, G., Russell, M., & Higgins, J., The Paradox of High Stakes Testing, Information Age Publishing Inc., 2009.

Nicholas, L., The Big Test, Farrar Straus and Giroux, 1999.

Noddings, N., When school reform goes wrong, New York: Teachers College Press, c2007.

Ramirez, A., The dark history of the multiple−choice test, Ainissa Ramirez's Blog.

Ravitch, D., Four lessons on new PISA scores, The Washington Post(internet), 2013. 12. 3.

Richard J.S.(3ed), Student−involved classroom assessment, Upper saddle river, 2001.

Sacks, P., Standardized Mind: the high price of America's testing culture and what we can do to change it, Cambridge, Mass.: Perseus Books, 1999.

Stiggins, R. & Chappuis, J., Using Student-Involved Classroom Assessment to Close Achievement Gaps, Theory Into Practice 44(1), 2005, pp. 11~18.

William E. S., Beyond the Big Test, Jossey-Bass, 2004.

Young, M., Down with meritocracy - The man who coined the word four decades ago wishes Tony Blair would stop using it, The Guardian, Friday 29 June 2001, http://www.theguardian.com

주

1 김재경 커뮤니티와 경제 사회적 협동조합 대표 면담, 2014. 2. 13.

2 40대 초반 남성, 대학 졸업 후 변리사 시험, 기술전문직 시험을 준비했지만 계속 실패했다. 20년 만에 공인 노무사시험에 합격하여 현재 서울 지역에서 노무사를 하고 있다. 2012. 12.

3 송진경(45) 초등학교 교사 면담, 2014. 2. 19.

4 김정금(50대 중반) 참교육학부모회 대구지부 정책국장 면담, 2014. 3. 31: 여기서 말하는 '어른'은 면담자의 아버지이다.

5 김정금 면담.

6 Madaus, G., Russell, M., & Higgins, J., The Paradoxes If High Stakes Testing, Information Age Publishing Inc., 2009, p. 4; 비토 페론, 나정 옮김, 〈어떻게 해서 이 지경에 이르게 되었는가?〉, 《어린 아동에 대한 성취도 검사, 왜 그만두어야 하는가》, 이화여자대학교 출판부, 1999, 17쪽.

7 장재천, 〈조선 전기 성균관 교육과 유생문화연구〉, 성균관대학교, 1993, 77~88쪽; 정구선, 《조선의 출셋길 장원급제》, 팬덤북스, 2010.

8 진정, 김효민 옮김, 《중국 과거 문화사》, 동아시아, 2003.

9 진정, 앞의 책, 243~243쪽에서 재인용.

10 이경숙, 〈일제시대 시험의 사회사〉, 경북대학교 대학원, 2006a.

11 진정, 앞의 책, 333쪽에서 재인용.

12 이성무, 《한국 과거제도사》, 민음사, 1997, 128~129쪽.

13 이상욱, 〈베트남과 한국의 전근대 과거제 비교 연구시론〉, 《淵民學志》 14, 2010, 112쪽.

14 히라카와 스케히로, 노영희 옮김, 《마테오 리치》, 동아시아, 2002, 150쪽.

15 김태완, 《책문》, 소나무, 2004, 40~41쪽.

16 경국대전, 예전禮典, 여러 부류의 과거시험諸科(출처: www.krpia.co.kr, 이하 출처 동일); 이성

무, 앞의 책, 276쪽.

17 정약용, 북한사회과학원 고전연구소 옮김, 《경세유표》, 여강출판사, 2001(출처: www.krpia. co.kr, 이하 출처 동일).

18 이남희, 〈과거제도, 그 빛과 그늘〉, 《오늘의 동양사상》 18, 2008, 124쪽; 이성무, 《한국 과 거제도사》, 민음사, 1997, 277쪽.

19 이성무, 앞의 책, 130~133쪽.

20 《경국대전》〈예전〉, 여러 부류의 과거시험諸科, 글짓기製述, 옛글 강 받기講書.

21 이성무, 앞의 책, 130~133쪽.

22 장재천, 〈조선시대 과거제도와 시험문화의 고찰〉, 《한국사상과 문화》 39, 2007, 133~134 쪽; 알렉산더 우드사이드, 민병희 옮김, 《잃어버린 근대성들: 중국, 베트남, 한국 그리고 세계사의 위험성》, 너머북스, 2012, 24~25쪽.

23 채휘균, 〈시험의 힘: 지방관의 영향력 행사와 이미지 형성−조선 후기 수령의 개인기록을 중심으로〉, 《영남학》 15, 2009, 189~228쪽.

24 최광만, 〈조선 후기 교육제도사에서 《태학성전》과 《반상과시집》의 위치〉, 전국역사학대 회 제59회, 2016, 718~734쪽.

25 중종 1544. 5. 28. 영의정 윤은보가 사학 유생들의 윤차제술을 준례대로 시행하도록 건의 하다(출처: http://sillok.history.go.kr. 이하 조선왕조실록 출처 동일): 윤차제술시험은 유생들을 격려하기 한 달에 3번 제술시험을 쳐서 우등생에게는 과거시험 칠 때 혜택이 있었다.

26 여영기, 〈17세기 사학합제의 성립과정과 사부학당 과시의 정비〉, 《시험의 역사》, 한국교 육사학회 연차학술대회, 2012, 31~49쪽.

27 최광만, 〈17세기 과시제도의 형성과정〉, 《시험의 역사》, 한국교육사학회 연차학술대회, 2012, 53~77쪽.

28 최광만, 앞의 글, 2016.

29 홍문관 관리와 교서관 관리는 매달 한 번씩, 승문원 관리는 10일마다, 중직대부 이하 문 관은 봄가을에, 그리고 의서습독관, 의학생도와 여의女醫도 정기적으로 시험을 본다. 시 험 이후에는 업적 평가에 참고하거나 품계를 올려주는 보상을 주나 반대로 불통을 받을 경우 징계를 받도록 하는 규정이 있었다: 경국대전, 예전禮典, 장려獎勸.

30 차미희, 《조선시대 과거시험과 유생의 삶》, 이화여자대학교 출판부, 2012, 24~26쪽.

31 박제가, 이익성 옮김, 《북학의》, 을유문화사, 2005(출처 : http://www.krpia.co.kr).

32 김태완, 《책문》, 소나무, 2004, 283~284쪽.

33 협서는 초집을 비롯한 컨닝 페이퍼를 숨기고 들어가는 것, 상통은 자기 것을 보여주고 남의 것을 훔쳐보는 것, 차술은 남의 글을 완전히 베껴 쓰는 것, 대술은 대리시험, 혁제는 시관과 짜고 특정인의 답안지를 알아보게 하거나 시험문제를 미리 가르쳐주는 것, 역서용간은 역서할 때 서리를 매수하여 시험지 내용을 고치게 하는 것, 절과는 봉미관이나 서리를 매수하여 감합할 때 합격자의 시험지에 자기의 피봉을 바꿔치기 하는 것이다. 장재천, 〈조선시대 과거제도와 시험문화의 고찰〉, 《한국사상과 문화》 39, 2007, 139~140쪽.

34 고종 1865. 4. 9, 〈科擧試驗에 代理로 應試게 하여〉; 고종 1874. 3. 21, 〈科擧試驗過程에서 일어난 諸弊端의 根源은〉.

35 전경목, 〈한글편지를 통해 본 조선 후기 과거제 운용의 한 단면: 진성 이씨 이동표가 언간을 중심으로〉, 《정신문화연구》 34(3), 2011, 27~57쪽.

36 김태완, 《책문》, 소나무, 2004, 286쪽.

37 한만봉·정덕희·김진욱, 〈과거제도 시험주기의 정책분석〉, 《담론 201》 8(4), 2006, 37~70쪽.

38 정약용, 북한사회과학원 고전연구소 옮김, 《경세유표》, 여강출판사, 2001.

39 한만봉·정덕희·김진욱, 앞의 글.

40 중종 1518. 7. 21, 조강에 나아가고 과거를 위해 초집하는 문제와 천거인의 시취를 논하다.

41 명종 1556. 10. 11, 영경연사 윤개가 시험장에 《사서》·《삼경》 등의 책을 놓자는 것이 불가함을 아뢰다.

42 박제가, 이익성 옮김, 《북학의》, 을유문화사, 2005. 7; 정약용, 북한사회과학원 고전연구소 옮김, 《경세유표》, 여강출판사, 2001; 숙종 1677. 8. 24, 과거 선발의 폐단에 관한 유학 원선경의 상소문.

43 정약용, 북한사회과학원 고전연구소 옮김, 《경세유표》, 여강출판사, 2001.

44 히라카와 스케히로, 앞의 책, 147쪽.

45 박지원, 김혈조 옮김, 《열하일기》, 돌베개, 2001; 정약용, 앞의 책.

46 앙드레 슈미드, 정여울 옮김, 《제국 그 사이의 한국: 1895~1919》, 휴머니스트, 2007.

47 정약용, 북한사회과학원 고전연구소 옮김, 《경세유표》, 여강출판사, 2001(출처 : www.krpia.co.kr).

48 정연식·배양수, 〈베트남 고등교육의 역사와 제도〉, 《동남아시아연구》 22(3), 2012, 111~155쪽.

49 진정, 앞의 책, 32~34쪽.

50 진정, 앞의 책.

51 신라 천년의 역사와 문화 편찬위원회, 《신라를 빛낸 인물들》, 경상북도, 2016.

52 김경용, 〈전근대 서구 지식인의 시험제도에 대한 인식〉, 《교육사학연구》 13, 2003, 73~94쪽; 이영석, 〈시험의 사회사, 연줄과 경쟁의 변증법〉, 《역사가가 그린 근대의 풍경》, 푸른역사, 2003; 필립 아리에스, 문지영 옮김, 《아동의 탄생》, 새물결, 426쪽; 서정복, 《프랑스혁명과 나폴레옹시대의 교육개혁사》, 충남대학교 출판부, 2007; 마테오 리치, 신진호·전미경 옮김, 《마테오 리치의 중국견문록》, 문사철, 2011; Madaus, G., & Russell, M., 앞의 책.

53 Madaus, G., Russell, M., & Higgins, J., 앞의 책, pp. 117~121.

54 윌리암 보이드, 이홍우·박재문·유한구 옮김, 《서양교육사》, 교육과학사, 2009(개정증보 3쇄), 518쪽.

55 비토 페론, 앞의 글, 19쪽.

56 Madaus, G., Russell, M., & Higgins, J., 앞의 책, p. 126.

57 스티븐 제이 굴드, 김동광 옮김, 《인간에 대한 오해》, 사회평론, 2003, 274~294쪽.

58 Madaus, G., Russell, M., & Higgins, J., 앞의 책, p. 125.

59 Madaus, G., Russell, M., & Higgins, J., 앞의 책, p. 125.

60 Madaus, G., Russell, M., & Higgins, J., 앞의 책, p. 124; 세라 먼데일·세라 B. 패튼, 유성상 옮김, 《스쿨: 미국 공교육의 역사 1770~2000》, 학이시습, 2014, 75쪽.

61 Ramirez, A., The dark history of the multiple-choice test, Ainissa Ramirez's blog.

62 세라 먼데일·세라 B. 패튼, 앞의 책, 74~75쪽.

63 〈청년마다 체력수첩〉, 《동아일보》 1940. 4. 1.

64 〈정신과 검사도 올해 장정 신검부터〉, 《동아일보》 1959. 4. 23; 〈선병위 구성 인력수급 조절위해〉, 《동아일보》 1970. 2. 9; 〈전투병 적성검사〉, 《경향신문》 1970. 7. 9; 〈병무청 배점기준 개정〉, 《경향신문》 1972. 11. 24.

65 〈IQ가 높다 낮다〉, 《동아일보》 1971. 7. 17; 이경숙, 〈객관식 시험 지배와 국가개입〉, 《교육철학》 34, 2008a, 245~275쪽.

66 정범모, 〈지능검사라는 것, 판단의 부정확은 사회적 불행〉(상)(하), 《동아일보》 1956. 11. 6, 11. 7.

67 〈道義교육 등 지시〉, 《동아일보》 1959. 5. 12; 〈국민교생 지능검사〉, 《경향신문》 1962. 6. 2.

68 〈아기 지능검사 매주 월, 화, 수요일〉, 《동아일보》 1964. 4. 11; 〈IQ와 어린이교육〉, 《경향신문》 1964. 5. 25; 〈IQ와 자녀교육〉, 《동아일보》 1985. 3. 29.

69 〈방화범죄 심리에 대한 고찰〉,《동아일보》1960. 2. 5; 〈범죄소년의 지능백서〉,《동아일보》 1962. 1. 22; 〈지능면에서 본 미숙아〉,《동아일보》1964. 1. 10; 〈合訓 우수선수 전원 체력 검사〉,《동아일보》1963. 1. 26.

70 조영진, 〈초등학교 학교생활기록부의 변천과정〉, 대구교육대학 교육대학원, 2006, 55쪽: 1964년 생활기록부에는 '표준화검사사항', 1976년 생활기록부에는 '심리검사사항' 이라 는 이름으로 검사결과를 기록하도록 했고, 1995년 이후에야 비로소 이 칸은 없어졌다; 대 구수창초등학교, 〈1970~1972학년도 교육계획서〉, 〈1980~1983학년도 학교운영계획서〉, 1970, 1971, 1972, 1980, 1981, 1982, 1983.

71 〈꼬마과거장, 사대부국 입시날 점묘〉,《동아일보》1961. 2. 19; 〈혹한 속의 20대 1, 서울사 대부국 입시〉,《경향신문》1963. 12. 27; 〈일곱 살의 좁은 문 이대부속교 입시 6대 1로〉, 《경향신문》1963. 12. 21; 〈IQ와 어린이교육〉,《경향신문》1964. 5. 25.

72 〈입학금 없어 진학길 막혀〉,《경향신문》1958. 3. 22; 〈메마른 세파에 샘솟는 인정〉,《경향 신문》1958. 3. 23.

73 〈은행알이 모아논 격심한 실력 차, 중학 추첨 진학에 새 문제점〉,《경향신문》1969. 3. 12; 〈서울 시내 국민교생 IQ 70 이하는 중학 진학포기〉,《경향신문》1970. 7. 21; 〈낫놓고 ㄱ자 모르는 중학생도 있다〉,《경향신문》1970. 10. 9; 〈중학교육의 먹구름 낙제學力 평균 45점〉,《동아일보》1971. 9. 29; 〈학력향상 내건 우열교육, 중학능력별 학급편성제 실시〉, 《동아일보》1972. 4. 20; 〈문교부 내년부터 지진, 정박아 중학진학 억제〉,《경향신문》 1973. 8. 2.

74 하워드 가드너, 문용린·유경재 옮김,《다중지능》, 웅진지식하우스, 2007.

75 이경숙, 앞의 글, 2008a, 245~275쪽.

76 〈공무원고시 제개정〉,《경향신문》1960. 12. 26.

77 버텔 올먼, 김한영 옮김,《마르크스와 함께 A학점을》, 모멘토, 2012.

78 Baird, Jo-Anne, The Currency of Assessments, Assessment in education: Principles, Policy & Practice, 20(2), 2013, pp. 147~149.

79 이종재·김성열·돈 애스덤 엮음,《한국교육 60년》, 서울대학교 출판문화원, 2010, 239쪽.

80 주OECD대표부, 〈OECD 국제학업성취도평가(PISA) 2012 결과발표(보도자료)〉, 2013. 12. 3; 〈OECD 국제학업성취도평가(PISA) 2015 결과발표(보도자료)〉, 2016. 12. 6.

81 김경희, 〈PISA와 TIMSS를 통해 본 학업성취 수준의 국제비교〉,《한국교육 60년》, 서울대 학교출판문화원, 2010, 249쪽.

82 김건우(48·경북대학교 강사, 독일 10년 유학) 면담, 2014. 2. 25.

83 〈미국은 PISA 앞에서 왜 약해지는가〉, 《시사인》 2013. 12. 25.

84 Ravitch, D., 〈Four lessons on new PISA scores〉, 《The Washington Post(internet)》 2013. 12. 3.

85 〈The PISA methodoloy: do its education claims stack up?〉, 《The Guardian》 2013. 12. 3(https://www.theguardian.com).

86 고종 1883. 3. 16. 조경호를 한성부 판윤에, 김옥균을 동남개척사에 임명하여 포경 등의 일을 겸하게 하다; 윤치호, 〈상해 생각〉, 《삼천리》10(5), 1938, 63~66쪽; 윤치호, 〈한말 외교비록(임오일기)〉, 《개벽》 1, 1934, 6~13쪽; 〈한말 정객의 회고담〉, 《동아일보》 1930. 1. 11; 박은숙, 〈동남제도개척사 김옥균의 활동과 영토·영해 인식〉, 《동북아역사논총》 36, 95~137쪽.

87 윤치호, 앞의 글, 1934; 〈한말 정객의 회고담〉, 《동아일보》 1930. 1. 11; 윤치호, 〈상해 생각〉, 《삼천리》10(5), 1938. 5, 63~66쪽.

88 이광수, 〈規模의 人 – 尹致昊씨〉, 《동광》 10, 1927, 8~10쪽.

89 강준만, 《한국인과 영어》, 인물과사상사, 2014, 28, 41~42쪽.

90 고종 1887. 5. 2. 육영공원에서는 방휴할 때에도 시험을 치를 것을 명하다; 고종 1889. 1. 13. 육영공원의 학업성적과 근태상황을 해당 원의 당상이 등급을 나누어 상과 벌을 적용하도록 하라; 고종 1889. 5. 24. 육영공원의 신구 學員 중 조粗 이상을 맞은 사람들에게 모레 응제를 시취하겠다는 전교; 고종 1889. 6. 2. 경무대에서 육영공원 학원의 응제를 시취할 때 행 도승지 남정철 등이 입시했다.

91 〈리윤주씨와 가뎡〉, 《동아일보》 1926. 10. 27; 〈휘문교장 신임〉, 《동아일보》 1928. 3. 7; 〈이윤주, 이십 년 전 한국학계 이약이, 내가 입학시험 치르던 때〉, 《별건곤》 5, 1927, 18~19쪽.

92 〈學員募集廣告 관립한성고등학교〉, 《황성신문》 1907. 4. 1.

93 최명환, 〈이십년 전 한국학계 이약이, 내가 입학시험 치르던 때〉, 《별건곤》 5, 1927, 22~23쪽; 〈소식〉, 《동광》15, 1927, 28쪽.

94 〈일본 공사 하라 씨가 그 부인과 함께 교동관립일어학교에〉, 《독립신문》 1896. 10. 6; 〈조선에서의 불어와 영어교육의 실태 보고〉, 《한국근대사자료집성 13권 프랑스 외무부문서 3》, 조선 1889, (출처: 한국역사정보통합시스템)

95 임경재, 〈교과서 문제의 핵심〉, 《동아일보》 1921. 2. 26.

96 〈삼재팔난〉, 《동아일보》 1924. 3. 10.

97 〈삼재팔난〉,《동아일보》1924. 3. 10.

98 《별건곤》4, 1927. 2; 〈半島에 幾多人材를 내인 英·美·露·日 留學史〉,《별건곤》5(1), 1933, 22~29쪽.

99 〈초등교육과 용어문제〉,《동아일보》1931. 12. 3.

100 〈소학·중학·고녀·사범의 개정 교육령에 의한 규정(3)〉,《동아일보》1938. 3. 19.

101 〈중등학교 입시문제 학술은 국어 한 가지〉,《매일신보》1939. 10. 17.

102 〈방법변경은 필연, 국어시험편중의 폐해를 일소〉,《매일신보》1941. 10. 4; 〈명년 봄 입학시험에는 국어, 산술이 필괴과목〉,《매일신보》1941. 10. 5.

103 이경숙, 〈모범인간의 탄생과 유통〉,《한국교육》34(2), 2007, 217~239쪽

104 〈조선대학예과의 입학시험에 대하야〉,《동아일보》1924. 1. 19; 〈대학 예과 입학시험에 대하여 당국자에 일고―考를 촉促함〉,《동아일보》1924. 3. 31.

105 〈에쓰페란트 발전협의 새로히 위원 칠씨를 선정〉,《매일신보》1927. 11. 7; 〈장석태, 國際語의 必要와 에쓰페란토〉,《별건곤》11, 1928, 127~133쪽.

106 〈국제회합과 조선인의 활동〉,《동광》17, 1931, 60~65쪽.

107 〈평산군 면서기 채용〉,《동아일보》1922. 3. 16; 〈고원채용시험 시행〉,《동아일보》1922. 6. 28; 〈의학강습생 모집〉,《동아일보》1924. 3. 11; 〈간호부시험〉,《동아일보》1925. 3. 6; 〈응접실, 여간수가 되려는데 시험과목과 시험기일은?〉,《동아일보》1936. 8. 14.

108 〈순사보의 국어시험〉,《매일신보》1912. 5. 2; 〈국어시험과 합격〉,《매일신보》1912. 5. 24; 〈日鮮語互譯試驗〉,《매일신보》1913. 7. 23.

109 〈보통문관시험 국어실력부족〉,《매일신보》1933. 8. 14.

110 〈삼천포보교훈도 대리시험 발각〉,《동아일보》1924. 11. 6.

111 〈영어시험폐지는 전반과의 향상을 위한 것〉,《매일신보》1939. 7. 15.

112 이시카와 사카에, 이연·김경환·정수영 옮김,《여론조작 위기의 시대》, 이담북스, 2009, 110쪽.

113 《한국독립운동의 역사》24, 대한민국임시정부 II(출처: 독립기념관(https://search.i815.or.kr))

114 《한국독립운동의 역사》7, 중일전쟁 이후 전시체제와 수탈, 일제의 태평양 전쟁(출처: 독립기념관(https://search.i815.or.kr))

115 天野郁夫,《試驗の社会史―近代日本の試驗·教育·社会》, 東京大学出版会, 1983.

116 〈조선문화 20년(19) 조선교육 20년 회고(상)〉,《동아일보》1940. 5. 7.

117 〈조선교육의 결함(19)〉,《동아일보》1930. 9. 27.

118 〈조선총독부령 제21호 경성제국대학예과규정〉, 《조선총독부 관보》 1924. 5. 2. 호외.

119 〈何校에 입학할가 연희전문학교〉, 《동아일보》 1921. 3. 4; 〈경성부내 각종 관공사립학교 신학기 입학소개 전문 및 고등정도〉, 《동아일보》 1926. 2. 11.

120 〈영어를 무기 삼읍시다〉, 《동아일보》 1935. 2. 13; 〈영어를 아는 이익〉, 《동아일보》 1935. 7. 24.

121 이시카와 사카에, 앞의 책, 110쪽.

122 경성에 있는 6대 신문, 조선신문, 조선일일, 조선일보, 매일신보, 경성일보, 동아일보가 공동주최하여 1939년 6월 15일 오후 5시부터 조선신궁 앞 광장에서 개최했다: 〈興亞聖業의 阻害物타도 금일 排英국민대회〉, 《동아일보》 1939. 6. 15; 〈배영국민대회〉, 《동아일보》 1939. 6. 16; 〈수만 명이 배영대회에 參集, 영국의 죄상을 폭로〉, 《동아일보》 1939. 6. 16.

123 〈英字간판은 철폐〉, 《동아일보》 1939. 8. 7; 〈排英동지회 조치원에서 결성〉, 《동아일보》 1939. 8. 29; 〈排英運動실천단계에 '영어' 구축을 절규〉, 《매일신보》 1939. 8. 12.

124 〈영어교수 대제한 학무국서 신중 입안 중〉, 《동아일보》 1939. 6. 17; 〈外語敎育의 재검토〉, 1939. 6. 24; 〈입학시험에서 外語除去〉, 1939. 7. 15.

125 〈오해풀고저 大豫專門입시중 외국어폐지에 관하여, 鹽原학무국장 談 발표〉, 《매일신보》 1939. 7. 25.

126 〈外語敎育의 재검토〉, 《동아일보》 1939. 6. 24.

127 〈입학시험에서 外語除去〉, 《동아일보》 1939. 7. 15.

128 〈영어시험 업지만은! 대신에 경쟁률이 만흐니 또 우울〉, 《매일신보》 1940. 2. 18; 〈一人 二校 지원은 不能, 전문대학 입시 전초, 금년부터는 영어시험이 전혀 없어젓다〉, 《동아일보》 1940. 1. 13.

129 〈拜英사상이 간첩온상 英語驅逐策을 강구〉, 《동아일보》 1940. 8. 3.

130 〈井上通信英語學校〉, 《동아일보》 1931. 3. 31.

131 전광용, 〈꺼삐딴 리〉, 1962.

132 〈專門大豫 입시 칠월에 시행〉, 《동아일보》 1946. 4. 26.

133 〈新朝鮮의 초석양성〉, 《동아일보》 1946. 1. 27; 〈개설학교와 모집규정〉, 《동아일보》 1946. 4. 3; 〈중등교원양성생 모집〉, 《동아일보》 1946. 11. 2; 〈등용문은 열리다 고등고시 오늘부터 개시〉, 《동아일보》 1950. 1. 6; 〈견습기자 모집〉, 《경향신문》 1957. 4. 5; 〈5대 1의 경쟁 교대 교원선발시험〉, 《경향신문》 1962. 6. 5.

134 교육과학기술부·한국교육개발원, 〈2012 한국 성인의 평생학습 실태〉, 2012.

135 〈모든 금융공공기관 입사서류 어학점수 자격증 기재 없앤다〉, 《경향신문》 2014. 4. 4.

136 〈대입과열로 영, 수는 '귀족과목' 그 외는 '허드레' 취급〉, 《동아일보》 1980. 7. 31.

137 장*규(충남고등학교) 1학년(1970년), 2학년(1971년) 일기.

138 장*규 일기 1970. 9. 7, 1970. 9. 9, 1971. 6. 2, 1970. 7. 7.

139 홍인기, 〈영어 사교육 실태 조사 결과 발표: 강남권과 비강남권 비교를 중심으로, 영어 사교육 실상을 말한다〉, 《영어사교육포럼 자료 총서 1》, 사교육 걱정 없는 세상, 2009, 17~42쪽.

140 김희삼, 〈영어투자의 수익과 효율성〉, 한국개발연구원, 2011.

141 김희삼, 앞의 글; 〈영어와 부의 순환 대물림〉, 《중앙일보》 2012. 6. 5; 토익위원회, 〈취업 준비생 지역별 TOEIC 성적 분석〉, 2010; 〈취업준비생 토익점수 최상–최하위 지역 비교해보니〉, 《동아일보》 2013. 9. 9.

142 〈한국인과 영어 1부, 욕망의 언어 잉글리쉬〉, EBS, 2015. 2. 2. 방영.

143 김희삼, 앞의 글, 140쪽.

144 〈563억 들인 NEAT, 1급 응시자 단 600명〉, 《서울신문》 2013. 9. 14.

145 〈취업시험 응시료 400만원 썼는데 아직 백수네요〉, 《시사저널》 1277, 2014.

146 김희삼, 앞의 글.

147 강준만, 앞의 책, 230쪽.

148 〈한국인의 Toeic 성적, 일본인보다 훨씬 높다〉, 《Toeic NewsLetter》 2007(7), 14~15쪽; 〈한 국 vs 일본, Toeic 성적 분석〉, 《Toeic NewsLetter》 2012(8), 10~11쪽.

149 〈적어도 공무원 시험은 공평하죠〉, 《중앙일보》 2016. 12. 21; 〈올해 공시 응시 70만 명 돌파〉, 《동아일보》 2016. 12. 29.

150 박종성·김상진·김상호, 〈민간자격 실태와 정책과제〉, 한국직업능력개발원, 2005, 49쪽; 한기호, 〈국가공인민간자격검정 시험관리 개선 인식조사 연구〉, 연세대학교 교육대학 원, 2006, 37쪽.

151 〈사회복지, 보육교육 자격증 뜬다〉, 《경향신문》 2014. 2. 22; 〈정례브리핑: 가계부채 구 조개선 촉진방안 후속조치 추진현황 및 금융공기업 채용관행 개선 등〉, 금융위원회 금 융정책과, 2014. 4. 4.

152 〈안민석 의원 "토익 1,200만 명, 국가영어시험은 폐지수순"〉, 《한국대학신문》 2015. 3. 11; 〈토익 바뀌기 전 점수 따자 학원, 시험장 북새통〉, 《조선일보》 2016. 2. 3.

153 〈'삼성 考試'에 10만 명〉,《조선일보》2013. 10. 14.

154 〈대학 편입시험의 계절〉,《중앙선데이》2009. 12(144호).

155 〈지난 해 토익 응시인원 207만 명 넘어〉, 한국 TOEIC 위원회(www.toeic.co.kr) 보도자료,
2014. 2. 25.

156 의정부령 제1호 문관전고소 규칙, 고종실록 1905. 4. 24; 이상무, 〈문관전고서 시험의 시
행과정〉,《교육사학연구》19(1), 2009, 51~85쪽; 박미량, 〈한말 경쟁적 선발의 제도화 과
정에 관한 연구〉, 숙명여자대학교 대학원, 1994.

157 〈등용문은 바늘구멍 '씨즌 오픈' 채용시험〉,《매일경제》1962. 9. 20; 〈좁은 문 입사시험
가이드〉,《매일경제》1963. 9. 17; 〈필기시험 없는 입사〉,《매일경제》1995. 6. 12; 〈입사
필기시험 폐지유도〉,《한겨레신문》1995. 6. 4.

158 學部令 第20號 師範學校令施行規則, 관보 1906. 9. 1; 교육공무원법, 법률 제1463호,
1963. 12. 5. 전부 개정, 시행 1964. 1. 1.

159 〈감사 결과 처분요구서-교원양성 및 관리 실태〉, 감사원, 2011.

160 송진경 면담.

161 자크 르 고프, 최애리 옮김,《중세의 지식인들》, 동문선, 1999, 106쪽.

162 윌리암 보이드, 이홍우·박재문·유한구 옮김,《서양교육사》, 교육과학사, 2009, 198쪽.

163 자크 르 고프, 앞의 책, 132쪽.

164 이영석,《역사가가 그린 근대의 풍경》, 푸른역사, 2002.

165 문찬기·한규석, 〈서열적 교류의 사회심리: 공손성과 서열관계 스트레스〉,《한국심리학
회지: 사회 및 성격》27(4), 2013, 1~28쪽.

166 김영희, 〈덴마크도 40년 전에는 '서열 의식'이 견고했다〉, 〈윗사람, 아랫사람 유사 신분
제 구실하는 서열 문화〉,《프레시안》2008. 2. 20, 4. 30.

167 김건우 면담.

168 문찬기·한규석, 앞의 글, 1~28쪽.

169 안상진('사교육 걱정 없는 세상' 연구원 2년차, 서울 화성고와 해성여고에서 수학교사 8년 경력)
면담, 2014. 3. 13; 오찬호,《우리는 차별에 찬성합니다》, 개마고원, 2013.

170 게르트 보스바흐·옌스 위르겐 코르프, 강희진 옮김,《통계 속 숫자의 거짓말》, 작은책방,
2012, 174~178쪽.

171 김부태,《한국학력사회론》, 내일을 여는 책, 1995; 이경숙, 〈전투적 교육가족: 학벌전쟁
을 이끄는 가족〉,《교육 열망과 재생산》, 한국학술정보, 2013, 51~78쪽.

172 최상천(전 대구가톨릭대학교 교수, 《알몸 박정희》저자) 면담, 2014. 3. 4.

173 장재천, 〈조선시대 성균관 유생의 서치순과 방차순 논란〉, 《한국사상과 문화》 74, 2014, 155~170쪽.

174 태종 1402. 6. 1. 김사형 등에게 일본 사신들에 대한 의전 절차를 묻다.

175 세종 1429. 1. 3. 황희·맹사성이 학문 진흥책을 올리다; 성종 1478. 11. 24. 예조에서 명경과 별시의 조건을 아뢰다; 세종 1444. 5. 10. 병조에서 아뢴 무과 전시의 좌차坐次; 성종 1478. 11. 24. 예조에서 명경과 별시의 조건을 아뢰다; 명종 1556. 1. 9. 병조에서 무과 복시의 뽑을 인원 수를 미리 정할 것을 아뢰니 200인으로 전교하다.

176 고종 1895. 4. 2. 宮內府官制를 頒布했는데; 고종 1895. 5. 16. 陸軍武官進級令을 裁可하여 頒布했는데; 관보 1899. 6. 7. 中樞院議事規則.

177 天野郁夫, 앞의 책.

178 민족사바로찾기국민회의, 《독립운동총서 8: 학생운동》, 민문고, 1995, 44~49쪽. 이 책에 "갑오개혁이 계기가 되어 …… 1885년"(47쪽)이라고 기술하고 있는데, 이는 1895년의 오기이다. 그리고 1895년 게이오의숙 입학생이 《독립운동총서 8: 학생운동》과 《한국잡지역사》에는 각각 191명, 약 190명, 《한국독립운동의 역사 17》에는 114명이라고 되어 있다.

179 1899년 의학교규칙, 《한국교육사료집성 개화기편 IV》, 103~106쪽.

180 학부령 제11호 외국어학교관제, 관보 광무 4년 7. 2(한국사데이터베이스); 1904년 법관양성소 규칙, 《한국교육사료집성 개화기편 IV》, 281~283쪽; 1905년 법관양성소 규칙, 《한국교육사료집성 개화기편 IV》, 316~317쪽.

181 백순근, 《일제 강점기의 교육평가》, 교육과학사, 2003; 이경숙, 앞의 글, 2006a.

182 〈관비유학생〉, 《황성신문》 1908. 8. 6; 〈구자학씨 逝去〉, 《매일신보》 1922. 1. 13; 〈具滋鶴, 敎育時弊〉, 《대한흥학보》 12, 1910. 4, 40~47쪽.

183 보성중고등학교, 《보성80년사》, 1986, 90~91쪽.

184 이충우·최종고, 《다시 보는 경성제국대학》, 푸른사상, 2013, 58~59쪽, 140쪽.

185 국가인권위원회 제소된 사건들: 사립고등학교의 상설적인 우열반 편성, 2010. 9. 3; 성적 우수자에 한정한 독서실 운영, 2010. 7. 13; 고등학교 우열반 편성에 의한 차별, 2010. 7. 13; 〈인권위 "성적 우수자만 자율학습실 허용하면 차별"〉, 《연합뉴스》 2008. 2. 4.

186 김종혁·이경숙, 〈저소득층의 교육열망과 현실수용〉, 《교육열망과 재생산》, 한국학술정보, 2013, 196쪽.

187 이*도(경북 Y여자고등학교 교장) 면담 2014. 12. 5.

188 서부원, 〈등수 적은 '블랙리스트' 누가 찢은 거야?〉, 《오마이뉴스》 2010. 2. 3.

189 本部에서 直轄하는 法官養成所의 學徒가 6개월에 이르러 卒業試驗을 거쳐서 본월 10일에 證書를 授與하니 卒業試驗榜을 적어서 官報에 揭載하기 바란다는 法部來牒 제62호, 수신일: 1895. 11. 11.

190 학무국통첩: 중등학교 제1학년 입학자 선발법 요항, 1939. 10. 12; 朝鮮教育會, 《中等學校 改正入學考査の手引》, 1940.

191 報告書 第二號 법관양성소에서 동계시험 성적보고, 발신자: 法官養成所長 金奎熙, 수신자: 法部大臣 權重顯 閣下, 1905.

192 〈입시 앞서 고교생성적 공개〉, 《경향신문》 1957. 9. 29.

193 서울지법 2003. 11. 27. 자 2003카합3433결정, 제작배포 금지 가처분(출처: 종합법률정보); 〈NEIS CD제작·배포 가처분 신청, '코앞' 대입전형 대혼란〉, 《서울경제》 2008. 11. 28.

194 〈대학-사설기관 뒷거래, 합격선 조작발표 말썽〉, 《동아일보》 1988. 11. 28.

195 〈입시과열 보도 자제키로 교육부 출입기자단〉, 《한겨레신문》 1998. 11. 20; 〈학교 서열화 보도 자제, 교육부 출입기자 강령 채택〉, 《동아일보》 1998. 11. 20.

196 〈sky는 'SKY'가 지킨다?〉, 〈입시전쟁 뺨치는 입대전쟁〉, 〈"서열화는 자신들만의 질서 형성 배제된 병사 집단 억압 등 사고로"〉, 《한국일보》 2014. 10. 10.

197 고은미, 〈1999~2008년 한국에서 대졸자 간 임금격차 변화〉, 《노동경제논집》 34(1), 2011, 103~138쪽.

198 김진영, 〈대학서열과 임금격차 변화〉, 《한국직업능력개발원 개원 14주년 기념세미나 교육-노동시장 연계과정에서의 불일치와 불평등 해소 방안》, 한국직업능력개발원, 2011, 77~101쪽.

199 박천수, 〈최근 청년층 의중임금과 실제임금 결정 요인 연구〉, 한국교육고용패널 학술대회 제9회, 2014.

200 마이클 영, 한준상·백은순 옮김, 《교육과 평등론 – 교육과 능력주의 사회의 발흥》, 전예원, 1986.

201 Celarent, B., The Rise of the Meritocracy: 1870~2033, *American Journal of Sociology*, 115(1), 2009, pp. 322~326.

202 Young, M., Down with Meritocracy—The man who coined the word four decades ago wishes Tony Blair would stop using it, *The Guardian*(http://www.theguardian.com), 2001. 6. 29.

203 김진영, 앞의 글.

204 조지프 스티글리츠, 이순희 옮김, 《불평등의 대가》, 열린책들, 2013.

205 이성우(현 다부초등교사 교사, 《일제고사를 넘어서》 공동저자) 면담, 2014. 3. 8.

206 배순애(참교육학부모회 대구지부 독서모임 회원) 면담, 2014. 3. 31.

207 1965년 라디오연속극 주제곡 〈회전의자〉와 1966년 영화 〈회전의자〉에서 "억울하면 출세하라"는 말이 등장하고, 1969년에는 〈억울하면 출세하라〉는 영화가 개봉되었다.

208 서상철, 《무한경쟁이 대한민국을 잠식한다》, 지호, 2011.

209 로버트 프랭크, 안세민 옮김, 《경쟁의 종말》, 웅진지식하우스, 2012, 50~54쪽.

210 존 듀이, 이홍우 옮김, 《민주주의와 교육》, 교육과학사, 2007.

211 고등고시령(대통령령 제174호), 1949. 8. 23. 제정, 1949. 8. 23. 시행.

212 사법시험령(각령 제1290호), 1963. 5. 9. 제정, 1963. 6. 1. 시행.

213 공무원임용시험령 1973. 4. 1.

214 공무원임용시험령 대통령령 제22835호, 2011. 4. 4.

215 《동아일보》 2014. 5. 23.

216 〈박근혜 정부 파워 엘리트, '고·서·영' 전성시대〉, 《세계일보》 2013. 5. 28.

217 〈박근혜 정부 출범 1년 S-S-S 파워 축 부각…고시출신 75퍼센트 압도적〉, 《서울신문》 2014. 2. 21.

218 〈과장급 70퍼센트, 국장급 88퍼센트…고시 출신 고위직 독식〉, 《파이낸셜 뉴스》 2014. 5. 20.

219 〈"한국, 경제적으로 성공했는데… '전쟁터 사회' 벗어날 때도 돼"〉, 《경향신문》 2014. 1. 28.

220 안전행정부, 〈2013 공무원 총조사〉, 2013.

221 〈나이만 보면 고시 출신인지 아닌지 다 안다〉, 《한겨레신문》 2011. 7. 15.

222 〈한국사 대란?〉, 《법률저널》 2012. 2. 2.

223 김*현 변호사, 박*찬 변호사, 구인호 변호사 면담, 2014. 3. 25.

224 〈외무고시 2부 합격자 41퍼센트, 고위직 외교관 자녀〉, 《오마이뉴스》 2010. 9. 5.

225 한영우, 《과거, 출세의 사다리 4》, 지식산업사, 2013, 94~97, 421쪽.

226 선우현, 〈상징폭력으로서 "개천에서 용 난다"〉, 《사회와 철학》 21, 2011, 1~44쪽.

227 중종 1516. 2. 28. 반석평을 경흥부사로 삼다.

228 한영우, 《과거, 출세의 사다리 4》, 지식산업사, 2013.

229 〈변호사시험에 합격한 4인은 소행을 조사 후 인가〉, 《매일신보》 1922. 10. 13; 〈조선변호사시험에 합격한 독학자들 모다 눈물겨운 리력을 가젓다〉, 《매일신보》 1928. 9. 14.

230 〈卄三歲獨學青年 辯護士試驗 合格〉, 《동아일보》 1933. 9. 10.

231 《동아일보》 1933. 9. 10; 《매일신보》 1939. 10. 7; 민족문제연구소, 《친일인명사전》, 2010; 이경숙, 앞의 글, 2006a. 308~310쪽.

232 김상봉, 《학벌사회》, 한길사, 2004, 60~78쪽.

233 〈"스무 살에 '잡스' 라는 분 알았다면, 《공부가 가장 쉬웠어요》 안 썼을 것"〉, 《머니투데이》 2011. 10. 12; 〈막노동일꾼에서 변호사로 '승천' 한 장승수〉, 《조선일보》 2013. 6. 16.

234 바렛·매킨토시, 김혜경 옮김, 《가족은 반사회적인가》, 여성사, 1994, 61쪽.

235 정구선, 앞의 책.

236 권문해, 《초간일기草澗日記》 1587. 8. 17, 19: http://story.ugyo.net.

237 서찬규, 《임재일기臨齋日記》 1846. 3. 12 : http://ugyo.net.

238 정구선, 앞의 책.

239 정구선, 앞의 책.

240 이숙인, 《정절의 역사》, 푸른역사, 2014.

241 〈高等試驗令〉, 《朝鮮總督府官報》 1918. 1. 17(1636호); 〈朝鮮人判任文官試驗規則〉, 《朝鮮總督府官報》 1911. 6. 28(248호); 〈소학교 및 보통학교 교원시험규칙〉, 《朝鮮教育法規》 (乾), 1932, 162~168쪽.

242 〈사법시험령〉, 각령 제1290호, 1963. 5. 9. 제정, 1963. 6. 1. 시행.

243 신대한身代限은 일본의 에도시대부터 시작된 강제집행제도로, 채무자가 빚을 다 갚지 못했을 때 정기적으로 일부씩을 갚도록 하는 변제법이다: http://ja.wikipedia.org.

244 〈사법시험령〉, 각령 제1290호, 1963. 5. 9. 제정, 1963. 6. 1. 시행

245 이지애, 〈조선후기 서얼의 차대 철폐 운동과 그 지위의 변화〉, 한남대학교 교육대학원, 2012.

246 〈새해 입학시험〉, 《경향신문》 1961. 10. 28, 11. 18.

247 국가인권위원회, 〈대학 장애학생 교육권 실태 및 개선방안에 관한 연구〉, 2009; 위문숙, 〈장애, 그 존재의 가벼움 1〉, 《인권연대》(www.hrights.or.kr), 2013.

248 〈신체장애 여학생 '법정합격'〉, 《경향신문》 1981. 1. 29.

249 〈지체부자유 사법연수원 졸업생 4명 법관임명 안 돼〉, 《동아일보》 1982. 8. 25.

250 박은수, 〈끝없는 도전〉, 《대구지방변호사회보》, 2005. 1. 10; 〈지체장애 네 법관 임용〉, 《경향신문》 1983. 2. 1.

251 위문숙, 앞의 글.

252 〈장애인 등에 대한 특수교육법〉, 제4조 (차별의 금지) 벌칙규정.

253 정구선, 앞의 책, 69~70쪽.

254 이 글은 1979년 당시 《씨알의 소리》에 실렸다가 삭제되었다. 1995년 6월 원문을 발견하여 《씨알마당》(씨알의 소리 통권 126호)에 다시 게재됐다.

255 경북대학교 60년사 편찬위원회, 《경북대학교 60년사: 1946~2006》, 2006, 75쪽.

256 진실화해를 위한 과거사정리위원회, 〈제24회·제25회 행정고시 면접탈락 사건〉, 2008, 333~365쪽.

257 진실화해를 위한 과거사정리위원회, 《2007 하반기 조사보고서》, 2007, 1145~1172쪽; 진실화해를 위한 과거사정리위원회, 〈시위전력자 사법시험 면접에서 탈락 지시〉, 2007. 9. 20.

258 김준연, 〈男女平等國과 不平等〉, 《별건곤》 8, 1927. 110~111쪽; 〈專門學校入學者檢定規程〉, 《朝鮮敎育法規例規大全》(乾), 1932, 441~455쪽; 〈文官任用令〉, 《朝鮮敎育法規例規大全》(乾), 1932, 152~153쪽; 〈高等試驗令〉, 《조선총독부 관보》 1918. 1. 22(1636호).

259 〈私立學校 敎員狀況〉, 《朝鮮總督府官報》 1916. 11. 29; 〈취직난의 증거인가 교원지원 이백팔십〉, 《중외일보》 1927. 7. 30; 〈삼종교원시험 13일부터 시행〉, 《동아일보》 1939. 8. 15.

260 신동원, 〈일제강점기 여의사 허영숙의 삶과 의학〉, 《의사학》 21(1), 대한의사학회, 2012, 25~66쪽; 〈제대 의과에 입학한 허영숙여사〉, 《매일신보》 1922. 2. 4; 〈의사시험합격자〉, 《매일신보》 1918. 10. 17; 〈名門따님 5형제 행진곡〉, 《삼천리》 4(2), 1932. 2, 50~57쪽.

261 〈망중한, 경기도에서〉, 《동아일보》 1924. 6. 27.

262 《동아일보》 1923. 6. 9, 1935. 5. 3.

263 〈슈夫人學力等級記〉, 《삼천리》 7(5), 1935. 6. 1.

264 〈여자에의 문호개방〉, 《동아일보》 1930. 11. 26.

265 〈여성 법조인맥 30년〉, 《동아일보》 1980. 6. 12; 〈이태영, '설송 정광현'〉, 〈'고시후원자들', 나의 교유록〉, 《동아일보》 1981. 11. 25·12. 8.

266 〈외무고시에 홍일점 합격〉, 《동아일보》 1978. 4. 20; 〈여성공무원과 고위직〉, 《경향신문》 1991. 3. 29.

267 〈여자대학에 고시반〉, 《동아일보》 1981. 3. 28; 〈여성 법조인맥 30년〉, 《동아일보》 1980. 6. 12.

268 김태일, 〈대학생의 공무원시험 준비가 취업, 보수, 직업만족도에 미치는 영향〉, 《조사연구》 12(1), 2011, 121~141쪽.

269 통계청, 〈청년층 비경제활동인구〉, 매년도 발표.

270 배귀희·차재권, 〈여성공무원 채용목표제의 정책 효과 분석〉, 《정책분석평가학회보》

18(1), 2008, 233~262쪽; 김진숙, 〈공무원 균형인사정책 효과성 평가연구〉, 이화여자대학교 대학원, 2014.

271 여용빈, 임옥균 옮김, 《유술록》, 학고방, 2012; 전경목, 〈여용빈의 《유술록》을 통해 본 조선 후기 수옥의 실태와 체옥의 원인〉, 《정신문화연구》 37(1), 2014, 61~95쪽.

272 숙종 1717. 8. 9. 경상 좌우도 감시의 초시가 파장되다.

273 숙종 1717. 8. 18. 금년의 감시에 대해 논의하다.

274 이경숙, 〈1930년 조선총독부의 "시험폐지"규정과 교육담론〉, 《정신문화연구》 29(3), 2006b, 225~253쪽.

275 한지혜 외, 《대학거부 그 후》, 교육공동체 벗, 2014.

276 〈성적 매기지 않은 교수들의 사연〉, 《참세상뉴스》 2002. 7. 18.

277 〈전남대 50여 명 시간강사 노조 창립〉, 《동아일보》 1988. 9. 15.

278 〈시간강사들의 1988학년도 2학기 성적표 제출 거부투쟁을 적극 지지하며〉, 민족전대 총학생회, 1988. 12. 28.

279 〈시간강사 노조의 '성적표 제출 거부'에 대한 총학생회 입장〉, 전남대 총학생회, 1989. 1. 20(http://archives.kdemo.or.kr 소장)

280 다치바나 다카시, 이규원 옮김, 《천황과 도쿄대》, 청어람미디어, 2008.

281 안용식·송해경·정현백, 〈일제하 조선인 문관고등시험 합격자 분석〉, 《현대사회와 행정》 17(3), 2007, 363~404쪽.

282 전병무, 〈일제하 고등문관시험 출신 조선인 판검사의 사회경제적 배경〉, 《한국학논총》 34, 2010, 1055~1088쪽.

283 이충우·최종고, 《다시 보는 경성제국대학》, 푸른사상, 2013, 173~178, 270쪽.

284 이항녕, 《작은 언덕 큰 바람》, 나남, 2012, 47~48쪽.

285 〈학교의 사계(12) 시험〉, 《동아일보》 1980. 5. 21.

286 〈아직도 학력위주의 교육관〉, 《동아일보》 1973. 12. 13.

287 〈내일에의 처방(29) 시험굴레에서 벗어나자〉, 《동아일보》 1993. 4. 2.

288 신세호 외, 〈입시위주 교육의 실상과 대책(I)〉, 한국교육개발원, 1990, 151쪽.

289 〈고교시험횟수 대폭 줄인다〉, 《경향신문》 1994. 1. 26; 〈고교시험 한 해 8회 이내 제한〉, 《한겨레신문》 1994. 1. 26.

290 서준교, 〈시험이 논증적 글쓰기에 미치는 효과〉, 서울대학교 대학원, 2012.

291 박광실, 〈검사의 빈도가 교과영역별 학업성취도 및 시험불안에 미치는 영향〉, 고려대학

교 대학원, 1997.

292 Bangert-drowns, R.L, Kulik, J.A., & Kulik Chen-Lin C., Effects of Frequent Classroom Testing, *The Journal of Educational Research*, 85(2), 1991, pp. 89~99.

293 Deck, D.W.Jr., *The Effects of Frequency of Testing on College students in a Principles of Marketing* Course, Virginia Polytechnic Institute and State University, 1998.

294 버텔 올먼, 김한영 옮김,《마르크스와 함께 A학점을》, 모멘토, 2012, 261쪽.

295 이경숙, 〈교육평가: 성장의 약속과 피드백〉,《중등수업혁신을 위한 능력개발 직무연수》, 대구광역시 교육연수원, 2011, 80~99쪽 일부 수정 보완.

296 각 지역교육청의 학업성적관리 시행지침, 〈각 학교의 학업성적 규정〉, 2011, 2012, 2013, 2014.

297 이종승·허숙 엮음,《시험, 왜 보나》, 교육과학사, 2003.

298 이경숙, 앞의 글, 2006a.

299 이경숙, 〈시험모순 변별력 담론〉,《최초의 교육개혁 입학사정관제》, 경북대학교 출판부, 2010, 195~215쪽.

300 〈2001수능: "어려운 문제 풀고도 점수 낮다니…"〉,《동아일보》2000. 11. 15.

301 이 글은 한국교육사학회 연차학술대회(2012. 11. 24)의 발표원고 〈시험과 내신의 엇갈린 역사: 선발의 역사에서 무엇을 배울 것인가〉를 수정한 것이다.

302 한국교육과정평가원,《대학수학능력시험10년사 I·II》, 2005, 67~68쪽.

303 손준종, 〈'내신제' 도입의 사회적 성격에 관한 연구― 1930년대를 중심으로〉,《교육사회학연구》16(3), 2006, 131~161쪽; 이경숙, 앞의 글, 2006a.

304 서울대학교 교육연구소,《교육학 용어사전》, 1995(출처 : www.naver.com).

305 엘레나 쇼하미, 신동일·박윤규 옮김,《시험의 권력》, 아카데미프레스, 2010.

306 이기정, 앞의 글; 정우식, 〈내신산출이 아니라 평가를 하고 싶다〉,《열린전북》8, 2007, 24~27쪽; 정원규, 〈교육의 본래 목적과 공정성의 입장에서 본 대학입시의 문제〉,《사회와 철학》21, 2011, 107~140쪽.

307 〈대학에도 연합고사제 문교당국 명년부터 실시계획〉,《동아일보》1953. 5. 25; 〈대학에 국가시험, 중학은 폐지〉,《경향신문》1953. 5. 31; 〈대학입시요강 결정〉,《동아일보》1953. 10. 22; 〈선발기일은 전후 二期로〉,《동아일보》1954. 12. 20; 〈문교행정은 어디로〉,《동아일보》1954. 3. 2.

308 중학교·고등학교 및 대학의 입학에 관한 임시조치법(법률 제681호), 1961. 8. 12 제정.

309 교육법(법률 제2045호), 1968. 11. 15. 일부 개정, 1968. 11. 15. 시행, 법개정 이유.

310 한국교육과정평가원, 앞의 책, 2005.

311 교육인적자원부 대학학무과, 〈2008 대입제도 바로보기〉, 2006.

312 교육부, 〈2002학년도 대학입학제도 개선안내 자료집〉, 1999, 6~9쪽.

313 교육혁신위원회, 〈학교교육 정상화를 위한 2008학년도 이후의 대학입학제도 개선방안〉, 2004, 39~54쪽.

314 이경숙, 앞의 글, 2010.

315 한국교육과정평가원, 〈2012학년도/2013학년도 대학수학능력시험 시행기본계획〉, 2011~2012; 〈대폭 쉽게, 올 수능안 확정〉, 《부산일보》 2011. 3. 31.

316 박지태 편저, 《대한제국기정책사료집성 VI》, 선인문화사, 1999, 157·228쪽; 보통학교령 시행규칙, 보통학교 규칙, 보통학교시행세칙(출처: 《조선총독부 관보》 1922. 4. 19(2902호), 1922. 2. 15(2850호))

317 〈중등학교 입학자선발에 관한 건〉, 1927. 12. 11, 각 도지사 앞, 조선총독부 학무국장 보냄; 손준종, 앞의 글; 이경숙, 같은 글, 2006a; 이경숙, 같은 글, 2007, 217~239쪽.

318 〈입시제도의 변천사〉, 《경향신문》 1963. 4. 5.

319 〈성적을 올려 내신〉, 《동아일보》 1957. 3. 12; 〈탄로된 고교의 부정내신서 연대합격 700여 원본압수〉, 《동아일보》 1957. 3. 18; 〈대학입시부정내신 13개교 교장들 근일 중 좌천 조치〉, 《동아일보》 1957. 4. 17.

320 〈신입생 선발요령을 결정, 전국공립대학총장 및 학장회의에서〉, 《동아일보》 1957. 9. 13; 〈1할 무시험전형제 서울대선 거부〉, 《경향신문》 1957. 9. 18; 〈무시험제를 권장〉, 《경향신문》 1957. 11. 10.

321 〈무시험제를 권장〉, 《경향신문》 1957. 11. 10.

322 〈대입전형지침의 문제점〉, 《동아일보》 1972. 4. 15; 〈대학입시개혁의 촉진〉, 《경향신문》 1971. 1. 20; 〈정상화될까 고교 숙人교육〉, 《경향신문》 1972. 4. 17; 〈대입예시 20퍼센트〉, 《동아일보》 1973. 2. 28; 〈산고 3개월 새 입시개혁안이 나오기까지〉, 《동아일보》 1973. 3. 1; 〈진통 겪는 "대입시개선" 일부大〉, 《경향신문》 1973. 6. 27; 〈대학입시 예시 성적 반영 의무적으로 외국어 선택 확대, 내신서 권장〉, 《경향신문》 1975. 4. 18.

323 〈대학입시에 고교성적 내신제〉, 《동아일보》 1978. 7. 13; 〈대입본고사 폐지검토〉, 《경향신문》 1979. 2. 14; 〈문교부 고교성적 내신제 전면실시 보류〉, 《경향신문》 1979. 6. 27.

324 교육법(법률 제3370호, 1981. 2. 13, 일부 개정, 1981. 3. 1. 시행) 제107조의 2(고등학교입학방법);

교육법시행령(대통령령 제10636호, 1981. 11. 25 시행, 1981. 11. 25, 일부 개정) 제71조의2 (대학입학방법)

[325] 교육법시행령(대통령령 제15141호, 1996. 8. 23) 제71조의 3(입학전형자료).

[326] 대통령자문 교육개혁위원회, 〈新교육체제 수립을 위한 교육개혁 방안〉, 1995, 54~55쪽.

[327] 교육인적자원부장관, 〈2002학년도 대학입학제도 발표에 따른 교육부장관 담화문〉, 교육부, 〈2002학년도 대학입학제도 개선 안내 자료집〉, 1999, 16쪽; 대통령자문 교육혁신위원회, 〈학교교육 정상화를 위한 2008학년도 이후 대학입학제도 개혁방안〉, 2004, 39쪽; 교육인적자원부 대학학무과, 〈2008 대입제도 바로보기〉, 2006; 대통령자문 정책기획위원회, 〈2008 대입제도 개선안- '모든 것을 교실로'〉, 2008.

[328] 라병현, 〈내신제 입시: 쟁점과 과제〉, 국회도서관 입법조사분석실, 1997; 대법원 1994. 9. 10. 선고 94두33 판결〈대학입시 기본계획 철회처분 효력정지〉 [공1994.11.1.(979),2870].

[329] Madaus, G., *The Irish study revisited, Test policy and test performance: education, language, and culture*, Kluwer academy publishers, 1989, pp. 83~85.

[330] 박**(40대 초반, 대구OO고교 3학년 담임) 면담, 2012. 10. 2.

[331] 김성천, 〈공교육 내신의 한계와 문제〉, 《사교육 걱정 없는 선진 내신체제를 설계한다》, 사교육 걱정 없는 세상, 2009, 55쪽.

[332] Jencks, C., *If not tests, thes what?, Test policy and test performance: education, language, and culture*, Kluwer academy publishers, 1989, pp. 115~121.

[333] 정범모, 〈교육개혁을 재는 잣대〉, 《교육개발》 102, 1996, 4~6쪽.

[334] 학업성취도평가정보서비스(naea.kice.re.kr).

[335] 교육과학기술부, 〈2008년도 학업성취도 '08년 초·중·고 학생대상 국가수준, 기초학력 진단 및 학업성취도평가 기본 계획(안)〉, 2008.

[336] 성열관, 〈평가적 국가관과 일제고사, 그리고 대안〉, 《일제고사를 넘어서》, 살림터, 2011, 13~32쪽.

[337] Frase, L.E & Streshlysms, W., A National Standardized Testing Program Will Boost Achievement, *Top Ten Myths in Education*, pp. 15~25; 신혁석·신원학, 〈이명박 정부의 국가수준 학업성취도 평가 전수 시행에 관한 정책 상황 분석-A-VICTORY 모형을 중심으로〉, 《교육방법연구》 22(1), 2010, 121~145쪽.

[338] 교육과학기술부, 〈학교자율화추진계획〉, 2008. 4. 15.

[339] 〈2008년 사설 모의고사 현황〉, 《광주드림》(www.gjdream.com) 2009. 10. 12; 〈학교자율화

이후 사설모의고사 2배〉,《도민일보》(www.idomin.com) 2008. 10. 6.

340 국회의원 도종환 의원실, 〈민주당 보도자료〉, 2013. 10. 14; 〈대전시교육청 "수업시간 중 사설모의고사 금지"〉,《경향신문》2014. 11. 11.

341 서울행정법원 제2부 판결, 2009구합19328 해임처분취소, 판결선고 2009. 12. 31; 춘천 지방법원 행정부 판결, 2009구합1172 해임처분취소, 판결선고 2010. 2. 11; 신은희, 〈일 제고사의 경과와 현황〉,《일제고사를 넘어서》, 살림터, 2011, 63~94쪽.

342 나홍하·변용철·김대현, 〈초등학생이 일제시험 기간 동안에 겪는 경험의 실체: 근거이론 방법론적 접근〉,《초등교육연구》20(2), 2007, 113~138쪽; 허숙, 〈학교 성적의 의미에 관 한 현상학적 탐구〉,《교육평가연구》7(2), 한국교육평가학회, 23~63쪽.

343 전국교직원노동조합 산하기구 참교육연구소, 〈일제고사에 대한 학생인식과 생활실태조 사 보고서〉, 2012.

344 한국교육과정평가원, 〈2014 학업성취도 포커스 모음집 1〉, 2014; 교육부, 〈보도자료: 올 해부터 학업성취도평가 초등학교 폐지, 중학교 과목 축소〉, 2013. 4. 24.

345 김민남, 손종현, 《한국교육론》, 경북대출판부, 2007.

346 이성우, 〈일제고사의 해악성, 철학적 접근〉,《일제고사를 넘어서》, 살림터, 2011, 128~ 143쪽.

347 경기도 교육청, 〈2013 평가혁신 우수사례〉, 2013.

348 서울시교육청의 교사 파면, 해임 조치의 철회를 촉구하는 교육학자, 〈성명서: 서울시교 육감은 교사들에 대한 파면 해임 결정을 즉각 철회하고, 학교현장을 황폐화하는 반교육 적 조치들을 중단하라〉, 2009. 1. 16.

349 한국교육과정평가원, 〈2014 학업성취도 포커스 모음집 1〉, 2014.

350 송진경(45·초등학교 교사) 면담, 2014. 2. 19.

351 이양섭, 〈일제고사와 부진학생 지도〉,《교육기획력 실천모임 세미나 자료집: 일제고사와 학교현장》, 2008, 61~79쪽.

352 김이경, 〈 '2013 국제 교사 위상 지수' 분석 결과 및 한국 교원정책에 주는 시사점〉, 한국 교육개발원, 2014, 4쪽.

353 교육과학기술부, 〈뒤처지는 학생 없는 학교 만들기 첫 단추〉, 2009. 2. 6.

354 성기선, 〈외국사례를 통해 본 일제고사 방식의 평가에 대한 문제점〉,《일제고사 폐지와 그 대안은?》, 총대선 승리 교육운동 연석회의, 2012, 25~41쪽.

355 Frase, L.E & Streshlysms, W., 앞의 글, pp. 15~25.

356 다이앤 래비치, 윤재원 옮김, 《미국의 공교육 개혁》, 지식의 날개, 2011.

357 전교조 정책실, 〈2012 일제고사 관련 파행사례, 일제고사 폐지와 그 대안은?〉, 총대선 승리 교육운동 연석회의, 2012, 4~24쪽; 교육기획력 실천모임, 《교육기획력 실천모임 세미나 자료집: 일제고사와 학교현장》, 2008.

358 〈법원서 안 통해도… 교과부 '징계남발'〉, 《한겨레신문》 2012. 10. 23.

359 서울중앙지방법원 제41 민사부 판결, 2009가합59331 파면무효 확인, 2010. 4. 26.

360 성열관, 〈평가과잉의 시대를 어떻게 극복할 것인가?〉, 《제3차 국가 교육과정 전문가 포럼: 국가 교육과정의 운영·지원 체제의 개선방안》, 2014, 45쪽.

361 〈변호사 양성제도의 변화가 주는 의미〉, 《대한변협신문》 2015. 8. 24.

362 〈이 대통령 82회 탄신일 경축행사 성대〉, 《동아일보》 1957. 3. 27; 〈마라톤 등 대회 이 대통령 탄신축하〉, 《동아일보》 1957. 3. 28.

363 〈방청하는 정도로〉, 《경향신문》 1957. 3. 28; 〈법대입학에 모종 압력설〉, 《동아일보》 1957. 3. 31.

364 〈서울법대생등교? 교수와 학생 간에 절충〉, 《경향신문》 1957. 4. 12; 〈심의석(서울대 법대 2학년), 특권의식의 문제〉, 《경향신문》 1957. 4. 14; 〈이강석군 입학에 파문, 서울법대생 9일 긴급총회 소집〉, 《경향신문》 1957. 4. 10; 〈비화 제1공화국(500) 제18화 4·19혁명〉, 《동아일보》 1975. 3. 11; 〈남재희, 서울법대 동맹휴학… 잊혀진 4·19의 전사〉, 《한겨레신문》 2014. 7. 31.

365 〈맹휴는 오해 때문, 최 장관, 국회문교위원질문에 답변〉, 《동아일보》 1957. 4. 12; 〈이강석군 입학에 파문〉, 《경향신문》 1957. 4. 10.

366 국가기록원, 〈차관회의록송부의 건〉, 단기 4290년. 4. 13; 〈이강석 입학 정당, 윤 총장 담화발표〉, 《동아일보》 1957. 4. 12; 〈일체 간섭 않는다, 서 치안국장〉, 《경향신문》 1957. 4. 11; 〈서울법대생 등교? 교수와 학생간에 절충〉, 《경향신문》 1957. 4. 12.

367 〈심의석(서울대 법대 2학년), 특권의식의 문제, 서울법대에 편입한 이군의 경우〉, 《경향신문》 1957. 4. 14; 〈民山 되짚기(10) 심의석 한나라당 성북갑 지구당 전 위원장〉, 《시사 온》 2011. 10. 26.

368 〈낙하산 입학은 사실 아니기를 바란다〉, 《경향신문》 1957. 4. 11.

369 〈교육풍조 좀 먹는 일류병〉, 《경향신문》 1965. 6. 9; 〈6학년은 피곤하다〉, 《경향신문》 1964. 9. 16; 이화여대 교육학과 이대교육연구회에서 교육전문가, 교사, 학부형, 아동, 중학생 총 1,545명을 대상으로 〈중학교 입학시험에 관한 연구〉를 진행한 결과이다.

370 〈좁은 문, 낙방이 빚는 비극〉,《경향신문》 1966. 12. 17.

371 정범모,〈입시소동〉,《동아일보》 1965. 12. 18.

372 〈말썽난 애매한 문제 수험생에게 유리하게〉,《경향신문》 1964. 12. 9;〈틀린 문제 또 하나, 자연 6번 '齒의 구실'〉,《경향신문》 1964. 12. 10.

373 〈무우즙〉,《경향신문》 1965. 7. 8.

374 〈중학입시문제에 관한 분론〉,《동아일보》 1964. 12. 9;〈합격발표 중지 전기 중학, 세 번 뒤바뀐 정답〉,《경향신문》 1964. 12. 10;〈오늘 중 판명, 무즙 엿 만들 수 있나〉,《경향신문》 1964. 12. 29;〈'디아스타제'만 맞아〉,《경향신문》 1965. 1. 8.

375 〈출제 잘못으로 억울한 1점차〉,《경향신문》 1964. 2. 15;〈중학입시 출제 둘러싼 시비, 법정으로 번진 1점의 경쟁〉,《동아일보》 1964. 2. 19;〈또 입시행소〉,《경향신문》 1964. 2. 20;〈입시행소 모조리 기각〉,《경향신문》 1964. 3. 17.

376 〈교육특혜… '무우즙' 구제, 정원초과로 살려〉,《동아일보》 1965. 5. 6;〈무우즙 학부형들, 구제책에 기대, 소송을 취하〉,《동아일보》 1965. 5. 11;〈교육질서 파괴, 서울시교육회〉,《경향신문》 1965. 5. 12;〈그때 그 사건 1. 무우즙 파동〉,《경향신문》 1965. 12. 1.

377 〈무우즙 소외학생 구제 어려워〉,《경향신문》 1965. 7. 8.

378 〈무우즙파동 연쇄불씨〉,《경향신문》 1965. 5. 21;〈소외訴外학생 구제, 정책적으로 할 일, 교육감 말〉,《경향신문》 1965. 6. 4;〈의원들 농사지어봐야〉,《경향신문》 1965. 6. 5.

379 〈소외학생 구제, 정책적으로 할 일, 교육감 말〉,《경향신문》 1965. 6. 4

380 〈시교위를 감사, 입시부정문제 추궁〉,《경향신문》 1965. 11. 5.

381 〈'무우즙' 덤으로 부정입학〉,《동아일보》 1965. 5. 20;〈경기 경복 교장 인사조치… 덤 입학은 21명〉,《동아일보》 1965. 5. 25;〈무우즙 덤 입학의 책임은 누가 질 건가〉,《동아일보》 1965. 6. 3;〈서 중등교육과장 등 8명 인사조치〉,《경향신문》 1965. 6. 30;〈前 경기·경복교장 등 4명 사표 받으라〉,《동아일보》 1965. 6. 30.

382 〈'무우즙 덤으로 부정입학〉,《경향신문》 1965. 5. 20;〈청와대정무비서관, 청와대공보비서관 민충식, 박상길씨 돌연사임〉,《경향신문》 1965. 6. 7.

383 〈한 문교차관 사표, 김 서울시교육감은 아직 버텨〉,《경향신문》 1968. 6. 28;〈사표 제출, 한 차관, 허 국장, 엄 국장, 김 교육감도 사의 표명〉,《동아일보》 1965. 6. 28;〈김 교육감, 허 국장, 임 국장 해임발령〉,《동아일보》 1965. 7. 5;〈1965년 그 사건과 그 사람 1. 무우즙 파동〉,《경향신문》 1965. 12. 1.

384 〈세 명 부정입학 경기고교〉,《동아일보》 1965. 5. 29.

385 〈교육특혜, 서울대 부정입학…18명 추가입학, 학과별 정원도 무시하고〉, 《동아일보》 1965. 5. 6.

386 〈조류; 박봉의 교수들 자녀, '특혜입학' 관대히, 서울대 부정입학에 일언〉, 《동아일보》 1965. 6. 3.

387 불합격처분 취소 등 청구사건, 서울고법 66구23(재판장 김윤행), 1966. 3. 31.

388 〈중학입시 정답파동〉, 《경향신문》 1965. 12. 28.

389 〈이틀째 농성 경기중 입시파동〉, 《동아일보》 1967. 12. 6; 〈경기중학 입시분규〉, 《경향신문》 1967. 12. 7; 〈정답은 하나다, 경기중학교 채점기준 변경의 밑바닥〉, 《동아일보》 1967. 12. 7.

390 〈경기중, 오백여 학부형 난입 농성〉, 《동아일보》 1967. 12. 5; 〈장관실 앞에서 농성, 경기중 입시파동〉, 《동아일보》 1967. 12 . 9; 〈난방실 두고 호텔전전〉, 《동아일보》 1967. 12. 11; 〈법정에 쏠린 어린 눈동자 경기중, 서울중 합격청구 공판〉, 《경향신문》 1968. 1. 20.

391 판결: 입학시험합격 확인 등, 집16(3)행, 009, 대법원 1968. 10. 22.

392 장*규(충남고등학생) 일기.

393 교육부·한국대학교육협의회·한국전문대학교육협의회, 〈2014학년도 수능 세계지리 성적정정 관련 추가합격 대상자 집계 발표〉, 2014. 12. 17.

394 〈"수능 소수점 반올림 당락 바뀌었다" 서울대수험생 이의 제기〉, 《동아일보》 2003. 1. 3.

395 〈수능 반올림 점수 사건〉, 대법원 2007. 12. 13. 선고 2005다66770 판결.

396 정효찬(44·경북대학교·한양대학교 강사) 면담, 2014. 2. 25.

397 장응진, 〈二十年前 韓國學界 이약이〉, 《별건곤》 5, 1927, 16~18쪽.

398 김창제, 〈漢城師範學校와 恩師〉, 《삼천리》 4(1), 1932, 17~20쪽.

399 이충우·최종고, 앞의 책, 64~69쪽.

400 홍명희, 〈자서전〉, 《삼천리》 2, 1929. 26~29쪽.

401 홍명희, 앞의 글.

402 이엘레이나(1983년생·블라디보스토크 거주 고려인) 면담, 2009. 2. 24~3. 7.

403 이베체슬라브 면담 2009. 2. 24; 백규성 면담 2009. 2. 25; 윤스타니슬라브 면담 2009. 2. 28; 송지나 면담(극동대학교 교수) 2009. 3. 5.

404 이경숙, 〈블라디보스토크 한인학교의 변동〉, 《정신문화연구》 34(1), 2011, 7~40쪽.

405 최**(1989년 현재 고등학교 3학년) 일기.

406 홍명희, 앞의 글. 29쪽.

407 오욱환, 〈한국계 미국인에게 교육출세론의 의미: 결사적 동기로서 역설적 신화〉, 《교육학연구》49(4), 2011, 10쪽.

408 강수돌, 《경쟁은 어떻게 내면화되는가》, 생각의나무, 2008, 25~28쪽.

409 여정희(참교육학부모회 대구지부 독서모임 회원) 면담, 2014. 3. 31.

410 〈낙방 수험생, 가족 잇달아 목숨 끊어〉, 《한겨레신문》1995. 2. 2.

411 최** 일기.

412 박영신·김의철·한기혜, 〈한국인의 성취의식 탐구: 성공, 실패, 미래성취 의식에 대한 10여 년간 연구의 통합적 분석〉, 《교육학연구》50(3), 2012, 51~89쪽.

413 김의철·박영신, 〈한국 사회와 교육적 성취(II): 한국 청소년의 학업성취에 대한 심리적 토대 분석〉, 《한국심리학회지: 사회문제》14(1), 2008, 76쪽.

414 영조 1773. 4. 9. 이한일이 과장의 문란을 아뢰다; 이 번역은 강명관의 번역이다(〈엿 파는 아이〉, 《조선일보》2008. 7. 21).

415 조선시대 사헌부司憲府의 정오품正五品 관직(출처 : https://people.aks.ac.kr).

416 박지원, 김혈조 옮김, 《열하일기》, 돌베개, 2009.

417 정병모, 〈새벽녘 과거시험장의 풍경〉, 《국악누리》84, 국립국악원, 2007, 30~33쪽.

418 김혈조, 〈科場의 안과 밖: 18세기 한 지식인이 본 과장의 백태〉, 《대동한문학》38, 2013, 79~135쪽.

419 고종 1894. 2. 19. 과거의 폐단을 시정할 것을 명하다; 김구, 도진순 주해, 《백범일지》, 돌베개, 2002.

420 〈이 땅의 최초의 고등고시〉, 《동아일보》1950. 1. 7.

421 주요섭, 〈붙느냐 떨어지느냐〉, 《사랑손님과 어머니 외》, 유페이퍼, 2004, 218~233쪽.

422 〈1988년 12월15일 입시한파 기습〉, 《경향신문》2014. 11. 13.

423 한국교육과정평가원, 《대학수학능력시험 10년사II》, 2005, 230~232쪽.

424 정지행(대구가톨릭대학 1학년), 2012. 11. 8. 작성.

425 1905年(明治38年)3月14日の読売新聞朝刊ミニコーナー『もしほ草』に「試験で盗み見することをカンニングという」という記事がある(출처 : http://ja.wikipedia.org)

426 〈新語辭典〉(2), 《별건곤》27, 1930, 87쪽.

427 변영태, 〈외래어에 대한 漫想〉(五), 《동아일보》1936. 8. 22.

428 〈횡설수설〉, 《동아일보》1959. 8. 25.

429 〈장편작가 방문기(3) 역사문학과 김동인씨〉, 《삼천리》11(4), 1939, 218~223쪽.

430 송진경 면담.

431 〈권위 없는 국가고시〉,《동아일보》1954. 1. 4;〈대학연합고시는 공정했는가〉,《동아일보》 1954. 1. 11.

432 답안을 작성해 제출하는 종이試紙는 응시자들이 장만해야 했다.

433 김구, 앞의 책.

434 김구, 앞의 책.

435 김기헌·안선영·장상수·김미란·최동선,〈아동·청소년의 생활패턴에 관한 국제비교 연구〉, 보건복지가족부·한국청소년정책연구원, 2009; 통계청,〈사회조사 등을 통해 바라본 우리나라 고3의 특징〉, 2010. 12.

436 필립 아리에스 외, 김기림 옮김,《사생활의 역사 5》, 새물결, 2006, 775~778쪽.

437 장*식 일기, 1971. 12. 24.

438 장*규 일기, 1970. 4. 23.

439 조현우(초등학교 5학년) 면담, 2014. 11. 5.

440 김혈조(50대 후반·영남대 교수) 면담, 2014. 4. 7.

441 《연합뉴스》2013. 9. 16;《머니투데이》2013. 10. 28;《대전일보》2013. 10. 29;《매일일보》 2013. 11. 3;《국민일보》2013. 7. 29.

442 김**(마음이 자라는 학교, 중학 2학년) 면담, 2014. 5. 9.

443 유형원,《반계수록》(출처: http://www.krpia.co.kr).

444 정약용, 북한사회과학원 고전연구소 옮김,《경세유표》, 여강출판사, 2001. 8.

445 강준만,《한국근대사산책》, 인물과 사상사, 2007, 342쪽.

446 〈한성 ᄉ범 학교 쇽성과에 일어 부교관을 시험ᄒ야 쑵을터이니〉,《독립신문》1896. 11. 28;《皇城新聞》1907. 10. 4, 10. 12, 11. 7, 1908. 9. 4.

447 전우용,〈현대를 만든 물건들: 손목시계〉,《한겨레신문》2014. 7. 29.

448 《皇城新聞》1900. 6. 21, 1900. 7. 3, 1901. 6. 29, 1902. 7. 12, 1906. 7. 3.

449 양백화梁白華,〈女學生과 金時計〉,《별건곤》10, 1927, 78~79쪽.

450 한국보건의료인국가시험 홈페이지 참조, 2013. 1.

451 'R형'이란 확장결합형 문제이다. 확장결합형은 선다형의 한 유형으로, 예시와 답안의 숫자가 비교적 자유롭다. 대체로 예시의 숫자가 최대 25개까지로 오지선다형보다 많다: 한국보건의료인 국가시험원,〈확장결합형(R형) 시험문항 만들기〉,《한국보건의료인 국가시험원 간행물시리즈》7, 2000.

452 〈수험생들, 사시1차 속독시험 될까 우려〉, 《법률신문》 2013. 2. 8.

453 행정안전부, 〈고등고시 PSAT 타당성 있지만, 운영부분 개선 필요〉, 《PSAT 진단·평가 및 발전방향 모색 연구용역 중간보고》, 2009. 11. 2.

454 〈올해 법학적성시험 문항 수 줄인다〉, 《법률신문》 2009. 5. 20.

455 법무부 법조인력과, 〈매년 사법시험 합격자 발표자료〉.

456 2007헌마917, 제49회 사법시험 제2차 시험 실시계획 중 시험시간 부분 위헌 확인, 2008. 6. 26.

457 사건 2002헌마262, 사법시험 시험시간 등 위헌 확인; 사건 2003헌마553, 사법시험 시험시간 위헌 확인; 사건 2004헌마619, 제46회 사법시험 제2차 시험 실시계획 공고 등.

458 EBS제작팀 엮음, 《최고의 교수》, 예담, 2008.

459 〈외환위기 뒤 상위 20퍼센트 실질소득 41퍼센트↑… 하위 20퍼센트는 24퍼센트↓〉, 《중앙일보》 2012. 10. 24.

460 〈기획특집 '부의 집중' 가속화; 한국, 상위 10퍼센트가 소득 45퍼센트 차지〉, 《매경뉴스》 2014. 6. 2.

461 통계청, 〈2016년 상반기 지역별 고용조사 – 취업자의 산업 및 직업별 특성〉, 2016. 10. 26.

462 윤유규·성재민, 〈저임금근로자의 노동시장 이행경로 및 결정요인 분석〉, 한국노동연구원, 2011.

463 전재식, 〈대졸 하향취업의 고착화 현상과 노동시장 효과〉, 《KRIVET Issue Brief》 7, 2012. 7. 15.

464 한국직업능력개발원, 〈4년제 대학생의 스펙 쌓기 실태〉, 《KRIVET Issue Brief》 16, 2012.

465 《한국대학신문》 2014. 4. 30; 《뉴시스》 2014. 5. 6; SBS 2014. 5. 23.

466 고용노동부, 〈대졸자·퇴직자 수 전망〉, 2012. 2. 16.

467 통계청(http://kosis.kr), 〈성별 휴학경험 유무, 휴학사유, 평균 휴학기간 조사 결과〉, 2007. 5~2015. 5.

468 박진희, 양수경, 〈청년층 취업준비자 현황과 특성〉, 한국고용정보원(www.keis.or.kr), 2016. 6. 30.

469 최기성, 이재성, 〈4년제 대졸자의 취업사교육 기간 및 비용〉, 한국고용정보원(www.keis.or.kr), 고용동향브리필 2015. 4.

470 이계삼, 〈슬픈 사람 안혜영〉, 《오늘의 교육》 8, 교육공동체 벗, 2012.

471 〈제28회 2013 동작통계연보(2012. 12. 31. 기준)〉, 동작구, 46쪽; 〈노량진 '학원 고시원 거

리' 확 바뀐다〉, 《문화일보》 2011. 10. 24; 〈동시다큐 2 스토리 1회〉, jtbc 2012. 7. 15. 방영.

472 〈제28회 2013 동작통계연보(2012.12.31일 기준)〉, 동작구, 46쪽; 유병택, 〈청년실업주범은 누구인가〉, 《충북일보》 2010. 1. 13; 〈노량진 공시촌 블루스〉, 《한겨레 21》 2010. 11. 26(837호); 《상가 뉴스레이다》 http://www.sangganews.com.

473 〈다큐 3일: 그럼에도 불구하고 – 노량진 고시촌〉, KBS2 2011. 2. 27. 방영.

474 〈고승덕 후보 "나는 결코 구름 위 사람이 아니다"〉, 《경향신문》 2014. 5. 26.

475 〈일상이 된 자살〉, 《일요신문》 2013. 11. 18; 〈잔인한 계절……고시촌 우울증 비상〉, 《국민일보》 2011. 6. 19; 〈노량진 고시생 자살 대책 없나〉, 《현대 HCN뉴스》 2013. 6. 28.

476 김대식(가명) 면담, 2014. 6. 15.

477 장강명, 《표백》, 한겨레출판사, 2011, 134쪽.

478 jtbc 2012. 7. 15, 앞의 프로그램, 김태양(29·행정공무원 준비) 면담 중에서.

479 김맑음(가명·대학생, 공무원시험 준비를 위해 휴학 중) 면담, 2014. 5. 15.

480 이*배(보문고등학교) 일기, 1955. 11. 22일 화요일 비.

481 KBS2 2011. 2. 27. 방영, 앞의 프로그램.

482 〈'공무원이 최고'…고시촌에 갇힌 32만 청춘들〉, 《파이낸셜뉴스》 2014. 5. 28; 김맑음(가명) 면담

483 김대식(가명) 면담.

484 김정운, 〈한국 공무원 채용제도의 개선 방안에 관한 연구〉, 연세대학교, 2012, 31~33쪽.

485 2004년도에 국가직 7급과 9급 공무원시험 합격자 평균 연령이 각각 28.9세, 26.9세였다가 그로부터 10년 후인 2013년에는 30.1세, 29.0세로 높아졌다. 7급 공무원의 경우 1년 4개월, 9급 공무원의 경우 2년 4개월이나 늦추어졌다. 연령이 높아진 까닭에는 2009년 응시연령 상한선을 폐지한 이유도 있다.

486 김정운, 앞의 글, 58쪽.

487 장강명, 앞의 책, 174~175쪽.

488 안상진 면담.

489 안상진 면담.

490 김택룡, 《조성당일기》, 한국국학진흥원, 2010, 333~339쪽.

491 박지원, 박희병 옮김, 《고추장 작은 단지를 보내니》, 돌베개, 2005, 64~65쪽.

492 Brown, P., *The Third Wave: Education and the Ideology of Parentocracy*, Education: Culture,

Economy, and Society, Oxford: Oxford University Press, pp. 339~408.

[493] 김현주, 《입시가족-중산층 가족의 입시사용법》, 새물결, 2013, 134~135쪽.

[494] 아네트 라루, 박상은 옮김, 《불평등한 어린시절》, 에코리브르, 2012.

[495] 김현주, 앞의 책.

[496] 아만다 리플리, 김희정 옮김, 《무엇이 이 나라 학생들을 똑똑하게 만드는가》, 부키, 2014; The Economist, 2011. 12. 17(SEOUL), Exams in South Korea: The one-shot society; LE MONDE CULTURE ET IDEES, 2013. 9. 19, L' obsession scolaire de la Corée du Sud(한국의 교육에 대한 집착)

[497] 조형근, 〈근대의 가족- '냉혹한 세상의 피난처' 인가 '기대의 감옥' 인가〉, 《오늘의 문예비평》, 1998, 39~56쪽.

[498] 김성윤, 《18세상》, 북인더갭, 2014, 112쪽.

[499] 이경숙, 앞의 글, 2013, 51~78쪽.

[500] 김현주, 앞의 책, 104쪽.

[501] 김진숙, 《소금꽃나무》, 후마니타스, 2007, 96~97쪽.

[502] 박성애(50대·서대구초등학교 교사) 면담, 2014. 2. 26.

[503] 조지프 스티글리츠, 이순희 옮김, 《불평등의 대가》, 열린책들, 2013.

[504] 여유진, 〈한국에서의 교육을 통한 사회이동 경향에 대한 연구〉, 《보건사회연구》 28(2), 2008, 53~80쪽.

[505] 김진숙, 앞의 책.

[506] 김영철, 〈대학진학 기회확대와 기회형평성 제고〉, 《KDI》23, 한국개발원, 2012. 11. 5.

[507] 류방란·김성식, 〈교육격차: 가정 배경과 학교교육의 영향력 분석〉, 한국교육개발원, 2006.

[508] 〈상위권 10개대, 소득 상위 10퍼센트 출신이 하위 10퍼센트의 4배〉, 《한겨레신문》 2012. 3. 2.

[509] 김영철, 〈고등교육 진학단계에서의 기회형평성 제고방안〉, KDI, 2011.

[510] 〈특목고입학은 부모 소득순〉, 《한겨레신문》 2007. 4. 6; 〈국제중 학부모 고소득 고학력자 많다〉, 《한겨레신문》 2008. 9. 29; 〈(2009 국감) 경기도 특목중 고 부모 20퍼센트가 상류층〉, 《아시아경제》 2009. 10. 8.

[511] 〈영훈국제중 867명 성적 조작…보호시설 학생은 탈락〉, SBS 2013. 7. 16. 뉴스 방영.

[512] 〈영훈·대원·청심 국제중학교의 사회적 배려대상자 전형 조사 결과 발표〉, 국회 교육문

화체육관광위원회 소속 야당 국회의원 15인, 2013. 5. 27.

513 〈영훈국제중, 부유층 학생 입학시키려 867명 성적조작〉, 《한겨레신문》 2013. 7. 17; 〈재벌가 자녀 '부정입학 수사' 제2라운드 돌입〉, 《CNB NEWS》 2013. 3. 6.

514 〈부끄러움 모르는 '위장전입 정권'〉, 《경향신문》 2010. 8. 16; 〈MB정부 위장전입 개각인사 20명〉, 《머니투데이》 2011. 7. 21; 〈MB정부 위장전입 논란 고위공무원 20여 명 달해〉, 《아시아투데이》 2012. 4. 22.

515 가로 1.1m 세로 0.8m 높이 2.1m 크기의 사방이 꽉 막힌 직육면체 부스 안에 책상과 의자가 부착되어 한 사람이 들어가면 딱 맞는 크기이다. 이 부스를 '현대판 사도세자 뒤주' 라고 일컫는다.

516 조한혜정, 〈모성 괴담 사회〉, 《한겨레신문》 2011. 12. 2.

517 〈고액 '입시 대리모' 까지 등장…대물림되는 사교육?〉, SBS 2014. 2. 27.

518 〈"아빠만 없으면…" 평범한 소년의 잘못된 선택〉, 《연합뉴스》 2010. 10. 21; 〈아이들 극단으로 내모는 '가족의 파괴'〉, 《시사인》 221, 2011. 12. 2.

519 강준만, 《어머니 수난사》, 인물과사상사, 2009.

520 남빛나라, 〈"널 보면 토 나와"…죽이지 못해 죽는 아이들〉, 《프레시안》 2013. 10. 31.

521 〈엄마 살해 뒤 8개월 방치…그 아이를 만났다〉, 《한겨레신문》 2012. 3. 10; 〈거리감 상실 한 가족문화존속살해범 양산하는 '캥거루족' 항변〉, 《프레시안》 2013. 10. 28.

522 남빛나라, 〈'부모의 사랑' 이라는 학대〉, 《프레시안》 2013. 10. 31.

523 이훈구, 《미안하다고 말하기가 그렇게 어려웠나요》, 이야기, 2001.

524 남빛나라, 〈'부모의 사랑' 이라는 학대〉, 《프레시안》 2013. 10. 31.

525 이동원 외, 《대학입시와 한국가족》, 다산출판사, 1996, 9~30쪽.

526 강준만, 앞의 책, 2009.

527 필립 아리에스 외, 전수연 옮김, 《사생활의 역사 4》, 새물결, 2002.

528 김진숙, 《소금꽃나무》, 후마니타스, 2007, 96~97쪽.

529 존 듀이, 이홍우 옮김, 《민주주의와 교육》, 교육과학사, 2007, 99쪽.

530 〈양·가 아저씨?〉, YTN 돌발영상 2003. 9. 25.

531 〈그의 생활기록부, 누가 공개했나?〉, 《오마이뉴스》 2003. 9. 26; 〈교육부가 윤성식 후보 생활기록부 유출〉, 《오마이뉴스》 2003. 10. 1; 〈감사원장 청문회 며느리 성적표 요구 논란〉, 《중앙일보》 2005. 5. 21.

532 〈유영철 미술성적 줄곧 '수'… IQ는 90~100〉, 《동아일보》 2004. 7. 19; 〈길에서 태어났

다고 길태〉, 《조선일보》 2010. 3. 12; 〈'못된 송아지' 생활기록부는 막 까도 되나?〉, 《오마이뉴스》 2010. 3. 14.

533 학교생활기록부반환조치거부 민원 [교육인적자원부 03-11661, 2004. 4. 12, 교육인적자원부] ; 〈'생활기록부 50년 보관' 교육부훈령 헌소〉, 《서울경제》 2004. 7. 30; 〈학생생활기록부 존폐여부 '도마 위에' 단양초 교사 "사생활 비밀 침해" 헌소〉, 《중부매일》 2004. 2. 20.

534 헌재 2004. 8. 10. 2004헌마584, 결정문[각하(2호),각하(4호)] 초등학교·중학교·고등학교 학교생활기록부 전산 처리 및 관리지침 제22조 위헌 확인.

535 天野郁夫, 앞의 책.

536 박균열·김순남·데와타 카유키 외, 〈학교생활기록부 기재방식 및 교육적 활용에 관한 국제 비교 연구〉, 한국교육개발원, 2014, 148쪽.

537 최광만, 앞의 글, 2016.

538 오천석, 《한국신교육사》, 현대교육총서출판사, 1964, 67~68쪽.

539 노*근(광주사범학교 졸업, 초등학교 교사 정년퇴직) 일기.

540 〈방탕을 은닉코저 시험성적표를 위조, 교장의 인장까지 위조하야 행사〉, 《매일신보》 1934. 3. 15.

541 〈교단일기, 점수 노이로제〉, 《동아일보》 1980. 8. 22.

542 〈성적통지표와 부모의 자세〉, 《경향신문》 1968. 7. 22.

543 미셸 푸코 , 오생근 옮김, 《감시와 처벌》, 나남, 1994.

544 조은, 《091012 공부 열심히라구?》, 또 하나의 문화, 1998, 126~127쪽.

545 麹町中学校内申書事件, 最高裁判所判例, 事件名 損害賠償請求事件, 事件番号 昭和57年(オ)第915号, 1988年(昭和63年)7月15日, 判例集 判例時報1287号65頁 ; 麹町中学校内申書事件, http://ja.wikipedia.org

546 이경숙, 앞의 글, 2007, 217~239쪽.

547 〈'학교폭력 학생부 기재' 최종 판단, 헌재 손에〉, 《미디어충청》 2014. 2. 28.

548 심성보, 〈네이스의 반인권성과 비교육성〉, 《창작과 비평》 121, 2003, 354쪽.

549 정우식, 앞의 글.

550 박노자, 《우승열패의 신화》, 한겨레신문사, 2005.

551 이혜정, 《서울대에서 누가 A+를 받는가》, 다산에듀, 2014.

552 김덕영, 《입시공화국의 종말》, 인물과 사상사, 2007.

553 레베카 솔닛, 정해영 옮김, 《이 폐허를 응시하라》, 펜타그램, 2012, 105쪽.

554 파울로 프레이리, 교육문화연구회 옮김, 《프레이리 교사론》, 아침이슬, 2000, 51쪽.

555 닉 데이비스, 이병곤 옮김, 《위기의 학교》, 우리교육, 2007, 266쪽.

556 정현숙, 《공교육 천국 네덜란드》, 한울, 2012.

557 〈차별 없는 배움의 성지, 북유럽의 교육 복지-네덜란드 편〉, 《여성중앙》 2013. 4. 4.

558 독일 프라이부룩 대학생 면담(독일유학생 신은화를 통한 간접면담), 2012. 9. 4.

559 이경숙, 〈삶과 물음에 비춰본 시험: 물음, 시험, 그리고 삶〉, 《한국교육》 35(1), 2008, 3~24쪽.

560 성태제, 《현대교육평가》, 학지사, 2013(3판), 91~92쪽.

561 경기도 교육청, 〈2013 평가혁신 우수사례〉, 2013.

562 박도순 외, 《교육평가—이해와 적용》, 교육과학사, 2013.

563 Broadfoot, P. & Pollard, A., *The Changing Discourse of Assessment Policy: The Case of English Primary Education*, Ann Filer(ed), *Assessment: Social Practice and Social Product*, RoutlegerFalm, 2000, pp. 11~26.

564 Janesick, Valerie J., *Reflections on the Violence of High-stakes Testing and the Soothing Nature of Critical Pedagogy*, *Critical Pedagogy: Where Are We now?*, Peter Lang International Academic Publishers, 2007, p. 242.

565 김민남·손종현, 《한국교육론》, 경북대학교 출판부, 2006; 김재춘·설현수·손종현, 〈교사별 학생평가 방안 연구〉, 교육인적자원부, 2005.

566 곽진숙, 〈아이스너의 교육평가론〉, 《교육원리연구》 5(1), 2000, 188쪽에서 재인용.

567 Stiggins, R., & Chappuis, J., Using Student-Involved Classroom Assessment to Close Achievement Gaps, *Theory Into Practice* 44(1), 2005, pp. 11~18.

568 강태중, 〈대입제도 개선방안 연구〉, 교육부, 2013, 82~89쪽.

569 지은림, 〈교사의 피드백 수행을 위한 구성요인 및 특성에 관한 연구〉, 《아시아교육연구》 10(3), 2009, 77~102쪽.

570 Burke, K., Balanced Assessment, Solution Three Press, 2010, pp. 21~22.

571 Burke, K., 앞의 책.

572 佐貫浩, 〈競争, 分断, 孤立お超える 共同へ〉, 《教育》 809, 2013, 5~13.

573 〈인맥 따라 인생 성패 갈려〉, 《세계일보》 2014. 5. 2.

574 〈화가 난다 회장님의 연봉〉, 《한겨레21》 1006, 2014.

575 〈삼성전자서비스 고객평가가 사람 잡았다〉, 《한겨레신문》 2013. 11. 1.

576 알페로비츠 & 데일리, 원용찬 옮김, 《독식비판: 지식경제시대의 부와 분배》, 민음사,
2011.

찾아보기

[ㄱ]

가정 배경 123, 190, 224, 324, 325, 345, 374
가족의 계획적 관리 319, 320
강경 33, 39
강남신화 328, 330, 331
강남엄마 328, 330
강병순 142, 143
강준만 83, 105, 108
개천의 용 140, 141~145, 329, 330
객관성 50, 101, 188, 196, 198, 235, 386
객관식 시험 51, 55, 56, 62, 188, 189, 198, 199, 231, 235
결과 269, 279
검정고시 89
경성제국대학 177,
경성제대 69, 70, 73, 75, 114, 142, 161, 171, 176~178, 189, 259
경쟁률 53, 75, 97, 129, 132, 135, 137, 278, 293, 312, 326
계급 재생산 17, 82
계급 상속전략 322

고등고시 78, 129, 130, 134, 153, 162, 232, 269, 272, 273
고등고시령 129, 163
고시 13, 19, 40, 56, 85, 98, 129, 131~134, 137~140, 143, 144, 148, 163, 166, 304, 306, 319,
고시낭인 304
고시병 315
고시생 163, 166, 304, 305, 313
고시원 287, 304, 305, 307~309, 312, 313
고시족 304
고시촌 305~310
공무원고시령 56, 129
공인 외국어시험 82
공적 기록 340, 344
공정성 29, 31, 33, 38, 50, 101, 120, 149, 159, 188~191, 196, 198, 203, 205, 245, 276, 296, 356, 371, 379, 381, 382, 384~386
공직적격성평가PSAT 292
과거시험 거부 169

과거시험 파장 169, 170
과거제 폐지 38, 254
과시 35
관립 외국어학교 67, 68, 142
교사별 평가, '가르친 자가 평가한다' 376
교실 평가 377
교원임용시험 97, 153, 305, 308
교육관련 기관의 정보공개에 관한 특례법
  219
교육 수요자 219, 220
교육개혁 386
교육정상화 및 과열과외 해소방안(7·30조치)
  201
구성주의 379
구술시험 20, 30, 32, 33, 95, 100, 101,
  188, 364~366, 369, 379
국가연합고사 199
국가장학금 325
국가전문자격시험 87
국가주의 262, 266
국립대학 연합체제 369, 370
기술고시 131
김구 269, 279, 280
김옥균 66
김택룡 317
꺼삐딴 리 77

【ㄴ】

낙오방지 교육정책 219
내신 34, 35, 70, 115, 117, 196~198,
  201~207, 211~213, 342, 351, 369, 371
네덜란드 식 선발 367, 368
노량진 302, 305~309
논술시험 191, 291, 294, 295
능력주의 19, 20, 29, 42, 43, 44, 105, 108,
  122, 123, 127, 128

【ㄷ】

대학 서열화 110, 127, 190, 198, 243
대학수학능력시험, 수능 56, 79, 81, 82,
  84, 86, 96, 121, 122, 145, 172, 187,
  190, 193, 194, 201, 202, 213, 243~245,
  247, 248, 270, 271, 275, 276, 286, 292,
  295, 325, 333, 345, 346, 359, 369, 384
대학입학 예비고사 199~201, 206
대학입학 자격고사 199, 212
대학졸업정원제 201
대학진학률 325, 370
대학평준화 369
동맹휴학 62, 170, 234, 235
등급제 84, 110, 248, 345

[ㄹ]

로스쿨 98, 139, 140, 158, 274, 368

[ㅁ]

마이클 영 122, 123
면접탈락 157
무(우)즙 파동 115, 236~240, 243,
무한경쟁 335, 361
문관고등시험 131, 142, 143, 171, 176,
　305
문관보통시험 71, 143
문관임용령 159, 176
문제은행 40
문화자본 321, 324
물수능 190, 202
미셀 푸코 344, 347
민간자격시험 87

[ㅂ]

바칼로레아 19, 101, 369
박지원 269
반석평 30, 141
방망이질 272, 273
배치표 118~120
백지동맹 170, 174

버텔 올먼 187
법관양성소 113, 117, 142, 245
변별력 246, 248, 323
변호사시험 129, 142, 143, 162, 232, 295
부모주의 320
부정기 시험 31, 36, 38, 39, 155,
부정행위 33, 37, 139, 272, 273, 275, 277,
　327
부친살해 331, 332
불수능 190
불완전한 인간 존재 356
불평등 345, 386
빈공과 45, 46

[ㅅ]

사교육 19, 80, 198, 322, 331
사당오락 281
사상고시 158
사법시험 82, 98, 129, 130, 134, 135, 137,
　138, 143, 144, 157, 163, 166, 291,
　293~295, 305, 315
사법시험 남녀 합격률 165
사법시험 여성 합격비율 164
사설 모의고사 참여금지 지침 220
사회경제적 지위 대물림 324, 337
사회적 능력 30, 390
사회적 배려 대상자 326, 327
사회적 약자 122, 155, 296, 326, 368

사회정의 128, 367

삼성고시SSAT 89

서얼의 자손 29, 152

서열주의 98, 105, 106~109, 111, 128

석차 106, 110~117, 127, 245, 259, 261, 341, 344, 346

선다형 47, 48, 49, 50, 56, 189, 191, 198, 200, 201, 278, 290, 386

선발시험 47, 162, 276, 289, 290

선택권 27, 219, 227, 228

성균관 25, 33, 35, 112, 113, 146, 147, 341

성열관 228

성적일람표 116~118, 245, 341, 342

성적 입력 거부 173

성적표 113, 114, 174, 263, 332, 333, 339~347, 351

성적표기법 248, 345

소견표 203, 204, 364~367

소년급제 360

소송 98, 118, 154, 212, 238, 239, 240, 242, 243, 247, 294, 340, 348, 349

소외학생 239, 240

속도전 시험 291

수능점수 반올림 245~247

수시전형 202, 211

수행평가 198, 223, 327, 373~375

수험생 13, 17, 19, 28, 34, 37, 41, 56, 70, 97, 118~120, 134, 137, 140, 144, 145, 153~155, 163, 172, 196, 197, 201, 213, 214, 243~248, 255, 262, 265, 269, 270, 273~275, 277, 278, 281~284, 286, 287, 291, 292, 294, 295, 302, 304~309, 311~313, 315, 317~319, 330, 331, 334, 366, 368

스펙 96, 300, 301

시간관념 282, 283, 289

시오바라鹽原 학무국장 75

시위경력자 157, 158

시험 사생아 13, 14

시험 거부 62, 169~172

시험 한파 269

시험 효과 184, 185

시험결과에 따른 지원 18

시험기계 286

시험산업 89

시험시간 41, 171, 249, 270, 282, 284~290, 292~296, 318, 360

시험엘리트 131

시험영웅 329, 330

시험전략 285

시험지옥 86, 172, 189

시험횟수와 성적의 관계 186

식년시 31, 32, 36, 38, 155

신자유주의 109, 229

신체검사 74, 95, 204, 216, 217, 364, 365

[ㅇ]

아비투어 101, 369

아이스너 376, 377

알 권리 120, 219, 229,

억울하면 출세 126, 313

여성 고시합격자 163

여풍 168

역배점 191

역전 불가능 106

염광섭 51

엽기 시험 249~251

엿 236~239, 268, 270, 328

영어강의록 73

영어시험 폐지 72, 74, 75

오천석 51, 62, 77

외국어고 79, 192, 212

외무고시 129, 130, 134, 135, 139, 143,
    166, 307

"원치 않는" 집단 49

위장전입 36, 327, 334

유신 156, 170, 205, 217, 366

유형원 288, 364

육영공원 67

윤기 146

윤치호 66, 67

의식의 흔적 145

의중임금 122

이강석 233~235, 326

인공지능 18, 194

일제고사 221~223, 227~231

임숙영 29

입시가족 321, 322, 331

입시대리모 328, 330

입시스트레스 237

입시전쟁 323, 334

입학사정관제 369

[ㅈ]

자격시험 86, 87, 89, 129, 200, 276, 290,
    302

자기주도적 평가 376

자기평가 377, 378

자연적 돌봄 319, 320

장애인 153~155, 294

적극적 평등정책 155

전문대학 73, 137

전투적 교육가족 21, 322, 335

정범모 52, 215

정약용 38~40, 288

정체성 109, 111, 126~128, 261, 262,
    286, 306, 362

제술 32, 35, 36, 39, 42,

조기 교육 292

조지프 스티글리츠 123

존 듀이 112, 128, 337

종합적 평가/ 종합평가 349, 364~366

주관적 평가 328

주시경 71

주요섭 62~64, 73

죽음의 트라이앵글 213

중등학교 입학자 선발법(1939년) 117

중앙집권 관료체제 30

중학교·고등학교 및 대학입학에 관한 임시 조치법 199

중학교 무시험제 199

지능검사 47~57, 62, 64, 96, 190, 373,

지역차별 155

지적 해방 358, 372

지필시험 19~21, 30, 44, 45, 47, 48, 86, 100, 101, 189, 195, 199~201, 289, 364, 366, 369, 374, 375, 387,

직업적 학부모 320

진영논리 18, 227, 228

질문의 무덤 360

질문의 향연 360, 361

집단비평법 377

집중적 양육 321

[ㅊ]

참평가운동authentic assessment movement 375

창칼 파동 115, 242, 243

책무성 109, 120, 219, 223, 225, 226, 229, 387

청년층 비경제활동인구 166

체력장 154, 216, 217

총괄평가 380

총득점, 총점 83, 110, 116, 117, 144, 145, 199~202, 211, 245, 246, 282, 345,

총평관 373

추첨제 선발 243, 368

출세론 263, 264

취업시험 166, 301, 302, 304

측정관 373

치맛바람 14, 236~238, 241, 242

[ㅋ]

컨닝 37, 199, 222, 272~278

큰 질문 361

[ㅌ]

텍사스의 기적 219

토익 57, 81, 82, 83, 86, 89, 134, 275, 295

투명가방끈 운동 172

특수목적고 123, 212, 326

[ㅍ]

평가 무풍지대 21, 387

평가 쓰나미 21, 388

평가관 61, 373, 374, 377, 382
평가기준 357, 358, 378
평가의 공정성 382
평가의 권력 388
평가의 두려움 356
평가의 윤리 381
평가의 한계 357
평가적 국가 21, 219, 229, 387
평가할 권리 358
평균임금 121
표준화시험, 표준화검사 19, 48, 53, 55, 214, 219
피드백 378~380, 388

학업근타표 113, 341
학업성취도 평가 86, 219~223, 227
학적부 113, 114, 157, 203, 341, 348, 349
한국교육과정평가원 195, 202, 245, 246
한국사능력검정시험 87, 134
한성사범학교 255, 289
한영우 141
행동발달상황 205
행정고시 82, 129~131, 134, 135, 137, 143, 156, 157, 163, 166, 294
협력능력 평가 61
형성평가 380
훈도시험 71

[ㅎ]

하워드 가드너 55, 132, 361
학교생활기록부 35, 53, 64, 118, 196, 202, 203, 207, 211, 339~341, 342, 344, 345, 347, 349, 351, 364,
학교선택권 219
학교자율화 185
학교폭력 근절 348
학력고사 55, 56, 78, 83, 118, 119, 121, 144, 145, 201, 204, 230, 231
학벌 105~108, 110, 121, 123, 131, 132, 137, 144, 172, 213, 248, 320, 327, 328, 334,~336, 359, 383, 391
학벌주의 123, 172, 371

[A~Z]

ACT21S 378
IQ 52~55, 122, 125, 339,
PISA 58, 60, 61, 86, 378
TIMSS 58

시험국민의 탄생

◉ 2017년 5월 27일 초판 1쇄 발행
◉ 2019년 10월 31일 초판 5쇄 발행
◉ 지은이   이경숙
◉ 펴낸이   박혜숙
◉ 디자인   이보용
◉ 펴낸곳   도서출판 푸른역사
  우) 03044 서울시 종로구 자하문로8길 13
  전화: 02) 720-8921(편집부) 02) 720-8920(영업부)
  팩스: 02) 720-9887
  전자우편: 2013history@naver.com
  등록: 1997년 2월 14일 제13-483호

ISBN   979-11-5612-093-3   93900